NASCIMENTO
DA LEI MODERNA

NASCIMENTO DA LEI MODERNA

O pensamento da lei de Santo Tomás a Suarez

Michel Bastit

Tradução
MARIA ERMANTINA DE ALMEIDA PRADO GALVÃO

Revisão da tradução
CLAUDIA BERLINER

SÃO PAULO 2010

Esta obra foi publicada originalmente em francês com o título
NAISSANCE DE LA LOI MODERNE
por Presses Universitaires de France, Paris
Copyright © Presses Universitaires de France
Copyright © 2010, Editora WMF Martins Fontes Ltda.,
São Paulo, para a presente edição.

1ª edição 2010

Tradução
MARIA ERMANTINA DE ALMEIDA PRADO GALVÃO

Revisão da tradução
Claudia Berliner
Acompanhamento editorial
Luzia Aparecida dos Santos
Preparação do original
Helena Guimarães Bittencourt
Revisões gráficas
Maria Regina Ribeiro Machado
Ana Maria de O. M. Machado
Produção gráfica
Geraldo Alves
Paginação/Fotolitos
Studio 3 Desenvolvimento Editorial

Dados Internacionais de Catalogação na Publicação (CIP)
(Câmara Brasileira do Livro, SP, Brasil)

Bastit, Michel
  Nascimento da lei moderna : o pensamento da lei de Santo Tomás a Suarez / Michel Bastit ; tradução Maria Ermantina de Almeida Prado Galvão ; revisão da tradução Claudia Berliner. – São Paulo : Editora WMF Martins Fontes, 2010. – (Biblioteca jurídica WMF)

  Título original: Naissance de la loi moderne.
  Bibliografia.
  ISBN 978-85-7827-144-2

  1. Direito – Filosofia 2. Direito – História 3. Duns Scot, John, 1266-1308 4. Guillaume, d'Occam, ca. 1285-ca. 1349 5. Suarez, Francisco, 1548-1617 6. Tomás, de Aquino, Santo, 1225?-1274 I. Título. II. Série.

09-04725   CDD-34(091)

Índices para catálogo sistemático:
1. Direito : História   34(091)

Todos os direitos desta edição reservados à
Editora WMF Martins Fontes Ltda.
Rua Conselheiro Ramalho, 330 01325-000 São Paulo SP Brasil
Tel. (11) 3293.8150 Fax (11) 3101.1042
e-mail: info@wmfmartinsfontes.com.br http://www.wmfmartinsfontes.com.br

ÍNDICE

Principais abreviações IX
Introdução XI

PRIMEIRA PARTE
SANTO TOMÁS OU A LEI ANÁLOGA

CAPÍTULO I **A admiração das coisas** 3
   A tendência ao esquecimento das coisas 5
   Olhares sobre as coisas 21

CAPÍTULO II **A definição realista da lei** 31
   "De essentia legis" 36
     A lei razoável 36
     A lei finalizada 49
     A lei conhecida 53
   Os efeitos da lei 58

CAPÍTULO III **A ordem das leis** 71
   As leis na ordem de participação 73
     A lei eterna 74
     A lei natural 78
     A lei humana 83
     A lei divina 87
   As leis na ordem dos fins 91

  A lei eterna e o bem do universo 91
  A lei natural e o bem dos homens no cosmos 100
   A lei natural está além da consciência 102
   A lei natural, lei do cosmos e lei dos homens 106
  A lei humana e o bem da cidade 121

CAPÍTULO IV **A lei humana e as coisas** 132
  A lei da cidade e a razão universal 134
  A lei e o particular 139
   A lei e a diversidade das comunidades 140
   A lei e a diversidade dos casos 142
    A interpretação e a epieíkeia 142
    A dispensa 146
    O julgamento 147
  A lei e o movimento das coisas: o costume 152
  A lei divina, perfeição da lei humana........................ 157

CAPÍTULO V **"Jus" e "lex"** 176
  Os dois "jus": justiça geral e justiça particular 177
  A lei, causa parcial do direito.................................... 184

SEGUNDA PARTE
**DUNS ESCOTO, OCKHAM
A RUPTURA NOMINALISTA OU DA LEI
UNÍVOCA À LEI EQUÍVOCA**

CAPÍTULO VI **Primeiros sinais de desequilíbrio** 195
  O processo da inteligência 196
  O recurso à fé 202

CAPÍTULO VII **As leis separadas das coisas** 211
  A lei divina estabelecida por Deus............................ 217
  A lei natural dividida entre o necessário e o voluntário.. 232
  O artifício da lei humana... 248
  A hierarquia das leis: da vontade divina à vontade do Príncipe 260

CAPÍTULO VIII **O direito assimilado à lei** 270
   Confusão entre lei e direito 272
   O direito, obra da vontade divina 279
   Conclusão 284

CAPÍTULO IX **A lei entre Deus e o Imperador** 288
   Jus poli 301
   Jus fori 311
   A desnaturação do direito natural 324

CAPÍTULO X **A lei entre os súditos e o Príncipe** 338
   O conflito entre a lei geral e as coisas particulares .. 338
   A decisão do legislador 340
   A forma lógica da lei 351
   O conflito entre o Príncipe e os súditos 359
   Conclusão 370

TERCEIRA PARTE
SUAREZ OU A LEI DIALÉTICA

CAPÍTULO XI **Advento de uma nova *ratio legis*** 375
   A lei é um preceito 383
   A lei é um preceito justo 389
   A lei é um preceito comum 392
   A lei é um preceito justo comandado por quem
   detém o poder político 399
   A lei é um preceito estável 401
   Um preceito suficientemente promulgado 406

CAPÍTULO XII **A ordem das leis** 411
   A vontade divina e a lei eterna 411
   A lei natural 415
   A lei humana 427

Conclusão 445
Bibliografia 467
   I. Fontes 467
   II. Autores modernos e estudos 469

PRINCIPAIS ABREVIAÇÕES
utilizadas para citar as fontes

SANTO TOMÁS
S. Th.	*Summa Theologica*
Ia	Prima pars
Ia IIae	Prima pars Secundae partis
IIa IIae	Secunda pars Secundae partis
Quaest.	Quaestio
Art.	Articulus
in Met.	*Expositio in XII libros metaphysicorum Aristotelis*
in Eth.	*Expositio in X libros ethicorum Aristotelis*
in Pol.	*Expositio in VIII libros politicorum Aristotelis*
lec.	Lectio

DUNS ESCOTO
Op. Ox.	*Opus Oxoniense*
Rep. Par.	*Reportata parisiana*
Dist.	*Distinctio*

OCKHAM
in I Sent.	*Commentarium in primum librum setentiarum Petri Lombardi*
in II Sent.	*Commentarium in secundum librum sententiarum Petri Lombardi*
in III Sent.	*Commentarium in tertium librum sententiarum Petri Lombardi*
in IV Sent.	*Commentarium in quattrum librum sententiarum Petri Lombardi*

As abreviações referentes às revistas estão explicitadas na bibliografia.

INTRODUÇÃO

A época do reinado majestoso da lei parece ter sido sucedida, hoje e já faz certo tempo[1], pelo reino das dúvidas e interrogações sobre essa categoria de regras de direito. Os juristas contemporâneos não deixam de constatar que a lei, que alguns deles há pouco consideravam seu breviário, levanta agora tantas questões quantas resolve, se não mais. Embora parecesse ter conquistado definitivamente seu lugar no topo das fontes de direito, eis que a soberania da lei parece abalada pela inovação que, desde a Constituição de 4 de outubro de 1958, os limites impostos à lei constituíram. O campo da lei se acha agora restrito pela transferência ao poder regulamentar da exclusividade de certas matérias, mas também a lei é submetida a um controle de constitucionalidade exercido não pela representação nacional, mas por um juiz[2]. Decretos e regulamentações de administração pública fazem concorrência à lei e formam categorias de regras de direito que nela não encontram sua fonte.

---

1. Burdeau, "Essai sur l'évolution de la notion de loi en droit français", *APD*, 1939, p. 7; Burdeau, "Le dépérissement de la loi", *APD*, 1963, p. 35.

2. Durand, "La décadence de la loi dans la constitution de la Ve République", *JCP*, 1959, I, 1470; Chapus, "De la soumission au droit des règlements autonomes", *D.*, 1960, chr. 119; Waline, "Les rapports entre la loi et le règlement avant et après la constitution de 1958", *RDP*, 1959, p. 699; Hamon, "Les domaines de la loi et du règlement, à la recherche d'une frontière", *D.*, 1960, chr. 253; Favoreu *et al.*, *Le domaine de la loi et du règlement*, Aix, 1978.

Entretanto, poderíamos dizer que elas decorrem da competência atribuída pela lei constitucional aos órgãos titulares do poder regulamentar. A constitucionalidade das leis, porém, já não depende somente da conformidade à letra da constituição; o Conselho Constitucional, seguindo o Conselho de Estado, teve de depreender princípios gerais do direito constitucional em nome dos quais ele julga a lei[3].

Ao lado da lei e dos textos regulamentares, apareceram outras fontes que dificilmente se encaixam na sua descrição clássica. É o caso, por exemplo, das convenções coletivas em direito do trabalho que, antes mesmo de sua extensão por via regulamentar, constituem regras que se impõem para além do círculo das partes contratantes. O costume, que podíamos considerar totalmente desaparecido desde o advento do direito escrito, mantém-se não só em direito privado como resíduo, mas também em direito público. Uma leitura da Constituição sem referência às práticas que surgiram sob o impulso do fundador da Quinta República não teria muito sentido, não mais do que tinha a leitura das leis constitucionais da Terceira República, se não se levasse em conta a regra consuetudinária de não dissolução da Câmara. O direito comercial, o direito do trabalho, o direito rural conhecem "usos", dá-se o mesmo com certas deontologias como as regras próprias de certos tribunais[4]. Apesar da vontade dos autores de manter o costume num papel supletivo, ele se impõe às vezes contra a lei[5].

A segunda parte do século XIX e a primeira parte do século XX viram nascer enormes construções jurisprudenciais que formam partes inteiras de nosso direito. A maior

---

3. Cons. Const., 28 de novembro de 1973, *D.*, 74, 269; Cons. Const., 16 de julho de 1971, *D.*, 72, 685.

4. Ainda que esses usos estejam codificados em nome de uma lei (Carbonnier, *Droit civil*, t. I, p. 121), a incorporação deles ao direito não depende da lei, mas da existência deles como regras de direito. Existem, por exemplo, servidões de uso das águas, costumes referentes às terras baldias na Bretanha, ou às partes de pântano com divisão da propriedade; Béraud e Debeaurain, *Mitoyenneté, clôtures, bornage, servitudes*, Paris, 1981, p. 71.

5. Marty e Raynaud, *Droit civil*, t. I, 2.ª ed., Paris, 1972, pp. 208-9.

INTRODUÇÃO XIII

parte do direito administrativo é oriunda das decisões do Conselho de Estado, trate-se das regras do contencioso da legalidade ou das concernentes à responsabilidade da administração pública. O direito civil não fica atrás; não só não haveria direito da responsabilidade sem os acórdãos da Corte de Cassação que acompanham os arts. 1382 ss., mas também o direito de filiação bem como a proteção do consentimento contratual dependem largamente das regras jurisprudenciais.

Em face desse fenômeno, a doutrina jurídica está hesitante. Impõe-se a ela o problema da coordenação das suas fontes e da sua eventual hierarquia. Os publicistas estão divididos entre saber qual é o valor dos princípios gerais do direito e saber se é possível o controle da legalidade das regulamentações considerado fora da aplicação de uma lei[6]. Os autores não conseguem expressar de modo satisfatório o lugar da jurisprudência entre as fontes do direito. Para a Corte de Cassação, a jurisprudência é solidária da lei[7], mas, então, como explicar esse poder quase legislativo que ela assim se confere?[8] Como explicar eventuais reviravoltas sem mudança de legislação? Para certos autores, a jurisprudência é uma fonte que permanece subordinada à lei, ao passo que outros a consideram uma autoridade[9].

O papel do juiz com relação à lei também é mal determinado. Lia-se em Montesquieu a tese do juiz nulo e ouvia-se Robespierre pretender riscar a palavra "jurisprudência" do vocabulário[10], ao mesmo tempo que o novo Tribunal

---

6. Laubadère, *Traité*, t. I, p. 80, Paris, 1980; Marty e Raynaud, *op. cit.*, pp. 154-5.

7. Hébraud, *RTDC*, 1953, p. 735.

8. Que chega até a dirimir uma questão que não é de sua alçada, Civ. 20 de maio de 1969, *D.*, 69, 429.

9. Maury, "Observations sur la jurisprudence en tant que source du droit", *Études Ripert*, t. I, p. 43; S. Belaid, *Essai sur le pouvoir créateur et normatif du juge*, Paris, 1974; Esmein, "La jurisprudence et la loi", *RTDC*, 1952, p. 17; O. Dupeyroux, "La jurisprudence source abusive de droit", *Mélanges Maury*, II, p. 349; Carbonnier, *op. cit.*, p. 159; Ghestin, *Traité de droit civil*, t. I, pp. 356-7.

10. Citado por Gény, *Méthodes d'interprétation*, I, p. 61.

de Cassação estava estreitamente subordinado ao Poder Legislativo graças à instituição da liminar legislativa[11]. Pouco depois, o novo Código Civil era visto como a realização definitiva do direito racional que, sob o nome de direito natural, a escola do direito natural moderno não cessara de almejar. Supunha-se então que o juiz descobria nessa fonte a totalidade do direito[12].

O prestígio do novo Código era tal que, apesar do prudente ceticismo de Portalis[13], pensavam que ele ia regenerar a sociedade francesa segundo as aquisições da Revolução.

Hoje se reconhece, ao contrário, que a jurisprudência intervém na elaboração do direito. No entanto, as divergências sobre as justificações que devemos aplicar ao fenômeno são inúmeras. Existem sistemas que recorrem à ficção da delegação de poder dada pelo legislador ao juiz; outros que estimam que a jurisprudência é um costume; para outros, enfim, sua autoridade está ligada ao conhecimento e à sistematização que a doutrina lhe impõe[14].

Além das questões que provêm do lugar da lei com relação a essas outras fontes do direito, há problemas que incidem sobre a própria leitura da lei. Trata-se então da questão da interpretação. Também aí, após ter pensado que se podia fazer a interpretação por referência ao texto da lei, para nele procurar a intenção do legislador, ainda que fosse com a ajuda, a título subsidiário, dos trabalhos preparatórios, segundo o ensinamento da escola da exegese, as situações novas exigiram considerar com muito maior liberdade o texto da lei[15]. Fica claro, então, que não existe inter-

---

11. Montesquieu, *L'esprit des lois*, LXI, 6. O termo volta duas vezes no decorrer do capítulo.

12. Gény, *Méthode d'interprétation*, Paris, 1899; Bonnecasse, *L'école de l'exégèse en droit civil*, Paris, 1924; Husson, "Analyse critique de la méthode de l'exégèse", *APD*, 1972, 115.

13. "Os códigos dos povos se fazem com o tempo, mas, para dizer a verdade, eles não são feitos"; Portalis, *Discours préliminaire*, Fenet, *Travaux préparatoires du Code civil*, I, p. 476.

14. *Cf.* n. 9.

15. *Cf.* n. 12.

INTRODUÇÃO

pretação única de um texto. A jurisprudência teve de dar definições diferentes do termo "noite" no artigo 386 do Código Penal[16]. Ela também deu interpretações muito diferentes da regra *nemo auditur* e do artigo 1.131 do Código Civil[17], sem falar das divergências de interpretações entre duas jurisdições a propósito de um mesmo texto, como o caso do artigo que é interpretado diferentemente pela Corte de Cassação francesa e pela Corte de Cassação belga[18], ou divergências no seio de uma mesma jurisdição[19].

Por essa razão, chegou-se a falar de lacunas no direito, considerando este um sistema que deveria ser completo mas não o é. Olhando mais de perto, parece que as lacunas são a regra e os casos já determinados uma exceção. Seja qual for o desejo de segurança jurídica, a persistência da discussão perante os tribunais é a manifestação mais flagrante da incerteza e da descoberta progressiva do direito.

Os fenômenos que acabamos de assinalar se referem à aplicação da lei; há outros tocantes à sua criação e que revelam um mesmo enfraquecimento da lei.

No entanto, atendo-se à sua quantidade, ficaríamos tentados a dizer que a lei jamais se portou tão bem. O legislador francês parece cada vez mais fecundo, a tal ponto que há uma recente publicação jurídica consagrada unicamente às leis novas. O Parlamento vota mais de mil leis por ano, ou seja, quase o que Roma produziu nesse campo no curso de dois milênios. Deram o nome de inflação legislativa a essa situação que tem inúmeros inconvenientes para o jurista; o menor deles é a dificuldade em conhecer as leis[20].

---

16. Cas. Pen., 12 de fevereiro de 1813, *Sirey*, 1812-1814, p. 284; Nîmes, 7 de março de 1829, *Dalloz*, 5º vol., nº 469; e os comentários de M. Miedzianagora, *Philosophies positivistes du droit et droit positif*, pp. 133 a 136, Paris, 1970.

17. Miedzianagora, *op. cit.*, pp. 15 ss.

18. Miedzianagora, *op. cit.*, p. 29.

19. As divergências entre as Câmaras Cível e Penal sobre a indenização da concubina antes do acórdão das Câmaras Mistas de 27 de fevereiro de 1970, *D.*, 1970, 201, nota Combaldieu.

20. Carbonnier, "L'inflation des lois", *Essais sur les lois*, p. 271, Paris, 1979.

Não só a grande quantidade delas torna sua leitura praticamente impossível, até para o jurista, mas a rapidez com que elas se sucedem leva a negligências de redação, até mesmo a contradições, que tornam muito difícil o conhecimento das regras legislativas. *A fortiori*, a presunção de conhecimento da lei que pesa sobre o simples cidadão já não tem muito sentido.

Na origem dessa inflação encontra-se a ideia de que é preciso solucionar, de maneira geral e igual para todos, todas as questões que surgem na vida de um país. Parece que já não se compreende que certas questões poderiam ser resolvidas pelo juiz[21]. Como este fica, teoricamente pelo menos, encerrado num estreito formalismo, toda questão que exigiria uma compreensão menos literal da lei sobe ao legislador; e, inversamente, se o juiz dá uma interpretação não literal da lei, pensam que ele não aplica a lei, o que lhe é imputado como erro ou, ao contrário, é utilizado abusivamente para demonstrar que a lei deve ser reformada[22].

Contudo, persiste e se fortalece a ideia de que a lei é uma segurança, por isso toda situação nova parece exigir uma lei[23]. Em vez de deixar se desenvolverem práticas consuetudinárias, cada qual crê encontrar numa consagração legislativa a solução jurídica que "legalizará", por exemplo, novos contratos comerciais. Os casos que já foram resolvidos por via legislativa são, por sua vez, fonte de contencioso que provoca novas intervenções legislativas destinadas a resolver o novo contencioso. O legislador se vê arrastado numa verdadeira corrida sem fim para alcançar uma realidade que lhe escapa eternamente. Desse modo, às grandes

---

21. Carbonnier, *op. cit.*, p. 277.
22. A utilização da sentença de equidade pronunciada pelo tribunal de Bobigny em matéria de aborto para tirar daí a ideia da necessidade de reformar a lei, quando na verdade essa sentença mostrava a possibilidade de o juiz se adaptar apesar da lei.
23. Não só a opinião pública, mas também, o que é mais grave, a doutrina jurídica pedem ao legislador que legifere. Por exemplo, G. Viney, "L'indemnisation des victimes de dommages causés par le fait d'une chose après l'arrêt de la Cour de cassation du 21 juillet 1982", *D*., 1982, 282.

INTRODUÇÃO

leis que reformam uma matéria inteira sucedem bem depressa leis ditas de "toalete" para reformar as reformas[24]. A aceleração da atividade legislativa também encontra sua fonte nas questões técnicas que o legislador contemporâneo é chamado a resolver. A lei é um instrumento tanto de política econômica como de política penal, então não se trata em absoluto de legislar no longo prazo, mas de solucionar momentaneamente situações pendentes cuja natureza logo requer próximas disposições. A lei se torna um instrumento nas mãos dos técnicos dos gabinetes que a transformam em plano[25] a serviço de seus objetivos.

Por trás dos gabinetes, descobrimos em geral interesses profissionais ou outros que procuram obter os favores da lei, e o legislador, constituído apenas de deputados, nem sempre ao corrente das questões ou, ao contrário, próximos demais dos interesses em causa, cede a essas pressões[26]. Caso típico não é o das leis eleitorais que o ministro do Interior, ajudado por seus servidores, elabora a fim de que a maioria conserve o poder? A multiplicação das leis desse tipo leva o legislador a vacilar entre interesses contraditórios sem conseguir depreender o que constitui o bem comum. Chega-se à caricatura da lei quando, no mesmo dia, o legislador anula por outra lei a decisão tomada algumas horas antes[27]. Os interesses não são somente profissionais, também costumam ser partidários e ideológicos, então a lei se torna o meio de realizar um programa político que logo suscita a promessa feita pela oposição de desfazer o que a maioria fez. Certas áreas em que o que está em jogo ultrapassa de longe as disputas partidárias se tornaram, porém, campos de combate onde reformas sucedem a reformas. Basta pensar na educação nacional e na Universidade.

---

24. Terré, "La crise de la loi", *APD*, XXV (1980), pp. 20-3.
25. Terré, *op. cit.*, p. 20.
26. Terré, *op. cit.*, p. 20.
27. Terré, *op. cit.*, p. 26.

A estabilidade que parecia a característica da lei[28] desapareceu e, com ela, um dos elementos da confiança na lei. Tal instabilidade não é senão sintoma da imoralidade da lei. Com efeito, se a lei resolve ser apenas uma simples regra técnica, se não visa verdadeiramente o que é bom para a comunidade política, ela fica imoral. Sua imoralidade não reside no fato de não respeitar uma lei natural da qual ela deveria ser deduzida, mas do fato de não visar o que é o verdadeiro bem comum da comunidade à qual ela pretende, não obstante, impor-se. Assim sendo, ela só se impõe em razão da vontade do legislador, cujo poder se torna injustificadamente pesado e suscita revolta equivalente. Fica fácil avistar por trás desse poder os interesses particulares cujo descobrimento só pode reforçar a recusa de obediência.

Chega-se ao quadro bizarro de uma lei cada vez mais invasiva e cada vez mais impotente. Ela parece ter a pretensão de abranger a totalidade das relações entre os cidadãos, de ficar no lugar das relações entre particulares, de ditar aos juízes suas soluções. Essa extensão é aliás almejada por muitos, que só veem salvação e segurança mediante a intervenção do legislador. Ao mesmo tempo, ela é cada vez menos obedecida, seu prestígio esvai na instabilidade, na injustiça e, por fim, na revolta. Evidentemente, tal situação não deixou de suscitar há muito tempo a reflexão.

Embora detectassem esses sintomas, os juristas começaram por reafirmar os grandes princípios da teoria dita clássica[29]. A lei se imporia porque é a expressão da vontade

---

28. Em Locres, o cidadão que propõe uma lei nova o faz com a corda no pescoço (Demóstenes contra Timocrato, 139). Em Atenas, o processo da *Adeia* e a possibilidade da *graphè paranómon* asseguram a estabilidade (J. de Romilly, *La loi dans la pensée grecque*, Paris, 1971, p. 204).

Sabe-se que em Roma, depois das primeiras leis republicanas, essa fonte tende a esgotar-se na idade clássica para retomar um lugar desproporcionado no Baixo Império (R. Villers, *Rome et le droit privé*, Paris, 1977, pp. 110 ss.). O direito canônico clássico se caracteriza, também ele, por sua estabilidade (Le Bras, *in Histoire de l'Église*, Fliche e Martin, t. XII, Paris, 1959, p. 96, n. 4).

29. O classicismo dos civilistas é o do século XIX. Cf. Bonnecasse, *Science du droit et romantisme*, Paris, 1928.

INTRODUÇÃO

geral, como o dizem certos textos do direito francês. Dessa vontade ela extrai sua força e sua legitimidade, é possível e necessário vincular todos os fenômenos jurídicos ao desenvolvimento dessa vontade que lhes assegura o valor[30]. Empenhar-se-ão, portanto, em geral à custa de numerosas ficções, em mostrar, de um lado, que a lei tem sua origem na delegação de vontade que os sujeitos fazem ao legislador e, do outro, que todas as fontes do direito procedem de um modo mais ou menos direto da lei.

Em primeiro lugar, isso levará a interpretar muito artificialmente a delegação de poder realizada por ocasião da elaboração constitucional ou da designação dos representantes como a execução de um muito hipotético contrato social, que, claro, os cidadãos não têm a menor consciência de firmar, o que é assaz inoportuno para um contrato. Em nome desse ato fictício, e de encontro à evidência de leis parciais ou perigosas, aceitarão o conjunto dos atos emitidos pelo legislador. Esforçar-se-ão em seguida em fazer que derivem da lei não só as fontes regulamentares – o que no contexto da Constituição de 1958 necessitará de um desvio pela lei constitucional que concede delegação ao poder regulamentar de praticar certos atos autônomos –, mas ainda os princípios gerais do direito, inclusive os do direito constitucional, que só teriam valor por sua presença ao menos explícita em certos textos[31]. A jurisprudência se verá de uma forma ou de outra vinculada à lei, quer ela apareça como uma declaração da intenção do legislador[32], quer se preten-

---

30. Waline, "Défense du positivisme juridique", *APD*, 1939, p. 94. É verdade que outros autores da mesma escola se isentam de passar pelo contrato social ou pela delegação de soberania para substituí-los pelo fato do poder político; cf. Carré de Malberg, *Théorie générale de l'État*, Paris, 1930, t. I, p. 65. Cf., do mesmo autor, *La loi, expression de la volonté générale*, Paris, 1931, reed. 1985; Soto, "La loi et le règlement dans la Constitution du 4 octobre 1958", *RDP*, 1959, p. 2480.

31. Chapus, "De la soumission au droit des règlements autonomes", *D.*, 1960, Chron. 119; Chapus, "De la valeur juridique des principes généraux du droit", *D.*, 1966, Chron. 99.

32. Duguit, *Traité*, I, pp. 142 ss.

da que ela encontre sua força na delegação que o legislador teria consentido ao juiz[33]. O próprio costume, embora não se lhe negue a existência, só será aceito por intermédio de sua consagração jurisprudencial ou em virtude de uma permissão legal, o que conduzirá necessariamente à recusa do costume *contra legem*.

A essas construções, os juristas mais sensíveis às realidades respondem com toda facilidade mostrando que a vida social é mais rica do que essas pirâmides bem organizadas. Não apenas não se conhece nenhum exemplo histórico de contrato social, mas parece totalmente impossível encontrar um, pois cumpriria que existissem regras para determinar as leis do contrato. Mostra-se impossível histórica e logicamente remontar a uma origem absoluta da vida política. É muito duvidoso que os cidadãos, quando ratificam uma mudança constitucional, queiram realmente de modo muito consciente dar seu assentimento a fenômenos históricos dos quais eles foram mais os objetos do que os sujeitos ativos, a maioria deles pelo menos. É ainda mais desarrazoado pretender que os textos regulamentares preparados pelos técnicos que trabalham nos gabinetes dos ministérios sejam uma expressão da vontade dos cidadãos. O desvio necessário para estabelecer esse vínculo é tal que ele manifesta, ao contrário, a grande autonomia das fontes regulamentares.

É fácil mostrar que não se pode pretender que o juiz tire suas soluções da lei quando ele lê essa lei de modo muito diferente conforme as circunstâncias, ou então quando a lei lhe cria o dever de estatuir fora de qualquer disposição prevista por ela[34], abeberando-se, como já o dizia Portalis[35],

---

33. Dupeyroux, *op. cit.*, "Sur la théorie de la réception implicite", cf. Waline, "Le pouvoir normatif de la jurisprudence", *Mélanges Scelle*, t. II, p. 613. Para uma crítica detalhada dessas teses, cf. S. Belaid, *Essai sur le pouvoir créatif du juge*, Paris, 1974, pp. 22 ss.

34. Art. 4°, C. Civil.

35. Portalis, "Discours préliminaire", *in* Locré, *La législation civile commerciale et criminelle de la France*, t. I, pp. 401 ss., 480 ss.

INTRODUÇÃO XXI

na experiência e buscando o que é justo. Cumpre mesmo admitir que o juiz dispõe em seu nível de um poder próprio quando dirime uma questão não só de encontro ao texto da lei, o que é autorizado em certas legislações, mas ainda quando ele não se atém a seus próprios precedentes ou quando julga uma questão que não lhe é submetida[36]. Quanto aos costumes, a lei se refere a eles expressamente, e é certo que existem costumes que são contrários a ela. É o caso do anatocismo vedado pelo artigo 1.154 do Código Civil e, entretanto, universalmente praticado sobre as contas correntes, assim também é o caso da presunção de solidariedade contra comerciantes, que se opõe nitidamente ao artigo 1.202 do Código Civil e que é, porém, praticada e admitida pela jurisprudência. As leis não praticadas e ab-rogadas são inúmeras, apesar das hesitações da Corte de Cassação em admitir esse fenômeno, pelo menos em questão de lei penal[37]. Fora do direito francês, o costume é recebido como uma fonte verdadeira, por exemplo, no "Common law" ou em direito canônico. Afirma-se, então, a primazia sobre a lei dos fenômenos sociais que produzem espontaneamente o direito. Dever-se-ia privilegiar as práticas efetivas, livrar-se das regras que, aliás, são oriundas, no dizer de alguns autores, de um jogo de forças, e procurar o direito tal como é, ou seja, como um fato, um conjunto de condutas sociais que há motivos para levar em consideração.

Portanto, livrar-nos-emos dos textos para dar preferência a um sentimento espontâneo da justiça muito mais de acordo com a realidade. O juiz se tornará criador, o direito não será uma busca delicada, realizada com a ajuda da inteligência, será o produto de uma intuição[38]. Salientar-se-á a revolta dos fatos contra o código. O direito deverá ser posto de acordo com o estado da sociedade. As leis devem alinhar-se às práticas, o fato deve penetrar na lei. Esta não

---

36. S. Belaid, *op. cit.*, *eod. loc.*; Carbonnier, *op. cit.*, p. 165.
37. Marty e Raynaud, *op. cit.*, *eod. loc.*; Carbonnier, *op. cit.*, pp. 146-7.
38. A escola do direito livre.

deve impor diretrizes, não deve procurar impor valores que não são os da sociedade; deve, ao contrário, modelar-se pelo que se faz, pelo costume[39]. A fonte de sua legitimidade consiste precisamente no fato de ela ser o reflexo da sociedade; quando esta se modifica, a lei deve modificar-se para traduzir o novo estado das práticas sociais ou a nova relação de forças.

Mas tal concepção da lei também redunda em numerosos impasses. Contrariamente ao que se poderia imaginar, ela está longe de se livrar do legalismo, pois, embora as leis sejam em larguíssima medida reflexo das práticas sociais, novamente lhes é conferido um papel quase exclusivo, por certo diferente do que ele é numa concepção legalista, pelo fato de a vontade do legislador já não ser sua fonte, mas não obstante privilegiado. Uma vez que a lei foi posta de acordo com os costumes, torna-se por isso a expressão destes e encontra aí uma legitimidade nova. Ela pode, em razão de seu caráter obrigatório, dar azo a uma ciência que constata o fato da coerção legal[40].

Dedicando-se a uma pesquisa sobre os fundamentos obscuros da lei e tornando-os a causa única desta, a pesquisa sociológica, longe de devolver à lei o seu lugar, arruína-lhe definitivamente a autoridade. Crendo justificá-la pela ciência, ela a reduz a um fenômeno de força econômica ou política; por isso mesmo, suprime definitivamente qualquer razão que podíamos ter de obedecer-lhe.

Se a lei é apenas a tradução de dado estado social, do que se faz em determinado país, não há razão alguma para obedecer-lhe, é preferível revoltar-se para procurar mudar a lei em seu benefício. Se se quiser reafirmar a legitimidade da lei, cumprirá invocar novamente a vontade do legislador ou então a dos membros da sociedade que se expressa pe-

---

39. Savigny e o historicismo e depois o sociologismo; Kantorowics, *Rechtwissenschaft und Soziologie*, Karlsruhe, 1962; Gurvitch, *L'idée du droit social*, Paris, 1932; Duguit, *Le droit social, le droit individuel et la transformation de l'État*, Paris, 1901.

40. Durkheim, *Les règles de la méthode sociologique*, 20ª ed., Paris, 1981, p. II.

las práticas analisadas. No entanto, há toda razão de duvidar que tal recurso aos meios do velho positivismo voluntarista seja capaz de salvar a lei. Seus mitos denunciados anteriormente pela própria sociologia seriam, ao contrário, capazes, pela combinação de sua ingenuidade e de sua brutalidade, de incentivar a desconfiança para com a lei.

Parece que esse caminho nos leva a um impasse, ficamos presos na armadilha de um círculo que vai da lei aos fatos e vice-versa. O embaraço dos juristas diante dessa questão suscita a reflexão dos filósofos. Mas não é certo que as principais doutrinas que, na filosofia do direito contemporâneo, examinaram essas questões nos permitam sair de nossa perplexidade.

Não é difícil perceber que elas se dividem, com pouca diferença, segundo as mesmas tendências que as do pensamento jurídico. Um primeiro grupo de autores parece aferrar-se ao princípio da soberania extraído da vontade do legislador ou dos cidadãos. Enfatizarão a coerência de um sistema em que todos os elementos se vinculam a uma vontade primeira. Essa coerência no interior do campo da coerção exercida pelo legislador será assegurada por uma rigorosa racionalidade como em Kelsen[41]. Poderá também provir de um sistema de delegação de poder como em Hart[42], ou encontrar sua origem numa coerência teleológica de caráter moral como em Fuller[43].

Alguns autores seguiram as pegadas da sociologia. Na esteira das críticas emitidas com toda razão contra o positivismo legalista, vemos formar-se uma escola que pretende dispensar os textos. Dentre esses autores, cumpre citar Erhlich ou Kantorowicz. O realismo anglo-saxão chega a posições bem vizinhas; o direito para Holmes[44] não passa da arte de prever o que o juiz decidirá, enquanto Jérôme

---

41. Kelsen, *Reine Rechtlehre*, Viena, 1960, 2.ª ed.
42. Hart, *The Concept of Law*, Londres, 1961.
43. Fuller, *The Morality of Law*, Yale, 1964.
44. Holmes, *The Path of the Law*, Boston, 1881.

Frank[45] denuncia, na esteira da psicanálise, o infantilismo do apego às leis às quais cumpre preferir as decisões particulares. De outra maneira, os filósofos do direito que se vinculam ao utilitarismo pretendem desvencilhar-se do velho positivismo legalista encurralado em seus princípios e em seus textos para substituí-lo por políticas eficazes das quais a lei se tornaria o instrumento[46].

Nisso poderia haver motivos para desencorajar a reflexão; encontraremos, ao contrário, uma razão de aprofundá-la. Se parecemos estar encerrados dentro de um círculo, talvez não seja temerário formular-nos a questão do motivo dessa oscilação do pensamento entre dois polos que são tão opostos e simultaneamente incompletos. Não nos formulamos essa questão para nos orientar para a busca de uma posição falsamente sincrética ou para tombar no ceticismo. Entretanto, podemos conjeturar, entre posições tão pouco satisfatórias, a existência de um elemento em comum.

Se confirmada, tal suposição seria muito fecunda; permitiria pôr em evidência uma recusa comum que poderia explicar por que nenhuma dessas doutrinas consegue dar espaço às realidades descritas pela outra. Permitirá também descobrir a recusa comum de uma parte da realidade, que explicaria a impotência de ambas para criticar de modo totalmente vitorioso a doutrina adversa.

O acordo final das duas correntes de pensamento, sobre a necessidade de recorrer à lei, pode pôr-nos na via desse elemento em comum. No positivismo legalista aparece claramente que encontramos o direito na lei. A própria lei é pensada como uma construção operada por intermédio do poder político ao qual os sujeitos primeiro entregaram parte do seu poder para em seguida receberem de volta um direito tirado da lei. Há na origem uma vontade dos sujeitos que se torna em seguida vontade do Príncipe. Ora, apesar das aparências, parece possível afirmar que as

---

45. Frank, *Law and the Modern Mind*, Nova York, 1963.
46. El Shakankiri, *La philosophie juridique de Jeremy Bentham*, Paris, 1970.

INTRODUÇÃO XXV

doutrinas sociológicas compartilham esse ponto inicial. Claro, não se trata aqui da vontade do indivíduo isolado, pelo menos na maioria das doutrinas sociológicas, mas trata-se da vontade do grupo que, como tal, faz a lei por intermédio de um legislador que não passa de seu delegado[47]. É por isso que também a lei se mostra aqui a expressão de uma vontade que se impõe na origem. Essa é a razão pela qual, depois de ter criticado a lei que já não está de acordo com essa vontade, volta-se à exaltação do legalismo quando ela está de novo de acordo com a vontade do grupo[48]. Decerto essa vontade não é necessariamente pessoal e impõe-se unicamente como o fato empírico de uma força perante a qual o legislador deve curvar-se. De qualquer modo, a origem da lei é de novo pensada como o que sobe das profundezas originais, e a lei, embora já não defina aqui todos os direitos, torna-se novamente, em seguida, sua fonte única. Por trás de ambas as teses confrontadas, encontramos a vontade, pelo fato de ela se opor a uma ordem das coisas independente dela, o que significa que essas duas teses são na verdade positivismos jurídicos, pelo fato de que, segundo elas, o direito e a lei devem ser observados como fatos que existem, fora de uma referência à ordem do mundo. São também positivismos filosóficos para os quais a realidade não tem ordem nem, consequentemente, capacidade para dar indicações sobre a lei.

Portanto, somos levados a emitir a hipótese segundo a qual o positivismo legalista e o positivismo sociológico não conseguem dar conta da totalidade do fenômeno legal, de suas características próprias bem como de seus vínculos com as outras partes do direito em razão da recusa comum de uma parte da realidade. Ambos comungam na rejeição de uma realidade suscetível de fornecer indicações sobre as leis

---

47. Inversamente, a ideia da vontade do grupo está presente num positivista como Carré de Malberg, apesar de sua oposição ao contrato social e a despeito de seu formalismo. Cf. Carré de Malberg, *op. cit.*, *eod. loc.*

48. Carbonnier, *op. cit.*, pp. 16-7.

necessárias ao bem da cidade e capaz de assegurar à lei um lugar específico com relação aos outros fenômenos do direito e da ética.

As questões técnicas que formulamos adquirem sua verdadeira dimensão. Por trás delas escondem-se posicionamentos filosóficos. Trata-se nem mais nem menos das relações que a lei mantém, com a totalidade da realidade e, portanto, da natureza dessa realidade. Essa vastíssima questão se desdobra de imediato: temos de nos interrogar primeiro sobre o suposto ponto inicial comum das doutrinas que podemos chamar de modernas para nos perguntar se elas nascem mesmo dos posicionamentos ontológicos que desconfiamos ser a origem esquecida delas. O aclaramento dessa origem exigirá, pois, remontar, mais além da oposição delas, a uma raiz filosófica presumidamente comum. Se a hipótese de uma origem comum se confirmar, terá como resultado mostrar com relação a qual outro pensamento há ruptura.

Descobrindo isso contra o que a lei moderna foi concebida, mostraremos por contraste as qualidades de que a realidade deveria se revestir para encontrar-se na fonte da lei sem a reduzir a um ato da vontade ou a um fato. Os dois aspectos de nossa hipótese podem, então, confirmar-se mutuamente. As rupturas fundamentais, que talvez constituam o patrimônio comum das doutrinas contemporâneas, aparecerão por contraste com outro tipo de pensamento capaz de esclarecer diferentemente e, talvez, de fornecer princípios de solução às dificuldades apresentadas pela questão da lei.

A via que se abre obriga a remontar aos princípios e às origens da noção moderna de lei.

Descobrir esse ponto de ruptura fundador do pensamento moderno da lei, ponto ligado aos princípios ontológicos do pensamento moderno, força-nos a remontar para além daqueles que são considerados os mestres da modernidade e que, sejam quais forem as diferenças extremamente profundas de seu pensamento, têm em comum

INTRODUÇÃO

certa recusa da ordem objetiva das coisas que, de uma forma ou de outra, os leva a pensar a lei como um efeito da vontade.

Temos, pois, de ir além de Hegel, para quem a lei se insere no desenvolvimento de uma história do espírito imanente[49]; o que o impele a partir de uma separação abstrata[50] do espírito impondo-se à realidade para absorvê-la[51]. Por essa razão, a lei é concebida como um dos momentos pelo qual o espírito assimila a si o mundo, impondo-lhe sua ordem que é a ordem real. A lei será, portanto, caracterizada pela universalidade que nivela as diferenças, tornando-se a fonte única do direito[52]. Por isso será desejável substituir os costumes e os direitos tradicionais por um código que não será uma mera coleção de leis díspares como o direito romano, mas um sistema racional verdadeiro[53]. A universalidade e a identificação entre lei e direito que se segue é o ponto final ao qual Hegel chega na terceira parte de seus *Princípios de filosofia do direito*.

Tampouco é possível deter-se em Kant, que considera que a lei é obra da vontade de um legislador que aplica uma razão *a priori*[54], seja ela obra de um legislador supremo no caso da lei moral, seja ela o produto da vontade do legislador civil no caso da lei jurídica[55]. Portanto, ele chega com toda lógica a pensar a lei como a fonte do direito, com a qual ela se confunde, formando um sistema de racionalidade jurídica que se impõe pela coerção[56], como seu discípulo nessa área, Kelsen, compreendeu muito bem.

---

49. F. Hegel, *Principes de la philosophie du droit*, trad. fr. Derathé, Paris, 1982, § 4.
50. F. Hegel, *Leçons sur la philosophie de l'histoire*, trad. fr. Gibelin, Paris, 1945, p. 289, *op. cit.*, § 5.
51. *Op. cit.*, § 4; igualmente, *La raison dans l'histoire*, trad. fr. K. Papaioannou, Paris, 1965, p. 296.
52. *Ibid.*, §§ 210-1.
53. *Ibid.*
54. E. Hant, *Doctrine du droit*, trad. fr. Philonenko, Paris, 1971, p. 100.
55. *Ibid.*, pp. 101-2.
56. *Ibid.*, pp. 103-5.

Hobbes não tem condições de nos esclarecer muito mais, embora pareça ser um dos que expressam com mais clareza as premissas a um só tempo ontológicas e jurídicas da concepção moderna da lei. A sociedade é o produto da vontade artística dos indivíduos que delegam um poder subjetivo ao soberano. Este legisla mandando nos súditos: "Law is the command of him or them that have the sovereign power."[57] Com um perfeito rigor, Hobbes tira todas as conclusões desse princípio; a interpretação não deverá se impor em razão, nem ser obra da doutrina, ela será também uma expressão da vontade do legislador[58].

Mas Hobbes se reveste para nós de uma particular importância, pois está muito consciente de se fundamentar em princípios ontológicos particulares que o opõem a toda tradição anterior, ele se louva muito abertamente no nominalismo[59] e nos dá, com isso, uma preciosíssima indicação sobre as fontes do pensamento moderno da lei. No momento em que ela se expressa pela primeira vez fora da "Escola", toma o cuidado de referir-se à tradição do nominalismo medievo. Fazendo assim, fornece-nos uma das chaves do pensamento moderno, que nos incitará a explorar o pensamento nominalista em seu nascimento para tentar compreender em que ele parece ser um dos fundamentos necessários do pensamento moderno da lei.

Isso não esgota o que Hobbes nos ensina: este elabora conscientemente sua doutrina contra uma outra tradição. Constrói suas definições da lei e do direito de modo polêmico contra a tradição dos juristas impregnados de cultura aristotélica, cujo eminente representante é Sir Edward Coke[60]. Dessa maneira, Hobbes põe o dedo no ponto de ruptura

---

57. Hobbes, *A Dialogue between a Philosopher and a Student of the Common Law of England*, Paris, 1966, p. 91. [A lei é o mando daquele ou daqueles que detêm o poder soberano. (N. da T.)]

58. *De cive*, XIV, 13, *Dialogue*, p. 74.

59. Por exemplo: *Leviatã*, cap. 1, contém uma crítica nominalista da *species*.

60. *Dialogue, op. cit.*, p. 77.

que procurávamos, indica-nos simultaneamente as raízes da lei moderna e a rejeição do aristotelismo que lhe presidiu o nascimento. Embora a tradição aristotélica esteja representada no *Diálogo* de Hobbes pelo jurista Sir Edward Coke, isso não significa que apenas os juristas, na cultura que precede o advento do pensamento moderno, estejam impregnados do ensinamento do Estagirita. Sabe-se, ao contrário, que esse pensamento está muito presente nos filósofos e nos teólogos dos quais os juristas o recebem; ora, o mais conhecido dos teólogos aristotélicos é Santo Tomás. Ocorre igualmente que o nominalismo, antes de atingir o pensamento dos juristas, formou-se em oposição ao pensamento de Santo Tomás. Por conseguinte, fica evidente que nossa pesquisa deve determinar os pontos sobre os quais esses dois pensamentos se enfrentam para dar nascimento ao pensamento moderno. Teremos de nos perguntar se não é no decorrer dessa ruptura que se elaboraram, em oposição ao pensamento de Santo Tomás, novos fundamentos ontológicos capazes de destruir e de substituir os que Santo Tomás elaborara em sua relação com Aristóteles. Evidentemente, também deveremos nos perguntar se, já nessa época de ruptura ontológica, a concepção que Santo Tomás tinha da lei vinculada a essas premissas também não era questionada e já substituída por teorias da lei que deixam prever o advento das concepções modernas. Isto nos levaria não só a esclarecer os fundamentos da concepção moderna da lei, mas, consequentemente, a mostrar o que foi perdido por ocasião do advento do nominalismo. O que talvez nos possibilite descobrir uma concepção da lei mais próxima da verdade e da experiência.

A bem dizer, não são unicamente as indicações de Hobbes que nos incentivam a buscar no período que se estende entre o advento de Santo Tomás e o início do século XVII os elementos constitutivos de uma tradição capaz de gerar a lei moderna. Certo número de trabalhos mostrou a importância, para o pensamento moderno, da ruptura nominalista, seja em ontologia[61], seja em história das ciências[62], seja em teologia[63]. Na área que nos interessa mais diretamente, não só os historiadores do direito puseram em evidência o advento de uma nova maneira de pensar e de tratar o direito no final da Idade Média e no início da época moderna que não deixa de ter ligação com o nominalismo[64], mas também os historiadores da filosofia do direito acentuaram com frequência a importância do advento do voluntarismo escotista e ockhamiano[65].

Michel Villey, em particular, mostrou de modo convincente que a concepção do direito como poder do indivíduo marca uma virada decisiva na história do pensamento jurídico, a qual se deve a Guilherme de Ockham[66]. Isso nos incita a pensar que, se há mesmo advento do direito como poder, deve seguir-se de algum modo o advento da lei como mando separado da ordem das coisas. A não ser que se possa estimar que a concepção da lei como mando precedeu a da lei como poder e forneceu-lhe suas premissas. Pois, se a lei é o que confere o direito ao indivíduo, seu advento deve, logicamente, ser anterior ao do direito-poder. Pode ser que a essa anterioridade lógica corresponda uma anterioridade histórica. Por essa razão concederemos uma

---

61. Largeault, *Enquête sur le nominalisme*, Louvain-Paris, 1971; G. Leff, *William of Ockham, the Metamorphosis of Medieval Discourse*, Manchester, 1975.

62. Duhem, *Le système du monde*, Paris, 1913.

63. Gilson, *Histoire de la philosophie médiévale*, Paris, 1976, t. II, p. 639; Urs von Balthasar, *La gloire et la croix*, t. IV, *Le domaine de la métaphysique*, trad. fr. Givord, Paris, 1982, p. 92.

64. Welzel, *Diritto naturale e giustizia materiale*, trad. it. Di Stefano, Milão, 1965, pp. 99 s., 121 s.; G. de Lagarde, *La naissance de l'esprit laïc au Moyen Âge*, t. IV, Louvain-Paris, 1963, t. V, *ibid.*, 1963; Tierney, "Ockhan, the Conciliar Theory and the Canonists", *Journal of the History of Ideas*, 15, 1954, p. 40.

65. Sten Gagner, *Studien zur Ideengeschichte der Gezetzgebung*, Gotemburgo, 1960; Oakley, *Medieval Theories of Natural Law*, Natural Law Forum – Notre Dame, Indiana, 1961; Tuck, *Natural Right Theories*, Cambridge, 1979, p. 21.

66. Villey, "La genèse du droit subjectif chez Guillaume d'Occam", in *Seize essais de philosophie du droit*, Paris, 1969, p. 140.

importância particular à exploração do pensamento de Escoto, que precede imediatamente o de Ockham.

Uma vez apontado o que foi rompido pelo nominalismo, restará a tarefa de descobrir as vias pelas quais esse abalo chegou até o pensamento moderno. Não é totalmente evidente que especulações mais ou menos abstrusas realizadas no latim bárbaro das escolas se tenham transmitido a ponto de contaminar o conjunto do pensamento moderno que não conseguiria livrar-se delas. Para poder, sem muito paradoxo, afirmar essa tese, cumpre estabelecer a transmissão do ockhamismo e do nominalismo no seio de sua própria tradição, e cumpre ainda perguntar qual pode ser o pensador que transmitiu as premissas nominalistas não só a Hobbes, mas também aos fundadores alemães da modernidade. A esse respeito, começa-se a salientar o papel capital de Suarez, que formou tanto os âmbitos de pensamento da metafísica clássica até Kant quanto os da escola do direito natural moderno[67]. Por isso, é com ele que concluiremos nossa pesquisa para nos interrogar sobre o seu papel na transmissão aos modernos dos princípios nominalistas e das concepções da lei a eles vinculadas.

Percorrendo essa história, nossa única ambição não é lembrar os vínculos entre este ou aquele tipo de pensamento; nossa esperança é conseguir depreender os princípios que permitiam que a lei fosse pensada no âmbito de uma ordem capaz de ligar a lei à realidade e de pôr a lei "em seu lugar". Pretendemos assim, por contraste, conseguir circunscrever o elemento fundamental que desapareceu nos pensamentos modernos e que forma para eles como que um pecado original compartilhado por todos os descendentes do nominalismo.

---

67. Mesnard, "Comment Leibniz se trouve placé dans le sillage de Suarez", *Arch. Phil.*, 1947 (52), p. 7; Courtine, "Le projet suarézien de la métaphysique", *Arch. Phil.*, 1979 (42), p. 235. Há em Grotius e em Hobbbes preceitos que parecem provir diretamente de Suarez.

PRIMEIRA PARTE
Santo Tomás ou a lei análoga

Capítulo I
A admiração das coisas

Para pensar que as leis são relativas às coisas, cumpre admitir que podemos conhecer as coisas e que estas estão mais além dos textos. O conhecimento das coisas, como diz Aristóteles, começa pelo espanto diante delas. Ora, no início e durante boa parte da Idade Média, esse espanto está longe de ter sido adquirido. A lição do primeiro mestre do pensamento medieval, Santo Agostinho, é esperar a ciência mais de uma iluminação do que da interrogação provocada pelo espanto. Por isso, o pensamento teve de realizar um longo caminho em cujo curso apareceu progressivamente a admiração perante as coisas que tornava possível a contemplação de Santo Tomás.

O pensamento de Santo Tomás se edifica sobre o fundamento já muito rico da cultura medieval. Ele é antes de tudo um teólogo que se abebera nas Escrituras e nas meditações dos principais Padres da Igreja que ele conhece muito profundamente. É também o herdeiro de uma cultura universitária que se desenvolveu com teologia escolástica desde as primeiras escolas monásticas e episcopais até as grandes universidades, sob a forma de sínteses, algumas das quais já terminadas quando ele inicia sua carreira universitária. Mas a cultura de Santo Tomás está longe de ser puramente religiosa; além de bom número de autores profanos que formam o fundo da cultura já no século XII, como Cícero[1] ou Ovídio, que têm papéis importantes na reflexão sobre a ética, é, evidentemente, sobretudo Aristóteles[2], enfim conhecido por completo depois de diversas peripécias, que devemos mencionar aqui. Cumpre acrescentar o conhecimento dos principais comentaristas gregos do Estagirita e de algumas obras platônicas então conhecidas[3]. A cultura profana de que se beneficia Santo Tomás tampouco se limita à filosofia, ele é contemporâneo do florescimento do direito erudito provocado pela redescoberta do direito romano do qual tem certo conhecimento[4].

Esse patrimônio que Santo Tomás vai explorar se constituiu segundo dois movimentos bem diferentes. Após a queda de Roma, o Ocidente já não conhece cultura profana, é dominado pelo pensamento religioso dos Padres e pelo pensamento do maior deles, Santo Agostinho[5]. Essa situação tem como resultado dirigir as mentes para as realidades separadas e para os textos em que se expressa a palavra divina; a cultura que desabrocha então é uma cultura clerical e gramatical[6]. Trata-se sobretudo de comentar os textos da Escritura[7]. Somente no decorrer da segunda metade do século XII é que, por influências diversas, as mentes se abrem cada vez mais às coisas para contemplá-las como as maravilhas da criação. Isto conduzirá as inteligências, não, claro, a abandonar os textos da revelação ou os do pensamento, mas a estudá-los e a compreendê-los como luzes que têm valor com relação às coisas que eles possibilitam conhecer.

---

1. Vansteenkiste, *Cicerone nell'opera di san Tomaso,* Angelicum, 1959, pp. 343-82; Verbecke, "Aux origines de la notion de loi naturelle", *in La filosofia della natura nel medievo,* Milão, 1966, p. 167; Paré, Brunet, Tremblay, *La renaissance du XIIe siècle,* Paris, Otawa, 1933, pp. 147 ss.
2. A. Thiry, "Saint Thomas et la morale d'Aristote", *in Aristote et saint Thomas,* Louvain, 1957, p. 229.
3. Gilson, *op. cit.,* pp. 338 ss.; Chenu, *La théologie au XIIe siècle,* Paris, 1957, p. 108; Chenu, *Introduction à l'étude de saint Thomas,* Paris, 1950, pp. 26-33.
4. Aubert, *Le droit romain dans l'œuvre de saint Thomas,* Paris, 1955.
5. Chenu, *Introduction, op. cit.,* p. 44; Chenu, *La théologie, op. cit.,* p. 115.
6. Chenu, *La théologie..., op. cit.,* pp. 90, 329.
7. Chenu, *La théologie..., op. cit.,* p. 329.

Esse movimento autoriza a situar o pensamento de Santo Tomás como o resultado e o triunfo da redescoberta das coisas iniciada no século XII, o que permitirá compreender por que Santo Tomás não poderia conceber as leis fora da sua relação com as coisas. Isso constituirá a trama do presente capítulo, que mostrará, no contexto que cerca o nascimento da reflexão tomasiana, uma tendência para se afastar das coisas, depois outra que impele a voltar a elas.

A tendência ao esquecimento das coisas

O aspecto essencialmente religioso da cultura do século XII e das épocas que o precedem imediatamente é, incontestavelmente, um dos fatores que explicam a presença, no pensamento medieval em suas primeiras manifestações, de certo desprezo pelas realidades temporais em proveito das realidades religiosas das quais elas são uma imagem. Nessa ótica, é preferível tentar contemplar cada vez mais diretamente as coisas do céu afastando-se, por separação e purificação, das realidades terrenas. A inteligência não deve fazer esforço para penetrar a ordem da natureza, que lhe fica, aliás, bastante obscura. Ela só a compreenderá verdadeiramente graças a uma palavra divina que a virá revelar.

Este é, de fato, o primeiro elemento fundamental dos primórdios da cultura medieval. O *lógos* grego parece ter sido substituído pela Palavra divina que se expressa do Sinai até o final do Novo Testamento. Já em sua origem, essa Palavra é concebida como um elemento exterior e transcendente, que desce ao mundo mas lhe permanece estranho e parece opor-se a ele. Os hebreus que a recebem, como mais tarde alguns cristãos, veem na afirmação da transcendência divina uma oposição ao mundo, pelo que ela se diferenciaria de modo brutal de todos os vestígios de imanentismo presentes no pensamento grego. Nessa perspectiva, toda ciência está contida na revelação que vem contradizer os dados sensíveis para revelar o verdadeiro sentido dos fenômenos. Portanto, fica não só inútil interessar-se pelas coisas deste mundo, mas também estas, que são criaturas finitas, são enganadoras. Elas não podem indicar-nos o que é certo, podem somente desencaminhar nossos sentidos e nosso espírito desviando-o de seu fim. Segue-se que a revelação é um mandamento que, em razão de sua origem transcendente, é separado do mundo e tem o objetivo de separar dele aquele que lhe obedece a fim de fazê-lo viver não mais segundo a natureza, mas segundo a vontade divina.

A transcendência do mandamento, garantia de sua origem divina, ficará ainda mais marcante porque estará em contradição com o estado de fato do mundo existente. A marca própria da transcendência, nessa perspectiva, é justamente a capacidade de ficar livre relativamente a toda ordem que não seja a expressão adequada da vontade divina. Ora, por hipótese, nenhuma ordem humana nem natural pode ser perfeitamente conforme a essa vontade divina. Esta é, portanto, capaz de ditar seus mandamentos como quiser. Ela não deve ser prisioneira da natureza das coisas ou das cidades. Estas não desempenham nenhum papel na salvação, são totalmente terrenas, são um produto da vontade dos homens e não da vontade de Deus, pelo menos na origem. São convencionais e foram apenas toleradas por Deus depois da queda original, que as tornou em certa medida necessárias para remediar as consequências mais desastrosas dessa queda, em particular o desenvolvimento do egoísmo que se seguiu. Finalmente, elas são um mal necessário que há que se tolerar mas que em si não tem valor.

Esses temas já estão presentes no Antigo Testamento. Nele, a vontade de Jeová costuma ser apresentada como um mandamento que se impõe pela força da vontade que o enuncia. Jeová é um Deus poderoso cuja palavra eficaz realiza o que proclama, ao contrário dos deuses pagãos que devem contentar-se com o estado de fato: *"Quoniam ipse dixit et facta sunt, ipse mandavit et creata sunt."*[8] Esse Deus

---

8. Salmo 33, 9: "Pois ele disse, e as coisas foram feitas; ele ordenou, e elas foram criadas."

pode subverter os dados da natureza, pode, por uma decisão que só depende dele, exigir a obediência, mesmo que esta constitua, aos olhos da razão e do coração humano, um escândalo. Até ao contrário, suas exigências, julgadas tão duras, serão a um só tempo a prova de sua onipotência e da fé do crente, que permanecerá fiel apesar do que lhe parece ser insuportável. Nada ilustra melhor esse absoluto da vontade divina do que o episódio do sacrifício de Abraão, cujo alcance Kierkegaard salientou com tanta força.

A onipotência divina se manifesta também pela forma como são revelados os mandamentos. É em meio a fenômenos cósmicos que evocam a potência que Moisés recebe do alto as tábuas da lei, enquanto o povo ficou acampado embaixo na planície. Recebe esses mandamentos de um Deus que lhe permanece secreto, e a revelação se faz somente por esses mandamentos transcendentes[9]. Esses mandamentos não só serão utilizados para destruir os ídolos, mas também têm o efeito de separar o povo judeu dos outros povos, de afastá-lo das práticas habituais[10]. É dessas tábuas da lei que o povo recebe sua verdadeira Constituição. Até então ele não era um verdadeiro povo, não tinha lei própria. Portanto, o povo é reunido e constituído num conjunto político, não por uma evolução natural, mas pela própria vontade divina[11]. Enquanto Adão e Eva foram tentados e pecaram querendo adquirir o conhecimento do bem e do mal, aqui esse conhecimento lhes é comunicado pela revelação do conteúdo da vontade divina[12]. Assim, parece impossível e até blasfematório procurar conhecer com a ajuda da razão o que é conforme à lei, cumpre esperar esse conhecimento de um decreto divino, assim como é preciso receber a lei sob a forma de tábuas escritas e não procurá-la na observação da natureza. O tema da exaltação da lei dada

---

9. Goldstain, *Les valeurs de la loi*, Paris, 1980, pp. 47, 86.
10. Goldstain, *op. cit.*, pp. 51, 80.
11. Goldstain, *op. cit.*, p. 82.
12. Goldstain, *op. cit.*, p. 74: "Quando Deus se revela, ele prescreve", p. 61.

por Deus e oposta às leis dos homens se tornará um dos componentes importantes do judaísmo até a vinda de Cristo e depois dela[13].

Sejam quais forem as diferenças entre a antiga e a nova aliança, certos aspectos do Novo Testamento podem inserir-se na continuidade desse tipo de pensamento e efetivamente foram compreendidos assim pelos doutores cristãos. Cristo apresenta-se como a perfeição da Lei, vindo instaurar uma Lei nova; isto quer dizer que seu ensinamento, por sua novidade, manifesta uma mudança da vontade divina que impõe novos mandamentos. "Vossos pais vos ensinaram... e eu, eu vos digo." A Lei nova torna caduca a antiga, claro, mas não o faz mudando as características da Lei; ela se torna uma Lei que, por sua vez, deve ser obedecida com tantos escrúpulos quanto a Lei antiga e que pode fornecer ensinamentos morais precisos como a proibição do divórcio. No Evangelho, vemos até os apóstolos esperarem do Senhor lições políticas: deve-se pagar ou não o imposto? "Quando vais restaurar o reino de Israel?" Esta última pergunta mostra bem que se esperava de uma nova revelação uma restauração política.

Já nos primeiros momentos de sua constituição, certas correntes imprimirão essa marca no pensamento dos cristãos. Sabe-se que foi preciso uma decisão solene do concílio de Jerusalém para permitir aos gentios não submeter-se aos ritos da Lei antiga. A seita herética ebionita, mesmo se afirmando cristã, continuou a observar as práticas da Lei antiga como o descanso do Sabá e as festas da liturgia judaica.

Desde a origem do pensamento patrístico latino no século II, Tertuliano é um ardoroso representante dessas tendências. Esse antigo jurista que se tornou teólogo desenvolve um pensamento que se pretende em total ruptura com a sabedoria do mundo. A fé ensina verdades que são loucuras aos olhos do mundo, e o caráter aparentemente

---

13. Goldstain, *op. cit.*, p. 258; Neher, *Histoire biblique du peuple d'Israël*, Paris, 1962, p. 665.

absurdo delas é um critério da sua verdade[14]. Logo, cumprirá recusar toda aliança entre a fé e a filosofia, acusada de estar na origem do gnosticismo[15]. No plano ético-político, o pensamento de Tertuliano é igualmente abrupto. O cristão é alguém que vive sob uma lei especial totalmente separada da lei do mundo[16]. As leis pagãs são meras convenções humanas que submetem os homens a seu jugo em razão do pecado; o cristão, por sua vez, obedece à outra lei. A vida cristã é, aliás, inteiramente compreendida como uma vida sob uma lei, pois a revelação é a história de um conhecimento cada vez mais preciso da vontade divina expressa pela lei[17]. A fé se manifesta precisamente por essa obediência completa à lei que Cristo veio trazer[18]. Daí resulta um positivismo sacro que arruína as instituições humanas, mas engloba toda a vida dos cristãos num legalismo rígido. Um dos pontos importantes da vida cristã é, por exemplo, o fato de as mulheres usarem um véu na igreja, segundo a palavra de São Paulo, sendo esse pensamento posto no mesmo plano dos mais importantes dogmas[19]. No entanto, Tertuliano não estende seu fundamentalismo no sentido do desprezo pelas realidades políticas. Embora reivindique a liberdade de todos para professar sua própria religião[20], afirma com a mesma força sua lealdade política para com o imperador, mesmo sustentando que uma lei injusta é nula[21].

Essas correntes podiam desenvolver-se com mais facilidade ainda na Igreja, pois, sob certos aspectos, eram refor-

---

14. Gilson, *op. cit.*, t. I, p. 97.
15. Gilson, *op. cit., eod. loc.*
16. A fé é uma regra, *Regula fidei*, Gilson, *op. cit., eod. loc.*
17. Cf. Tertuliano, *Adversus Judaeos*, II, 2, 4.
18. *Ibid.*, §§ 6, 10 e 11.
19. Tertuliano, *De virginibus velandis*; o uso do véu se insere no desenvolvimento da lei primordial. Cf. *op. cit.*, V, 1.
20. Gilson, *op. cit.*, p. 100.
21. Tertuliano, *Apologeticum*, 28, 29, *PL*, t. I, col. 441 ss.; cf. os comentários e os textos citados por Arquillière, *L'augustinisme politique*, Paris, 1955, pp. 100-7; "Legis injustae honor nullus", Tertuliano, *ad nationes*, I, 6, *PL*, t. I, col. 566.

çadas pelas ideias filosóficas do final da Antiguidade. Nessa época, Platão torna a usufruir grande crédito sob a forma mais extremista do neoplatonismo bem representado por Plotino. É verdade que, em sua época, Platão reagira contra a pretensão dos sofistas de recusar à inteligência a possibilidade de descobrir uma verdade. Platão, ao contrário, demonstrara com muita força a necessidade de a inteligência se pôr em busca da ordem objetiva que rege o universo. Afirmava muito vigorosamente que essa ordem não dependia nem um pouco de nossa mente. O conhecimento dessa ordem permitia descobrir verdades morais e construir uma cidade conforme à verdade e ao bem. Mas, refutando os sofistas, Platão julgara necessário afirmar a verdade e, portanto, a imutabilidade da ordem, recusando-lhe ser imanente à natureza e ao devir. O bem não podia ser descoberto pela observação das realidades sensíveis, cumpria remontar até contemplar a ideia de bem para poder tirar dela a lei conveniente à cidade[22]. Tratava-se, por certo, de uma lei verdadeira, mas que dependia de uma área diferente daquela em que se move normalmente o homem político. Logo, será necessário recorrer ao filósofo que terá contemplado a ideia de bem[23]. Essa contemplação será adquirida por um processo de separação que permitirá ao espírito alcançar, mediante a dialética ascendente, o conhecimento das ideias[24]. Ele poderá então dar ao legislador as diretrizes necessárias para se conformar à ordem real. Portanto, a lei enquanto tal não tem valor se não estiver na dependência de uma lei superior, cognoscível unicamente pelo filósofo e por quem tem a responsabilidade do governo da cidade. Isso abre a possibilidade de uma crítica bastante profunda da lei positiva, que pode não deixar subsistir nada de seu valor e de sua necessidade se ela não for o reflexo compartido da ideia de bem e de justo[25]. Não se

---

22. Platão, *República*, VII, 519 C–520 C.
23. Platão, *República, eod. loc.*
24. Platão, *Leis*, 715 C, 716 C; *Política*, 292 d.
25. Platão, *Política*, 203 *a*, 293 *d*.

segue somente a crítica da lei positiva em nome da lei natural pensada como uma lei superior, mas disso também resulta que a lei positiva, para ficar conforme à ideia de bem e de justo, deverá transpor para a cidade as características da ideia de que ela participa. O critério de sua conformidade com a ideia será a imutabilidade que a faz, decerto, escapar das críticas dos sofistas, já que com isso manifesta-se sua conformidade com a verdade do bem; não mudando, ela fica de acordo com a ideia imutável e perde todo caráter convencional[26].

No entanto, Platão é forçado a admitir a existência da mudança; o rei-filósofo também poderá modificar as leis segundo sua vontade[27]. Inicia-se assim uma dicotomia que reaparecerá muito amiúde entre uma lei ideal imutável e uma lei positiva modificável ao sabor de quem possui a ciência da lei perfeita[28].

A adaptação da lei dependerá do legislador e não do juiz. A lei conduz ao bem e a uma função de educação moral, mas não intervém numa partilha dos bens existentes. A justiça toma a forma da obediência à lei, pela qual aqueles que não podem contemplar o bem dele participam[29].

A concepção estoica da lei e do mundo também está muito presente no pensamento cristão do fim da Antiguidade. O estoicismo nessa época tornou-se sobretudo uma filosofia moral que se difundiu em particular entre certos juristas e com frequência inspirará, pelo menos sob a forma vulgarizada que lhe deu Cícero, as reflexões éticas dos Padres[30]. Ademais, Cícero continuará sendo lido e conhecido nos séculos XII e XIII: João de Salisbury o cita frequentemente e seu latim mostra sua influência, ele é uma das fontes confessas de Santo Tomás[31].

---

26. Platão, *Leis, eod. loc.*
27. Platão, *Política*, 293 *b*, 294 *b*.
28. Como lhe censura Aristóteles, *Política*, 1287 *a*.
29. Platão, *República*, 590 *e*.
30. Spanneut, *Le stoïcisme des Pères de l'Église*, Paris, 1957.
31. Vansteenkiste, *op. cit.*

Sejam quais forem as transformações pelas quais passaram as doutrinas mais técnicas do estoicismo, no curso de uma evolução que o fez redundar numa espécie de moral do romano bem-educado, ele conserva desde sua origem a ideia de uma cidade universal comandada por uma lei racional para a qual tende o mundo[32]. Mesmo depois de ter deixado de lado o sensualismo empirista da teoria do conhecimento de seus primórdios, ele guarda a ideia de um mundo da razão bem estritamente separado do mundo dos "corpos"[33], se bem que, sob outro ângulo, ele pretenda que as realidades são todas materiais e estão imbricadas em razão dessa materialidade. O pensamento estoico desenvolve, pois, uma crítica bastante próxima do cepticismo dos sofistas para mostrar que o direito em vigor não é o direito ideal. Acima do direito concreto das cidades, há um direito universal conforme à razão para o qual o sábio deve dirigir-se[34]. Esses temas vulgarizados, e, por certo, em boa parte separados de seu pano de fundo filosófico, penetrarão na mentalidade de alguns juristas romanos. A separação entre as tendências sensíveis e a razão é decerto um dos aspectos mais importantes para nós, pois separa o progresso moral e a busca do que é justo da observação concreta das tendências[35]. A racionalidade que se trata de praticar não é em absoluto encarnada, caracteriza-se, ao contrário, pela separação[36]. É verdade que, apesar de sua crítica das cidades concretas e das tendências naturais, os estoicos aceitam as situações de

---

32. Voelke, *Les rapports avec autrui dans la philosophie grecque*, Paris, 1961, pp. 110-4; Marciano, Inst. I: *Stoicorum veterum fragmenta*, von Arnim, t. III, 314, p. 77; Fílon, *de Josepho*, 29, *SVF*, III, 323, p. 79.
33. E. Bréhier, *La théorie des incorporels dans l'ancien stoïcisme*, Paris, 1908.
34. Cícero, *De finibus*, III, 21, 71; *De republica*, III, 33.
35. Daí a separação entre os homens e os animais; Cícero, *De finibus*, III, 19, 63; III, 20, 67. Embora a moral estoica parta da observação das inclinações, estas não são bens. O bem consiste no assentimento que a razão pode dar a essas inclinações. Bréhier, *Histoire de la philosophie*, nova edição, Paris, 1981, p. 225.
36. Bréhier, *Histoire, op. cit., eod. loc.*

fato com uma espécie de resignação céptica em razão do seu fatalismo. Simplesmente, devido à consciência que tomam da facticidade das cidades e dos cargos públicos que eles ocupam podem manter a razão acima das preocupações por demais concretas da cidade e buscar a virtude por si só sem experimentar o desejo de reformar a cidade, salvo, talvez, em relação a certos pontos como a escravidão. Chegam, finalmente, a uma espécie de positivismo que se resigna diante do estado de direito existente, sabendo que existe um direito ideal mas sem alcance prático. Se a lei racional universal não deve desordenar as cidades, tampouco o direito positivo tem de sustentar a pretensão de ser justo[37]. Acrescenta-se a isso o desenvolvimento de uma moral que tenta especificar os direitos do sábio em face da situação em que está de dever cumprir seu ofício[38].

As fontes platônicas e estoicas, cujas características dominantes acabamos de mostrar de modo muito breve, estão parcialmente na origem direta do pensamento do Doutor de Hipona, que teve grande influência sobre todo o pensamento medieval. Santo Agostinho, que, antes de sua conversão, se formara nas escolas de retórica, nelas recebeu uma cultura impregnada do estoicismo ambiente[39], à qual juntou uma busca intelectual e espiritual intensa que o conduziu a ler especialmente Cícero e as traduções latinas das *Enéadas* de Plotino feitas por Mário Vitorino[40]. Claro, Santo Agostinho é acima de tudo um religioso, mas os âmbitos conceituais nos quais exprime sua fé permanecem marcados pelas fontes que estão na origem de sua reflexão. Encontraremos nele certo dualismo segundo o qual, de manei-

---

37. Bréhier, *Histoire, op. cit.*, p. 291, pp. 351 ss.; Villey, *Formation de la pensée juridique moderne*, Paris, 1968, p. 434, pp. 454 ss.
38. Bréhier, *Histoire, op. cit., eod. loc.*
39. Marrou, *Saint Augustin et la fin de la culture antique*, Paris, 1938, pp. 55 ss., pp. 238-8 para a educação retórica e dialética. A influência estoica não é somente difusa, ela existe no próprio seio do aprendizado da dialética, p. 242, n. 1, p. 578.
40. Marrou, *Saint Augustin..., op. cit.*, p. 34.

ra muito fiel a Platão, o corpo é instrumento subordinado da alma[41]. Daí resulta uma doutrina do conhecimento que será transmitida com variantes por todos os doutores que se vinculam a essa corrente, entre outras a tradição franciscana; ela consiste em afirmar que o conhecimento não passa pelo sensível, este pode ser sua ocasião, não sua fonte. Nessas condições, o conhecimento é o produto de uma iluminação transmitida pela luz divina à inteligência, o espírito recebe essa iluminação sem operar verdadeira busca, o conhecimento não só não implica atividade, mas também é essencialmente um fenômeno passivo[42]. O trabalho da inteligência chamado abstração não encontra realmente seu lugar aqui. As duas fontes dessa iluminação são o conhecimento incompleto que resulta do que é naturalmente transmitido à inteligência, e a segunda é a revelação que vem completar, ao que parece na mesma linha, o que a inteligência natural recebe. Daí resulta que o conhecimento natural é imperfeito, permite-nos conhecer apenas sinais das realidades superiores que são reveladas pela fé. Portanto, até está na continuidade do conhecimento natural; nesse sentido, a revelação nos dará indicações diretas sobre as realidades terrenas, indicações da mesma ordem daquela que a inteligência nos dá. Logo, não há distinção verdadeira, do lado do objeto, entre os dados da fé e os da razão. As indicações da fé podem, pois, ser diretamente utilizadas em matéria profana, o que levará toda uma parte do agostinismo a pretender extrair uma política da Santa Escritura[43]. A concepção da unidade da fonte do saber, que encontra sua raiz nas ideias do intelecto divino, segundo uma transposi-

---

41. Gilson, *Introduction à l'étude de saint Augustin*, Paris, 1943, pp. 76-7, sobre a influência de Plotino na elaboração dessa doutrina, cf. n.1 da p. 76.
42. Gilson, *Introduction...*, *op. cit.*, II, p. 125. É uma impressão de regras, mas também uma intuição, p. 126. Santo Agostinho, *De Trinitate*, XIV, 15, 21, *PL*, 42, col. 1052.
43. Tendência que se origina no Doutor de Hipona, cf. Arquillère, *op. cit.*, pp. 62-3, e que não parará de se desenvolver. Arquillère..., pp. 142 ss.; Combès, *La doctrine politique de saint Augustin*, Paris, 1927, pp. 109-13, 323-5.

ção das intuições platônicas, levará a afirmar a unidade das ordens do saber e, portanto, buscar na fonte superior da revelação indicações diretamente transponíveis para o campo da cidade terrena, que cada vez mais deve ceder espaço para a cidade celeste, representada já nesta terra pela Igreja. Isso incitará os clérigos inspirados pelo agostinismo a desprezar algumas das nuances postas por Santo Agostinho em seu pensamento e os empurrará para a via de uma teoria do direito sacro segundo a qual a lei deve ser descoberta na revelação e nas interpretações que a Igreja lhe dá. Portanto, esta deve dispor da *plenitudo potestatis* a fim de fazer esse direito reinar. Tal doutrina está na origem, por exemplo, do preceito de Graciano segundo o qual o direito natural está contido no Evangelho[44].

No pensamento de Santo Agostinho, não houve supressão da lei eterna nem da lei natural[45], mas esta é apenas uma primeira etapa que corresponde ao conhecimento imperfeito que podemos adquirir pela intuição racional[46]. A lei natural é universal e constituída pelos princípios e axiomas que a razão conhece, os quais estão de acordo com uma lei eterna que engloba a totalidade do universo[47], a respeito da qual é difícil precisar, em razão do caráter circunstancial das exposições de Santo Agostinho, se é oriunda da razão ou da vontade. Depois da lei natural, que era conhecida desde a origem da humanidade, vem a lei divina revelada a Moisés, a qual repete, de um lado, preceitos da lei natural e, de outro, contém mandamentos destinados a ser suprimidos pela vinda de Cristo[48]. Santo Tomás herdará de Santo Agostinho essa doutrina da história das leis, embora a

---

44. Graciano: "Jus naturale est quod in lege et evangelio continetur", I. dist. I, *in princ.*
45. "Lex vero aeterna est ratio divina vel voluntas dei, ordinem naturalem conservari jubens, perturbari vetans", Santo Agostinho, *Contra Faustum*, XXXII, 27.
46. *De diversis questionibus*, LIII, 2, *Epistolae*, CLVII, III, 15.
47. "Ordinem naturalem conservari jubens", *op. cit., eod. loc.*
48. *Contra Faustum*, XIX, 2 ss.

compreenda de modo muito diferente, como uma história que mais se insere na ordem do ser do que a subverte. Resulta disso que a verdadeira lei e a verdadeira justiça devem ser procuradas nas fontes religiosas e devem visar estabelecer uma ordem que substituirá cada vez mais a cidade terrena que vai desaparecendo, como mostra o fracasso da civilização romana que Santo Agostino, apesar de tão impregnado de cultura antiga, é obrigado a constatar ao assistir em vida à tomada de Roma pelo bárbaro Alarico[49]. Disso não se segue, porém, que seja preciso, à espera do advento completo da cidade celeste, rejeitar o direito humano. Este tem certa autoridade e valor porque Deus permite a existência dos poderes humanos. Não obstante, essas leis são injustas, decorrem apenas da vontade dos homens e dos poderes humanos que Deus tolera; são leis passageiras fundamentadas, apesar de algumas expressões mais favoráveis, na injustiça da conquista. Segue-se que a cidade pagã é, em si mesma, injusta, pois não reconhece Aquele que é fonte de toda justiça[50]. Obedecer-se-á, entretanto, a essas leis injustas para conservar a paz e sobretudo porque esse estado que não é mais que um estado de fato é, porém, uma expressão da Divina Providência[51]. Em contrapartida, quando o Estado se torna pelo menos parcialmente cristão, ele assegura outra função que é dar força e vigor às disposições que serão tiradas da Escritura para fazer que reine um direito conforme ao Evangelho. Serão leis essencialmente morais, e o direito se confundirá com esses mandamentos morais. Nesse contexto, o Estado se torna aquele que deve fazer respeitar, se necessário mediante coerção,

---

49. *De civitate Dei*, V, 19, V, 21.
50. "Est plane ille summus Deus vera justitia, vel ille verus Deus summa justitia", *Ep.*, 120, 4, 19; "Remota itaque justitia, quid sunt regna nisi magna latrocina?", *De civitate Dei*, IV, 4. Para as críticas da cidade terrena, *De civitate Dei*, XV, 1, 1, XV, 18-20; XV, 24; XIX, 4, 21. Sobre o dualismo contido nessa oposição, Markus, *Saeculum: History and Society in the Theology of St Augustine*, Cambridge, 1977, pp. 86-90.
51. *De civitate Dei*, XIX, 12, 21, 24.

os mandamentos tirados da justiça divina e tornados leis do Estado[52].

A influência do pensamento agostiniano não cessará de afirmar-se sob diversas formas até o século XIII, trazendo com ele certo desprezo pelas coisas naturais e pelas tendências para o positivismo jurídico, sacro ou profano, que nelas se podiam ler. Está também muito presente nas obras teológicas oriundas dos conventos, como a de Santo Anselmo, cuja vontade de afirmar a continuidade entre a razão e a fé tem uma ressonância muito agostiniana. Esse monge normando do final do século XI assume uma importância particular, em meio a outros inumeráveis doutores, em razão da doutrina da liberdade que ele transmite e que encontraremos sempre presente e oposta à de Santo Tomás, de Duns Escoto a Suarez. Ela é para ele: "Potestas servandi rectitudinem voluntatis propter ipsam rectitudinem."[53]

Há também nele uma definição da justiça que será retomada por Duns Escoto[54]. O meio monástico no qual elabora sua reflexão decerto não é alheio a esses aspectos de seu pensamento; de fato, lá os caracteres mais intelectualistas e religiosos do pensamento agostiniano podem se desenvolver com bastante liberdade. Com a combinação de ambas as concepções, chega-se à ideia de que a justiça consiste em seguir livremente uma regra, pois a liberdade também é um poder que resulta de uma regra, mas de uma regra de outra ordem, que é a lei natural ou a lei divina. Portanto, há em Santo Anselmo uma submissão direta da vontade à lei sem passar pela coisa[55]. Tal pensamento acabará tendo um desenvolvimento considerável; pode-se estimar que é a fonte de toda uma corrente que vai se desenvolver no século XIV e muito depois.

---

52. Santo Agostinho, *Lettre 93 à Vincetinus; De civitate Dei*, V, 24 ss.
53. Santo Anselmo, *De libero arbitrio*, PL, CLVIII, col. 494: "Possibilidade de conservar a retidão da vontade por essa própria retidão."
54. Santo Anselmo: "Rectitudinem voluntatis, dicimus justitiam esse voluntatis propter se servatam", PL, CXIII, col. 523.
55. Santo Anselmo, *De libero arbitrio, op. cit.*, col. 494.

O neoplatonismo persistirá no pensamento medieval e, no século XII, conhece um renascimento inesperado na escola episcopal de Chartres, onde se comentam textos neoplatônicos, em especial o *Comentário do "Timeu"* de Calcídio. Nesse meio é que encontramos, ao que parece pela primeira vez, a expressão "direito positivo". As doutrinas filosóficas que se desenvolvem à sombra da catedral de Chartres são não somente platônicas, mas juntam-lhe, talvez sob a influência das etimologias de Isidoro de Sevilha ou daquelas de Crátilo, uma primeira tentativa de gramática especulativa[56]. Os mestres de Chartres são praticantes da dialética que ganha então impulso sob a influência da leitura de Boécio[57]. Para Bernardo de Chartres, as palavras derivam de uma fonte original que significa a Ideia, coisa que tomou conhecimento em Sêneca. Mas Bernardo não só sustenta que os indivíduos não são substâncias, mas também que as ideias são coeternas a Deus. Essas teses são repetidas por Ivo de Chartres e ainda acentuadas por Gilberto Porretano[58]. A influência deles se faz sentir no sentido de uma desvalorização das coisas materiais, até certo ponto somente. As formas que estão presentes na matéria não passam de cópias das ideias subsistentes em si mesmas no intelecto divino. São dessas causas exemplares que os indivíduos-substâncias tiram sua realidade[59]. Essas teses verão sua influência persistir até desabrochar no formalismo escotista. A Escola de Chartres é o meio no qual escrevem os primeiros canonistas, por isso não é de surpreender vê-los nutrir-se de dialética platônica[60] e talvez sofrer certas influências no campo da teoria do direito que consiste, na linha, é verdade conjunta, do neoplatonismo cristão e do

---

56. Gilson, *La philosophie....*, op. cit., p. 260.
57. Chenu, *La théologie...*, op. cit., p. 152.
58. Gilson, *La philosophie*, op. cit., eod. loc.
59. Gilson, *La philosophie...*, op. cit., p. 264.
60. Grabman, *Geschichte der scholastischen Methode*, Graz, 1957, t. II, p. 215.

agostinismo, em conceder à lei divina um lugar que tende a superar o da lei natural[61].

A reflexão teológica e filosófica no decorrer da segunda metade do século XII deixa as escolas monacais e episcopais, criam-se as primeiras universidades. Nelas o ensino ministrado é primeiro o dos clérigos seculares, sendo em seguida rapidamente compartilhado, não sem múltiplas discussões, com os monges. Desse ensino nascem os primeiros comentários das *Sentenças* de Pedro Lombardo, teólogo agostiniano que reunira Sentenças dos Padres a propósito dos principais temas da teologia, e que se deviam comentar antes de se poder lecionar a título de licenciado completo em teologia. Vemos também florescer sínteses que surgiram por ocasião do ensino e das discussões que o acompanham. A tendência dominante desses escritos ainda é, no final do século XII e na primeira metade do século XIII, largamente agostiniana, como o será a obra de um contemporâneo de Santo Tomás, São Boaventura.

Um bom exemplo dessas primeiras sumas de teologia pode ser dado pela suma teológica do franciscano Alexandre de Hales, que Santo Tomás conheceu[62]. Na teologia agostiniana desse franciscano, a lei ocupa um lugar importante, quer se trate da lei eterna ou da lei natural. Mas é bastante difícil distinguir as duas, pois conhecemos a lei eterna por uma intuição intelectual que ganha então o nome de lei natural[63]. Essa lei impede, pela iluminação que proporciona

---

61. Gaines Post, *Studies in Medieval Legal Sources*, pp. 405, 521-2, Princeton, 1964; S. Kuttner, "Sur les origines du terme droit positif", *RHD*, XV, 1936, pp. 736-9; Lottin, "Le droit naturel chez saint Thomas et ses prédécesseurs", in *Psychologie et morale*, Louvain, 1948, t. II, pp. 16-23, 106-8; Winterswyl, *Beiträge zum politischen Augustinismus und Neuplatonismus, in der Mittelalterlichen Rechtslehre, mit besonderer Berücksichtigung des Hostiensis*, Munique, 1958.

62. Lottin, "La loi éternelle chez saint Thomas et ses prédécesseurs", in *Psychologie et morale*, op. cit., t. II, pp. 53-7, igualmente "La loi em général, la définition thomiste et ses antécédents", ibid., p. 19.

63. A. de Hales, *Summa Theologica*, Ad claras Aquas, Quarrachi, 1948, t. IV, pars III, inqu. I quaest. I, cap. I.

ao espírito, cair no erro⁶⁴. Como ela não nos dá um juízo, no sentido em que este implica uma decisão, a lei é superior ao juízo, pois nos dá apenas um conhecimento⁶⁵. Considerada em si mesma e não mais no espírito, a lei eterna é uma ordem estabelecida por Deus na medida em que ele é criador e transmite às criaturas racionais o conhecimento do que é bem ou mal⁶⁶. Parece que Alexandre de Hales toma com firmeza posição quanto à natureza racional da lei natural e eterna.

Embora a autoridade seja necessária para a promulgação da lei, a verdade e a bondade são igualmente necessárias, e a lei nos fornece essencialmente um conhecimento⁶⁷, mesmo que, como é lógico no agostinismo, esse conhecimento não seja o resultado de uma observação, mas de uma intuição. A lei natural é, aliás, imutável, é a ordem do mundo conhecido por nós na sindérese. Embora as aplicações da lei possam mudar, assim como o médico aplica remédios diferentes conforme as doenças sem que, todavia, a medicina mude, a lei natural fica imutável⁶⁸. No entanto, a lei natural é derivada da lei eterna e é conhecida também pelo Decálogo⁶⁹. Disso vai resultar a possibilidade de construir um sistema de direito natural conforme aos preceitos do Decálogo⁷⁰. Isso de modo algum significa que a lei humana seja desconsiderada: também ela é derivada da lei eterna. Deverá ser julgada consoante o fim; se conduz para os preceitos da lei natural, é boa, se não, é má⁷¹.

Encontramo-nos aqui no limite da evolução do pensamento agostiniano, em face de um tratado da lei cujo es-

---

64. A. de Hales, pars II, inqu. II, quaest. I, cap. I.
65. *Ibid.*, cap. 2
66. *Ibid.*, cap. 3.
67. *Ibid.*
68. Alexandre de Halès, *ibid.*, caps. 7 e 8; cf. quaest. II, cap. 3, e quaest. III, cap. I.
69. "Moralia legis Moysi emanant a lege naturali", A. de Hales, *op. cit.*, pars II, inqu. II, quaest. 4.
70. É por isso que, apesar de algumas alusões ao direito e à justiça, sua moral fica expressa num tratado das leis, pars II, inqu. II, quaest. 1, art. III.
71. A. de Halès, *op. cit.*, pars II, inqu. I, quaest. 1, art. III.

quema é muito próximo do de Santo Tomás. Entretanto, falta a Alexandre de Hales a possibilidade de ir mais longe. No sentido do encontro das coisas, seu intelectualismo, prisioneiro da iluminação, permanece um conhecimento imanente cuja fonte é a lei. Seu apego ao agostinismo veda-lhe compreender a lei natural de outra maneira que não seja uma intuição, ela lhe dá um caráter mais sistemático e menos encarnado no direito positivo; falta-lhe um tratado da justiça para precisar os vínculos com as coisas. A finalidade que ele percebe na conformidade com a lei natural não adquiriu toda a amplitude que terá em Santo Tomás ao se encarnar nas coisas e, portanto, na ontologia. Em Hales, ela permanece uma finalidade moral e não cosmológica[72]; para transpor esses limites era necessário, de fato, dispor de uma ontologia de que não dispunha o agostinismo; cumpria também que a chegada de Aristóteles forçasse o pensamento a abrir-se para as coisas e lhe ensinasse novamente a encontrar nelas as indicações da ordem do mundo.

Olhares sobre as coisas

Apenas depois da redescoberta de Aristóteles ocorrerá, não sem dificuldades, uma volta do pensamento para a natureza, no sentido grego do termo. Contudo, há que se notar que essa volta será possível porque, na cultura cristã, antes mesmo da nova chegada do Estagirita, existiam elementos que permitiam essa abertura e essa reutilização de Aristóteles. Seria totalmente caricatural imaginar que todo o pensamento medieval até Santo Tomás está fechado num estrito voluntarismo agostiniano.

Cumpre principalmente lembrar que os aspectos voluntaristas e legalistas que salientamos nas Escrituras estão

---

72. Graças à noção de lei eterna, A. de Hales consegue repudiar todo voluntarismo. Se Deus não está submetido à lei eterna, é porque ele é essa própria lei, que não impede em absoluto juízos particulares. Quanto às aparentes mudanças da lei natural, elas conservam a *ratio legis*.

longe de ser exclusivos. Apesar do caráter voluntário dos mandamentos divinos, a verdade é que o mundo é bom, justamente porque é oriundo da mão do Criador[73]. Não é certo que os preceitos da Torá sejam compreendidos como ordens arbitrárias. A Torá é também um ensinamento, por certo nascido de uma fonte transcendente, mas ela diz o que é[74]. Os preceitos da lei são também instruções que se dirigem à inteligência[75]. O legalismo, se se desenvolveu, também foi expressamente condenado, mesmo antes da vinda de Cristo[76]. As severas críticas deste, que serão desenvolvidas por São Paulo contra a lei do pecado, são apenas a repetição, com um alcance muito diferente, das advertências dos profetas e dos doutores[77]. Os profetas lembram ao povo que a lei tem o objetivo de preparar o coração, mediante a purificação, para um encontro com Deus[78]. Se a lei é mandada por Deus, ela também é oriunda de uma aliança. Os autores dos livros sapienciais, em contato com o pensamento grego, salientam que a lei não é um ato arbitrário, é um ato da sabedoria divina que cria a ordem do mundo, e o homem se torna santo pela participação nessa sabedoria que é o mais precioso dos bens[79]. Sejam quais forem as restrições feitas pelos judeus ortodoxos ao seu pensamento, um judeu da diáspora, Fílon, estabelece, antes de São João, certa correspondência entre o Verbo divino e o *Lógos* grego. Para ele, a lei é uma expressão desse *Lógos* divino ao qual, como um pedagogo, ela conduz. É certo que Cristo critica com muita violência o legalismo, todos se lembram das palavras sobre o sabá e sobre as prescrições minuciosas enunciadas pelos doutores da lei[80]. Porém, ele tam-

---

73. Goldstain, *op. cit.*, pp. 38-9, 268.
74. Goldstain, *op. cit.*, pp. 39-40.
75. Goldstain, *op. cit.*, pp. 60 ss.
76. Goldstain, *op. cit.*, pp. 64-8.
77. Goldstain, *op. cit.*, pp. 263 e 64-5.
78. Goldstain, *op. cit.*, p. 65.
79. Goldstain, *op. cit.*, pp. 41, 270.
80. Por exemplo, Mt, 12.1.14, 5.20.47.

bém se apresenta como a perfeição da lei, ou seja, como Aquele que substitui por uma lei essencialmente interior as prescrições demasiado materiais do Antigo Testamento[81]. Não obstante, ele mantém todas as prescrições do Decálogo, porque elas são uma expressão da natureza criada por Deus e não uma simples disposição positiva destinada a caducar com a sua vinda.

Será sobretudo São Paulo que sistematizará o ensino da revelação sobre a lei, em especial na Epístola aos romanos[82], mais tarde lida e comentada por Santo Tomás. Sabe-se que ele inicia com uma crítica da lei antiga, a que foi dada a Moisés, porque, impondo disposições positivas, ela submete também os judeus ao juízo. Não tendo realizado a finalidade da lei, que era o reconhecimento e o encontro de Deus na pessoa de seu Filho, eles praticaram os preceitos de forma material mas falharam na finalidade da lei. Esta é, portanto, para eles, fonte de pecado e de juízo[83]. Essa lei antiga deve desde então ser abandonada em proveito da Lei nova trazida por Cristo. Da Lei antiga subsiste unicamente o que não era resultado de uma disposição particular, o que é a lei natural expressa no Decálogo. Segue-se que os gentios podem entrar na Igreja sem dever submeter-se aos mandamentos[84] da Lei antiga, não têm de ser circuncidados, por exemplo, como sustentará Paulo no Concílio de Jerusalém. Há mais razão ainda para ser assim porque os pagãos já tinham certo conhecimento da lei mediante a lei natural que eles encontram, portanto, compreendida na Lei nova. Eles participavam da lei pela voz interior da consciência que lhes indicava o que era bem ou mal, independentemente da existência de um texto[85]. Essa concepção da lei natural inserida no coração dos homens terá

---

81. Ουχ ηλτον χαταλυσαι αλλα τληρωσαι, Mt, 5, 17: "Eu não vim abolir, mas cumprir."
82. Rm 5, 12 ss.
83. Rm 2, 12, 29.
84. Rm 2, 25 ss.
85. Rm 2, 14, 15.

muito peso na maneira de compreendê-la. Poderemos ver aí uma presença indireta que resulta da apreensão das coisas, mas ela também servirá de argumento para robustecer a ideia de uma lei natural abstrata e presente imediatamente na consciência.

É em São João, porém, que se afirma com mais clareza o acordo entre a revelação e a criação, ambas expressões diversas do *Lógos*, Filho de Deus. Por conseguinte, a lei divina revelada não pode contradizer a lei do mundo, que já é uma expressão da sabedoria divina; embora a lei divina vá além da lei natural, esta já está presente nas coisas onde ela expressa a sabedoria do governo divino. É de notar que Santo Tomás comentará de modo extremamente preciso o Evangelho de São João.

A cultura religiosa da Idade Média, inclusive da mais alta, não é completamente isolada das fontes antigas, que lhe fornecem os primeiros elementos de um renascimento e, por isso mesmo, de uma retomada da indagação sobre as coisas. Por vias obscuras das quais conhecemos, porém, algumas etapas, chega-lhe uma parte da ciência e da reflexão clássica. Assim, Isidoro de Sevilha escreve uma enciclopédia, intitulada *Etimologias*, de espírito muito neoplatônico, pela qual ele transmite ao Ocidente grande número dos conhecimentos acumulados durante a Antiguidade. Entre outras coisas, encontramos em sua obra definições jurídicas que foram extraídas das fontes romanas e dão a ideia de um direito profano existente em si mesmo. Ele identifica justiça e direito e assegura que o direito vem da justiça, *jus de justitia*, então a lei se distingue do *jus* do qual ela é uma espécie[86]. A lei é fundamentada na razão, mas numa razão que deve concordar com os usos e costumes do país, segundo as indicações de Cícero e segundo o estado de direito de seu tempo, caracterizado pela passagem da personalidade das leis para o costume[87]. Isto não impede em abso-

---

86. Isidoro, *Etymologies*, V, 3, PL, 82; II, 10. Talvez ele transmita Ulpiano, *DG*, I, I.

87. Isidoro, *op. cit.*, V, 3.

luto que exista uma lei natural, cuja concepção retoma largamente a definição de Ulpiano, com a qual se mistura também a influência de Gaio. No entanto, subsiste em Isidoro um dualismo bastante profundo, pois, se a lei natural se fundamenta na lei divina, a lei humana se fundamenta nos costumes[88]. Certo número de definições isidorianas servirá de base para a reflexão dos teólogos, e sua interpretação será em geral um desafio para expressar as concepções que se tem da lei[89]. As definições de Isidoro estão, por exemplo, presentes em Alexandre de Hales e em Santo Tomás, mas não as mesmas[90].

Entre os autores que contribuem para transmitir, através da Antiguidade, a necessidade de olhar para as coisas, temos de citar nomes muitas vezes ligados às primeiras tentativas de reforma e de renascimento político empreendidas pelos carolíngios, como Alcuíno ou Escoto Erígena e, mais tarde, no século XI, Gerberto de Aurillac.

Mas, sobretudo, não se deve desprezar o papel desempenhado por quem transmitiu ao Ocidente os primeiros textos de Aristóteles conhecidos na Idade Média. Embora o pensamento do filósofo só seja conhecido em sua totalidade a partir do século XIII, não se pode esquecer que seus escritos lógicos são transmitidos à cristandade muito mais cedo por intermédio de Boécio. Embora esse autor continue muito marcado pelo neoplatonismo, ele oferece à cristandade comentários, decerto um pouco deformantes, da maioria dos escritos lógicos de Aristóteles e, particularmente, de seus *Tópicos*[91], de onde sairão não só especulações sobre a linguagem e a lógica, mas que também fornecerão

---

88. Isidoro, *op. cit.*, V, 4, *PL*, 82-199.
89. S. Tomás, *S. Th.*, Ia, IIae, quaest. XCV, ad. 1 m onde Santo Tomás recusa uma interpretação que identifique *jus gentium* e *jus naturale* a partir de Isidoro, *op. cit.*, V, 6, e V, 4.
90. Alexandre parece escolher de preferência os textos em que a lei tem um sentido psicológico e moral, por exemplo: V, 4, *in* Alexandre de Halès, *op. cit.*, pars II, inq. II, quaest. II, cap. III. Graciano às vezes é a fonte de onde os doutores do século XIII tiram os textos de Isidoro.
91. Chenu, *La théologie...*, *op. cit.*, pp. 142 ss.

o âmbito do desenvolvimento do ensino do direito[92]. Vê-se que, antes mesmo que sejam conhecidos os outros escritos de Aristóteles, o conhecimento de seus *Tópicos* e do método dialético leva, no século XII, certas mentes a romper com o realismo idealista dos platônicos, que até então reina quase sozinho. O caso de Abelardo é sintomático dessa evolução. Nos meios da Escola de Chartres, às vezes também se produzem movimentos que estão longe de conduzir o platonismo ao desprezo pelas coisas. Se as realidades têm mesmo seu arquétipo no pensamento divino, segue-se também que as coisas, talvez mediante degradação, ou emanação, têm sua origem em Deus. Passa-se então da afirmação da relatividade das coisas criadas para a exaltação delas como símbolo[93]. Encontramos nelas um rasto do pensamento divino e, até, dizem alguns autores de modo muito ambíguo, o próprio Deus[94]. Sabemos que esse naturalismo estará presente no seio da Escola de Chartres e que, por seu intermédio, será transmitido aos juristas, que decerto não lhe dão o valor de uma fórmula filosófica precisa, mas veem nele a confirmação da existência de um direito natural[95]. Porém, a fórmula também pode levá-los a identificar esse direito natural com a lei divina, como parece fazê-lo Graciano. No entanto, há na doutrina neoplatônica dos chartrenses uma descida da divindade para a forma que se une à matéria em que, por certo, se deve ver uma das origens da concepção franciscana da matéria existente sem forma, que o platonismo não permite ultrapassar[96]. Sem dúvida, é por essa razão que essa volta às coisas fica incompleta[97].

---

92. Chenu, *La théologie...*, *op. cit.*, pp. 337, 342; Le Bras, *Histoire du droit et des institutions de l'Église en Occident*, t. I, Paris, 1955, pp. 81, 89, 95.
93. H. Urs von Balthasar, *op. cit.*, p. 44.
94."Natura id est Deus", Gaines Post, *op. cit.*, pp. 504-5; Calasso, *Medioevo del diritto*, Milão, 1954.
95.Gaines Post, *op. cit.*, pp. 537 ss. Por exemplo, Placentino, *Summa institutionum*, I, 2: "Natura, id est Deus, quia facit omnia nasci." Azo, *Glose sur Dig.* I, 1, 1, 3 ad V, citado por G. Post, p. 538.
96. Gilson, *Histoire, op. cit.*, pp. 262 ss.
97. Ou acabará voltando nitidamente ao panteísmo, em Amaury de Bène e David de Dinant.

Contudo, o que foi chamado a descoberta do mundo[98] ia receber dois impulsos decisivos graças a dois acontecimentos decisivos. O primeiro em data é menos diretamente filosófico do que jurídico. Trata-se da redescoberta ou, pelo menos, do desenvolvimento do estudo dos textos do direito romano nas universidades. É possível que alguns desses textos continuaram conhecidos durante a Alta Idade Média, é certo que alguns foram integrados às leis bárbaras. Mas foi apenas na segunda parte do século XII que um clérigo de Bolonha formado em retórica decidiu comentar esses textos, inaugurando o estudo de uma disciplina intelectual nova[99] em cujo seio, depois de se terem dedicado aos textos, os autores chegarão muito depressa, sob o impulso da Escola de Orléans, a estudar os textos relacionando-os aos casos práticos que lhes são submetidos ou que eles inventam. Os textos romanos obrigavam aqueles que se empenhavam nesse novo estudo a compreender a existência de um direito natural e, sobretudo, a existência de uma realidade jurídico-política daí em diante diferente da Igreja. Constatavam nos textos de Justiniano, mesmo que estes estivessem vinculados à sua autoridade de imperador cristão, a possibilidade de pesquisar o que é justo por meio da inteligência, observando a realidade da comunidade política sem dever remontar imediatamente à fonte divina da lei natural.

Um movimento ainda mais importante, conquanto paralelo, ia ocorrer com a redescoberta dos textos aristotélicos. No início do século XIII, depois das versões árabes, os teólogos e os filósofos tomam consciência do conjunto dos textos que vão constituir o *corpus* aristotélico. Aos textos lógicos já conhecidos pela *logica vetus* e depois pela *logica nova*, acrescentam-se então os da *Ética*, da *Política* e, sobretudo, os da *Metafísica* e do *De anima*. Sabe-se que todos esses textos contêm uma crítica severa do platonismo e opõem-

---

98. H. Urs von Balthasar, *op. cit.*, *eod. loc.*
99. Odofredus, *in DG*, I, 1, 6, citado por Callaso, *op. cit.*, p. 504.

-lhe um pensamento todo voltado para a compreensão das coisas que ele considera objetos próprios, sem excluir delas, porém, a dimensão metafísica. Ademais, pela tese da união da matéria a uma forma que é ato, ele rejeita vigorosamente qualquer dualismo. Claro, Aristóteles não desenvolveu de modo muito completo uma análise da lei, mas fornece elementos suficientes para que se possa dizer que, nele, a lei é uma obra humana que está de acordo com o dinamismo da natureza[100]. Ainda que os textos do Estagirita sejam silenciosos sobre a questão de uma lei cósmica, podem permitir um acordo com as aquisições anteriores do pensamento grego, como a lei universal de Heráclito[101]. Fica claro também que, para Aristóteles, a cidade tem uma consistência natural, não é dependente em sua existência da vontade dos homens, é um meio necessário para que eles alcancem sua meta[102]. Nesse meio existe toda uma rede de relações que constitui propriamente o direito, o qual é uma realidade independente das leis. Estas fixam regras de conduta que devem ser observadas na cidade para que ela possa cumprir sua função, que é permitir aos indivíduos realizar a sua natureza. A realidade da comunidade política, da cidade dos gregos e da *respublica* romana encontra, então, aqui sua afirmação e sua justificação filosófica mais forte.

É fácil dar-se conta do efeito dessas teses sobre o pensamento escolástico, por exemplo, de Santo Alberto Magno.

Este participava de uma corrente neoplatônica que extraía suas origens em Dioniso.

Ali ele encontrava, além do tema de tamanha exaltação do bem que chegava a passar o ser, uma concepção muito hierárquica do mundo descendente e ascendente para Deus. Isto não impede Alberto de assinalar, já no início de sua obra, a necessidade de uma pesquisa racional e de um

---

100. P. Aubenque, "La loi chez Aristote", *APD*, 1980, pp. 147 ss.
101. W. Jaeger, "L'éloge de la loi", *Lettre d'humanité*, VII, 1949, p. 6; W. Jaeger, *À la naissance de la théologie, Essai sur les présocratiques*, Paris, 1966, p. 126.
102. Aristóteles, *Politique*, 1252b, 27 ss.

conhecimento natural do universo mediante uma exploração e uma observação deste[103]. Mas essa necessária exploração da natureza não será somente científica, será também filosófica. Nessa mesma ocasião firmou-se a distinção entre uma filosofia racional e uma teologia que encontrará sua origem na palavra divina[104]. A confusão agostiniana entre os dois campos vê-se, portanto, repelida, embora restem em Alberto inúmeros vestígios da influência neoplatônica, como a retomada, no próprio interior de seu desejo de conhecimento das coisas, da tese da descida da luz. Nem essa doutrina, nem o que permanece, pois, de dualismo o impede, à imagem do novo mestre, de se lançar com júbilo na exploração das realidades da natureza.

Sua doutrina da lei ainda está repleta das ambiguidades de sua filosofia geral. Ele parte de uma afirmação muito forte do fim e da finalidade universal que pode vincular-se tanto a Dioniso quanto a Aristóteles[105]; é duvidoso que Santo Alberto já tenha expressamente vinculado o bem ao ser, para isso cumpre esperar seu discípulo Santo Tomás. Ocorre isso tanto na *Suma de teologia* como na *Summa de bono*. Em contrapartida, há que notar que, se a primeira suma de Santo Alberto evoca somente as questões da lei a propósito da moral, a *Summa de bono*, que intervém depois do comentário *Super Ethica* de Aristóteles, contém não só uma reflexão bastante desenvolvida sobre a lei, mas também um tratado da justiça, sem dúvida alguma oriundo do contato com Aristóteles. Nessa obra, Santo Alberto nos explica que a lei se insere numa finalidade pela qual o universo inteiro tende para o bem. A lei é, então, um ato pelo qual o legislador quer tornar os cidadãos virtuosos[106]. Assim, ela encontra seu significado primeiro e político. A lei é uma parte da *doctrina civilis* que tem como fim o bem hu-

---

103. Gilson, *Histoire...*, *op. cit.*, p. 504.
104. Gilson, *Histoire...*, *op. cit.*, p. 506.
105. Santo Alberto, *Summa de bono*, Aschendorf, 1951, tract. I, quaest. I, art. I; Ver: *Summa theologiae*, Aschendorf, 1978, tract. VI, quaest. XXVI, cap. 2.
106. Alberto Magno, *Summa de bono*, *op. cit.*, tract. V, quaest. II, art. I.

mano[107]. É própria de cada povo, nisso ela se opõe à lei natural[108]. No entanto, Alberto não leva adiante a ideia até o ponto de conferir como meta à lei o bem da comunidade. Tampouco consegue descartar todo dualismo, já que a lei se define como um escrito, oposto desse modo à lei natural. Segue-se que não há noção unitária da lei, mas somente uma definição nominal[109].

Portanto, a lei ainda está mais do lado da obrigação e do mandamento, apesar da afirmação de seu vínculo com a finalidade, pois esta decerto ainda não é concebida em toda a sua dimensão ontológica. Por isso, embora a lei tenha realmente por objeto a justiça geral como para Aristóteles, esta não está inteira do lado da coisa[110]. Logo, resta a possibilidade de uma justiça puramente legal que não encontra seu apoio nas coisas[111]. A lei continua, pois, mais do lado da *recta ratio* do que do *medium rei*. Para conseguir ultrapassar esses limites, é preciso esperar uma concepção que possa ligar a justiça da lei a uma realidade a um só tempo tensionada pela finalidade, mas também concretamente imersa nos condicionamentos da matéria; será esta a obra do mais ilustre discípulo de Santo Alberto Magno.

---

107. *Eod. loc.*
108. *Eod. loc.*
109. *Eod. loc.*, art. 3.
110. Alberto Magno, *Super ethica*, Aschendorf, 1968, lib. V, lectio II.
111. Na realidade, é toda a ética de Santo Alberto que sofre desse inacabamento e desse desequilíbrio. Cf. J. Rhomer, *La finalité morale chez les théologiens, de saint Augustin à Duns Scot*, Paris, 1939, pp. 95 ss.

Capítulo II
A definição realista da lei

Quando Santo Tomás inaugura sua reflexão, ele já se beneficia da contribuição de todos os seus predecessores. Alimentou-se das especulações que se desenvolvem desde o século XII na universidade medieval. Está em contato direto com elas através de seu mestre Alberto Magno, mas muito depressa vai elaborar uma síntese cada vez mais pessoal e original em que os esforços e aquisições de seus mestres vão encontrar seu lugar e seu mais verdadeiro sentido.

O fator determinante dessa síntese parece mesmo ser o retorno cada vez mais profundo ao pensamento de Aristóteles. Isso hoje é contestado por muitos tomistas ou aristotélicos que querem salientar a originalidade de um em comparação com o outro, mas outros trabalhos que nos parecem mais convincentes vão no sentido oposto[1].

Sabe-se que a chegada de Aristóteles à cultura medieval se realizou em várias etapas. Santo Tomás, por sua vez,

---

1. Na França, são sobretudo, em sentidos aliás diferentes, Gilson e Maritain que querem marcar a originalidade de Santo Tomás em relação a Aristóteles, o primeiro alegando o ato do *esse*: *L'être et l'essence*, Paris, 1962, pp. 65, 80, 84, 113 ss., o segundo declarando que Aristóteles não teve a intuição do ser que ele considera característica de Santo Tomás.

Em sentido inverso, Manser, *Das Wesen des Thomismus*, Friburgo, 1932; M. D. Philippe, *L'être*, Paris, 1972, t. I, pp. 112-3, e o conjunto da obra.

Dentre os aristotélicos, P. Aubenque, *Aristote et le problème de l'être*, Paris, 1972, procura separar Aristóteles da interpretação tomasiana, que ele acusa de ter fechado por meio de uma ciência um pensamento que ficou aporético por falta de um gênero onde inserir o ser.

situa-se no momento em que o conjunto do *corpus* aristotélico é conhecido e traduzido com maior ou menor fidelidade ao latim. Fará questão de mandar refazer certas traduções diretamente do grego por Guilherme de Moerbecke. Conhece assim não só os escritos lógicos do filósofo, mas também a *Metafísica*, a *Ética nicomaqueia* e a *Política* de que fará comentários.

Essa profunda impregnação aristotélica o levará a se separar mais completamente do que todos os seus predecessores do agostinismo ainda extremamente presente; e até a se libertar do neoplatonismo de seu mestre Alberto.

A reflexão de Santo Tomás sobre a lei ganha, pois, lugar num pensamento muito completo, do qual ela é apenas uma parte bem pouco importante em volume. No entanto, o interesse que Santo Tomás dirige às questões de filosofia jurídica e política é verdadeiro e profundo. Sua preocupação com o conjunto das realidades é grande demais para desprezar uma delas. Sabe muitíssimo bem a importância da vida numa cidade para que o homem alcance suas perfeições para não conceder o lugar que convém a esse fenômeno. Sustenta, com Aristóteles, que a política é a mais divina das ciências, em sua ordem[2]. Mas sua reflexão sobre a lei assim como sobre os outros problemas práticos sempre permanece ligada por vínculos orgânicos ao conjunto de seu pensamento e, particularmente, ao seu pensamento metafísico e teológico. Embora não seja uma projeção da metafísica no campo do político, como é a tendência no platonismo e no agostinismo, permanece ligada a ela.

Já no prólogo do tratado das leis, Santo Tomás anuncia o plano segundo o qual quer abordar essas questões. Trata primeiro *de ipsa lege in communi*, depois *de partibus ejus*. No interior da primeira parte serão examinadas três questões diferentes: a essência da lei; as diferentes leis; os efeitos da lei. Ora, a leitura desse plano não deixa de levantar problemas que regem, a bem dizer, toda a interpretação da doutrina tomasiana da lei.

---

2. Tomás de Aquino, *in X Lib. Ehic.*, livro I, 1, II, 30.

Pode-se considerar que Santo Tomás distinguirá uma essência da lei que depois dividirá segundo uma ordem que vai do mais comum ao mais particular. Procederia assim a uma dedução da lei até a lei humana. É o que parece, uma vez que expõe em seguida as diferentes leis – partes da essência comum – segundo uma ordem que desce da lei eterna até a lei humana.

Mas tal leitura, que Santo Tomás enceta no sentido do platonismo, tropeça em dificuldades no próprio interior do tratado das leis. É evidente, antes de tudo, que a essência da lei que Santo Tomás distingue está longe de ser uma essência abstrata, ela continua muito ligada à sua realização concreta que é a lei humana de que temos experiência, donde as modulações e as deformações por que ela passará para ser concebida como realizável em outras leis. Com efeito, muito mais do que ser dividida em partes, essa essência da lei é destinada a realizar-se diversamente conforme cada lei considerada em seu ser próprio.

Ademais, embora a ordem das diferentes leis tal como está exposta na questão XCI seja mesmo uma ordem descendente, não é certo, já nessa questão, que ela se limite a isso. Santo Tomás deixa entender que essa ordem não é a única, e que pode ser superada. Ora, é realmente essa superação anunciada que é realizada pela ordem de exposição de cada lei segundo sua finalidade própria e o nível particular de ser em que ela realiza a essência da lei segundo seu ser próprio.

A ordem que Santo Tomás concebe pode, assim, ser considerada de duas maneiras, primeiro, de acordo com uma ordem hierárquica que vai do mais perfeito ao menos perfeito, hierarquia que se atinge progressivamente, partindo do menos perfeito cuja experiência temos, no caso a lei humana, e remontando até a lei eterna. Se nos ativéssemos apenas a esse aspecto do pensamento de Santo Tomás, deveríamos considerar que este quase não supera Platão. É verdade que uma escola inteira de intérpretes modernos procura puxar Santo Tomás nessa direção, apesar de seus desmentidos formais; aliás, segundo os pensadores dessa linha de interpretação, seria por esse ponto de vista da participação que Santo Tomás superaria Aristóteles. Parece-nos, ao contrário, que, a um leitor atento do tratado da lei, revela-se uma ordem mais cabal, que não consiste em graus de perfeição, mas na ordem de atos de seres dos quais cada um é para o outro fim e causa de sua perfeição. Na área que nos interessa, isso significa que as leis não se apresentam somente como uma participação cada vez mais imperfeita da lei eterna, mas como uma expressão da ordem própria de cada nível da realidade cujo fim imanente é causado analogicamente por outro nível da realidade. As leis então não devem ser consideradas na ordem descendente a partir da lei eterna, mas numa ordem em tensão direcionada à lei de um ser realmente perfeito. Esta ordem – na própria medida em que se fundamenta no movimento do ser – encontra e assume todo o devir. Longe de mostrar-se como o indício de uma degradação cada vez mais acentuada, ela se torna o sinal dessa tensão fundamental direcionada à perfeição. Limitar-se apenas à consideração da ordem descendente tende, em contraposição, a arruinar a realidade dos graus inferiores para reduzi-los a um símbolo da realidade superior ou a degradações da realidade primeira e a rejeitar a experiência do movimento. A consideração da ordem ascendente não só como ordem do devir e da experiência, mas também como ordem cabal do desenvolvimento do ser permite que o devir e a diversidade conservem todo o seu valor.

Para mostrar que é assim em Santo Tomás no tratado das leis, não basta lembrar que toda a sua ontologia está organizada segundo esse duplo movimento, sendo o segundo cabal em relação ao primeiro.

Cumpre ainda tentar examinar se as próprias leis se organizam de acordo com essa estrutura. Por ora daremos apenas um indício que deverá ser aprofundado: o tratado das leis, depois de ter exposto a hierarquia, não procura o que é a lei humana a partir da essência da lei, existente em estado puro na lei eterna. Parte de novo da realidade atual da lei humana cuja experiência concreta temos, e ficará claro que ela se integra por si só, conforme o que ela é, na ordem dos fins. A primeira afirmação de Santo Tomás sobre a lei é para recolocar a lei no seio da ordem dos fins[3]. A lei é um princípio exterior do movimento dos seres para o seu fim. Mas a experiência e as opiniões dos autores mostram que a lei é concebida de modo muito diverso: os juristas falam dela, como os filósofos, e põem sob esse termo tanto a lei da cidade como a lei natural, os teólogos lhe acrescentam a lei divina e a lei eterna. Por isso, para recolocar a lei na ordem dos fins, é necessário primeiro determinar o que ela é em si mesma, para poder dizer depois como as diversas leis se ordenam entre si. Essa busca de definição é orientada para a apreensão de uma *essentia legis*, uma noção de lei que permita defini-la.

Santo Tomás empenha-se primeiro em depreender uma noção da lei realizada através de diversas experiências jurídicas, religiosas, morais que o homem pode ter dessa realidade. Não se trata, em absoluto, de buscar uma ideia de lei existente fora das leis particulares e das realidades diversas que são atualmente regidas por leis, mas de buscar o que é a essência dessa diversidade, mesmo que não exista fora das leis particulares em que essa noção é realizada. Não voltaremos para as leis particulares mediante um processo de divisão cada vez mais restrita dessa noção comum; constataremos, ao contrário, muito rapidamente a diversidade dessa realização.

Tendo dito o que é a lei, já que a "ação segue o ser", poderemos pesquisar quais são os efeitos dessa lei. Estes dois últimos aspectos são evidentemente ligados, uma vez que Santo Tomás vai chegar a uma definição finalista da lei da qual se seguirão os efeitos.

---

3. S. Tomás, Ia, quaest. XCIII, art. 3.

"De essentia legis"

A busca de Santo Tomás se insere naturalmente no âmbito das análises habituais da realidade. Depois de ter descoberto o que determina a lei, ele investiga com vistas ao que ela é assim determinada, depois como essa determinação e esse fim são conhecidos pela promulgação. Ver-se-á muito depressa que a razão está no centro dessas três dimensões, seja para descobrir o fim, seja para tomar consciência dele, mas quem diz centro não diz princípio cabal. São essas três etapas que vamos percorrer.

A lei razoável

Santo Tomás, como sempre, segue o mais próximo possível a experiência; ora, a experiência que temos da lei é de início, ao que parece, a de uma regra. Obedecemos ou devemos obedecer a regras e a medidas de nossos atos que são impostas ou que nos impomos[4]. Obramos segundo regras, o arquiteto segue as de sua arte, que estão fundamentadas nas leis da resistência dos materiais: ele não pode fazer tudo o que quer, senão vê desabar sua casa. O homem também age segundo regras morais, por exemplo, nem sempre pode fazer o que bem entende, não pode roubar o vizinho porque o bem que este possui lhe agrada, senão toda a cidade desabaria. Tem, também aí, a experiência de ter de obedecer primeiro ao pai, depois à autoridade pública. Algumas dessas regras também contêm obrigações de justiça: devo pagar o que comprei à pessoa de quem o com-

---

4. *Lex quaedam regula est, et mensura actuum, secundum quam inducitur aliquis ad agendum, vel ab agendo retrahitur: dicitur enim lex a ligando, quia obligat ad agendum:* "A lei é certa regra, e medida dos atos, de acordo com a qual somos levados a agir ou contidos de agir. 'Lei' vem de fato de 'vincular', porque ela obriga a agir." S. Tomás, *eod. loc.*, quaest. XC, art. 1.

Isto não poderia ser considerado uma definição real. Martyniak, "La définition thomiste et la loi", *Revue de Philosophie*, 1930, p. 232.

prei, e sou obrigado a isso. Por outro lado, é possível ter a experiência das regras que eu dito e que obrigam os outros. A primeira experiência da lei reside na obrigação que resulta de uma regra que conduz a uma ação[5].

Se não fôssemos além, Santo Tomás se orientaria para uma noção voluntarista da lei: a lei vincula e obriga. No entanto, na noção de regra já se encontra contida certa superação do voluntarismo, a regra introduz uma regularidade, uma estabilidade que faz a lei escapar do capricho. Ela lhe escapa ainda mais quando se observa que, para Santo Tomás, trata-se de uma regra que impele a uma ação, a regra vincula em função do ato a ser cumprido, ela é orientada para a realização do ato[6].

Podemos acrescentar que a noção de obrigação não é vinculada à vontade de um outro. Nos exemplos que tomamos, continuamos a raciocinar sob um ângulo bastante material que provém das concepções nominalistas e voluntaristas da lei. Para a maioria dos nossos contemporâneos, a lei é a vontade de um superior que se impõe a um inferior, o que parecíamos dizer no exemplo do pai mandando no filho. Isso sugere que só há obrigação quando uma vontade, por uma espécie de contato bastante inexplicável, coage outra vontade a se curvar efetivamente, *hic et nunc*, ao que ela quer. Contudo, temos experiência de situações em que julgamos que existe uma regra obrigatória sem recorrermos à vontade de um superior, nem nos encontramos na situação de sermos coagidos a curvar-nos a ela[7]. Fazemos então um juízo que avaliamos verdadeiro porque a regra e a medida de que falamos contêm uma verdade capaz de nos atrair e de fazer nossa vontade aderir a ela. Uma pessoa que não dirige um carro pode muito bem enunciar a regra de que é obrigatório andar à direita e respeitar os se-

---

5. S. Tomás, Ia IIae, Prol. Quaest. XC.
6. S. Tomás, Ia IIae, Quaest. XC, art. I, *sed contra*.
7. J. Tonneau, "The Teaching of the Thomist Tract of law", *The Thomist*, XXXIV, 1970, p. 69.

máforos. Ela enuncia essa regra porque apreende que esta contém uma verdade prática, a saber, que é preciso andar à direita quando queremos realizar a parte do bem que consiste em respeitar a vida do vizinho na estrada. Inversamente, aliás, ela só conheceu essa verdade prática sobre o bem comum em razão da regra que a enuncia. Quando muito ela poderia ter, antes da existência dessa regra, emitido o juízo de que era necessário compartilhar a estrada a fim de realizar uma parte do bem comum.

Essas são apenas primícias; a questão central já exposta pelos predecessores de Santo Tomás, e acerca da qual não cessarão as discussões, consiste em saber se essa regra é obra da vontade ou da razão. Na teologia anterior à de Santo Tomás, como em seus sucessores, a resposta dominante coloca a vontade na fonte da obrigação legal. A terceira objeção que Santo Tomás se faz é um eco dessa tese. Essa doutrina voluntarista se amparava na ideia de que a liberdade, para existir realmente, tanto em Deus como no homem, não devia ser submetida por intermédio da razão a um âmbito ontológico, que, segundo esses autores, conduzia ao necessitarismo atribuído aos gregos e, sobretudo, a Aristóteles.

Não se deve, acima de tudo, confundir a constatação da obrigação com a sanção. Esta é apenas uma consequência desagradável daquela. Mas a própria obrigação é um aspecto material da lei, é posta do lado da causa eficiente; este aspecto não explica, requer ser explicado. É um momento necessário mas não último. Santo Tomás constata, como um dado de que é preciso dar-se conta, que a lei obriga[8]. Mas esse momento não teria sentido em si mesmo. Não há obrigação sem fim. Ora, a faculdade que olha e descobre o fim é a razão. A peculiaridade do homem é agir segundo a razão. Compete, pois, à razão, em sua qualidade de prin-

---

8. Cf. S. Tomás, Ia IIae, quaest. XC, art. I (citado na nota 4). O produto dessa experiência primeira resulta numa definição nominal: *Lex a ligando*, cf. Martyniak, "La notion thomiste de la loi", *Rev. Phil.*, 1930, p. 233.

cípio primeiro da ação, ordenar para um fim, é precisamente o papel de um princípio ordenar para um fim e, portanto, ser fonte da regra e da medida. A regra e a medida decorrem do fim; o arquiteto segue as leis porque elas decorrem do que os materiais são[9].

Podemos compreender de diversas maneiras a noção de regra; trata-se aqui de regras dos atos humanos e, portanto, através da regra, de um apelo do fim conhecido pela inteligência. É a partir do conhecimento do fim pela inteligência que ela se torna regra. Portanto, não se trata de uma regra imposta de modo extrínseco nem de uma regra que seria um simples produto da razão; o que a inteligência conhece é uma realidade exterior que em seguida é assimilada pelo fenômeno do conhecimento. Por isso a regra é medida, ou seja, ela contém elementos de conhecimento que permitem ao homem não ficar reduzido a aplicar uma regra, mas o incitam a julgar graças a essa regra o que é ou não suscetível de conduzi-lo ao seu fim. A medida é primeira em sua ordem, é em comparação a ela que são medidas as outras realidades. Na ordem teórica, há também princípios em comparação aos quais é julgada a realidade. Nem toda medida implica uma exterioridade do princípio que mensura; há medidas que supõem certa continuidade entre a medida e o que é mensurado. Também os nossos atos devem ser mensurados, porque são movimentos que nos aproximam ou nos afastam de nosso fim; deste decorre, pois, certo conhecimento prático possuído pela razão à luz do qual podemos medir os nossos atos, e retificá-los se necessário, para atingir melhor esse fim. Ora, já que a razão é a unidade de medida e o princípio, a regra só pode ser *"aliquid rationis"*[10].

Esse lugar da razão requer ser especificado porque ele rege todo o raciocínio de Santo Tomás. O bem humano consiste especificamente em contemplar o que é e em agir em

---

9. S. Tomás, *eod. loc.*; Tonneau, *op. cit.*, pp. 67 s., 69 s.
10. S. Tomás, *eod. loc.*, ad 1 m.

consequência, o que é obra da inteligência e da razão. Existe uma distinção entre a inteligência e a razão, a inteligência é a apreensão da realidade num ato de contemplação, a razão é o processo que conduz de uma apreensão pela inteligência a outra apreensão mais profunda e contemplativa[11]. Não existe procedimento da razão que não implique também um ato da inteligência; assim, Santo Tomás fala aqui da razão; cumpre compreender que ele inclui o primeiro ato da inteligência pelo qual é conhecido o fim.

A razão tem o papel de retificar os apetites e de criar hábitos de ação que se hierarquizam segundo o lugar deles em relação a ela. A própria beatitude consiste num ato do intelecto que contempla e apresenta o fim à vontade: "Beatitudo est gaudium de veritate."[12] Existe, por certo, uma orientação fundamental da vontade para o bem, mas ela só atinge esse bem na dependência da inteligência. A vontade não pode ser para si mesma seu próprio fim e sua própria causa; conquanto ela se ponha em movimento por si só para o fim, ela quer o fim, mas só pode exercer sua volição e amar o fim se este for primeiro alcançado e julgado de outro modo como fim por outra faculdade que é a inteligência[13]. Somente a inteligência pode julgar o que é fim e descobri-lo. O fim tendo sido conhecido e apresentado pela inteligência, esta continua a agir na ordem dos meios para atingir esse fim.

Portanto, quer se trate do exercício de sua intencionalidade fundamental ou das decisões particulares, a vontade está na dependência do intelecto. Dizer isso significa que, mais além do intelecto, ela está na dependência do ser que transcende a intencionalidade tanto da inteligência como da vontade.

Se o legislador recusa essa dependência, ele atribui a si mesmo o seu fim. A lei se torna o que é desejado por ele. Já

---

11. S. Tomás, Ia, quaest. LXXIX, art. 8.
12. S. Tomás, Ia IIae, quaest. III, art. 4: "A felicidade é alegria da verdade."
13. *Ibid.*, art. 3.

SANTO TOMÁS OU A LEI ANÁLOGA

não é submetida a um fim externo. Extrai toda a sua virtude da vontade, fechada em si mesma, do legislador. Portanto, ela já não pode ser uma vontade regrada pela razão. Não conhece outro limite além de si mesma. Tal lei não é uma lei porque não é justa[14]. A vontade do legislador só pode tornar-se lei se é regrada por essa razão. Por isso, pela razão, ele se põe na dependência das realidades exteriores e, portanto, de um fim verdadeiro que regra sua própria vontade. Desse contato com a realidade que encontraremos várias vezes decorre, entre outras coisas, a flexibilidade da lei que devemos esclarecer.

Adotando tal posição, Santo Tomás fazia obra ousada. A maioria de seus predecessores ou hesitava, como parece ser o caso de Santo Agostinho, ou então insistia na coerção exercida pelo legislador, como Isidoro de Sevilha[15] ou mesmo Alberto Magno. Apenas Alexandre de Hales parece ter adotado uma concepção muito racionalista da lei. Temiam limitar a liberdade humana ou divina por um âmbito ontológico necessário[16].

Mas tal objeção só é possível se desprezamos várias distinções feitas por Santo Tomás. A primeira refere-se ao intelecto especulativo e ao intelecto prático. O intelecto especulativo se caracteriza pela necessidade natural. Quando são atingidas verdades necessárias, estas ficam então evidentes e a inteligência não pode deixar de aderir a elas,

---

14. *Alioquin voluntas principis magis esset iniquitas, quam lex*, S. Tomás, *eod. loc*: "De outro modo, a vontade do príncipe seria, ao contrário, injustiça e não lei."

15. *Lex est santio sancta*: "A lei é uma sanção santa", Isidoro, *Etymologies*.

16. Agindo assim, os teólogos anteriores a Santo Tomás acautelavam-se contra um perigo que acreditaram muito depressa dever detectar no pensamento filosófico dos gregos, em especial do pagão Aristóteles. Se a vontade é comandada pela razão e pela inteligência que apreende o que é, poder-se-á ainda conceber uma ação livre e, por conseguinte, uma responsabilidade moral essencial à fé? Poder-se-á estimar que a criação é uma obra livre de Deus, se a vontade é determinada pelas ideias que ele possui em sua inteligência? Este será um dos motivos da condenação de Santo Tomás, ou melhor, de um aristotelismo deformado no qual se quererá encerrar Santo Tomás.

quer ela julgue princípios, quer tire conclusões deles. Ao contrário, no campo prático não há a mesma necessidade; as realidades sobre as quais a ética incide são coisas instáveis que diferem da necessidade das substâncias separadas sobre a qual incide a metafísica[17].

Uma segunda distinção deve ser acrescentada a esta: trata-se daquela existente entre a orientação fundamental da vontade, sua intencionalidade necessariamente orientada para o bem e os atos particulares pelos quais ela quer *hic et nunc* esse bem[18].

Quando combinamos essas duas distinções, percebemos primeiro que, embora sua intencionalidade fundamental pese necessariamente sobre a vontade, não é dado nenhum conhecimento suficiente de um fim que fosse um bem capaz de satisfazer totalmente esse apetite. Não há nenhum conhecimento evidente do fim cabal, que a vontade quereria de fato necessariamente se ele lhe fosse apresentado. A experiência mostra que a orientação derradeira da vontade pelo bem não a impede de dever escolher em toda a série de atos particulares.

Portanto, a vontade move a inteligência quanto ao exercício de seu ato: ela quer o juízo e dá fim à deliberação da inteligência, mas a inteligência move a vontade quanto à determinação do ato.

Há, no juízo prático, lugar para a liberdade e a vontade em razão da indeterminação deste. A inteligência não deixa a vontade indiferente e, portanto, livre, mas o ato pelo qual ela determina a vontade não é necessário. Só há determinismo se não diferenciamos suficientemente o juízo prático do juízo especulativo. Ao contrário, fazer da inteligência a fonte da liberdade e do ato voluntário assegura à liberdade uma fundação ontológica firme que reside na desproporção entre a determinação procurada pela inteligência e a indeterminação das coisas. A lei encontra então uma fun-

---

17. S. Tomás, Ia, quaest. LXXIX, art. 11.
18. S. Tomás, Ia IIae, quaest. X, art. 2.

dação. Ela não é a reprodução exata da realidade, sem o quê seríamos arrastados a concepções espinosistas ou hegelianas, que suprimem a obrigação. Ela não é uma pura descrição; há certa distância entre o estado de fato e o que o legislador quer. Mas essa diferença não reside numa ruptura como no voluntarismo; consiste em encarar o ser de duas formas: *sub ratione boni* e *sub ratione veri*, que são ao mesmo tempo distintas e unidas.

Como a lei não é a simples reprodução da realidade, ela reveste certo aspecto artístico, não decorre da inteligência em seu puro ato de contemplação. É um produto da razão. Assim como a realidade não é conhecida por uma intuição da razão teórica, mas progride pelo raciocínio[19], também a razão prática é submetida a um processo. Talvez mais ainda do que a razão especulativa, ela é obrigada a constituir uma obra, necessária à direção das operações do homem. Se a lei é uma coisa da razão, ela é uma obra. Pode-se constatar que a razão teórica utiliza a definição, a enunciação e o raciocínio ou a argumentação; ora, também a razão prática utiliza o raciocínio silogístico.

A análise da escolha mostra que esta resulta de um juízo da inteligência, o qual é como que a conclusão de um silogismo prático. O fim, por ser princípio, não pode ser objeto de uma escolha nem, portanto, de um juízo prático, pelo menos o fim último. Para que o silogismo prático possa resultar numa conclusão, é necessário que ele parta de uma proposição universal, fonte ao menos parcial da conclusão. Uma vez que o juízo prático é um juízo, são necessárias premissas, e a primeira delas é como que a proposição universal do juízo teórico. Essas proposições universais da razão prática são leis. Tais proposições podem ser ao mesmo tempo consideradas em si mesmas e como tendo sua sede na razão.

Poderíamos pensar que com isso Santo Tomás contesta a distinção entre intelecto prático e teórico, cuja impor-

---

19. S. Tomás, Ia IIae, quaest. XV, art. 1, ad 2 m.

tância aparecia, porém, mais acima. Contrariamente à nossa interpretação, a lei seria então uma descrição da qual decorreriam conclusões absolutamente necessárias. Tal interpretação seria muito abusiva, pois dizer que a razão prática, como a razão em sua totalidade, procede por silogismos não significa, em absoluto, que a conclusão possui a mesma necessidade, se não lógica, pelo menos real. Para que ela conserve sua característica de conclusão não absolutamente necessária, embora logicamente válida, basta que a segunda premissa do juízo prático seja uma realidade contingente, material, incerta, o que justamente ocorre por definição na ordem da ação. É por isso que podemos dizer que a lei é mesmo uma proposição universal sem, entretanto, fazer das ações mandadas por ela conclusões necessárias.

A apresentação da lei como uma proposição universal da razão prática é a consequência normal do enraizamento da lei na razão, já que a lei é *aliquid rationis*, ela não escapa ao modo particular de proceder que é o da razão. Há mesmo na lei um conhecimento e uma descrição do que é, porque o que é mandado é o que é bem. Há uma passagem do ser ao dever ser e é justamente nisso que consiste a obra da razão prática descobrindo o que é bem e deve ser. Esse juízo se fundamenta no ser percebido de dois modos, no que ele é e no fato de que tende a ser o que é, porque ainda não é e não se torna o que é nem necessária nem completamente.

Logo, há na lei um conhecimento expresso que está no fundo das obrigações dela decorrentes[20]. A generalidade da lei não é uma qualidade extrínseca, resulta da expressão do conhecimento propiciado pela lei. Ao contrário, uma decisão não fundamentada num conhecimento, puramente voluntária, só pode intervir para um ato preciso em dado momento; assim que inclui certa generalidade, ela se enraíza, pelo conhecimento, na ordem das coisas, que é também a da cidade, a saber, um universal, cujas características precisaremos posteriormente.

---

20. Tonneau, *op. cit.*, p. 52.

Dizer que esse conhecimento é expresso por uma proposição universal não significa, em absoluto, que a generalidade da lei se opõe a receber todos os matizes necessários à sua aplicação aos casos particulares. Nas doutrinas escotistas e suarezianas há, sob diversos matizes, adequação entre o universal e o indivíduo; podemos, portanto, mediante uma dedução cada vez mais estrita, chegar ao indivíduo, com a condição de deixar subsistir uma singularidade totalmente indizível e inapreensível, que puras decisões individuais podem atingir. Não se dá o mesmo em Santo Tomás. Embora o universal, ao contrário de Ockham, tenha nele um valor verdadeiro, embora signifique uma realidade presente nos seres individuais, a essência deles, não tem outra existência atual além daquela de sua presença na mente que o enuncia ou nos indivíduos[21]. Nos indivíduos, ele não é uma realidade independente deles, significa uma relação fundamentada realmente neles, mas distinta deles pela razão. Ele tem, pois, por fundamento, os indivíduos realmente existentes, mas sua existência na mente não corresponde a nenhuma entidade real nos indivíduos, nem a uma entidade real existente acima e separadamente dos indivíduos[22]. Ele tem sua fonte nos indivíduos dos quais é abstraído. Esse caráter abstrato não lhe retira todo o alcance cognitivo, mas constitui, a um só tempo, uma perfeição na ordem da análise e uma imperfeição na do juízo e da ciência em ato[23]. Essa imperfeição é uma carência que resulta do fato de o universal atingir apenas uma parte do indivíduo, o que ele é, mas não que ele seja esse indivíduo. Em razão dessa origem e dessa imperfeição, há certa distância e uma inadequação entre os seres concretos existentes, individuais, e o universal que não os expressa em totalidade. O universal implica uma separação.

Para voltar do universal para os indivíduos existentes em ato, não é possível apenas restringir progressivamente,

---

21. S. Tomás, Ia, quaest. LXXXV, art. 2, ad 2 m.
22. S. Tomás, Ia, quaest. LXXXV, art. 1.
23. *Ibid.*

pelo jogo das diferenças, o universal. Procedendo assim, permanecemos sempre na ordem da abstração; para ultrapassá-la é necessário admitir que os indivíduos possuem algo mais que o universal, que são mais perfeitos que ele[24]. Essa perfeição particular dos indivíduos, seu ato de ser, faz com que eles realizem o universal de modo múltiplo e diverso. Existe uma multidão de homens, de belezas, de bens, segundo os quais cada uma dessas noções universais se matiza na realidade concreta dos indivíduos. A volta do universal para os indivíduos se faz na diversidade em que o universal recebe realizações múltiplas.

Quando Santo Tomás enuncia que a lei é uma proposição universal[25], deve-se compreender que o conhecimento necessário à enunciação dessa proposição parte de uma profusão de situações concretas e que ela não pode fornecer, por mera restrição progressiva, soluções adequadas a essas situações. A cada vez, será preciso certa particularização da lei que se realizará analogicamente. Longe de se opor a essa particularização, a proposição universal constituída pela lei a reclama. Utilizar essa proposição universal como maior de um silogismo não significa de modo algum que essa proposição não se realizará de formas muito diferentes conforme os casos; isso significa, ao contrário, que será necessário recorrer, a título de menor, à própria realidade concreta que vem de certo modo preencher, pelo menos sob esse aspecto, a imperfeição da proposição universal e realizá-la segundo sua particularidade. Ora, no campo prático, trata-se sempre de seres reais e de situações concretas, que vêm trazer à proposição universal todas as notas individuais e que lhes são próprias. Seremos levados a constatá-lo inúmeras vezes, trate-se de equidade ou de privilégio, por exemplo.

---

24. S. Tomás, Ia, quaest. XIV, art. 12.
25. *Et hujus modi propositiones universales rationis practicae ordinatae ad actiones habent rationem legis*: "Tais proposições universais da razão prática, ordenadas para a ação, têm forma de lei", S. Tomás, Ia Iae, quaest. XC, art. 1, ad 2 m.

Essa apresentação da lei não exclui, em absoluto, que ocorra uma discussão para um juízo sobre a segunda premissa da qual decorrerá uma conclusão, também ela discutida[26]. A primeira premissa também pode, por sua vez, entrar eventualmente em discussão, se avaliamos, por exemplo, a lei mal adaptada à cidade presente. Ao contrário, parece-nos que é precisamente em razão do caráter abstrato do universal legislativo, de sua incompletude, que é exigida uma discussão, único caminho pelo qual a lei se torna frutífera. Ela só é fecunda se recebe da situação concreta uma determinação existencial que a faz coincidir com o particular. Ora, essa determinação existencial, por ser necessariamente da ordem das verdades concretas e contingentes, não pode ser julgada de outra maneira que não por uma discussão. Cumpre que a discussão prossiga no nível da conclusão, que também é da ordem do contingente. Convém, aliás, acrescentar que essa própria discussão apela para as formas lógicas do silogismo utilizado no contexto particular do silogismo dialético.

Com isso já começa a esboçar-se a estrutura da lei segundo uma dupla dimensão: ela é uma proposição universal que justifica uma forma, podemos tirar dela conclusões, mas estas, para serem tiradas, apelam para dados reais que superam o universal da lei porque são irredutíveis à forma. A forma é sinal do fim; não é o fim[27]. Por isso Santo Tomás não se atém à análise da lei como uma proposição universal da razão prática; a lei tem um fim, aliás já implicado por seu caráter racional[28].

Mas fazer da lei uma obra da razão não é somente relativizar a vontade do legislador mediante um fim apreendido por sua inteligência. É também relativizar mediante

---

26. Desde aqui Santo Tomás fala de "quase conclusão", S. Tomás, Ia, quaest. LXXVI, art. 1, ad 2m.

27. *Forma determinetur secundum proportionem ad finem*: "A forma é determinada consoante sua relação de proporção com o fim", S. Tomás, Ia IIae, quaest. XCV. Cf. S. Tomás, Ia IIae, quaest. C, art. IX, ad 2 m.

28. S. Tomás, *eod. loc.*, quaest. XC, art. 1, ad 3 m.

esse mesmo fim a obrigação dos destinatários da lei[29]. Pela lei não lhes é transmitida antes de tudo uma vontade que se impõe à deles, a lei os informa antes de tudo sobre o fim conhecido pelo legislador e os meios de alcançá-lo. São inicialmente convidados a perseguir esse fim e podem, por sua vez, compreendê-lo. A lei não se impõe a eles de modo extrínseco. No convite que ela faz, há decerto uma obrigação, mas uma obrigação ao que é um bem. A própria atração desse bem é que é fonte da lei. Os cidadãos destinatários da lei podem, assim, realizar livremente aquilo a que a lei os convida[30].

Assim como a lei é vinculada ao que é princípio dos atos humanos, a saber, a razão que elabora a regra e a medida da ação humana, assim também na própria razão deve-se descobrir um princípio primeiro. A lei será, portanto, particularmente vinculada a esse princípio por intermédio da razão. Ora, o primeiro princípio da razão prática é o fim último, o que pode propiciar a felicidade. Logo, a lei deve ser relativa à felicidade[31].

Isso recoloca a lei no conjunto da vida prática, ela é um caminho de acesso para o fim, ou seja, a beatitude, a felicidade. Porque existe fora da razão uma realidade que é fim de todos os atos humanos, cumpre dirigir-se para esse fim fazendo os atos que conduzem a ele e evitar os que não conduzem. Da consideração do fim pela razão pode, assim, nascer uma regra: a lei.

Mas não basta ater-se a esse aspecto individual, pois esse fim nunca é atingido sozinho. Seja qual for o nível de realidade que investiguemos, em razão mesmo da existência de um fim anterior para o qual tendemos, existe alguma relação com outrem. Aqui aflora a necessidade ontológica: um ser só pode ser atualizado por outro ser em ato que o atrai e o aperfeiçoa[32].

---

29. *Ibid.*, ad 1 m.
30. S. Tomás, *eod. loc*, quaest. XCII, art. 1, ad 2 m.
31. S. Tomás, Ia IIae, quaest. XC, art. 2.
32. S. Tomás, *eod. loc.*

É o que ocorre, por exemplo, na comunidade política em que os concidadãos formam, mediante sua relação, uma comunidade que os conduz à felicidade. Esta é atingida por participação no bem comum.

A lei finalizada[33]

A lei, por conduzir ao fim último, só produz esse efeito mediante a participação de todos no bem comum. Portanto, é relativa a esse bem do qual toda lei recebe sua legitimidade. Toda lei encontra sua fonte nessa realidade objetiva: o bem comum que é fim último. Não há lei sem esse fim.

A noção de bem comum precisa ser especificada porque nem sempre é bem compreendida pelos próprios tomistas[34]. Convém de início salientar que ainda permanecemos na busca da noção de lei em geral, portanto, que a noção em questão não é essencialmente política. Santo Tomás invoca aqui o caso da cidade a título de exemplo e de experiência comum de uma comunidade perfeita, mas essa noção pode estender-se a muitas outras realidades: a Igreja, o Universo inteiro... Somente é necessário que se trate de uma comunidade perfeita, ou seja, apta para alcançar por si só o seu fim.

---

33. H. Batiffol, "Analyse rationnelle et téléologie dans la conception du droit", in *S. Tomaso e la filosofia del diritto oggi. Studi tomistici*, IV, Roma, 1975, p. 21.

34. A noção suscitou interpretações diversas que evidenciam a dificuldade que as mentes modernas, de um lado impregnadas de individualismo, do outro, incomodadas pela categoria de totalitarismo utilizada pela filosofia política contemporânea, têm. Sobre essas discussões: J. Maritain, *La personne et la société*, Paris, 1947; C. de Konink, *De la primauté du bien commun*, Quebec, 1943; Th. Eschman, *In Defense of Jacques Maritain*, The Modern Schoolman, maio de 1945.

A melhor análise é a de Lachance, *Le droit et les droits de l'homme*, Paris, 1959, pp. 109 ss. E, do mesmo autor, *Le concept de droit selon Aristote et saint Thomas*, Ottawa, 1948, pp. 199 ss.; *L'humanisme politique de saint Thomas*, Paris, 1939, pp. 584 ss.

O que caracteriza a comunidade é justamente a ordem que as partes mantêm com relação a um fim. Não se trata de uma comunidade de indivíduos agrupados pela posse de uma forma em comum, como ocorre nas comunidades lógicas tais como o gênero ou a espécie. O ponto de vista da forma levaria a conceber a comunidade como uma hierarquia de partes, o que Platão faz em sua descrição da cidade. Mas, pelo próprio fato de se tratar de comunidades de ação, é buscado um fim comum e este fim é princípio. Segue-se que o todo integra as partes transmitindo-lhes uma ordem direcionada a esse fim comum. Cada parte é distinta do todo, mas se comunica com o todo por essa orientação para um fim que é princípio. O todo é necessariamente mais perfeito, mais inteligível e mais universal do que as partes que o compõem. O todo não é a soma das partes, é a ordem das partes que participam de um mesmo fim. O todo não existe acima das partes, é uma realidade que só existe nelas, mas existe realmente nelas.

Em questão de ética, o fim apresenta-se sob o aspecto do bem. O fim de uma comunidade de ação é, portanto, o bem dessa comunidade. É à existência desse fim em comum que se reportam a comunidade e a lei que dirige essa comunidade para o seu bem. O fim comum, o fim último é identicamente o da comunidade e o da lei. A comunidade adota leis para realizar seu fim[35].

Assim sendo, a relação da lei com as partes é idêntica à da comunidade com suas partes. Assim como o bem comum se realiza através de diferentes obras comuns, as leis se diferenciam conforme as obras comuns que são partes do bem comum: lei humana, lei natural, lei divina realizam o bem comum universal; a lei sobre os impostos, sobre a responsabilidade civil etc. realizam o bem comum político. Trata-se de leis porque são disposições que seguem diretamente o bem comum. Mas o bem comum se diversifica ainda de outra maneira.

---

35. S. Tomás, *eod. loc.*, ad 3 m.

Assim como a ordem direcionada para o bem comum integra as partes que participam desse fim por intermédio de fins particulares – por exemplo, o bem comum da cidade se realiza parcialmente pela realização do bem comum de uma família –, assim também os preceitos particulares são ordenados para fins parciais que se integram no fim da lei[36]. Segue-se que a relação dos preceitos particulares com a lei não é essencialmente uma relação de continente com conteúdo, de mais geral com mais determinado, mas essencialmente uma relação com um fim comum; não se trata então propriamente de leis. Uma vez que a lei poderá passar por todas as espécies de particularizações não necessariamente deduzidas estritamente de uma lei superior, estas permanecerão de acordo com ela e serão verdadeiros preceitos particulares estando ao mesmo tempo ordenadas indiretamente para o bem comum[37].

Isso permitirá, entre outras aplicações, dar lugar à distinção entre a justiça particular e a justiça geral. Os fins e situações particulares são considerados em si mesmos, não em sua relação com o fim comum. Em contrapartida, todos esses preceitos particulares participam da lei na própria medida de sua orientação para o bem comum. Assim, este se apresenta como um ponto focal para o qual tendem, de um lado, as comunidades particulares e seu fim particular, do outro, os preceitos particulares e as leis que servem respectivamente de regra a esses dois tipos de comunidade[38].

A superação do ponto de vista formal pelo fim não suprime essa ordem, mas a relativiza, agrupando a diversidade das atividades e das regras num todo dinâmico que realiza progressivamente o seu fim. Assim é em razão do tipo de causalidade exercido pela causa final; esta não suprime as outras causas, nem as particularidades introduzidas pela matéria, nem as determinações formais. É, ao contrário, cau-

---

36. S. Tomás, *eod. loc.*, ad 1 m.
37. S. Tomás, *eod. loc.*, ad 2 m.
38. S. Tomás, *eod. loc.*, art. 3, ad 3 m.

sa dessa diversidade e dessa unidade formal, que ela agrupa numa tensão que cada coisa realiza diferentemente de acordo com o que é.

O ponto de vista do fim da lei, o bem comum, permite determinar quem deve legislar. A lei não pode ser obra de qualquer um; uma vez que a lei ordena para o bem comum, ela só pode ser feita por quem tem o encargo dessa comunidade. A própria *multitudo* pode encarregar-se dessa função ou encarregar alguém de dirigi-la. Conforme um ou outro regime, legislar compete à *multitudo* ou a quem exerce a função política de dirigir essa comunidade[39].

Isso não significa que cada qual não seja, em certo sentido, sua própria lei para si mesmo, na medida em que participa da lei realizando-a por vontade própria. Quanto mais a realiza, mais é autônomo, porque participa cada vez mais da ordem dada por quem legisla[40]. Não obstante, apenas a pessoa que tem o poder de coagir pode realmente ser legislador, pode fazer justiça àquele que não obedece à lei. Esse exercício da força coercitiva é secundário e acidental, não caracteriza a autoridade. É apenas a consequência do fato de a autoridade conduzir para o bem comum[41].

Com efeito, não se deve conceber a autoridade encarregada do bem comum como um poder separado e abstrato da multidão, reinando pela força. A autoridade só tem sentido porque conduz efetivamente as partes do todo ao bem próprio delas que é também o bem comum. A obrigação daí resultante para os indivíduos não é uma coerção exterior. A autoridade ajuda-os simplesmente a realizar o fim último e próprio deles, o que ela só pode fazer por intermédio do bem comum. A autoridade, mesmo quando os coage, não lhes impõe uma regra extrínseca. Encontra neles uma cumplicidade e um acordo mais fundamental que as recusas que a obrigam a coagir, porque, conduzindo-os ao

---

39. S. Tomás, *eod. loc*, corp.
40. S. Tomás, *eod. loc.*, ad 1 m.
41. S. Tomás, *eod. loc.*, ad 3 m.

seu bem comum, ela realiza com isso o bem próprio e imanente deles para o qual tendem por natureza. É por isso que a autoridade não é definida por seu poder, mas pelo cuidado com a comunidade da qual é encarregada[42]. Há entre a comunidade e seu líder um vínculo que ordena a comunidade rumo a ele e não o torna exterior à comunidade; ele é, justamente, princípio de ordem da comunidade porque por ele a comunidade recebe seu bem[43]. Assim também, não se deve tomar no sentido mais literal a noção de multidão à qual alude Santo Tomás, ou melhor, essa multidão, na própria medida em que é ordenada por um bem comum, constitui uma comunidade. Deveremos explicar mais tarde, quando se tratar propriamente da comunidade política, se há nisso um processo natural ou não.

Mas a lei, justamente por só ter sentido no seio de um todo comunitário, não pode ficar imanente ao espírito do legislador. Deve ser conhecida.

A lei conhecida

Contrariamente a demasiadas interpretações correntes que provêm de um desconhecimento e de um desprezo pelas questões jurídicas, a promulgação não é um problema incidente na doutrina de Santo Tomás. Os três artigos precedentes nos defrontaram com os seguintes elementos: a lei é *aliquid rationis*; comporta, pois, algum conhecimento, obra da razão que tem por fim o bem da comunidade e que é, portanto, da competência de quem é encarregado desse bem comum. A combinação desses elementos seria impossível sem a promulgação. Os membros da comunidade devem saber qual o objetivo para agir; ora, eles não são indênticos àquele de quem tem o encargo da comunidade; cum-

---
42. S. Tomás, *eod. loc.*, corp.
43. S. Tomás, *eod. loc.*, quaest. XCII, art. 1.

pre, pois, que lhes seja transmitido o conhecimento desse fim por algum meio exterior[44].

Aquele que é encarregado da comunidade também não pode cumprir sua tarefa se não transmitir a seus concidadãos o conhecimento desse fim e os meios de alcançá-lo. A obra da razão permaneceria um simples pensamento se não fosse expressa a fim de que dela participem aquele que a promulga e os que lhe obedecem. A aplicação da lei só pode ser feita pela transmissão de um conhecimento pela própria razão do que é a lei, *aliquid rationis*[45]. Essa aplicação pelo conhecimento não suprime, ao contrário, o ponto de vista da finalidade nas pessoas submetidas à lei. Se há realmente no legislador conhecimento do fim pela forma e transmissão desse conhecimento por conceitos, as pessoas às quais a lei é aplicada alcançam também, mediante os conceitos e a forma da lei, um conhecimento que supera esses conceitos e as orienta para o fim. Através dos conceitos do legislador, é sempre o fim que é conhecido[46].

O conhecimento se encontra de novo no centro da lei, desta vez não mais do lado do legislador, mas do lado dos indivíduos, porque eles são instruídos pela lei do que é o fim e podem, portanto, tender para ele. De início, não se apela à vontade e sim ao juízo deles; a lei os esclarece sobre o que é bem e, sendo o bem fim da vontade, a vontade segue esse juízo da razão que a lei os ajudou a fazer.

Santo Tomás, contrariamente ao que o clima nominalista nos leva naturalmente a pensar, não diz que a aplicação da lei é uma questão de efetividade; ou a lei produz seus efeitos obrigando aqui e agora tal pessoa a agir conforme o que ela manda ou ela não os produz e, então, não é aplicada. Tendemos a pensar que a vontade do legislador é uma força que, por um contato quase físico, empurra a von-

---

44. S. Tomás, *eod. loc*, quaest. XC, art. 4.
45. *Quod in notitiam eorum deducitur ex ipsa promulgatione*: "O que é levado ao conhecimento deles pela própria promulgação", S. Tomás, *eod. loc*.
46. S. Tomás, *eod. loc.*, ad 2 m.

SANTO TOMÁS OU A LEI ANÁLOGA 55

tade dos subordinados a agir. Ora, não é assim para Santo Tomás; a aplicação da lei resulta do conhecimento proporcionado pela promulgação. Não se trata do simples conhecimento do que o legislador quer, extremamente importante num pensamento em que essa vontade pode variar como quiser; trata-se do conhecimento que a lei dá sobre um objeto exterior e anterior a ela. Ela faz conhecer uma parte do bem comum, e é da verdade sobre esse bem comum, sobre o fim a ser perseguido, que decorre seu caráter obrigatório, mas também a necessidade de torná-la pública para difundir esse conhecimento. Como a lei contém uma verdade sobre o bem comum, os sujeitos, por sua razão, aderem a essa verdade aplicando a lei por vontade deles. Logo, a lei é a um só tempo o produto de um conhecimento e portadora de um conhecimento. Promulgando-a, o legislador descobre uma verdade prática que compartilha com a comunidade de que é encarregado; essa verdade acarreta obrigações e obediência dos sujeitos, porque se trata de uma verdade referente a um bem que tem razão de fim.

Esse conhecimento sobre o fim, que se revela estar no centro da lei, pode ser transmitido de diversas maneiras conforme as leis em pauta. Sendo a promulgação um ato de transmissão de conhecimento, ela não requer nenhuma forma precisa para realizar-se. Contrariamente ao que às vezes foi sustentado[47], ela também pode encontrar sua realização na lei natural, na qual existe justamente um conhecimento natural inserido por Deus no espírito do homem[48], ou então na lei eterna em que o Verbo faz conhecer o que o Pai quer[49]. No caso da lei humana ou da lei divina, a escrita pela qual é realizada permite à lei estender-se ao futuro.

---

47. Alexandre de Hales, *in Sent.*, III, quaest. 26. E, sobretudo, Suarez, que conclui: *In hac lege aeterna per se loquendo nulla publica promulgatio requiritur ut actu obliget*: "No caso dessa lei eterna, que fala por si só, não é necessária nenhuma promulgação pública para que ela obrigue efetivamente", *De legibus*, II, cap. I, II.
48. S. Tomás, *eod. loc.*, ad 1 m.
49. S. Tomás, *eod. loc.*, quaest. XCI, art. 1, ad 2 m.

Uma vez que nenhuma forma particular é requerida, não sendo realizada a promulgação formal, o conhecimento da lei pode chegar a alguns e a lei os obrigará assim que tiverem conhecimento dela, porque o objetivo da promulgação está, no caso deles, realizado: houve transmissão do conhecimento, que se mostra, dessa forma, a essência da promulgação[50].

A busca da noção de lei termina com a definição célebre que resume o que foi dito: "Lex nihil aliud est quam quaedam rationis ordinatio ad bonum comune, ab eo, qui curam communitatis habet, promulgata": "A lei nada mais é senão uma realização de razão com vistas ao bem comum, promulgada por quem é encarregado da comunidade."

É necessário deter-se em alguns termos dessa frase. O primeiro é a noção de *ordinatio*: literalmente, "colocação em ordem"; depois do que foi dito sobre a obrigação e sua fonte na verdade prática, não é possível traduzir esse termo por ordem, se queremos com isso expressar um comando. Trata-se sobretudo da descrição de uma ordem direcionada a um fim consoante a qual os atos humanos vêm dispor-se, retificar-se, ordenar-se. É apenas por essa ordem ser verdadeira que pode ser dada a ordem de realizá-la. Só que essa ordem não se expressa a princípio por um imperativo, mas por uma proposição universal, obra da razão prática, cujo conhecimento assim transmitido, a descrição da ordem, como tal, atrai.

Tornou-se hábito interpretar essa definição segundo a doutrina das quatro causas: a razão é a causa formal da lei; o bem comum, a causa final; o legislador, a causa eficiente, e a promulgação, a causa material[51]. Isso permite esclarecer uma ordem entre os diversos elementos agrupados nessa definição. A causa material é totalmente relativa à causa

---

50. S. Tomás, *eod. Loc.*, quaest. XC, art. 4, ad 3 m.
51. O que coincide com a análise dos juristas que, de Irnério a Bartolo, possuem uma doutrina das quatro causas do direito e da lei. Para uma aplicação dessa doutrina, ver, por exemplo, Bartolo, *In Authenticam*. De Nupt., § "fines vero", n.º 2.

formal, é-lhe subordinada; a obra de razão é primeira e a promulgação é um meio a serviço desse conhecimento. A obra de razão, embora essencial à lei, já que transmite um conhecimento, do qual a lei tira seu caráter obrigatório, e permite utilizar a lei como princípio em relação às conclusões, não é cabal, ela é relativizada e superada pela causa final; a obra da razão é uma realização "com vistas a", *ordinatio rationis ad*. A causa eficiente é relativizada pela razão, é subordinada a um conhecimento, ela não pode querer sem julgar o que é bem, mas, através dessa intervenção da razão, é relativizada pelo fim, só pode mandar de acordo com o bem comum. O bem comum aparece como a causa final e, por essa razão, cabal, que diz o que deve ser feito e querido – a obra de razão – e por que isso deve ser feito por quem deve ensinar aqueles de quem é encarregado.

O jogo das quatro causas indica com bastante clareza como podem organizar-se as diversas leis entre si, ao mesmo tempo conforme uma ordem de participação na linha da causa formal e conforme uma ordem de proporção a fins, eles mesmos finalizados por um fim último. Indica também como a lei vai organizar-se com relação a preceitos inferiores e a outras ordens de justiça, a um só tempo segundo uma ordem formal e segundo uma ordem finalizada, sendo esta cabal e primordial.

Podemos notar que a superação do ponto de vista formal é feita pelo fim, mas com uma espécie de aliança da matéria; se a forma é obrigada a ceder para recorrer ao fim, é em razão da obscuridade da matéria. Esta contém uma indeterminação fundamental que a deixa obscura e a faz em parte escapar à apreensão da razão. Por isso é preciso orientá-la e aperfeiçoá-la. Encontramos aí a divisão última do ser em ato e potência na qual toda lei vai se inserir. Em contrapartida, a aliança entre a forma e a causa eficiente é fácil de compreender, a redução ao ponto de vista da forma submete a ética ao ponto de vista artístico; a forma não deixa escapar nova causa, para além de si mesma, que relativizaria também a causa eficiente; a redução à forma permite assegurar à causa eficiente um domínio completo sobre a realidade.

Mas o Doutor Angélico sempre conservou a distinção entre as dimensões do ser que determinam e as que exprimem seu dinamismo. Santo Tomás, que soube conservar uma ordem pelo ponto de vista do fim entre esses dois aspectos no nível transcendental, consegue mantê-lo aqui na análise da lei em que a supremacia do fim é particularmente sensível.

Ao contrário, a sequência da história do conceito de lei, bastante paralela ao da ontologia, mostrará uma dissociação desses dois pontos de vista.

Os efeitos da lei

A primazia da causa final fica marcada na própria composição da continuação do tratado: depois de ter examinado as diversas leis e os vínculos que elas mantêm entre si, vem o estudo dos efeitos da lei. O lugar desse estudo é muito significativo, os efeitos não entram na definição da lei, decorrem dela. Não são verdadeiramente causas finais, são causados pela lei; o legislador não os considera diretamente, sem o quê o fim seria necessariamente imanente à sua vontade, seria o que ele quer, como o entenderão todos os nominalistas, e não o que causa realmente[52].

O legislador não considera primeiro o que ele quer, considera o que é o fim da lei, o bem comum de que decorrem certos efeitos. Ele quer os efeitos da lei apenas indiretamente. Esses efeitos da lei estão na dependência do fim da lei, e não na dependência da vontade do legislador. Os atos da lei são disposições pelas quais ela realiza seus efeitos[53], por exemplo, o medo da punição leva a fazer de antemão o que a lei prevê e torna, assim, os homens bons.

---

52. Em oposição a: metaforicamente.
53. S. Tomás, Ia IIae, quaest. XCII, art. 1, "Utrum effectus legis sit facere homines bonos." Art. 2, "Utrum legis actus contenienter assignentur."

Esse é, na verdade, o efeito primeiro da lei. A lei realiza uma submissão à razão prática, ao seu *dictamen*[54]. A peculiaridade da razão prática é que ela não se contenta em mostrar, em julgar o verdadeiro e o falso, mas em julgar o bem e o mal, juízo que termina no mando de que esse bem deve ser realizado. Assim, a lei submete a inteligência prática dos subordinados à do legislador. Ora, a virtude consiste, precisamente, não em suprimir os apetites, mas em submetê-los e retificá-los habitualmente pela razão, porque é ela que governa as potências subordinadas. Isto é uma descrição da virtude no homem como tal, mas dela podemos tirar o princípio de que a virtude consiste em estar subordinada a quem deve governar; a razão para o homem individual, o legislador para o cidadão[55]. Toda lei é feita para ser obedecida pelos sujeitos. Mediante essa obediência submetem-se a quem deve governar, portanto tornam-se, por isso mesmo, virtuosos. Não se tornam virtuosos contra a vontade, não obstante o recurso, às vezes necessário, à coerção, porque a lei não se impõe a eles do exterior, ela é o bem verdadeiro deles; realizando o bem objetivo indicado pela lei, submetem-lhe seu desejo particular e é justamente nisso que consiste sua virtude e seu bem. Ficam desenvolvidos e aperfeiçoados porque a lei os orienta na direção do verdadeiro fim deles.

Evidentemente, tal raciocínio só é possível se consideramos que o bem é uma realidade objetiva vinculada à finalidade. Então o bem consiste em realizar sua natureza, a natureza do homem é ser um animal político; portanto, a vida política o aperfeiçoa e o torna bom. Isso implica uma continuidade entre o bem ontológico e o bem político e pessoal muito característico da ética tomista.

A lei adquire então um lugar essencial, já que por ela fica determinado o que é devido à comunidade, com a qual o indivíduo não pode não viver numa certa amizade. O dever objetivo determinado pela lei com vistas ao bem co-

---

54. S. Tomás, *eod. loc.*, quaest. XCII, art. 1.
55. *Ibid.*

mum é precisamente o motivo pelo qual o indivíduo abandona seus desejos desordenados e seu fechamento subjetivo para ter acesso à virtude e ao seu bem próprio. Ao vincular a moralidade aos outros, a um dever para com os outros membros da comunidade, é-lhe dada uma medida objetiva situada na coisa devida. E a lei que é determinada pelo que é devido se torna expressão e determinação das exigências da comunidade[56]. Ela impõe ao indivíduo realizar seu bem efetivo, evitando-lhe não só buscar esse bem na satisfação de desejos desordenados, mas também impedindo-o de cultivar uma virtude subjetiva cuja única medida seria um justo meio determinado pelo sujeito.

Essa doutrina repousa explicitamente na relação das partes com a comunidade. Ora, o homem é parte da cidade, se se separa dessa relação com o todo, não é possível que faça seu bem, persegue então um desejo desordenado e desregrado, por exemplo, junta dinheiro sem querer pagar impostos. O bem da parte passa necessariamente pelo bem do todo, dele a parte recebe o seu bem. Inversamente, o todo só pode existir se as partes são proporcionadas a esse todo, o todo nasce da ordem das partes. Para que o todo seja bom, para que o bem comum exista realmente, cumpre que também os cidadãos sejam bons; quando são maus, não só causam sua infelicidade, mas também destroem a comunidade.

Um deles deve ser particularmente virtuoso, porque a ele é confiado o cuidado do bem comum e o mando dele decorrente. Se pode permanecer certa distância entre o homem bom e o bom cidadão, porque as partes do todo não obedecem perfeitamente à lei, o Príncipe, que é livre da força coercitiva da lei, deve realizá-la ele próprio perfeitamente tão só por sua virtude[57]. Revela-se, assim, que o Príncipe é

---

56. Porque o que é devido pode ser entendido de uma coisa ou de uma conduta, a lei concerne, através do objeto, a uma conduta. A lei humana concerne à conduta exterior devida à comunidade. Isso será precisado por ocasião da análise da relação entre *Jus* e *Lex*.

57. S. Tomás, *eod. loc.*, quaest. XCVI, art. 5.

aquele em quem é estabelecida a perfeita continuidade entre seu bem e o bem comum. Sua situação objetiva o obriga, o faz ser virtuoso. Santo Tomás escreve isso no momento em que reina São Luís. No entanto, essa doutrina não está contida num escrito circunstancial, mas é o resultado de análises filosóficas em que a política de Aristóteles tem um papel determinante e explícito.

Santo Tomás percebeu de imediato a objeção que podiam fazer a essa descrição; não será a um só tempo utópica e muito parcial? A experiência habitual da política não é a da virtude, existem tiranos e leis iníquas que não têm por finalidade o bem comum e não tornam o homem bom. Em política, não será, afinal, sempre o cínico e o maquiavélico que têm razão?

Para compreender a resposta de Santo Tomás, cumpre começar lembrando sua intenção, que não é determinar *hic et nunc* quais são as boas ou as más leis, mas o que é a natureza da lei. A contestação maquiavélica, inspirada pelo nominalismo, consiste justamente em negar a possibilidade de se manter no nível de busca de uma essência da lei, pela própria razão da existência de más leis. Existem leis tirânicas e muitas o são, portanto não se pode dizer que a natureza da lei consiste em tornar os cidadãos bons. Há nesse campo apenas casos específicos. Invertendo o raciocínio, será possível ao cínico afirmar que a lei iníqua é mesmo uma lei, que extrai sua validade do simples fato de ter sido promulgada[58].

Para responder a essa objeção, Santo Tomás estabelece uma distinção que se baseia na oposição entre *simpliciter* e *secundum quid*. É possível considerar uma situação em que a lei corresponde à sua natureza, em que determina realmente o que é o bem comum e torna os homens bons. Não se trata de uma situação ideal ou utópica, pois sempre se trata de um bem comum em dada cidade, que torna bons os cidadãos dessa cidade e por isso mesmo inclui alguns

---

58. S. Tomás, *eod. loc.*, 4.ª objeção.

defeitos com relação a uma situação absolutamente ideal. Nesse caso, a lei torna os homens realmente bons conforme o que são, inclusive conforme seu condicionamento local e temporal, conquanto certamente não seja perfeita pela boa razão de não existir situação política que não seja determinada. Esse *simpliciter* não significa, portanto, um bem absoluto realizado numa cidade ideal; significa uma lei e uma cidade boas que tornam realmente bons os homens, ela contém ainda uma parte de relativo que lhe permite escapar à utopia. O modelo no qual pensa Santo Tomás é, evidentemente, a lei divina. Em compensação, existem outras soluções em que o legislador não procura o que é o bem comum verdadeiro, mas o que lhe é útil ou agradável. É um tirano cujas leis não tornam os homens bons *simpliciter*, suas leis não são leis verdadeiras, mas iniquidades e perversões de leis. No entanto, mesmo nessa situação-limite, a lei, em razão de sua natureza, ainda que isso seja apenas muito parcialmente realizado, conserva uma parte de seus efeitos[59]. Porque conserva de sua natureza pelo menos a submissão dos cidadãos ao tirano, ela tende a que estes obedeçam e fiquem obedientes, o que na verdade os torna bons, não de modo completo, mas considerando-o com relação ao regime em que estão, *secundum quid*[60]. Mesmo na mais degradada situação, a tirania, a lei na medida em que é lei, continua conservando uma parte irredutível de sua natureza e, nessa medida, uma parte irredutível de seus efeitos. Há que se ir mais longe e dizer que, mesmo nesse bem relativo, e seja qual for, aliás, o peso da perversidade que pesa sobre os cidadãos, na medida em que a lei conserva seja o que for de sua essência, ela continua, embora de modo muito diminuído, a realizar parcialmente o bem dos cidadãos, ainda que seja tornando-os obedientes, o que também é uma virtude e uma parte do bem verdadeiro deles. Nessa situação, a *ratio* da lei não está totalmente au-

---

59. S. Tomás, *eod. loc.*, corp.
60. S. Tomás, *eod. loc.*, ad 4 m.

sente. O pensamento clássico já havia percebido esse fenômeno[61].

Encontramo-nos, portanto, diante de uma solução muito equilibrada, em que a boa situação não é utópica, consiste em realizar o que é o bem verdadeiro na realidade concreta. A pior situação não é inteiramente perversa pela simples razão de que ela ainda existe e que as naturezas se realizam nela, ainda que parcial e relativamente. Essa constatação abre a porta para uma consideração prudente dos regimes políticos, que evita a exaltação sonhadora ou a resignação pragmática. Permite à filosofia política constituir categorias maleáveis que não serão postas em causa pelas situações perversas, e com isso torna possível sua tarefa analítica e reguladora, contrariamente ao ceticismo fundamental do maquiavelismo e da utopia.

Santo Tomás chegou a essa solução distinguindo *simpliciter* e *secundum quid*, distinção de grande importância para o pensamento jurídico e ético. Distingue o que é bem realmente e o que o é relativamente a dada situação. O que só o é em relação a uma situação permanece, todavia, ligado ao que o é realmente, cuja natureza ele compartilha parcialmente, sendo uma realização analógica, conquanto às vezes extremamente, mas jamais totalmente, degradada. Assim sendo, já não é possível negar ao bem verdadeiro seu valor em nome de um mal, porque em última instância permanece nesse mal algum bem, porque ele existe e é uma participação do bem mais completo e real.

A atitude de Santo Tomás aparece com mais evidência ainda se considerarmos suas fontes. É verossímil pensar que ele tivesse em vista no momento em que escreveu, como o deixa adivinhar uma alusão, a questão de Santo Agostinho sobre a diferença entre uma cidade e uma quadrilha de malfeitores[62]. Ora, Santo Agostinho respondia que essa di-

---

61. Xenofonte, *Ciropédia*, I, cap. III.
62. "Sic autem bonum invenitur etiam in per se malis: sicut aliquis dicitur bonus latro, quia operatur accomode ad finem", S. Tomás, *eod. loc.*

ferença não existe; marcado pelo platonismo e por certo utopismo cristão, desvalorizava assim a cidade terrestre em nome de seus defeitos em comparação com a cidade celeste. Todo o seu pensamento repousava num jogo de oposições entre as duas. Ao contrário, em Santo Tomás, a existência de um ser primeiro não se opõe em absoluto à de seres segundos que ele atrai[63]. O bem comum da quadrilha de ladrões contém algum vestígio do bem comum da cidade. A quadrilha de ladrões anuncia a cidade pela própria superação de que necessita para ter acesso a ela. Assim também, no bem comum da cidade terrestre, há algum vestígio daquele da cidade celeste. Ora, dizer isto implica que cada uma, a cidade terrestre e a quadrilha de ladrões, realiza não só seu bem próprio, *secundum quid*, mas também uma parte, por mínima que seja, do bem verdadeiro *simpliciter*.

Para tornar os homens bons, a lei dispõe de meios apropriados que a fazem diferir de uma simples proposição da razão especulativa. Não obstante, e isso é capital, a razão prática e a razão teórica compartilham uma mesma natureza pelo fato de ambas conduzirem a alguma coisa: a razão teórica conduz a conclusões que decorrem de alguns princípios; a razão prática, a partir de princípios, deve conduzir não a conclusões, mas a atos. A razão teórica e a razão prática são, a bem dizer, usos diferentes da mesma razão, por isso a razão teórica e a razão prática começam emitindo um juízo; é por isso que a lei reveste a forma de uma proposição universal enquanto produto da razão que enuncia um juízo universal. A partir desse juízo universal, a razão teórica raciocina até juízos particulares; a razão prática, por sua vez, não se detém no juízo, mesmo particular, ou melhor, seu derradeiro juízo é mais completo porque a vida ética não se limita a uma constatação, mas a um ato. O juízo contém em si mesmo um ato de comando, a razão prática resulta numa proposição do tipo "tal ato é bom"; enun-

---

63. Aliás, eles são descobertos como segundos apenas depois da descoberta de suas causas e princípios próprios.

ciando isso, ela manda necessariamente a vontade realizar esse ato, porque a vontade não pode recusar-se ao que é julgado bom, adere a ele necessariamente[64]. O jurista tem a experiência dessa diferença de tipos de juízos, as sentenças e arrestos munidos da fórmula executória são como os da razão prática, terminam com um comando; os outros, juízos alheios, decisões das jurisdições administrativas, ficam um pouco teóricos. Entretanto, não se pode ir longe demais na comparação, uma vez que, em virtude da separação dos poderes, reflexo de uma psicologia atomística que vai nascer no âmbito de pensamentos contrários ao realismo, a fórmula executória não acarreta necessariamente a execução. Ao contrário, o juízo da razão prática contido na lei termina na prescrição; mas a lei não vai, é evidente, até a execução, porque permanece sendo uma proposição universal.

A prescrição indicada pela lei difere de acordo com seu objeto, os atos humanos, dos quais Santo Tomás distingue três categorias: os atos bons em si mesmos que a lei prescreve; os atos viciosos em si mesmos que a lei proíbe; os atos indiferentes que a lei permite; enfim, a lei reclama uma obediência nessas três áreas, o que realiza mediante a sanção.

Essa breve passagem apresenta difíceis problemas de interpretação que devemos abordar. Para um leitor habitual de Santo Tomás, ela parece formar como que um núcleo estranho no meio de sua doutrina da lei: nele não encontramos todos os componentes das doutrinas nominalistas, em especial escotista e suareziana tais como a doutrina dos atos indiferentes, sua determinação pela lei, a existência de atos bons e maus que se prendem a uma lei natural abstrata, a caracterização da lei pela sanção penal? Há nessa passagem motivos para contestar tudo o que afirmamos e lemos sobre o papel do fim. No entanto, as afirmações muito fortes de Santo Tomás sobre o fim existem mesmo. A não ser que se opte pela solução da incoerência, deve-se pes-

---

64. S. Tomás, *eod. loc.*, art. 2.

quisar como, e não conciliar, mas encontrar a ordem em que se acordam esses dois pontos de vista.

O contexto geral desse acordo, muito longe de contestar a primazia do fim, deve ser buscado na ordem das causas. Embora o fim seja primeiro, ele é primeiro em relação a outros que o seguem, entre os quais a causa eficiente. Ora, aqui se trata realmente deste ponto de vista: os efeitos da lei. A questão que Santo Tomás se coloca é saber como o bem comum visado pela lei e os bens particulares que dele resultam se realizam. Se lermos com atenção o texto, seremos levados a reconhecer que todos os efeitos descritos aqui permanecem na perspectiva do fim que, ademais, é um fim exterior à vontade do legislador.

Para empreender a leitura detalhada desse artigo, há que se referir, de um lado, aos textos em que Santo Tomás aplica a análise precedente e, do outro, àqueles em que ele explicita seus elementos.

Encontramo-nos diante de duas questões por resolver; a primeira concerne à noção dos atos bons e maus em si. Essas expressões de Santo Tomás significarão que existe uma lei natural abstrata que escreve um código moral que o legislador deverá aplicar? A segunda está ligada a ela e refere-se aos atos indiferentes; isto significará que, uma vez respeitado o código de direito natural, o legislador ficará livre para determinar segundo sua vontade o que é bem e o que é mal?

Santo Tomás inaugura sua análise dos atos humanos estabelecendo um vínculo entre o bem metafísico, a orientação das coisas para seu fim necessário, e a ação. A ação é dependente do ser que a produz, é uma maneira de o ser que age alcançar seu fim. Nesse nível, o ser e o bem se juntam[65]. Esse bem ontológico se realiza nos seres através de uma ordem de elementos diversos, bem como nos atos. O bem nos seres é uma plenitude de ser, assim como nos atos. Com isso encontra-se estabelecido um vínculo funda-

---

[65]. S. Tomás, Ia IIae, quaest. XVIII, art. 1.

mental com a finalidade ontológica, que é o fundamento para que venham estabelecer-se os outros elementos da moralidade do ato, elementos diversos e coordenados. O primeiro nível da moralidade é constituído pelo objeto do ato, ou seja, a coisa sobre a qual incide o ato. A finalidade ontológica não é abstrata. Ela se manifesta no seio das coisas e impõe, assim, sua objetividade ao fim subjetivo. É por isso que a primeira medida da moralidade passa pela coisa devida. A justiça assume, então, uma importância capital, já que por ela todas as virtudes encontram-se mensuradas pelo que é devido a outrem. Ela introduz uma medida objetiva, porque reside nas coisas; utilizar sua própria coisa é bom, tomar a alheia é mau, ainda que para dar esmola[66]. A finalidade ontológica realiza-se também pelas circunstâncias, dados objetivos nos quais o ato se realiza; são elementos independentes da vontade. Embora seja bom utilizar seu dinheiro para dar esmola, talvez não se deva, porém, dá-la agora, se se tem o encargo de uma família que não se consegue alimentar. A finalidade ontológica passa de novo pelo fim subjetivo, a ação decorre parcialmente daquele que é sua causa, e seu papel é particularmente importante nos atos interiores[67]. Pode haver atos cujo objeto é imediatamente ordenado para o fim subjetivo e outros não; seja como for, a ação recebe especificações distintas, uma do objeto, a outra das circunstâncias, a última do fim[68].

É no nível da especificação do objeto que surge o problema dos atos bons em si. Se o objeto está de acordo com o fim ontológico, o que se determina pela *res circa quam*, ele é bom em si. Vê-se bem, desse modo, que não se trata da determinação de uma moralidade abstrata. Muito pelo contrário, tomar a coisa alheia porque justamente nela se encontra uma relação objetiva com outrem é por si um ato mau. Isso não impede a intervenção de outras especifica-

---

66. S. Tomás, *eod. loc.*, quaest. XX, art. 1, e quaest. XVIII, art. II.
67. S. Tomás, *eod. loc.*, quaest. XX, art. 1.
68. S. Tomás, *eod. loc.*, quaest. XVIII, art. 4.

ções: usar o carro alheio para levar um ferido grave ao hospital pode ser justo, o estado de necessidade vem lembrá-lo. O que é devido a outrem, que constitui o ponto inicial do exame da moralidade, fundamenta-se na própria coisa na qual se lê uma finalidade objetiva, e com a qual, precisamente, a vontade deve se acordar. No fato de que a coisa é minha ou de outrem lê-se essa finalidade.

Portanto, compreende-se que a lei que determina, sob relações diferentes, é verdade, o que é devido a outrem seja seguramente constituída desses atos bons ou maus *ex genere*[69]. Por exemplo, a lei proíbe tomar o bem alheio e matar, especifica as reparações devidas a outrem (indivíduo ou comunidade)... Uma vez que a justiça é a forma de todas as virtudes e as força ao realismo, a lei tem necessariamente um objeto moral.

No entanto, embora possamos classificar assim, *ex objeto*, atos bons e maus em si, não é possível operar dessa maneira no tocante a todos os atos. Considerando-os em si mesmos, certos atos não podem ser classificados porque não contêm relação com o fim; por exemplo, passear pelo campo, montar a cavalo, etc.[70] Não se deveria estimar que esses atos recebam então sua qualidade moral da lei, como dirão Escoto e Suarez depois dele. O reconhecimento da existência de atos indiferentes *ex specie* demonstra, ao contrário, a necessidade de uma relação com a finalidade ontológica para estabelecer um juízo de valor, relação que não é possível estabelecer abstratamente para esses atos indeterminados demais. Portanto, há que se esperar as circunstâncias particulares em que um indivíduo realiza esse gênero de atos para fazer um juízo moral sobre eles. Então o ato fica determinado pelas circunstâncias concretas e recebe delas uma especificação tal que fica possível julgá-los[71]. Não há atos individuais indiferentes[72], porque nos atos concre-

---

69. S. Tomás, *eod. loc.*, quaest. XVIII, art. 1.
70. S. Tomás, *eod. loc.*, quaest. XVIII, art. 8.
71. *Ibid.*, art. 9.
72. Se foram deliberados, S. Tomás, *eod. loc.*

tos existentes há necessariamente uma relação diversificada com o fim[73].

Com relação a esses atos, a lei nada pode decidir, já que ela é uma proposição universal; ela se atém aos atos já especificados, pelo fim ou pelo objeto; não pode levar em conta circunstâncias. Assim, não podendo decidir de antemão a qualidade moral deles, deve permiti-los. Não é, pois, a lei que determina a qualidade dos atos indiferentes; ao contrário das teorias nominalistas, ela se apaga diante deles para que venham à luz plena sua realidade concreta e sua relação com o fim ontológico[74].

Portanto, não é a proibição seguida de pena que determina o que é bem, sendo a execução coagida pela ameaça da pena. Ao contrário, é um bem objetivo que é ordenado pela lei na medida em que é especificado e possível. Decerto a lei usa a força para conduzir os homens a realizar esses atos. Encontramos aí o realismo de Santo Tomás: ordenando atos exteriores, mesmo executados sob a ameaça da punição, a lei visa, mediante o hábito, melhorar os homens. É pela realização efetiva do bem, ainda que com certo caráter de anterioridade, que, na perspectiva extremamente realista de Santo Tomás, chega-se progressivamente a buscá-lo para si mesmo. Isso não é, porém, a totalidade da função da pena, mas um efeito indireto[75].

Vemos que a lei faz a transição da política para a ética individual. Os homens, em qualquer nível da realidade, estão destinados a viver em comunidade, o único lugar onde alcançam seu bem, o bem viver. Visando o bem dessa comunidade, a lei realiza, portanto, o bem deles, obrigando-os a passar por esse bem objetivo graças à realidade das coisas a serem compartilhadas; ela lhes dá o hábito de agir bem e de serem felizes.

---

73. Pode ocorrer que, assim, intervenha uma lei para determinar uma categoria de atos especificamente indiferentes e deva, pois, ser contada entre as circunstâncias. Santo Tomás considera essa possibilidade para a lei humana com relação à lei eterna. S. Tomás, *eod. loc.*, quaest. XCI, art. 3.
74. S. Tomás, *eod. loc.*, quaest. XCII, art. 2.
75. S. Tomás, *eod. loc.*, ad 4 m.

Estamos de posse de uma noção expressa por uma definição. Podemos pensar essa noção como um elemento comum realmente existente, do qual participam todas as leis, conceito existente como uma entidade nas coisas, no espírito ou num mundo extrassensível. Para conseguir definir exatamente as leis em sua particularidade, procederíamos por divisão e diferença. Esse procedimento significaria que todas as leis seriam graus de participação numa lei em si. Acima de todas as leis reais, cumpriria pensar que existe uma lei em si cuja expressão seria a *ratio legis*. Isso traz o problema do modo como convém compreender a ordem das leis exposta por Santo Tomás.

Capítulo III
A ordem das leis

Determinar a ordem das leis em Santo Tomás não é óbvio, ainda mais porque nisso está envolvido o conjunto do pensamento de Santo Tomás. É possível, e é a leitura mais corrente, contentar-se em percorrer a hierarquia das leis a partir da lei eterna. Tal leitura privilegia a ordem de participação a partir da lei eterna. Ela tende a se situar na linha de uma interpretação formalista. Além de contrariar a ontologia de Santo Tomás, para quem o ato e o fim estão mais além da forma, tal leitura não basta para explicar certas afirmações de Santo Tomás sobre a ordem dos fins e dos seres em ato. Tampouco permite compreender por que a lei divina não é tratada antes da lei humana.

Podemos mesmo detectar algo em comum em cada lei, mas esse comum não tem outra realidade senão aquela de um produto da razão, *ratio*; não é uma realidade independente das coisas, ainda que expresse uma parte essencial delas; é imperfeita em comparação ao que as coisas são. Não só é imperfeita, mas conserva em si mesma certa marca da pluralidade das coisas na qual ela se realiza. Com efeito, sua realização não é a aplicação de uma forma única a matérias diversas, mas, nas próprias coisas em que ela se realiza, ela o faz diversamente, conservando ao mesmo tempo uma estrutura análoga. É muito claro, por exemplo, que a promulgação (apesar da similitude que podemos, sob esse aspecto, notar entre as diversas leis) não implica identidade. Já na busca da *ratio* da lei, Santo Tomás é obrigado, pela realidade, a considerar que a promulgação é diversa nas leis, humana, eterna, natural: não há relação de identidade expressa pela *ratio*, mas similitude. Apenas ela permite compreender que seja chamada de lei a *lex nova* não escrita, a *lex formitis*, ou ainda que sejam integrados à lei os conselhos evangélicos.

Essa similitude pode ser considerada de duas maneiras. Podemos pensá-la de início como uma ordem entre o primeiro e uma série, sendo o primeiro o mais perfeito, não mais, desta vez, uma forma perfeita, mas uma realidade perfeita, a lei eterna nesse caso, da qual todas as outras derivam por ordem de imperfeição crescente[1]. Esse primeiro ponto de vista, que permite integrar grande número de aspectos do pensamento participativo, evidentemente está presente no tratado das leis; em geral é o único conservado na exposição da doutrina tomista, embora seja o menos original e comporte o perigo de desvalorizar a realidade das ordens inferiores. Consideraremos a lei humana, por exemplo, apenas como uma participação muito inferior e sem verdadeiro valor próprio.

Também é possível conceber a similitude, de um ponto de vista mais globalizante, como uma similitude de relações entre os diferentes elementos da *ratio*, que expressa justamente essa estrutura semelhante. Por exemplo, podemos pensar que há similitude entre cada lei e o bem comum que é seu fim próprio, sendo a lei humana finalizada pelo bem comum político, a lei natural pelo bem comum natural, a lei divina pelo bem comum dos crentes. Consideramos, assim, cada ordem da realidade em sua particularidade e em sua realidade própria. Esse segundo ponto de vista inclui, ademais, o primeiro, sem apresentar seus perigos, porque os princípios próprios de uma ordem, para existir em ato, ne-

---

1. Apresentação ligada a uma interpretação formalista de Santo Tomás. Cf. S. Cotta, *Il concetto di legge nella summa theologica di S. Tomaso d'Aquino*, Turim, 1955, p. 16, que se empenha em lançar luz sobre uma estrutura geral de continuidade lógica.

cessitam de um ato mais perfeito com vistas ao qual são orientados. Logo, o primeiro ato precisa de um segundo que o atrai, ou então é último[2].

As leis se inserem nessa ordem por duas razões; a primeira, mais particular, porque os seres de que elas dependem imediatamente, as comunidades, inserem-se nela; e a segunda, muito mais geral, porque as leis têm sua realidade própria e inserem-se, por essa razão, na ordem do ser. A inserção delas nessa ordem não é, porém, o resultado da ordenação delas num sistema preestabelecido; ela resulta de uma análise filosófica precisa da realidade delas. Ordenando-as assim, Santo Tomás adquire os meios de considerá-las numa ordem ascendente e, ao mesmo tempo, numa ordem descendente, que não suprime a realidade própria de cada uma das leis, porque termina numa relação de ato de ser com ato de ser.

Isso nos leva a pensar que a ordem das leis é dupla; num sentido elas descendem de uma lei primeira, mas, noutro sentido, mantêm relações semelhantes com o fim próprio delas. Como esse fim próprio é causado pelo nível superior de realidade, é possível conceber que a ordem de participação formal é assumida, mas superada por uma ordem dos fins correspondente à ordem dos seres em ato. Segue-se, então, que a ordem das leis retoma a ordem das analogias do ser, primeiro de analogia de atribuição de um primeiro ao que o segue, depois, derradeiramente, a analogia de proporcionalidade que implica a primeira.

Seguiremos essa dupla direção, a única capaz de explicar a totalidade do texto de Santo Tomás.

As leis na ordem de participação

Assim que uma *ratio legis* é descoberta, impõe-se a experiência da diversidade das leis; diversidade significa que

---

2. S. Tomás, Ia IIae, quaest. XCIII, art. 3.

elas diferem e que sua ordem nasce dessa diferença. Um primeiro aspecto dessa ordem considerada a partir de seu princípio é o vínculo de participação que as leis mantêm entre si. Da mais alta delas até a mais humilde, há uma continuidade. A mais alta agrupa e engloba de certa maneira todas as outras. Santo Tomás expõe, de fato, essa ordem de participação, como se deve, numa perspectiva descendente, conforme a ordem de dignidade do ser. Cada grau de ser possui assim sua lei, de Deus ao pecador...[3].

A lei eterna[4]

A existência da lei eterna é um dado teológico bem estabelecido na tradição patrística e escolástica que precede Santo Tomás; encontramo-la em Santo Agostinho, encontramo-la também em Alexandre de Hales. Nesses autores, seu lugar não é muito preciso, às vezes é assimilada à lei divina ou à lei natural, conquanto pareça significar na mente deles que existe uma lei suprema na qual todas as outras encontram seu fundamento.

A originalidade de Santo Tomás consiste em precisar essa tradição e consolidá-la, enquanto a maioria dos escolásticos posteriores será levada a rejeitá-la, porque ela se opõe demasiadamente ao voluntarismo deles. No entanto, mais do que dar continuidade a uma tradição, Santo Tomás enraíza essa noção na análise da realidade; retomando a definição da lei *"dictamen rationis in principe, qui gubernat aliquam communitatem perfectam"*, "prescrição da razão no príncipe, que governa uma comunidade perfeita", ele quer mostrar que é necessário pensar que tal realidade existe no plano do universo inteiro. O universo não é um amontoado

---

3. S. Tomás, *eod. loc.*, ad 1 m e ad 2 m.
4. R. Pizzorni, *Il fondamento etico-religioso del diritto secondo s. Tomaso d'Aquino*, Roma, 1968, p. 143, que, contudo, o interpreta unicamente à luz da eficiência.

sem ordem, é um todo organizado por uma ordem de fins. Cada ser singular, cada espécie, remonta a seu princípio e, de ato de ser em ato de ser, até um ato perfeito que é o seu fim[5]. Essa organização de todo o universo direcionada a um fim derradeiro é, aliás, o princípio cabal de toda regra; não existiria regra se não existisse um fim, não existiria lei cabal se não existisse fim cabal. Disso, Santo Tomás pode concluir que o universo é um todo perfeito; nele os seres encontram a totalidade de suas necessidades devido justamente à compreensão total dessa comunidade. Tendo um princípio e um fim, essa comunidade é governada por esse princípio e por esse fim. Portanto, Deus governa por sua Providência o conjunto das realidades[6]. Governa-a procedendo com sabedoria. Portanto, existe no espírito divino um *dictamen rationis praticae* pelo qual se acha regido o mundo; considerado em sua existência, o espírito divino, esse mandamento da razão prática reveste todas as características de uma lei. É obra da prudência divina levar as criaturas ao fim delas, portanto essa lei é realmente promulgada por aquele que é encarregado do bem comum do universo[7]. Devido justamente ao seu modo de existência – um juízo da razão prática divina –, essa lei não varia; Deus não muda, o conteúdo de seu intelecto e de sua vontade permanece eternamente idêntico a si mesmo. As ideias divinas são eternas, não são adquiridas progressivamente, mas possuídas desde a origem no ato imediato de autointuição de sua inteligência por si mesma. Logo, ela pode ser dita eterna.

Mas essa noção tropeça numa primeira dificuldade porque o objeto dessa lei, o conjunto das criaturas, é evidentemente contingente. Não é o que se dá, porém, com o intelecto divino; ora, a peculiaridade dessa lei eterna é ter sua sede nele: de fato, no intelecto divino, mesmo os seres ainda não existentes estão presentes e já ordenados para seu

---

5. S. Tomás, Ia IIae, quaest. XCI, art. 1.
6. Pizzorni, *op. cit.*, p. 146.
7. S. Tomás, *eod. loc.*, quaest. XCIII, art. 1.

fim. Em razão de a lei eterna ter sede no intelecto divino, resulta que ela é totalmente imanente a esse intelecto, segue-se um deslocamento na noção de fim[8].

Na lei humana, por exemplo, o legislador ordena as coisas para um fim, mas a lei também recebe de seu fim, o bem comum, uma ordem; essas duas finalidades não são idênticas porque o governo do legislador humano deve ser mensurado pela realidade exterior e ser relativo a ela, que é o bem comum, a fim de ficar conforme à sua natureza; ele não pode encontrar esse bem em si mesmo, sua lei também deve passar por uma coisa objetiva que a mensura, sem o quê ela se torna iníqua. Seu governo não é fonte do bem. Aqui não ocorre o mesmo; o legislador, o próprio Deus é o Bem; portanto, ele mesmo é sua medida e seu fim, sua lei não tem de ser mensurada por uma finalidade exterior. É nesse contexto que podemos considerar que a lei eterna se beneficia de uma promulgação eterna, mesmo que as criaturas sejam contingentes, porque Deus escreve no Livro da Vida[9] (que, para Santo Tomás, não é um simples modo de dizer) e diz a si mesmo eternamente essa lei, que se insere, assim, no que o Pai diz ao Verbo e retorna a ele pelo Espírito, moção para o fim[10].

Para dizer a verdade, Santo Tomás não considera, a partir da questão 91, essa inserção trinitária. Atém-se, e isso é muito importante, a uma análise filosófica. A noção de lei eterna não é atingida pela fé, e suas características principais – salvo, talvez, parcialmente a promulgação – são tiradas de análises filosóficas que partem da noção de um bem cuja aspiração própria é o conhecimento imediato de si por si. Por essa razão, ele se mostra de fato herdeiro de todos os pensadores gregos, filósofos e poetas, que pensaram o mundo como um todo ordenado, um cosmos[11]. Dá-lhe a análi-

---

8. *Ibid.*, quaest. XCI, art. 1, em especial ad 3 m e ad 7 m.
9. S. Tomás, *eod. loc.*, quaest. XCI, art. 1.
10. S. Tomás, *eod. loc.*, quaest. XCIII, art. 1.
11. Jaeger, *op. cit.* Santo Tomás repete dos gregos (especialmente dos estóicos) a ideia de uma ordem do cosmos, ordem de origem religiosa, mas, ao

SANTO TOMÁS OU A LEI ANÁLOGA

se mais exata extraindo de Aristóteles a noção de hierarquia de atos orientados para um fim[12] e situa seu fundamento cabal no intelecto prático divino, desenvolvendo a noção aristotélica de νόησιϖ νοήσεως[13]. Fazendo isso, Santo Tomás consegue fazer que se juntem as duas ordens existentes na lei, ordem participativa e ordem dos fins, e já aqui anuncia que, apesar da presença da ordem formal – a lei é um *dictamen rationis* do qual decorrerão os outros conhecimentos práticos –, a ordem dos fins prevalecerá e será cabal, uma vez que essa proposição prática cabal ainda encontra um fim naquele mesmo que a emite[14].

A afirmação da ordem do cosmos inteiro regida pela lei eterna faz de Santo Tomás o representante mais eminente da tradição clássica em que o universo é um escalonamento de comunidades sucessivas e cada vez mais universais. Paradoxalmente também, ele é o derradeiro representante desse pensamento, pelo menos se o julgamos pela presença da lei eterna no pensamento divino; depois dele Duns Escoto a despreza, Ockham mais ainda; Suarez, forçado pelo texto de Santo Tomás, a recobra, mas a esvazia de seu sentido. A reprovação que esses autores fazem à concepção clássica é de suprimir a liberdade em proveito da ordem; de fato, a ordem do cosmos e sua lei atestam a dependência da criatura para com uma ordem que a ultrapassa, enquanto Deus depende apenas de si mesmo, expressando para si

---

introduzir, com Santo Agostinho, a noção de lei eterna, ele precisa o caráter transcendente de sua origem. Por isso a lei natural não é suprimida pela lei eterna, mas é uma participação desta.
Para as origens gregas, Jaeger, "Elogio da lei", *Lettre d'Humanité*, VIII, 1949, pp. 6-7.
O caráter religioso parece acentuado nos poetas Hesíodo, *Trabalhos e dias*, pp. 259 ss., e Píndaro, νόμος βασιλεύς πάντων. Cf. Romilly, *La loi dans la pensée grecque*, Paris, 1971, p. 23. A fonte principal de Santo Tomás é, porém, Santo Agostinho, *De libero arbitrio*, I, 6.
12. *Metafísica*, L. 1075 *a*, pp. 13 ss.
13. *Metafísica*, L. 1074 *b* ss. Parmênides liga a justiça à identidade do ser, Jaeger, *op. cit.*, p. 19.
14. S. Tomás, *eod. loc.*, quaest. XCI, art. 1, ad 3 m.

mesmo uma lei que lhe é perfeitamente imanente. Toda a história do nascimento da lei moderna pode então ser lida, a partir da supressão da lei eterna, como uma tentativa de transferir para a lei humana a perfeita independência da lei eterna e, para o homem, a autonomia divina.

A lei natural

No seio dessa ordem que inclui todo o universo, há motivos para considerar o caso particular do homem. Não se deve concluir da questão exposta – *"utrum sit aliqua lex naturalis in nobis"* – que Santo Tomás considera a lei natural uma realidade que deve limitar-se ao homem e à natureza racional dele. Em outros trechos ele afirmará o vínculo da lei natural no homem com a ordem do cosmos inteiro. Aliás, a propósito da lei eterna, acabou de considerar o conjunto dos seres que tendem para um fim, constatação que implica que, não só os homens, mas todos os seres estão incluídos nessa ordem da natureza cuja lei é a lei eterna[15].

A questão se coloca mais particularmente para o homem por duas razões. A primeira é que o homem é dotado por sua razão de uma liberdade, mas sua inserção numa ordem determinada parece opor-se a ela. A isso acrescentam-se problemas teológicos que coincidem com preocupações familiares aos contemporâneos do Doutor Angélico. Colocava-se a questão de saber se os pagãos puderam atingir algum bem moral. Na época, suas obras eram cada vez mais conhecidas e revelavam em alguns, Cícero ou Sêneca, ou nos juristas, tamanha elevação moral que puderam servir de fonte para as obras morais dos Padres. Na cultura do século XIII, a questão não é evidente, a polêmica contra o uso das fontes pagãs é um lugar-comum da literatura monástica. Por outro lado, a cristandade, por ocasiões das Cruzadas, entrara em contato com outros pagãos para

---

15. S. Tomás, *eod. loc.*, quaest. XCI, art. 1.

os quais surgia a mesma ordem de questão, às vezes sob uma luz mais prática. Poder-se-á, por exemplo, conceder alguma confiança a um muçulmano com o qual se selou um tratado de paz ou uma transação?

É respondendo afirmativamente à segunda questão, graças a um texto glosado e bem conhecido de São Paulo, que Santo Tomás chegará a uma resposta para o segundo problema[16]. Segundo São Paulo, aqueles que não conheceram a lei revelada puderam, não obstante, descobrir, pelo menos parcialmente, o que é bem ou mal. Há em São Paulo uma preocupação com o universal que explica sua vocação de apóstolo dos gentios. Ora, se os pagãos podem descobrir por si mesmos, sob a luz de uma lei, o bem e o mal, é porque possuem uma luz natural mediante a qual compreendem e ficam conscientes do que é bem e do que é mal[17].

Isso se insere perfeitamente na ordem do cosmos descrita anteriormente; a lei é, de fato, uma medida que pode existir, de um lado, naquele que mensura – por exemplo, no instrumento de medição chamado metro há uma ou duas unidades de comprimento que são metros; na mente do arquiteto que constrói a casa há a medida da casa. Do outro lado, a medida também pode estar presente na coisa medida, como na casa a medida tomada pelo arquiteto[18]. Isso se realiza por uma relação de participação, o que é regulado ou mensurado recebe a medida e a regra. Ora, Deus é o princípio a quem todas as coisas são submetidas. Ele as regula e as mensura por sua Providência. Todas as realidades participam, pois, da lei eterna. Elas não se limitam à sua participação, contrariamente à casa que é apenas determinada e limitada pelo arquiteto. Participam dela por um dinamismo virtual, inclinações, atos e fins. O homem se insere nessa ordem segundo seu modo próprio, os animais se inse-

---

16. *Ep. Rom.* 2, 14-15.
17. S. Tomás, *ibid., sed contra.*
18. S. Tomás, *eod. loc., corpus*. Overbecke, "Le droit naturel selon saint Thomas", *RT*, 1957, p. 66.

rem nela tendendo para a perpetuação da espécie, as realidades físicas tendendo para a realização de sua natureza, a água correndo, as pedras caindo, etc. Essas virtualidades foram colocadas no conjunto das realidades por seu criador. São apenas o desenvolvimento do que são através da tensão natureza-forma e da natureza-matéria. O homem não está, a esse respeito, numa situação particular; também ele é ontologicamente finalizado, possui tendências semelhantes às dos animais. Mas essas tendências se exprimem segundo a tendência principal que lhe é própria, o modo particular que ele tem de ser atraído por seu fim. Esse modo próprio e específico é a razão. A tendência a agir segundo o que é bem, a julgar e agir segundo a razão é, portanto, seu modo próprio, conforme à sua natureza, de participar da ordem cósmica, da lei eterna. Essa participação é denominada lei natural[19].

Vê-se que a doutrina de Santo Tomás não opera em absoluto por uma análise de consciência. O *in nobis* do título da questão nada mais significa senão o nosso modo particular de inserção na ordem das coisas.

No entanto, entre as fontes de Santo Tomás e nas discussões de sua época, essa não é a única concepção[20]. É certo que Santo Alberto recobra através do *corpus* aristotélico a glória da natureza, como alguns neoplatônicos, mas a corrente dominante do agostinismo, que se apoia na doutrina do conhecimento por iluminação, concebia a lei natural como uma luz interior recebida diretamente de Deus. Santo Agostinho o dizia expressamente, repetido por Hugo de São Vítor[21], Pedro Lombardo[22], Guilherme de Auxerre[23].

---

19. S. Tomás, *eod. loc.*
20. Overbecke, *op. cit.*, p. 63.
21. Hugo de São Vítor, *De sacramentis christianae fidei*, I, VI, 7, *PL*, CLXXVI, 268.
22. Pedro Lombardo, *Collectanea* in epist. ad Rom. 2, *PL*, CXCI, 1345-1346.
23. Guilherme de Auxerre, *Summa Aurea* in quattuor Libros sententiarum, IV, tract., II, VII, C. I, q. 4.

Grande número de contemporâneos de Santo Tomás, São Boaventura por exemplo, preserva essa tradição de origem patrística e a combina com a ideia do conhecimento da vontade de Deus. Podiam, é verdade, apoiar-se na própria revelação, já que São Paulo parece mesmo ir nesse sentido, quando fala de uma lei do coração.

Santo Tomás não rejeita a verdade contida nessa doutrina, mas assimila-a e dá-lhe o lugar que lhe convém. Através das tendências finalizadas da ordem, é realmente a luz divina que percebemos e que nos instrui sobre o bem e o mal. Logo, pode-se dizer que a luz natural dada pela lei natural, na própria medida em que é uma participação na lei eterna, é também uma impressão em nós da luz divina. Nossa forma de receber essa luz é justamente a participação nessa ordem[24].

Desse modo, Santo Tomás não repele em absoluto a ideia de que a lei natural é uma luz interior, mas mostra que ela não é uma intuição interior, é recebida de Deus através da ordem das causas secundárias. A solução adotada é o paralelo exato daquela que é afirmada em matéria de conhecimento[25]. Isto permite a Santo Tomás reconhecer, com Santo Agostinho, que somos mesmo governados pela lei eterna, mas segundo uma participação.

Submeter assim o homem à ordem cósmica não é, porém, óbvio. Há, parece, certa contradição em fazer da razão uma lei natural. A peculiaridade da razão e da vontade não consistirá precisamente em opor-se à natureza, em rejeitar os determinismos para afirmar a liberdade? Essa atitude vai ganhar um espaço cada vez mais importante no pensamento dos filósofos e dos juristas até a rejeição da noção de lei natural. Para admitir o raciocínio de Santo Tomás, há que se compreender que, no plano mais fundamental, a razão e a vontade estão determinadas por seu fim, do qual não podem separar-se; há nisso um determinismo que in-

---

24. S. Tomás, *eod. loc.*
25. S. Tomás, Ia, quaest. CV, art. 1.

sere o homem na ordem do universo, a razão e a vontade são então como que naturezas[26]. É apenas no plano dos atos particulares, em razão da imperfeição do objeto, que a vontade recobra a liberdade de querer ou não segundo o juízo da razão que discerne o que está ou não de acordo com esse fim[27].

A finalidade nos fornece, pois, princípios de juízo conhecidos atualmente e apetites naturais que exprimem em nós uma lei natural. Isto não se opõe em absoluto à liberdade e à razão, porque essa lei está em nós segundo o que somos e deixa à razão, esclarecida pelos princípios da lei natural, o cuidado de julgar se a coisa e o ato se inserem nessa finalidade. No plano dos atos particulares, quanto ao exercício e quanto à escolha de um ato particular, permanecem vontade e liberdade. A vontade sempre pode não querer, a inteligência julga e sempre deve proceder ao derradeiro juízo. Logo, a razão é, a um só tempo, o que descobre a finalidade no objeto, mas também o que deixa numa certa indiferença e, portanto, torna necessária a intervenção da liberdade; permite também encontrar a finalidade geral, caso em que o ato é bom e conforme à lei natural, senão o ato é menos bom ou mau. Esse modo particular de participação na ordem cósmica merece realmente o termo de lei, porque é uma participação racional e intelectual, uma obra da razão característica da lei. Não se deve dizer que os animais não participam dessa ordem, mas, como a participação deles não é intelectual, não pode ser dita lei em sentido próprio[28]. Precisamente, a indeterminação e o lugar dado à liberdade no próprio seio da ordem tornam necessária a existência da lei humana. Esta não é, como se poderia crer, estranha à ordem cósmica, é exigida por ela. Em relação a ela, a lei natural não é uma realidade extrínseca, requer e exige uma lei humana.

---

26. S. Tomás, Ia IIae, quaest. X, art. 1, e XCI, art. 1, ad 2 m.
27. S. Tomás, *eod. loc.*, quaest. X, art. 2.
28. S. Tomás, *eod. loc.*, quaest. XCI, art. 2, ad 3 m.

A lei humana

A tentação de toda doutrina do direito natural é o dualismo que consiste, aqui, em construir um direito ideal oposto ao direito positivo imperfeito e destinado, em menor ou maior prazo, a substituí-lo. Embora essas posições sejam sobretudo as da Escola do Direito Natural Moderno, nem todos os contemporâneos de Santo Tomás escapam a esse tipo de raciocínio.

Na linha do agostinismo e da doutrina de inúmeros Padres, a lei humana é um mal necessário, consequência da queda, que seria melhor substituir por uma lei natural, ela própria confundida com a lei divina. No mesmo momento, porém, os canonistas, na Igreja, os romanistas, nas faculdades e na corte dos príncipes, fazem que se reconheçam o valor e a nobreza do direito humano. Não só os princípios dos textos romanos, mas também as técnicas jurídicas romanas são considerados meios corretos de fazer a justiça, numa sociedade decerto muito mais sensível do que a nossa a essa exigência. Vê-se então desenvolver-se a atividade legisladora, primeiro dos papas, depois dos monarcas.

O raciocínio de Santo Tomás consiste em manter que a atividade do legislador humano é exigida pela própria lei natural. Esta é, como dissemos, constituída de princípios conhecidos imediatamente. Ora, a noção de princípio significa que cumpre chegar, mediante uma atividade intelectual, a conclusões ou, antes, a "quase-conclusões". Prossegue o paralelo com os raciocínios teóricos que já foram esboçados várias vezes. Na atividade especulativa, o homem parte de princípios indemonstráveis mas naturalmente conhecidos, o princípio de identidade, por exemplo, graças a cuja luz ele pode, por um procedimento da razão, por sua "indústria", diz Santo Tomás, chegar a conclusões. Essas conclusões não são simples desenvolvimentos de princípios, não são conhecimentos analíticos, e sim sintéticos; não as possuímos de antemão, são descobertas pela atividade da razão. Dá-se o mesmo com a razão prática. Isso se explica pelo fato de se tratar de dois usos diferentes da razão, e não de duas faculdades realmente separadas; elas diferem, portanto, por seu objeto, mas não por sua organização[29].

Ora, a lei natural nos fornece princípios imediatamente conhecidos e indemonstráveis. São, como princípios, extremamente fecundos, já que deles decorre todo o resto. Mas devem ser fecundados pela experiência e pela atividade humanas. Com efeito, como princípios, são gerais; ora, as decisões legislativas devem ser tomadas em casos particulares, legisla-se para Roma, Atenas ou Paris. É essa passagem ao particular em contato com determinada realidade que a atividade legislativa realiza com a ajuda da razão. Por apelar para a razão humana e para sua atividade própria, essa lei se chama "lei humana". Essa atividade pode, aliás, realizar-se com maior ou menor espontaneidade pelo costume razoável, ou de modo mais deliberado pela lei que em geral sanciona um costume.

Toda a argumentação de Santo Tomás consiste em reafirmar, contra os agostinianos, a necessidade de uma lei humana, não apesar da existência da lei eterna e natural, mas justamente em razão da existência dessas duas primeiras. A razão humana é imperfeita; ela limita, pois, o objeto que conhece; *a fortiori,* se esse objeto é o *dictamen rationis divinae,* para conhecê-lo adequadamente cumpriria analisar a essência divina em si mesma. Portanto, ela recebe da lei eterna apenas um conhecimento limitado a princípios, como na razão especulativa ela recebe da sabedoria divina apenas um conhecimento limitado a princípios primeiros[30]. Tudo o que é da ordem do singular, das decisões particulares, não é diretamente conhecido por esses princípios, se bem que na lei eterna o encadeamento de todas as causas e de todos os efeitos singulares seja conhecido[31]. Mas o homem não conhece diretamente os singulares, deve voltar a

---

29. S. Tomás, *eod. loc.,* quaest. XCI, art. 3.
30. *Ibid.,* ad 1 m.
31. S. Tomás, Ia, quaest. LXXVI, art. 1.

eles a partir do universal. De Sócrates, conheço primeiro que é homem, embora esse conhecimento comece por "Sócrates existe". Para aproximar-se do particular, e assim aperfeiçoar o conhecimento da lei eterna, é necessária uma atividade da razão. Vê-se quanto a lei humana se insere na ordem determinada pela lei eterna que é sua origem e seu termo. É exigida pela lei eterna e pelo modo particular e imperfeito que o homem tem de conhecê-la[32]. É exigida do mesmo modo pela lei natural que precisa dela para se aperfeiçoar. A demonstração de Santo Tomás tem por consequência determinar o lugar da lei eterna em relação à lei humana. Ele o faz atacando qualquer dualismo; a lei natural não é uma lei existente em si mesma acima da lei humana; ela é princípio e fonte dessa lei. Tomando leis particulares à luz desses princípios, o legislador realiza as exigências da lei natural, dá-lhe corpo e a faz chegar ao nível das realidades particulares. A atividade do legislador humano é essencial e recebe uma dignidade eminente, já que não só participa da lei eterna como de sua fonte indireta, mas também se aproxima dela no particular. Longe de desvalorizar a lei positiva, a doutrina de Santo Tomás dá-lhe todo o seu lugar e afirma não só sua necessidade mas também sua bondade. O homem não vive imediatamente no nível da lei eterna ou da lei natural, iluminado pela intuição do bem e do mal. Vive nas cidades concretas e particulares, e precisa que o legislador lhe ensine o que é bem e o que é mal.

Há que se salientar o papel capital desempenhado, para essa integração, pela passagem do geral ao particular. É porque a participação do homem na lei eterna permanece no nível dos princípios gerais que a lei humana intervém para precisar, determinar esses princípios. Isso leva a fazer da lei humana uma conclusão tirada da lei natural, conclusão dotada de seu grau de certeza próprio da matéria contingente de que se trata. Estabelecer a lei natural como princípio permite não a pensar como um código extrínseco

---

32. S. Tomás, Ia IIae, quaest. XCIII, art. 3.

e constituído de antemão. A própria necessidade de conclusões falíveis e não necessárias implica uma imperfeição da lei natural[33]. Essa imperfeição reside na imperfeição que é a da própria razão humana, a saber, sua incapacidade de apreender diretamente o individual como tal, que lhe impõe mover-se no universal; é apenas num segundo tempo, por uma volta do universal à fonte singular da qual ele provém, que se pode conhecer o particular através do universal.

Num pensamento como o de Escoto ou de Ockham, em que o indivíduo é conhecido diretamente, não é necessário voltar ao particular, já que ele é atingido adequada e imediatamente no universal, logo, é possível passar dos princípios gerais, a lei natural racional abstrata (que é autossuficiente e requer ser aplicada como tal), às situações particulares. Portanto, isso permite pensar a lei natural como um corpo de regras definidas pela razão e autossuficientes, desde que se restrinja seu campo por dedução necessária para atingir uma situação particular.

Isso leva Santo Tomás a precisar o papel da razão nesse processo. A razão não pode ser medida das coisas, como poderia fazê-lo crer uma interpretação da lei natural e da lei humana segundo a qual partiríamos precisamente de um corpo de princípios pré-constituídos[34]. A razão tira das coisas esses princípios. Mas ela os possui ao mesmo tempo naturalmente, não pode não extraí-los da experiência; fazendo isso, ela dá a eles a forma que corresponde à sua natureza. Conhecidos pela razão, eles são conhecidos segundo o modo de conhecer da razão, a saber, proposições universais, que devem ser completadas conforme a modalidade própria a seu campo. É por isso que as leis humanas não podem possuir a infalibilidade das conclusões da ciência, devem matizar-se e adaptar-se a circunstâncias particulares, como a razão reencontra o indivíduo por sua volta às fantasias. Aqui também, a razão que definiu princípios re-

---

33. S. Tomás, Ia IIae, quaest. XCI, art. 3, ad 1 m.
34. *Ibid.*, ad 2 m.

torna ao particular. Por conseguinte, tanto em seu termo como em sua origem, os princípios e a razão se acham mensurados pelas próprias coisas. Estamos no oposto exato da constituição *a priori* de um corpo de regras imutáveis pelo qual uma racionalidade idealista pretende impor às coisas a sua medida.

As leis humanas não são, pois, estabelecidas – Santo Tomás emprega apenas bem pouco o termo lei positiva, mesmo que fale de direito positivo – fora da ordem das coisas. São um grau nessa ordem. Participam da lei natural como de um princípio, e esta, por sua vez, participa da lei eterna.

Diversos indícios mostram que essa ordem de participação está destinada a ser ultrapassada. A lei eterna foi concebida como uma ordem direcionada a um fim. A volta ao concreto na lei humana e as incertezas daí resultantes só se explicam utilmente por causa da presença de uma ordem final presente no concreto que obriga a ultrapassar as conclusões.

Depois da lei humana já não há, na ordem das leis, participação inferior. Se existir outra lei, esta estará em ruptura com essa ordem de participação. Ela se apresentará consoante um fim próprio, embora participe diretamente da lei eterna. Tal lei existe, é a lei divina.

A lei divina

A origem da lei divina é um acontecimento, a revelação, que se realizou no correr do tempo, dos preceitos do Antigo e, depois, do Novo Testamento. Não é possível inserir esta lei numa ordem de participação nem lhe demonstrar a existência a partir da análise da ordem metafísica. Não é o caso, como para as outras, de mostrar sua existência. Ela é, independentemente de toda necessidade; adere-se a ela pela fé, ou não. Santo Tomás vai decerto mostrar que é necessária – não só *conveniens* –, mas trata-se de uma necessidade interna no plano divino da salvação do homem pecador, de uma necessidade teológica no seio da *sacra doctrina*, e não de uma necessidade filosófica.

Para mostrar sua necessidade, Santo Tomás é, então, obrigado a olhar e demonstrar o fim dessa lei que a justifica. A lei divina é necessária à direção da vida humana por quatro razões: as duas primeiras referem-se às imperfeições da lei natural, e as duas últimas, às das leis humanas. A primeira refere-se somente ao advento de um novo fim atribuído ao homem. Desde a revelação, ele se encontra orientado para um fim que lhe ultrapassa a natureza, que ele não pode atingir unicamente pela lei natural e humana. Portanto, é preciso uma nova lei proporcionada a esse novo fim para dirigir o homem a esse fim último que é a união da vida divina[35].

Essa nova lei é necessária para esclarecer e guiar com mais certeza os homens. Estes, largados apenas à sua força e apenas com a luz da lei natural, só podem emitir juízos bastante incertos. Essa incerteza não permitiria ao homem chegar à beatitude sobrenatural, por isso uma lei mais precisa, religiosa e escrita, é-lhe dada para alcançá-la. Essa lei é em si mesma mais segura que as leis humanas, já que é divina[36].

Duas outras razões provêm das imperfeições das leis humanas. O juízo e a luz que estas propiciam só podem concernir aos atos exteriores e aparentes; ora, a perfeição da virtude reclama também a bondade dos atos interiores, abandonada até então ao juízo da razão individual. Cumpre, pois, para que o homem atinja a perfeição, que também seja guiado por outra lei interior como o é a lei divina.

---

35. S. Tomás, *eod. loc.*, quaest. XCI, art. 4.

36. O que pressupõe, para muitos, uma dificuldade em conhecer a lei natural. É apenas a repetição do que Santo Tomás já disse das relações entre a fé revelada e os conhecimentos filosóficos naturais.

Isso implica manter, contra certas teologias contemporâneas de inspiração suareziana, mas de acordo com a tradição dos comentadores, sobretudo Caetano, a distinção dos dois fins do homem. Entre os contemporâneos, o Pe. Nicolas teve o grande mérito de manter vigorosamente esse ponto de vista. J. H. Nicolas, *Les profondeurs de la grâce*, Paris, 1969, pp. 334 ss.

Enfim, a lei humana não pode proibir tudo o que é mal, nem tudo punir, ela deve tolerar males a fim de não suprimir bens e conservar o bem comum, no qual se impõe o peso de uma realidade medíocre. A lei divina é, então, necessária para que todo mal seja punido e reprimido. Pena que, cumpre lembrá-lo, se situa justamente na ordem da lei divina, e não humana, e que é uma justiça feita. Colocando claramente a lei divina em sua ordem, Santo Tomás distancia-se aqui do agostinismo político e de algumas de suas consequências inquisitoriais.

Santo Tomás já esboça aqui a relação da lei divina com as outras leis. Com relação à lei eterna, ela evidentemente é uma participação, vem inserir-se na ordem eterna desejada por Deus, mesmo que resulte de um acontecimento particular, uma vez que a lei eterna estende-se até este.

Com relação à lei natural, ela é superior e, como diz Pascal, "de outra ordem". O fim para o qual ela dirige está além da natureza, trata-se de Deus em sua vida íntima. No entanto, a lei divina também vem confirmar a lei natural, porque o fim sobrenatural que ela propõe, embora ultrapasse a natureza, não se faz contra ela; ao contrário, salva-a. Portanto, ela vem como uma luz suplementar confirmar a lei natural e retomá-la para orientá-la para esse fim sobrenatural. Há nisso um importantíssimo ponto da analogia entre essas duas leis diferentemente finalizadas, mas cujo fim natural a lei sobrenatural retoma e reorienta para levá-la para além dela mesma[37].

Com relação à lei humana, a lei divina apresenta-se como um complemento. Existe somente em sua área, e com isso ficam recusados todos os positivismos religiosos que gostariam que encontrássemos nela princípios de organização social. Ela completará a lei humana positiva guiando os atos interiores, o que esta é impotente para fazer sob pena de cair no totalitarismo. Completa-a punindo os males que a lei humana é obrigada a tolerar sob pena de cair

---

37. S. Tomás, *eod. loc.*, ad 1 m.

numa tirania da virtude. Podemos, à luz dessa complementaridade, analisar o fenômeno totalitário como uma passagem ao limite da transição da lei humana para a lei divina que já assinalamos. Nesses regimes, a lei humana pretende mesmo impor atos interiores e não tolerar mal nenhum com relação ao que foi definido como a virtude.

Fixando dessa maneira o lugar da lei divina, Santo Tomás veda a esta invadir as áreas que não são suas. Inova profundamente em relação ao agostinismo, cuja tendência profunda era a absorção da lei humana e mesmo natural pela lei religiosa, fosse considerando o imperador chefe da cristandade, que exerceria uma função sacerdotal suprema e deveria preceder o papa em poder e em dignidade, fosse, após a reforma gregoriana, o papado pretendendo, por sua vez, tal função.

Um discípulo de Santo Tomás, João Quidort, é que recusará essa oposição para propor uma solução de partilha das áreas e de acordo harmonioso entre os dois poderes[38]. Um contemporâneo de Santo Tomás, cônscio das realidades políticas humanas, São Luís, não hesitará em opor-se às pretensões excessivas do papado.

Santo Tomás dá-nos, assim, um exemplo suplementar desse pensamento teológico que, graças à distinção analógica das ordens de realidade, opõe-se simultaneamente à sacralização e ao fechamento desse direito em si mesmo. Ele assume a tradição romana da laicização do direito estabelecida desde Caio Flávio, mas, não obstante, aberta às *res religiosae et sacrae*, para deixar ao *fas* e à lei divina interior seu valor superior.

Agora estamos de posse do esquema segundo o qual as leis se organizam. Uma primeira linha dessa organização vai da lei eterna à lei humana segundo uma relação de participação. Participação significa ter parte em alguma coisa porque isso é recebido de um superior. Trata-se, pois, de uma relação hierárquica, de uma descida da lei eterna à lei

---

38. J. Leclercq, *Jean de Paris et l'ecclésiologie au XIIIe siècle*, Paris, 1942.

humana por intermédio da lei natural. Se essa organização fosse única e última, teríamos razão de perguntar-nos: qual será a realidade dos graus inferiores? Não serão meras degradações do nível mais elevado, terão realidade apenas em função do grau superior? Aplicaríamos então à hierarquia das leis uma estrutura formal que não deixaria de lembrar as procissões neoplatônicas. Será esse o caso de Gerson, por exemplo; não é o de Santo Tomás. Mais ainda do que uma lei superior, a lei eterna é uma lei globalizante que agrupa níveis de realidades diferentes por uma ordem de fim a fim, direcionada a um fim último. É um ponto para o qual tende a diversidade dos níveis de realidade: a ordem formal encontra-se superada pelo fim. Já permitem afirmar essa superação não só o caráter globalizante da lei eterna, mas também sua presença nos fins naturais particulares, que a lei humana encontra, e mais ainda sua capacidade de unir num mesmo fim as duas ordens heterogêneas: de um lado, da lei divina, do outro, da lei humana e natural.

O estudo particular de cada uma dessas leis mostrará com evidência a supremacia dessa ordem analógica e finalizada.

As leis na ordem dos fins

Cada lei, na perspectiva finalista própria de Santo Tomás, tende para o bem de uma comunidade real da qual recebe suas características particulares. A primeira delas é finalizada pelo universo inteiro.

A lei eterna e o bem do universo

Sabemos que é em razão da existência de uma ordem cósmica que todas as realidades podem ser regidas por uma lei eterna. Esse, todavia, é apenas um aspecto da lei eterna. Para mostrar a evidência disso, Santo Tomás remontou ao autor desse governo. É o que ele ainda deve fazer para analisar essa lei, que, enquanto lei, deve ser uma *ratio*. A partir da analogia da arte é que a lei eterna pode ser analisada. Há, na mente do artista, um projeto racional, uma planta para o arquiteto, uma ideia da estátua, para o escultor, que preexistem à obra realizada[39]. Mas são a visão e a compreensão da obra, a ordem que a inteligência detecta nela, que permitem afirmar a existência desse projeto e desse plano que percebemos imperfeitamente através da obra. A lei, guardadas todas as proporções, porque ela não é essencialmente artística, acha-se numa relação idêntica com a comunidade por ela governada; há na mente do legislador, expressa pela lei promulgada, uma *ratio gubernandi* presente na lei e nos sujeitos governados. Ora, com relação ao universo, Deus acha-se, de início, numa situação semelhante à do arquiteto: como criador, ele determina o que as coisas são e dá-lhes o ser. Acha-se igualmente numa posição semelhante à do governante, pois dá a todas as realidades não só o ser, mas o movimento e os atos presentes nas criaturas. Na qualidade de criador, Deus possui, pois, em sua sabedoria, a *ratio* do movimento que ele imprime a todas as coisas, conduzindo-as ao seu fim. A lei eterna é apenas essa *ratio* da sabedoria divina na medida em que é causa última e diretriz de todos os atos e movimentos.

Essa lei pode integrar-se no mistério trinitário, como foi sugerido: é promulgada por um Verbo mental pelo qual Deus expressa essa *ratio* que ele pensa, guardadas todas as proporções, como o homem pensa ao exprimir a si mesmo seu pensamento através de um verbo mental. Em Deus, esse verbo é uma pessoa que exprime adequadamente tudo o que o Pai pensa, entre outras coisas, a lei eterna que se encontra, assim, promulgada. Isso não significa em absoluto que a lei eterna seja ela própria uma pessoa divina; ela é,

---

39. Santo Tomás, *eod. loc.*, quaest. XCIII, art. 1; Pizzorni, *op. cit.*, p. 143; Lachance, *Le concept de droit selon Aristote et saint Thomas*, Otawa, 1948, pp. 125-30, evidencia melhor a finalidade.

contudo, apropriada ao Verbo, em razão do vínculo entre a *ratio* e o verbo[40].

É capital observar que Santo Tomás só chega a essa concepção da lei eterna depois de uma passagem por uma dupla analogia. Há, primeiro, uma aproximação entre a *ratio* do arquiteto e a do governo; depois, uma aproximação entre Deus como criador e Deus como governante. Somente ao termo dessa segunda analogia entre Deus e o governante é especificado o que é a *ratio* da lei eterna. Em outras palavras, a lei eterna não concerne à atividade criadora de Deus, mas à sua sabedoria de governante. Não reside na definição e na determinação formal das coisas. Reside no movimento que lhes é impresso pelo fim que as atrai. A lei eterna é uma expressão racional desse movimento direcionado ao fim. Existe por causa desse movimento, sendo na qualidade de causa final que Deus exerce seu governo por essa lei. Essa superação do ponto de vista formal é cabal, manifesta e expressa: "Deus autem per suam sapientiam conditor est universarum rerum, ut in I parte habitum est; est etiam gubernator omnium actum et motionum, quae inveniuntur in singulis creaturis."[41]

Por essa razão, a lei eterna não é uma ordem necessária que nasce da natureza das coisas, como o pensam Montesquieu ou Vasquez. Não é o simples encadeamento necessário das ideias divinas. Admite a diversidade das ideias divinas, mas as agrupa numa unidade composta dessa diversidade ordenada para um fim. Portanto, é possível considerar as coisas, ou suas ideias, em sua diversidade e na unidade final que elas têm entre si. Daí resulta que a lei eterna é extremamente analógica: a pedra que cai, a planta que cresce, o animal que se movimenta e se reproduz, o homem que ama e aprende, todo ser que se move a reali-

---

40. *Ibid.*, ad 1 m.
41. Santo Tomás, *eod. loc.* "Por certo Deus é por sua sabedoria criador de todas as coisas..., como foi considerado na primeira parte, é igualmente quem governa todos os atos e movimentos que se encontram nas criaturas."

zam, mas também os movimentos de todos os indivíduos, sem discriminação de espécie. Ao mesmo tempo, ela realiza a maior unidade possível entre seus acontecimentos tão diversos, mediante a ordenação que inspira. Com isso, afirma-se também uma concepção da lei capaz de agrupar em sua unidade aplicações extremamente diversas que preparam para uma concepção da lei humana na qual todos os fenômenos de adaptação, de interpretação, de equidade, de decisões individuais encontram seu lugar sem, no entanto, quebrar a unidade da lei, já que cada vez que intervém a diversidade, a lei encontra aí uma aplicação analógica, desde que seja respeitada a ordem direcionada ao fim.

Com isso Santo Tomás se recusa terminantemente a entrar na perspectiva voluntarista à qual sua concepção responde por si só de antemão. A concepção finalista da lei eterna não permite estabelecer oposição entre a liberdade divina e a necessidade da ordem. Se consideramos a determinação dessa ordem, Deus permanece totalmente livre para escolhê-la ou não em virtude de um juízo prático que nenhum objeto finito pode limitar; ele não pode, entretanto, escolher uma ordem em que as coisas não tendessem para ele, isso seria ir contra o princípio de finalidade que não é ligado a uma criação particular, mas ao ser como tal; ir contra esse princípio seria, para Deus, contradizer-se, uma vez que ele é o ser mais ser que existe. Essa ordem do ser que ele respeita não lhe é, pois, imposta do interior, é-lhe perfeitamente imanente e adequada, é apenas a expressão do que ele é[42]. Logo, não pode existir uma ordem que não seja finalizada por Deus. Estando escolhida essa ordem existente, todas as outras permanecem possíveis e serão apenas possíveis, existentes como tais no espírito divino. No seio dessa ordem intervêm todas as espécies de decretos particulares pelos quais a vontade divina se exerce livremente, mas nenhum deles contesta a realidade dessa or-

---

42. S. Tomás, Ia IIae, quaest. XCIII, art. 4, ad 1 m.

dem[43]; essas decisões particulares são realizações particulares da lei eterna em cujo seio estão inscritas a um só tempo a unidade da ordem e a diversidade dos movimentos particulares[44]. Portanto, Santo Tomás pode afirmar a existência de uma ordem diversificada e, ao mesmo tempo, mostrar que o intelecto divino, ao pensar essa ordem, é a medida das coisas. Pela própria razão de ele ser a medida das coisas, é a verdade delas; se suas decisões introduzissem nelas a contradição, ele seria fonte não da verdade, mas da falsidade delas. A dominação de Deus e sua liberdade para com a ordem atual implicam por isso mesmo a impossibilidade de querer tudo, portanto, de querer as contraditórias.

A amplitude e a natureza da lei eterna se opõem, evidentemente, a que a conheçamos diretamente. Ela é um dos segredos do espírito de Deus. No entanto, nem todo conhecimento é necessariamente um conhecimento direto da realidade em si mesma. Algumas realidades só podem ser conhecidas por seus efeitos, sendo assim com a alma ou com Deus. Conhece-se então a realidade em questão pela irradiação que ela produz, como quando alguém que não vê o sol pode ver sua luz e sentir seu calor. Nesse conhecimento por irradiação, há graus que explicam que alguns conheçam com maior ou menor intensidade a irradiação da lei eterna[45]. De fato, esta irradia na ordem da verdade. Na lei eterna é determinada a verdade dos seres, que consiste em conformar-se à *ratio* divina e em agir segundo esta. Há, portanto, em todas as coisas uma verdade que imita a ideia do intelecto divino e dá, assim, indicações sobre o seu agir. Essas indicações sobre seu movimento contido na natureza das coisas são a lei natural; ocorre isso com o homem que descobre na verdade sobre o que ele é princípios apropriados para ajudá-lo a agir conforme o fim de sua natureza. São os princípios comuns da lei natural, conhecidos por to-

---

43. S. Tomás, *eod. loc.*, art. 5, ad 2 m e 3 m, e Ia, quaest. XXV, art. 3.
44. S. Tomás, Ia IIae, quaest. XCIII, art. I, ad 1 m.
45. *Ibid.*, art. 2.

dos igualmente, mediante os quais todos conhecem parcialmente a lei natural: uns conhecem mais, outros menos, a verdade da natureza; conhecem desse modo menos ou mais a lei natural e eterna.

Portanto, não se poderia pretender deduzir da lei eterna soluções jurídicas, já que esta permanece em si mesma desconhecida. Apenas participações imperfeitas são possíveis por intermédio da lei natural.

No entanto, a lei eterna também não é uma simples hipótese necessária para assegurar à subjetividade transcendental certa unidade do universo. É realmente uma realidade que engloba todas as coisas em sua ordem direcionada ao fim. Santo Tomás o expõe em pormenores mostrando que ela engloba todas as leis, todas as realidades necessárias, todas as realidades contingentes, todas as coisas humanas.

A lei eterna se estende a todas as coisas que ficam sob o governo divino; ora, a totalidade das coisas fica sob esse governo. Isso a distingue das leis humanas, às quais as naturezas necessárias escapam; não podemos decidir mudar o homem, ainda que fosse em seus aspectos materiais. Há nisso, justamente, uma dependência irrefragável em relação à lei eterna. O homem não pode fazer tudo, e apenas são-lhe submetidas realidades contingentes[46]. Ao contrário, a lei eterna dirige não só as coisas contingentes, mas também as necessárias[47]. Estas dependem diretamente do pensamento divino. O próprio Deus não é submetido a essa lei quanto à sua vontade em si mesma, já que ela é essa própria vontade. Ela lhe é submetida na medida em que toma decisões particulares para com as criaturas, pois não pode contradizer-se.

As realidades naturais e contingentes também são submetidas à lei eterna, assim como fora sugerido. A lei é um princípio de ação; ora, as coisas naturais não são realmente

---
46. *Ibid.*, art. 3.
47. *Ibid.*, art. 4.

submetidas às leis humanas porque dependem da ação dos homens em vez de agirem por si sós. Por isso o homem não pode, propriamente falando, submetê-las a uma lei que supusesse nelas um princípio de atividade. Ao contrário, Deus, como criador, pode imprimir nessas coisas um princípio de seus atos próprios à natureza delas[48].

É possível, porém, que existam defeitos em razão de causas particulares; estas não vão de encontro às causas mais universais, são submetidas à causa primeira que é Deus; assim, mesmo os defeitos das coisas, em razão da amplitude da lei eterna, estão submetidos a ela[49].

A submissão do conjunto das realidades, especialmente dos futuros contingentes, à lei eterna deve ser salientada e explicitada em razão das dificuldades que mais tarde os teólogos terão para aceitar essa doutrina. Reprovam-lhe suprimir a liberdade humana. Partindo daí, serão levados a querer subtrair ao governo da sabedoria divina uma área, constituída pelas realidades neutras, que deixariam ao homem um campo livre onde se desenvolveriam suas atividades. A lei positiva seria uma das atividades em que a liberdade, excetuando-se alguns princípios gerais da lei natural, se exerceria de modo totalmente autônomo, como mostra a diversidade das legislações humanas. Daí resulta que a lei é concebida como obra de uma vontade, cuja liberdade consiste em não encontrar na natureza nenhuma indicação necessária.

Ao englobar realmente todos os atos humanos na lei eterna, Santo Tomás não suprime a liberdade humana. Considera que os atos, queridos por Deus, de uma vontade particular, como o são os atos futuros e contingentes, também podem ser queridos livremente pelos homens, pois os dois tipos de causas não estão no mesmo nível. Segue-se que o homem pode querer, num mesmo ato, o que é eficazmente querido por Deus, sem que a liberdade humana seja atingi-

---

48. *Ibid.*, art. 5.
49. *Ibid.*, art. 4, ad 3 m.

da pela submissão desse mesmo ato à vontade divina. Por conseguinte, a decisão de estabelecer esta ou aquela lei pode ser o resultado de uma volição divina e, entretanto, ser um ato livre do homem. A inteligência humana pode discernir, embora de forma parcial e não necessária, o vínculo desse ato com a ordem do universo, e assim com a lei eterna, e guardar a possibilidade de cumpri-la livremente em razão da insuficiência desse bem particular que lhe é apresentado. A pobreza da coisa salvaguarda a liberdade do juízo humano, mas a coisa que se apresenta, e diante da qual cumpre determinar-se, é uma parte da finalidade universal pela qual se manifesta a vontade divina. Esses atos contingentes são conhecidos pelo próprio Deus, pois ele entende que os atos que ele quer sejam realizados segundo o modo de causalidade próprio de cada espécie[50]. Ele quer, portanto, que os atos humanos sejam realizados livremente pelas causas secundárias que os homens são, mesmo quando ele é a causa primeira desses atos.

A decisão do legislador humano de estabelecer esta ou aquela lei está, portanto, realmente incluída na ordem do universo, vem tomar lugar nos futuros contingentes que Deus quer e conhece, mas ela não é necessária, em virtude da indeterminação em que o juízo permanece em face das realidades contingentes. A lei humana se insere na ordem do universo, não se apoia numa vontade fechada em si mesma, situada num mundo indiferente, mas sim na ordem das causas secundárias que uma causa primeira quer livremente.

Assim como não suprime a liberdade humana do legislador, a lei eterna não suprime a vontade livre de Deus; este também se encontra em face de realidades que não o coagem. O conhecimento perfeito que ele tem delas não pode determiná-lo, pois nenhuma coisa contém o bem infinito pelo qual ele domina todas elas.

As realidades humanas são, portanto, submetidas à lei eterna. Elas o são segundo as duas linhas diretrizes da na-

---

50. S. Tomás, Ia, quaest. LXXXIII, art. 1, em especial ad 1 m e ad 3 m.

tureza do homem que se cruzam em sua atividade: o conhecimento e o amor. O homem é submetido à lei eterna por um conhecimento segundo a participação que ele tem nos princípios da lei natural e, por atração e paixão, porque suas inclinações naturais o impelem a uma ação conforme a essa lei que as constituiu. Trata-se, no entanto, de duas participações imperfeitas, porque as nossas inclinações naturais às vezes são determinadas por maus hábitos, os vícios, e porque o nosso próprio conhecimento é obscurecido e confundido pela desordem das paixões e pelos maus hábitos. Por isso a plenitude da lei eterna só pode ser realizada por nós com a ajuda da graça[51].

Todos os homens são submetidos à lei eterna segundo seu gênero de vida, os bons a conhecem e a praticam, os maus igualmente, mas introduzem neles uma desordem que faz com que escapem dela do ponto de vista da atração, ao passo que sentem mais sua pressão por causa do impulso de suas inclinações naturais que escapam à razão. A vida perfeita faz escapar do peso da obrigação, não daquele da direção. Assim, não se poderia concluir disso, como pretendem fazê-lo tantas seitas medievais ou como pretendem os espirituais franciscanos, que a vida cristã segundo o espírito suprime a lei. Ela suprime o temor e a coação da lei quando é realizada por um desejo interior[52].

A lei eterna se apresenta como a pedra angular de toda a ordem do universo. Sendo Deus causa final e primeira, todas as realidades tendem para ele conforme a ordem dos fins. É por isso que as leis recebem da lei eterna a virtude diretriz delas. Elas são então princípios de movimentos, inspiram uma direção e um movimento. Ora, sua virtude motriz e diretriz, sua força de ação direcionada a um fim, insere-se numa ordem de móbeis ordenados: o segundo móbil só se move se receber seu movimento de um primeiro. Isso não é somente uma lei da física ou da metafísica aristotéli-

---

51. S. Tomás, Ia IIae, quaest. XCIII, art. 6.
52. S. Tomás, *eod. loc.*, ad 1 m.

cas, podemos constatá-lo na ordem política; aqueles que agem na cidade agem pelo impulso que o rei dá como *princeps* a seus grandes oficiais, assim como, por ocasião da construção de uma casa, os artesãos recebem do arquiteto um impulso e uma direção coordenados[53].

Santo Tomás concebe não só a cidade, mas o universo inteiro segundo esse modelo arquitetônico. Isso em nada suprime a realidade da ação dos artesãos ou dos administradores inferiores. Dá-se o mesmo na ordem das leis; todas são ordenadas na direção de um fim único pela lei eterna da qual derivam, inclusive de certa maneira as más leis. Mas, em razão do tipo de causalidade exercida pela causa final, as outras leis não são suprimidas, são diferentes da lei eterna.

Não obstante, todas as realidades, naturais, contingentes ou necessárias, todas as ações humanas em cujo meio se situa a lei humana estão submetidas a ela. A atividade do homem se insere nessa finalidade ontológica, que ele encontra parcialmente em cada um de seus atos.

O universo é realmente uma comunidade ordenada pela lei eterna promulgada por Deus, dirigida para o bem comum, que tem o efeito de tornar os homens bons.

A lei natural e o bem dos homens no cosmos

Afirmar que a lei natural tem por fim o bem dos homens não é evidente e requer uma explicação. No decorrer da questão anterior, Santo Tomás parecera afirmar que a lei englobava o universo inteiro, que participava assim da lei eterna. É verdade que, já naquele momento, ele estabelecia que a lei natural no sentido estrito era a participação humana na lei eterna e a presença dessa lei *in nobis*. Como veremos, é somente no decorrer da questão XCIV que ele resolve essa dificuldade, mostrando que a lei natural, no sentido

---

53. S. Tomás, *eod. loc.*, quaest. XCII, art. 1, e XCIII, art. 3.

estrito, não separa o homem do universo, uma vez que, ao contrário, sua natureza – animal – é assumida por uma pessoa-substância "racional". Veremos que a lei natural é, no sentido próprio, a participação na lei eterna. É, nesse sentido, a presença da lei eterna na razão do homem sob a forma dos princípios mais comuns da ação[54].

Isso obriga a precisar o estatuto exato dessa lei sob diversos pontos de vista. Em qual sentido ela é natural? Seus princípios são adquiridos ou *a priori*? Qual é a profundidade do vínculo deles com a natureza do homem? Essa questão já era debatida pelos predecessores de Santo Tomás em discussões de psicologia medieval, cujo vocabulário técnico às vezes oculta a profundidade filosófica; tratava-se de saber qual era exatamente o papel da sindérese e se a lei natural é ou não é um *habitus*. Depois, deveria ser precisada uma segunda questão relativa à existência dessa natureza racional: ela acarreta a constituição de uma regra racional *a priori* separada de toda a ordem cósmica? Tal pensamento não seria, então, incapaz de explicar a diversidade dos costumes que constataremos? Santo Tomás se encontra, pois, confrontado com três problemas, que nascem dessa noção da lei natural e que se agrupam todos em torno da questão, mais profunda, de saber o que é, para o homem, a sua natureza. Contra o pano de fundo dessa interrogação, cumpre-lhe determinar os vínculos da lei natural com o próprio homem, com a unidade do cosmos, com a diversidade dos costumes.

Isso leva a considerar a lei natural sob três aspectos diferentes. Santo Tomás primeiro toma posição sobre o enraizamento da lei natural. O que o leva a rejeitar a ideia de que a lei natural é adquirida, para afirmar que ela é um dado ontológico, obriga-o a formular-se o problema do modo particular ao homem da realização desse enraizamento, a saber, o conhecimento. O modo muito especial dessa participação na ordem do cosmos sugere, então, distinguir na

---

54. S. Tomás, quaest. XCI, art. 2.

lei natural o que é princípio, correspondente aos aspectos mais universais e imutáveis dessa natureza, e o que é secundário, correspondente a aspectos mais variáveis da mesma natureza.

A lei natural está além da consciência

A discussão apresentava-se na tradição escolástica já constituída sob a forma de um debate de escola formulável nestes termos: a lei natural é ou não é um *habitus*? Ou ainda, a lei natural se identifica com a sindérese? A tendência do agostinismo, sobretudo dos franciscanos, era responder afirmativamente a essas duas questões, enquanto outros se orientavam, já antes de Santo Tomás, para uma resposta duplamente negativa[55].

Para compreender o alcance desse debate, cumpre definir o que são um *habitus* e a sindérese.

Habitus tem por origem a concepção aristotélica da psicologia; há, segundo Aristóteles, dois níveis de profundidade no psiquismo humano: o da organização fundamental, natural, da alma no que ela é e permanece, por exemplo suas potências intelectivas e voluntárias, a distinção em diversos intelectos, suas funções animadoras; há, depois, um segundo nível, o do desenvolvimento do organismo, que se faz por repetição de atos bons, para as virtudes, ou maus, para os vícios, ou de atos intelectuais para a inteligência... Os atos arrastam a alma para a ação, dão-lhe hábitos, aquisições que lhe facilitam a repetição desses atos. A sindérese, por sua vez, é uma noção nascida entre os moralistas do século XII. Significa a consciência moral[56].

Vê-se o que está em jogo no debate em que se envolve o Doutor Angélico. Ao incluir a lei natural entre os *habitus*,

---

55. Lottin, "La loi naturelle depuis le début du XIIe siècle jusqu'à saint Thomas", *in Psychologie et morale, op. cit.*, t. II/1, pp. 86 ss.; Pedro de Tarento parece ter chegado à noção de *habitus naturalis, eod. loc.*, p. 93.

56. Lottin, *op. cit.*

ela é afastada da natureza e se torna uma realidade que deve ser adquirida, mas que por si não se prende à estrutura mais profunda do homem. Se a lei natural é um *habitus*, alguns a têm e outros não, como há corajosos e covardes. Poderia portanto ser identificada com uma consciência moral, resultado da boa educação. No fundo da discussão, o problema novamente colocado é o do vínculo entre o plano da finalidade ontológica e o da finalidade moral.

Veremos isso quando Escoto, para assegurar a autonomia da moral em relação à ontologia, deslocará, contra Santo Tomás, a sede da lei natural para torná-la um *habitus*. Tal concepção não pode encontrar lugar no pensamento de Santo Tomás depois do que foi dito sobre a concordância entre a ontologia e a ética. A lei natural é realmente uma lei do ser humano, é justamente nela que se juntam a natureza e a razão, a liberdade e a natureza. Como lei do ser, não pode ser adquirida, é uma realidade primeira que estrutura o homem à revelia dele, em sua dependência de criatura.

Para afirmá-lo, Santo Tomás recorre a uma análise do *habitus*. Este não é o que é feito, por exemplo frases corretas, é aquilo por meio de que fazemos essas frases corretas: as regras da gramática, que são adquiridas. O *habitus* é da ordem do *quo*, do meio pelo qual formamos frases ou outras coisas. Ora, a lei natural é constituída pela razão, da mesma forma que ela faz proposições. Isso pelo que ela é constituída é a razão, que é realmente uma faculdade habituada a exercitar-se em raciocinar, um *habitus*. A lei natural não é, pois, no sentido estrito, um *habitus*, ela não se identifica com a razão, é um produto necessário dela. Não é raciocinando em nossas ações que agimos segundo a lei natural, mas agindo segundo os princípios que a razão descobriu e formulou. Não temos de constranger a realidade segundo os axiomas de nossa razão, mas temos de descobrir um devido, uma indicação do que é, formulado pela lei. A razão é um meio de descoberta e de expressão da lei natural, não é essa própria lei que está em nós e nas coisas.

No entanto, podemos, embora impropriamente, chamar de *habitus* o conteúdo de um *habitus*, e nesse caso é possível dizer que a lei natural é um *habitus*, cujo nome particular é a sindérese na qual se encontra a consciência que temos da lei natural[57].

Adotando essa posição, Santo Tomás não só reafirma que os princípios descobertos pela razão têm origem fora dela, na ordem das coisas à qual ela pertence, mas também descarta qualquer concepção racionalista da lei racional, que combinará tão bem com o voluntarismo.

Pois, se admitimos que a lei natural é *habitus*, este só pode ser a própria razão, e assim esta se fecha em si mesma; se não tem de julgar as coisas para constituir suas proposições, basta-lhe tirar de si mesma as leis de seu próprio procedimento. Disso nascerá a concepção da lei natural abstrata e pensada como uma série de axiomas que não traduzem em absoluto leis imanentes da realidade, mas a coerência de uma razão que pensa a si mesma. O formalismo moral encontra aí sua origem. Desse modo, a razão já não é ligada à finalidade ontológica, já não a expressa. Encerra o homem em seu raciocínio moral *a priori* e abre o campo para sua vontade própria, empregada na aplicação sistemática dessa axiomática. Não é de espantar que seja num pensamento tão voluntarista quanto o de Duns Escoto que será retomada a tese do *habitus*. Será para ele o meio de constituir uma esfera de moralidade fechada em si mesma.

Fazendo da lei natural a expressão necessária de uma constituição ontológica, Santo Tomás é, com toda a lógica, levado a afirmar o caráter indelével da lei natural. Ela não pode ser apagada do coração do homem porque provém do fato de ele ser[58]. Ainda que seu conhecimento possa ficar obscurecido. Segue-se do vínculo ontológico com a lei natural que o conhecimento que temos dela fique menos frágil quanto mais próxima ela esteja do que constitui essen-

---

57. S. Tomás, Ia IIae, quaest. XCIV, art. 1.
58. *Ibid.*, ad 2 m e ad 3 m.

cialmente o homem. Mas como a natureza do homem não é totalmente imutável porque ele não é uma substância separada, o caráter indelével da lei natural deve ser matizado segundo a mobilidade maior ou menor da própria realidade ontológica. No nível mais comum, aquele expresso pela definição do homem e que o vincula ao gênero humano, a lei natural é indelével, em sua totalidade, se bem que possa ser esquecida num ou noutro estado particular, senão a noção de lei natural deveria ser contestada. Em contrapartida, a lei natural pode ficar obscurecida de acordo com graus que correspondem às variações possíveis dessa natureza e de seu conhecimento[59].

Mas, quando o homem descobre a sua natureza, descobre-a que recebe da causa final um movimento que capta todos os graus de seu ser. A razão não o separa da finalidade universal, ao contrário, vincula-o a ela.

É esse vínculo que ressalta das questões abordadas em seguida por Santo Tomás. Depois de ter demonstrado que a lei natural tem um enraizamento mais profundo que o de uma aquisição da consciência, precisa esse enraizamento mostrando que ele é constituído por uma natureza ligada ao cosmos. É pelo conhecimento que o homem toma dessa natureza que ele enuncia a lei natural e se situa nela, como sendo uma natureza racional e sensível, na qual coabitam princípio do movimento e movimento produzido por esse princípio de acordo com sua ordem. Daí resultam para a lei natural características de unidade e de maleabilidade, de imutabilidade e de possibilidade de adaptação. Santo Tomás examina, pois, sucessivamente a existência da lei natural, seu conhecimento, suas características; o que resulta dessas três indagações é a unidade e a maleabilidade da lei natural, que provêm de seu fundamento ontológico duplo, ao mesmo tempo cósmico e racional, do conhecimento que se faz desse fundamento, depois dos caracteres que se seguem. Com efeito, a inserção da lei natural na multiplicidade do

---

59. S. Tomás, *eod. loc.*, quaest. XCIV, art. 6.

cosmos a submete a uma extrema diversidade de condicionamentos, mas a razão humana consegue discernir uma ordem no seio dessa multiplicidade. O homem descobre a si mesmo como topo relativo dessa ordem e pode, mediante seu conhecimento, expressá-lo, inclusive o lugar específico que a razão lhe dá dentro dessa ordem. Por isso a lei natural é a lei do cosmos ao mesmo tempo que é a lei dos homens que se conhecem como parte específica desse cosmos onde se inserem.

A lei natural, lei do cosmos e lei dos homens

A apresentação do pensamento de Santo Tomás não é fácil aqui. Santo Tomás reúne em toda a exposição da doutrina, expressa de forma muito densa, pontos de vista diferentes: o da existência e o do conhecimento, em relação aos quais às vezes é difícil destrinchar vínculos que mantêm entre si. Isso explica por que se acumularam comentários sobre esses textos sem por vezes conseguir torná-los mais bem compreendidos, sendo a maioria deles marcada pelo cuidado de determinar formalmente os limites da lei natural, o que não tem muito sentido no âmbito de um pensamento não dualista, em que a lei natural é o princípio da lei humana e não está acima dela. O pensamento de Santo Tomás nessa matéria consiste em manter a unidade e a permanência da lei natural, não apesar da diversidade das situações, mas em si mesma, mais como estrutura reguladora presente em toda parte do que como um *corpus* de regras determinadas. Entretanto, devemos constatar também que Santo Tomás não se atém a uma apresentação formal da lei natural. Se esta está presente em toda parte, está realmente presente e pode ser formulada; ela esclarece realmente.

Os artigos principais a partir dos quais podemos evidenciar o que é a lei natural para Santo Tomás não apresentam diretamente essa questão. Santo Tomás indaga-se, depois de ter mostrado que a lei natural está além do *habi-*

tus, se a lei natural é una, se é idêntica em todos, se pode ser mudada. No decorrer da elaboração das respostas, sobretudo daquelas às duas primeiras questões, ele é levado a precisar a existência da lei natural para depois mostrar o que ela é e como pode ser conhecida. Apenas em seguida ele poderá determinar-lhe as características.

A existência da lei natural – Cumpre distinguir claramente dois pontos de vista diferentes: o da existência e o do conhecimento da lei natural. Essa distinção não deve, porém, ser muito aprofundada; já que a lei natural é constituída em lei, nossa mente deve intervir para dar-lhe o caráter de uma proposição da razão prática. Enquanto existe apenas sob a forma de uma tendência ontológica não formulada, ela ainda não é essa participação, própria do homem, que lhe permite conhecer a lei eterna.

A natureza não é uma realidade material acessível à sensibilidade. Por isso escapa a todos os que pensam, na esteira do empirismo herdado de Ockham, que a inteligência deve funcionar como os sentidos. Ela só pode ser compreendida. Essa compreensão é a do real em sua ordem. Não obstante, deve ser possível experimentar realidades que não encontram explicação fora desse princípio e da ordem dele decorrente.

Já se deu a entender que, sendo a natureza o que impele para o fim, encontramos sua influência nos diversos movimentos que nos orientam para nosso fim, segundo cada um dos níveis daquilo que somos.

A natureza é causa desses movimentos, é conhecida através deles. Logo, é a um só tempo o que é movido (natureza-matéria) e o que move (natureza-forma). O que é movido não é movido ao acaso, é movido segundo a ordem da natureza-forma[60], ao menos na maioria dos casos, pois é próprio da matéria opor certo limite ao desenvolvimento da forma e escapar em certa medida ao completo domínio

---

60. S. Tomás, *eod. loc.*, quaest. XCIV, arts. 2, 4, 5.

da forma. A matéria das naturezas materiais introduz uma diversificação e uma mobilidade que explicam que uma natureza formalmente idêntica se realize muito diferentemente. Isso é ainda mais verdadeiro quando essa natureza é assumida por um agente espiritual que implica uma grande liberdade em relação aos condicionamentos materiais e aos bens limitados[61].

Portanto, a lei natural será observada através dos diversos movimentos que nos animam e dos quais é o princípio. Ela é o reconhecimento e a constituição em regras de ação desses movimentos[62].

Existe em nós uma primeira tendência fundamental a persistir no ser que nos faz rejeitar todas as agressões. De fato, somos uma substância que dispõe de uma autonomia no ser e recusa o não-ser. Segue-se que nos é devido tudo o que é necessário para essa persistência[63].

Somos também viventes que procuramos perpetuar-nos através da reprodução no seio de uma espécie que tem suas características próprias, como, por exemplo, a necessidade de uma educação prolongada e completa.

Somos, enfim, seres de natureza espiritual que devemos responder às exigências da busca da verdade até em suas formas mais elevadas. Isto quer dizer ir até o conhecimento de Deus e alcançá-lo no seio da amizade política[64].

É bastante evidente que essa descrição da natureza está muito ligada à ontologia de Santo Tomás e é a esta que

---

61. *In Mets*, 5, lect. 5, 808-826; 7, lect. 6, 1381.
62. *In Eth.*, 5, lect. 5, 1026-1029; *In Eth.*, lect. 3, 33-35.
63. S. Tomás, *eod. loc.*, quaest. XCIV, art. 2.
64. S. Tomás, *eod. loc.* Mesmo que Santo Tomás utilize aqui fontes estoicas, reintegra-as no âmbito da finalidade ontológica. G. Verbecke, "Aux origines de la notion de loi naturelle", *in La filosofia della natura*, Milão, 1966, pp. 167-73.

Para as diferenças com a natureza escotista: Owens, "Common Nature: a Point of Comparaison between Thomistic and Scotist Metaphysics", *Medieval Studies*, XIX, 1957, pp. 7, 17 ss.

No comentário da ética, essa reinterpretação fica particularmente nítida, já que Santo Tomás nela declara que o *jus naturale* dos juristas (de origem estoica) está compreendido no de Aristóteles. *In Eth.*, V. L. XII, 1019.

se deve recorrer de início para compreendê-la. Parece mesmo que Santo Tomás encontrou uma primeira análise das tendências, classificadas segundo essa ordem tripartite, em Guilherme de Auxerre. O fundamento dessa distinção remonta, porém, a muito mais longe, à árvore do próprio Porfírio. No entanto, uma leitura por demais ligada às distinções lógicas dessa classificação tem o inconveniente, frequentemente difundido, de separar realidades que não são separadas em Santo Tomás e, em consequência, impor uma leitura individualista desse texto, identificando, entre outras coisas, o nível da conservação do ser com o do indivíduo; ora, se há mesmo uma autonomia ontológica do indivíduo, esta se realiza numa cidade. Aprenderemos melhor o alcance desse problema e o que nos parece ser sua solução após uma releitura atenta que lançará luz sobre os vínculos dessa passagem com o pensamento metafísico de Santo Tomás.

É fácil encontrar nos três níveis que Santo Tomás descreve os que nele correspondem às análises da alma humana. Antes de tudo, conforme essa perspectiva, o homem é de modo autônomo, é uma substância que é por si, isto é anterior à vida. Seja qual for o grau de autonomia dessa substância, ela não é, porém, separada de seus acidentes e está, portanto, situada, entre outros, num tempo, num lugar e pertence a um país. Logo, ela é mesmo um centro autônomo situado mais além de todos esses condicionamentos, mas não existe sem eles[65].

---

65. Não se segue, porém, uma dedução abstrata dos direitos, pois, como o especificamos, a substância só atinge sua plenitude nas relações que passam pelas condições concretas e acidentais em que ela está inserida. As inclinações naturais não se realizam de outra maneira senão nos objetos concretos, que existem verdadeiramente. O que é devido a outrem em razão dessas inclinações é determinado pelos objetos concretos submetidos à partilha. Portanto, se há realmente inclinações em função das quais convém determinar um débito, este, porque tem por objeto *bona* e porque é devido a outrem, fundamenta-se na relação exigida pela ontologia. Em outras palavras, o fato de a substância ser o centro ao qual se vinculam por fim todos esses preceitos da lei natural, que não fazem mais que dizer o que lhe cabe, não comporta abso-

Num plano menos fundamental encontram-se as operações vitais do homem, das quais há que se distinguir dois níveis: as que se prendem à vida biológica e as que se prendem à vida do espírito própria do homem. A vida pode, de fato, ser dita nesses dois sentidos. É claro que a distinção entre o nível da substância e o nível da vida não acarreta separação real, a substância é realmente o substrato daquilo que vive, cumpre primeiro ser para viver, assim como cumpre primeiro ser para pensar. Existe uma relação análoga entre a vida biológica e a vida do espírito, cumpre estar vivo para pensar.

Inversamente, porém, o nível mais elevado dessas distinções, precisamente por ser o mais elevado, assume os outros níveis, a pessoa assume as operações da alma intelectual e a da alma sensitiva, assume também a substância da qual ela é o modo de subsistir e que é seu substrato.

Portanto, podemos detectar no texto desse artigo uma ordem dupla que vai do mais fundamental ao mais determinado, e vice-versa[66].

Há mais, porém, nesse texto, porque, querendo expor os diferentes princípios da lei natural, Santo Tomás é levado a nos dar um resumo curto, mas completo, de sua ontologia e de sua antropologia.

Os diferentes níveis definidos não devem e não podem ser considerados em si mesmos para descrever a lei natural; teríamos então uma lei natural abstrata e fundamentada numa natureza separada com que talvez pudéssemos contentar-nos para deduzir um sistema de direito no sentido moderno, mas que não cabe no pensamento de Santo Tomás.

---

lutização abstrata dos preceitos da lei natural, pela razão de a substância estar mergulhada, por seus acidentes, num meio concreto somente através do qual ela pode desenvolver-se no âmbito de relações com outrem, que passam, por sua vez, por um *medium rei*. A lei natural não determina o que exigimos receber, mas o que devemos a outrem. Nesse sentido, Lachance, *Le concept..., op. cit.*, pp. 49-53.

66. S. Tomás, *eod. loc.*, quaest. XCIV, art. 2, ad 1 m e ad 2 m.

Além da dimensão estática da natureza humana que acabamos de considerar, Santo Tomás descreve sua dimensão dinâmica. O conjunto da descrição precedente já está situado no dinamismo fundamental de todo ser para o seu fim, a lei natural é apenas a particularização humana dessa finalidade universal.

Cumpre, então, referir-se à concepção do movimento do ser e da natureza direcionado para seu fim para compreender essa inserção dos diferentes níveis do ser, anteriormente descritos, no movimento do universo. Em Santo Tomás, a substância não é a única dimensão do ser, é atraída por uma causa final que a move e com isso a torna mais perfeita, a faz atingir seu ser em seu pleno desenvolvimento, como, por exemplo, o professor douto aperfeiçoa, com sua ciência, os espíritos menos doutos dos alunos, que se aperfeiçoam adquirindo essa ciência. Esse remate ocorre de acordo com a coisa que se aperfeiçoa: tornando-se mais perfeita, ele se torna o que ela é. Ela age segundo sua natureza que é princípio das ações. Assim, ela passa do estado primeiro em que estava antes de adquirir uma perfeição para um estado segundo no qual é adquirida a perfeição, por isso fala-se então de ato secundário.

Toda a vida ética se insere nesse movimento, mas ele não atinge a substância primeira; esta permanece o que ela é, aperfeiçoa-se apenas pelo que adquire. As perfeições que adquire não são tão fundamentais como a substância, situam-se no nível das operações vitais das quais constituem *habitus*. É por isso que não é de surpreender só encontrar mencionada aqui a simples inclinação da substância para permanecer em seu ser. Seu aperfeiçoamento se realiza pelos outros níveis do ser do qual ela é princípio. As inclinações vitais da alma sensitiva e da alma intelectiva são operações pelas quais a substância tende para seu ato. Elas permanecem acidentais com relação à substância primeira.

Em sua marcha para a perfeição, a substância primeira se encontra, pois, em potência com relação aos seres que são, pelo menos sob um aspecto, mais perfeitos do que ela; em relação a ela, eles estão em ato. A substância, por sua vez, está em potência com relação a esses atos de ser que a atraem. Ela fica, então, ligada a eles por uma relação que a subordina a esses seres em ato. O estudante é relativo ao professor que leciona e este é relativo ao objeto do qual tira sua ciência.

As inclinações naturais são as tensões pelas quais a substância é atualizada por outros seres em ato. Embora sejam mesmo causadas por esta quanto à eficiência, elas são causadas, quanto ao fim, pelos outros seres. Logo, existe uma tensão da substância que a liga aos outros seres em ato, contra o fundo da qual se desenvolvem as operações das faculdades de vida e de pensamento que, caso contrário, permaneceriam em potência.

Isto permite-nos compreender que a descrição das inclinações naturais é sobretudo a de uma ordem e de uma relação que a substância mantém com o resto do universo. Trata-se de uma ordem ontológica e objetiva que o filósofo constata e que não é o resultado de uma vontade do ser humano; desejemos ou não, estamos nesse estado de relação. No entanto, como se trata de relação de uma substância com outras, não somos totalmente adequados para essas relações, fica em nós certo fechamento que nos impede de entrar totalmente nessas relações.

Existe uma ordem natural na qual se fundamenta a lei natural. As inclinações são a descrição dessa ordem. Expressam o conteúdo concreto dessa ordem: tensão direcionada ao ser, direcionada à vida e ao pensamento. Essas tensões e essas relações são a expressão imediata e imediatamente conhecida do que somos. São, cada uma em seu nível, causadas por um objeto em ato, um *bonum*.

Cumpre, então, procurar uma medida do que compete a cada qual no âmbito dessas relações. A lei tem, precisamente, o objetivo de dizer o que é justo nas relações de cada qual com a comunidade em que está inserido. A lei natural torna-se, então, a expressão do que é bem[67], tendo em con-

---

67. É por isso que Santo Tomás pode, no artigo V, utilizar *jus* para *lex*, porque ele entende então a lei natural como determinante, ao menos parcialmente, do *jus naturale* no sentido do objeto da justiça geral.

ta as relações fundamentais em que o homem está mergulhado pela simples existência.

Como a razão conhece imediatamente essas poucas grandes inclinações, ela afirma e apreende como bem o que é fim. Pode então fornecer uma expressão delas que, mesmo atendo-se a um âmbito bastante geral, compreende princípios que permitem evitar limitar-se a um âmbito formal. É a partir dos objetos apreendidos como bens e causas finais das inclinações que a razão pode enunciar algumas dessas tendências que existem por essas causas, porque o bem prevalece sobre o fim e o fim determina o que é preciso fazer. A percepção imediata dessa relação entre o objeto das inclinações e o fim constitui o que permite à razão dizer que essas tendências indicam uma lei[68].

As tendências que têm esses bens por objeto são imediatamente conhecidas pela razão prática e podem ser enunciadas sob forma de princípios. O conhecimento da lei natural se inicia com o conhecimento dessas inclinações.

O conhecimento da lei natural – Ele se caracteriza pela maleabilidade introduzida pela distinção entre o que é princípio e o que dele decorre.

Quando tomamos consciência das inclinações que existem em nós, constatamos que todas têm por objeto um bem concreto; a razão então pode abstrair um princípio muito geral que, aliás, se estende para além da ação humana, a saber, que tudo tende para seu bem. Segue-se imediatamente, em razão do vínculo entre a noção de bem e a de fim, que o bem deve ser feito e o mal evitado. Isso constitui um princípio *per se notum*, porque a noção de bem é

Encontramos aqui a relação mais geral de *jus* com *lex*, *lex non est jus, sed aliqualis ratio juris*, mas também *lex statuit jus*. Essa relação será explicitada mais adiante. Cf. J. Bourke, "Aquinas, a Natural Law Ethicist?", *The Monist*, 58, 1974, pp. 53-66.

68. D. Composta, "Le 'inclinationes naturales' e il diritto naturale in S. Tomaso d'Aquino", *Studi Tomistici*, IV: *S. Tomaso e la filosofia del diritto oggi*, Roma, 1975, p. 45.

imediatamente vinculada à de fim e assim se define a fonte da lei. Se nossa natureza é fazer o bem, segue-se que o bem é o fim, donde decorre nossa obrigação de fazer o bem.

Para precisar em que consiste esse bem que se deve fazer, a razão prática volta aos bens particulares que são os objetos das inclinações naturais. Ela lê nos objetos de cada uma dessas inclinações que eles são bens, portanto fins que estão incluídos nesse bem que se deve fazer. Segue-se que o que concerne a essas tendências se refere ao bem e ao fim e recebe por isso um caráter obrigatório, que inscreve os objetos dessas tendências, e as regras que esses objetos induzem a título de fim, na lei natural.

Os bens que causam essas tendências são causas finais destas, que adquirem imediatamente valor de indicação de um bem e de uma obrigação, porque o bem contém a *ratio* de fim. Pelo fato de um bem ser tal, segue-se que deve ser realizado. Ora, dissemos que são bens para nós o bem-estar, o bem viver e o bem pensar, coordenados na unidade do ser humano. É por isso que é possível passar do princípio para o preceito. Segue-se que os fins assim analisados são princípios no sentido ontológico que causam as inclinações, e que, assim que são conhecidos, se tornam princípios no sentido epistemológico e lógico. De fato, o conhecimento deles esclarece imediatamente a razão prática. Esta é orientada fundamental e naturalmente para a busca do bem; é essa orientação que ela conhece através dos três princípios que ela descobre na raiz de sua atividade. Estes finalizam, pois, totalmente sua atividade; por isso o derradeiro princípio, o bem pensar, assume os dois primeiros. Por isso também o *bonum est faciendum* é o mais fundamental e assume os dois outros. Com efeito, é pela descoberta intelectual do que é o bem que o bem substancial e o bem viver são realizados[69].

Mas, se a razão prática também descobre esses princípios, no sentido lógico, como capazes de esclarecer-lhe a

---

69. S. Tomás, *eod. loc.*, quaest. XCIV, art. 2, ad 1 m e ad 3 m.

atividade, surge de imediato a questão de saber qual relação os princípios assim entendidos têm com o resto do conhecimento prático da lei natural. Qual será o tipo de relação entre o que decorrerá dos princípios e os princípios?

Dos três princípios precedentemente enumerados, eles próprios em certa ordem, decorrem três preceitos primeiros. Esses preceitos primeiros são tão fundamentais que são imediatamente conhecidos pela razão prática, são evidentes por si sós, justamente em sua qualidade de princípios além dos quais não é possível remontar[70]. Assim, todos os homens os conhecem, não necessitam ser confirmados pela revelação, motivo pelo qual não estão contidos no Decálogo[71]. Na qualidade de princípios, são fontes de inteligibilidade[72]. Mais além desses primeiros princípios e preceitos da razão prática, existem outros preceitos da lei natural que a razão, na medida em que é reta, pode descobrir. Esses preceitos secundários são qualificados por Santo Tomás de conclusões, às vezes de quase-conclusões, ou de conclusões bastante próximas, tiradas *modica consideratione*[73]. Podem ser enunciados sob forma de proposição porque expressam o vínculo necessário entre a natureza das coisas e o fim, com a possibilidade de serem flexibilizados e matizados segundo o contingente[74]. Levantou-se uma discussão para saber se esses preceitos secundários faziam parte da lei natural. Exposta dessa maneira, a questão não tem muito sentido, porque dá a entender, de forma muito material e dualista, que haveria uma fronteira nítida entre a lei natural e a lei humana; de um lado, uma lei natural estendida ou não aos preceitos secundários e, do outro, a lei huma-

---

70. S. Tomás, Ia, quaest. XXXIII, art. 1, "Hoc nomen principiun nihil aliud significat quam id, a quo aliquid procedit".
71. S. Tomás, Ia IIae, quaest. C, art. 3.
72. *In Met.*, lib. 4, lect. 6, 607, "Vel opporteret procedere in infinitum".
73. S. Tomás, *eod. loc.*, quaest. C, arts. 1, 4 e 6.
74. Mas, precisamente por se tratar do vínculo com um fim, ele se realiza de modos diversos, embora inteligíveis.

na[75]. Ora, não é esse o pensamento de Santo Tomás; para ele a lei humana prolonga, mediante conclusão ou determinação, a lei natural[76].

Isso sugere que é possível pensar que a lei natural contém preceitos que, mesmo vinculados aos princípios primeiros, são suscetíveis de uma aplicação flexível, que não compromete, porém, a imutabilidade da lei natural. É realmente esse o pensamento de Santo Tomás já no *Comentário das sentenças*[77], que ele retoma e desenvolve na *Suma*. Essa distinção é empregada para mostrar que é possível tirar dos princípios alguma luz sobre pontos mais particulares. Mas, imediatamente, Santo Tomás lembra que, em questão de ética, as conclusões não podem ser rigorosamente deduzidas dos princípios. Essas "quase-conclusões" estão na dependência dos princípios. Princípio significa o que ordena o que segue, porque é primeiro; o princípio é o que confere inteligibilidade a uma diversidade. O princípio é fonte de ordem, mas a ordem que ele indica não é necessariamente uma ordem materialmente deduzida do princípio. Claro, e este é o sentido admitido mais correntemente, o princípio é fonte de silogismo e por isso pensamos poder deduzir do princípio. Mas não é possível deduzir sem uma menor, que aqui é um juízo particular. Fica claro então que aqui o princípio não é tanto explicitação de um tema quanto indicação de um fim que torna, consequentemente, inteligível uma diversidade. O princípio é a expressão inteligível desse fim, está enraizado no que as coisas são segundo a diversidade delas, por isso, ele deve diversificar-se ao voltar a elas[78].

---

75. Farrel, *The Natural Moral Law of S. Thomas and Suarez*, Dichling, 1930, p. 107; J. Leclercq, *Les fondements du droit et de la société*, Louvain, 1957, p. 59; Lotin, "La valeur des formules de saint Thomas concernant la loi naturelle", *Mélanges Joseph Maréchal*, II, Paris, 1950, p. 369; Van Overberke, "Le droit naturel selon saint Thomas", *RT*, 1957, pp. 60 ss. e 457 ss.; Amstrong, *Primary and Secondary Natural Law Precepts*, The Hague, 1966.
76. S. Tomás, *eod. loc.*, quaest. XCV, art. 2.
77. *In Sent.*, IV, d. 33, quaest. 1 e 2.
78. Ross, "Justice is Reasonableness", *The Monist*, 1974 (58), pp. 86-103. Segundo o esquema habitual do conhecimento do singular sensível, cumpre

Embora possamos realmente sustentar que o bem-viver permite concluir que não se deve matar, o que será repetido pela lei humana, essa conclusão não é universalmente válida; haverá que se admitir que às vezes é preciso defender a pátria com o risco de matar, que o criminoso perigoso para a cidade às vezes deve ser condenado à morte[79], e até que Deus pode, com toda justiça, pedir a vida de um inocente[80].

Santo Tomás salienta que nosso conhecimento prático se detém bem depressa depois do conhecimento dos primeiros princípios. Isso ocorre principalmente em razão da natureza instável dos objetos morais envolvidos na matéria. Decerto estes se movem segundo uma natureza que num sentido é mutável e, noutro, não[81]. Por isso é possível conhecê-los pelo fato de serem movidos de modo necessário. Por essa razão afirmamos sob forma universal os preceitos secundários sem que essa formulação seja desprovida de sentido e de valor cognitivo[82]. Mas o nosso conhecimento prático, como qualquer outro, falha perante o particular material como tal, por isso não podemos formular a lei natural em seus aspectos singulares. O conhecimento das realidades no que elas têm de singular depende da lei eterna e, para nós, dos sentidos[83]. Por isso Santo Tomás precisa que conheçamos o que é necessário, universal e imutável das realida-

---

salientar o vínculo desse esquema com a ontologia; porque o ato de ser, pelo qual se aperfeiçoa a essência, começa na matéria e é preciso voltar ao concreto; a definição das substâncias sensíveis abrange a matéria direcionada (mas ainda imperfeitamente conforme) para a forma, assim como a essência é direcionada para a perfeição da existência consumada. Por isso toda noção é relativa ao que existe em ato e diz uma verdade sobre ele.

O próprio Santo Tomás faz essa aproximação, a forma substancial não confere a perfeição, necessita dos acidentes e do fim; ocorre o mesmo com os objetos morais.

79. S. Tomás, IIa IIae, quaest. LXIV, art. 1.
80. S. Tomás, Ia IIae, quaest. C, art. 8.
81. S. Tomás, *eod. Loc.*, quaest. XCIV, art. 4.
82. Limitada a uma forma e, portanto, incapaz de resultar na plena verdade moral ou jurídica, *in* L. II, 1, VIII, 334; L. II, 259; L. 1, III, 32-36.
83. S. Tomás, Ia, quaest. LXXXVI, art. 3.

des instáveis. Nosso conhecimento da lei natural se curva, assim, à estrutura ontológica das realidades sensíveis em que se encontram uma matéria ordenada por uma forma e uma essência ordenada para o ato de ser. Ora, essas relações são produtoras de um movimento singular que como tal nos escapa, o nosso conhecimento formal permanece relativo ao movimento do ser[84].

Do nosso lado, defeitos nos impedem de tomar consciência da lei natural, mesmo no que ela tem de universal e cognoscível. O conhecimento, em especial o conhecimento do que é bem, pode ser obscurecido pelo peso das paixões e dos maus hábitos, porque a vontade má pode vir perturbar a inteligência. Logo, é possível que um indivíduo ou povos inteiros fiquem na ignorância da lei natural, com exceção, todavia, de seus primeiros princípios evidentes, ainda que estes às vezes possam ser ocasionalmente ignorados. Apenas os mais sábios se elevam a um conhecimento mais detalhado da lei natural, conquanto continuem a se chocar com o limite do singular material[85].

Por isso o Decálogo, ao realizar uma espécie de promulgação, vem confirmar a lei natural e fornecer uma luz aos que não conseguiam conhecê-la. Não obstante, mesmo sob essa luz, o direito enquanto tal, por ser uma partilha das coisas materiais, é desconhecido. Ele está na lei eterna que é o segredo do Pai e, portanto, deve ser procurado.

O conjunto dos elementos reunidos por Santo Tomás na explicação da lei natural no curso da questão 94 é retomado com particular nitidez por ocasião da questão 100, artigos 2 e 3, para esclarecer o que é o Decálogo[86].

Este não é a formulação dos primeiros princípios da lei natural, que são evidentes e conhecidos imediatamente por

---

84. Por isso todas as proposições universais em questão de ética são sujeitas a falha. "*Cum sermo moralium etiam in universalibus sit incertus et variabilis*" (*in Eth.*, LII, 2, 259). Exceto aquela que é imediatamente relativa ao bem, por certo, mas que é mais uma proposição ontológica do que ética, "todas as coisas tendem para o bem".
85. S. Tomás, *eod. loc.*, quaest. XCIV, arts. 4 e 6.
86. S. Tomás, *eod. loc.*, quaest. C, arts. 1 e 2.

todos os homens⁸⁷. Os preceitos do Decálogo contêm esses princípios na medida em que são conclusões deles, pois ele contém e confirma, ademais, as conclusões dos sábios como conclusões de seus preceitos; estes são próximos dos princípios comuns e primeiros e podem ser conhecidos *modica consideratione*⁸⁸. Segue-se que os preceitos do Decálogo nos fornecem um conhecimento da lei natural, a qual é imutável, salvo em certos casos em que deve intervir a *epieikeia*, casos que decerto podem ser vinculados à lei eterna na qual ocorre a reconciliação entre as leis universais e os juízos particulares cujas razões somente Deus conhece.

Assim, as características da lei natural encontram-se implicadas pelas condições de seu conhecimento. De sua divisão em princípios e conclusões, em preceitos secundários e primeiros, decorre que ela é imutável, mas essa imutabilidade não se opõe em absoluto a uma flexibilização nos casos pouco numerosos que intervêm nas conclusões próximas dos primeiros princípios. Com efeito, o campo prático obriga a tirar dos princípios verdades comuns e não próprias. A lei natural é apenas um conhecimento do comum que se flexibiliza perante o que é próprio⁸⁹. Mas, sendo por si mais inteligível do que o que é particular, o conhecimento do comum é, porém, amiúde obscurecido ou ignorado. A universabilidade da lei natural recebe então uma nova flexibilização, não da particularidade do caso, mas do obscurecimento das inteligências pela vontade má⁹⁰. É conhecida de forma cada vez mais detalhada pelos sábios de vida reta, e por aqueles aos quais é confirmada pela revelação, mas jamais como uma proposição absolutamente universal⁹¹.

É mediante o conhecimento da lei natural adquirido progressivamente que o homem se insere no cosmos⁹². Por

---

87. S. Tomás, *eod. loc.*, quaest. XCIII, art. 4.
88. Overbecke, *Le droit naturel...*, *op. cit.*, pp. 151 ss.
89. S. Tomás, *eod. loc.*, quaest. XCIV, arts. 4 e 5.
90. S. Tomás, *eod. loc.*, quaest. C, arts. 1, 2 e 8.
91. S. Tomás, *eod. loc.*, quaest. XCI, art. 3.
92. S. Tomás, *eod. loc.*, quaest. XCI, art. 2.

ele, conhece a si próprio como ser inteligente e vivo, e as inclinações de sua natureza ganham valor normativo. Assim, a lei natural não se reporta ao conjunto do gênero humano tomado como uma comunidade política existente acima das cidades. Sejam quais forem as fontes ciceronianas[93] utilizadas por Santo Tomás, ele as reinterpreta completamente na perspectiva de sua própria ontologia. Haverá, claro, algumas traduções concretas desse direito da comunidade humana no direito das gentes[94]. Mas, precisamente por Santo Tomás não identificar as duas noções (a lei natural ultrapassa o direito das gentes e, inversamente, este nada mais é senão certa concretização, bastante universal, por certo, da lei natural), não se depreende em Santo Tomás um direito positivo autônomo tirado dos axiomas da razão.

Em nenhum caso, a comunidade dos homens coincide adequadamente com a comunidade ontológica[95]. De fato, a lei natural tem como fim o bem comum ontológico, natural, de todos os homens, na medida em que participam da finalidade da sua espécie e, mais amplamente, do cosmos. O bem comum visado pela lei natural é o da espécie humana. Ora, esta tem como fim a beatitude segundo seu modo próprio, o de uma inteligência envolvida no sensível. A lei natural, no sentido estrito, visa, pois, o bem comum dos homens, ou seja, o Ser primeiro apreendido de início como verdade, depois como bem no interior da comunidade política[96]. O uso da razão que formula a lei natural é a forma concreta de compreender esse fim e de se comparar a ele. Seu resultado é uma ação ética conforme à finalidade ontológica da espécie. O homem não é separado do cosmos, é o seu topo. Por isso a cidade é o lugar onde a natureza atinge sua perfeição, completada pela lei humana[97].

---

93. Verbecke, "Aux origines de la loi naturelle", *in La filosofia della natura*, Milão, 1966, p. 167.
94. S. Tomás, *eod. loc.*, quaest. XCV, art. 4.
95 . Nenhum indivíduo é idêntico à espécie entre as realidades sensíveis.
96. S. Tomás, *eod. loc.*, quaest. XLIV, art. 2.
97. S. Tomás, *eod. loc.*, quaest. XCIV, art. 5, ad 1 m e ad 3 m.

A lei humana e o bem da cidade

O Doutor Angélico começa considerando a cidade humana em sua realidade; não se poderia tratar de buscar uma explicação genética desse fenômeno natural. Todavia, a descrição da gênese da cidade tem seu lugar na obra de Santo Tomás; o que o caracteriza é que, mesmo então, são grupos e não indivíduos que a constituem. A cidade é uma exigência da natureza, sem ela os homens não podem alcançar seu fim, inclusive em seus mais elevados aspectos. Ela lhes dá não só bens materiais, mas também os meios de desenvolverem sua vida intelectual até a contemplação, até a verdade cabal de Deus, sendo por isso que Santo Tomás aquiesce à constatação do grego Aristóteles, que declara que a política é a mais divina das artes[98]. A política conduz o homem ao seu fim, de início na amizade política e até na vida religiosa, se bem que os contemplativos superem, em certo sentido, a vida da cidade[99]. A essa ajuda que a cidade fornece ao homem é que se deve reportar o que Santo Tomás diz das funções da lei humana: como qualquer outra lei, a lei humana visa o bem comum da comunidade que lhe é própria, a cidade. Fazendo isso, obriga seus membros a viverem com outros e a lhes dar o que lhes é devido, seja considerando os concidadãos em particular, seja considerando-os na comunidade que formam. Mediante essa inserção numa comunidade, o homem fica, quer queira, quer não, envolvido num conjunto de relações que lhe impõe deveres de justiça, pelos quais se encontra realmente mensurado o que ele deve como conduta. É através da realização

---

98. *In Pol.*, L. I, lect. I, 11, 30 e 35.
99. Em certo sentido somente, pois, embora a vida contemplativa os situe numa relação pessoal com Deus, eles conservam certos condicionamentos que os mantêm, de modo mais frouxo, na cidade. A política é a mais elevada das sabedorias práticas, não a mais elevada sabedoria *simpliciter*. Por isso a contemplação, enquanto ato último da inteligência especulativa, supera a cidade, ainda que, enquanto atividade humana, se exerça na cidade e faça parte do bem comum, eminentemente. *In Pol.*, L. I, lect. 1, 21, L. VI, lect. 6, 1188.

dessa justiça que ele exerce suas virtudes e atinge seu fim. As leis humanas têm o efeito de tornar os homens bons[100].

Nem todos os homens cumprem espontaneamente seu dever de justiça; a natureza deve ser ajudada, como que por tutores. Precisam então de uma disciplina que os coaja a não se abandonarem a seu egoísmo e os force a cumprir seu bem verdadeiro, que se encontra tão somente no bem comum. Alguns recebem em sua família uma educação suficiente para ter acesso, pelo menos de modo habitual, a essa vida moral. Outros, em contrapartida, não o conseguem sem ser coagidos e forçados, porque são rebeldes à persuasão. As leis então devem intervir para rematar a educação e ajudá-los a alcançar certa virtude. Santo Tomás retoma a ideia extremamente grega e romana da educação pelas leis. Isso quer dizer que elas têm essencialmente uma matéria moral.

A lei humana examina a moral da cidade por meio dos atos exteriores. Ela tem sobretudo o papel de determinar o que é devido por justiça à cidade. São-lhe devidas sobretudo condutas – fazer corajosamente o dever militar, não ficar bêbado em público –, às vezes também bens, por exemplo, em caso de expulsão por motivo de utilidade pública, ou ainda o pagamento dos impostos. Tudo isso forma um conjunto de comportamentos que correspondem ao de um homem de virtude média; o que caracterizamos pela expressão "bom pai de família"[101]. O exercício dessas virtudes que são exigidas pela cidade incide sobre *opera*[102], não é solicitado ao automobilista aprovar as regras do Código de Trânsito, mas somente segui-las. Esses são atos exteriores sobre os quais incidem as leis. Como esses atos exteriores são realmente devidos à cidade em razão do que foi recebido dela – língua, educação e bens de toda natureza – e como eles necessitam dos atos exteriores de virtude, podemos dizer que

---

100. S. Tomás, Ia IIae, quaest. XLV, art. 1.
101. S. Tomás, quaest. XCVI, art. 2.
102. No sentido de *scientia operativa*, in *Eth*. II, lect. 2, 255-256.

as leis incidem, por intermédio das "obras"exteriores, sobre o conjunto das virtudes na sua relação com os outros. Por essas razões, é possível dizer que a lei tem por objeto certa categoria de justiça, que consiste na prática do conjunto das virtudes em sua relação com os concidadãos[103].

Revela-se útil estabelecer leis humanas, essa utilidade é uma exigência da natureza. Não da natureza humana abstratamente considerada, mas da natureza da cidade e das coisas. A lei é necessária porque essa natureza fica indeterminada[104], nela a natureza humana é considerada apenas através da mediação das coisas e da cidade[105].

A lei natural deixa-nos num estado de indeterminação, seja em razão da particularidade de dada cidade para a qual cumpre *hic et nunc* legislar, seja em razão da cegueira dos cidadãos que necessitam de regras precisas para guiá-los para seu fim. Claro que é possível, para uma razão prática quase reta, dar-se conta de que é necessário determinar uma mão de trânsito obrigatória com vistas ao bem comum, que é preciso pagar à comunidade impostos correspondentes a uma parte dos encargos comuns. Mas nenhum cidadão pode por si só saber qual é sua dívida verdadeira, assim como evidentemente não pode decidir por si só de que lado da estrada deve transitar. Portanto, a lei deve decidir, ou melhor, segundo o vocabulário de Santo Tomás, "determinar" o que corresponde, nestas ou naquelas condições, às exigências do bem comum.

Isso é um modo que a lei tem de coincidir com a lei natural, a lei impõe essas determinações porque são justas no âmbito de tal cidade. O legislador discerne, utilizando sua prudência de legislador, o que é bom para essa cidade. Em outras palavras, ele olha o que essa cidade é e encontra motivos de se determinar; por exemplo, na Inglaterra, ele deci-

---

103. S. Tomás, Ia IIae, quaest. XLVI, arts. 2 e 3.
104. S. Tomás, *eod. loc.*, quaest. XCV, art. 1.
105. Depois do artigo 1 da questão XCV "*de utilitate ipsius*" vem o artigo 1 da questão XCVI "*utrum lex humana debeat poni in communi magis quam in particulari*".

dirá que se deve transitar à esquerda em razão de um hábito antigo que se impôs e se incorporou à cidade como uma parte de sua natureza. Com efeito, através do exercício da prudência, há um exame do que é a natureza da cidade; o que é justo para ele deve ser o que é seu bem, ou seja, o bem comum, bem da comunidade. Dessa forma, o legislador atinge o nível das quase-conclusões da lei natural e sua decisão é um meio de precisar o que sem isso permaneceria vago demais. Determinando a mão do trânsito, o legislador é solicitado pelo bem da cidade.

Todavia, isso não basta para assegurar o bem da cidade; existem condutas que atingem mais diretamente o bem comum e que, se não fossem punidas ou proibidas, arruinariam a vida da cidade e por isso mesmo acarretariam a amoralidade dos cidadãos[106]. Esses atos atacam mais diretamente a lei natural sem a qual nenhuma sociedade pode viver, já que é da natureza das cidades tornar os homens bons mediante a submissão ao bem comum. São atos ao mesmo tempo contrários à lei natural e ao bem comum, mas de maneira diferente daqueles que seriam contrários às "determinações"[107].

Os atos contrários às determinações são apenas indiretamente contrários à lei natural, porque só adquirem valor por sua orientação para o bem comum e, através dele, para a lei natural. Esta é o princípio que eles determinam, por isso eles são indiferentes *secundum speciem* e não *secundum individuum*. Ao contrário, os atos que a lei humana proíbe ou aos quais ela obriga a título de conclusão da lei natural são bons ou maus *ex objecto*[108].

Os atos contrários às determinações atingem diretamente a lei natural.

O critério que distingue as conclusões das determinações é que as conclusões são elementos da própria lei natural, ela mesma repetida e expressa pela lei positiva, por exem-

---

106. S. Tomás, *eod. loc.*, quaest. XCVI, art. 2.
107. S. Tomás, *eod. loc.*, quaest. XCV, art. 2.
108. S. Tomás, *eod. loc.*, quaest. XCII, art. 2.

plo, que o roubo ou o homicídio são proibidos. As determinações se situam, ao contrário, num plano inferior ao da lei natural, são precisões que a lei natural não pode fornecer. É, por exemplo, uma conclusão o fato de que quem cometeu uma falta deve ser punido, a natureza e o montante da pena são determinações[109].

Determinações e conclusões são "derivações"; não são, embora a letra do corpo do artigo dê a entendê-lo, conclusões tão estritas quanto as que existem no campo especulativo.

Sobre a objeção segundo a qual, já que se conclui a lei humana da lei natural e a lei natural é idêntica e imutável, a lei humana deveria, pois, ser idêntica e imutável no tempo e no espaço, Santo Tomás responde que os princípios da lei natural, embora tenham por caráter ser comuns, não podem, em razão da variedade das coisas humanas, ser aplicados da mesma maneira sempre e em toda parte. Essa resposta se aplica não só às determinações, para as quais é evidente, mas também às conclusões, uma vez que se trata do que é tirado dos princípios comuns[110].

---

109. S. Tomás, *eod. loc.*, quaest. XCV, art. 2.
110. É precisamente a vinculação da lei positiva à lei natural que é fonte de diversidade e de maleabilidade. Por isso a lei positiva não deve impor à cidade uma moralidade exigente demais; não só ela fica limitada nessa orientação por sua natureza de lei, mas também pela comunidade da qual ela é a lei. A lei humana deve incidir apenas sobre atos exteriores, exige condutas esperando que estas acabarão incutindo no sujeito bons hábitos, mas ela não poderia penetrar no campo das intenções. Ela é também a lei de uma comunidade real que impõe o peso de sua história, de suas tradições e de seu estado moral; assim, se a ambição do legislador é melhorar seu povo, ele só o pode fazer progressivamente conforme o que a sua cidade é. Ora, esta é uma comunidade que, de todo modo, seja qual for seu nível moral, só pode ser realmente considerada em seu nível médio. Daí resulta que a lei deve contentar-se com um nível médio de moralidade, não só em relação a uma moralidade ideal, mas também em relação à moralidade da cidade para a qual ela dispõe. Isso não acarreta, porém, um simples alinhamento com base no estado de fato, porque Santo Tomás tem tamanha confiança na natureza que ele pensa que, como as inclinações fundamentais são boas, o bem permanece não obstante visado e atinge mais fundamentalmente do que o mal. S. Tomás, *eod. loc.*, quaest. XCVI, arts. 2 e 3.

O legislador, no pensamento de Santo Tomás, não deve contentar-se em refletir a lei natural, ele intervém por sua "indústria" própria para fazer a lei natural passar para as situações concretas e particulares. Nas disposições da lei humana encontra-se, pois, uma parte da lei natural que o legislador fez passar do implícito para o explícito, para dada cidade. É ele que atualiza a lei natural e permite assim a seus concidadãos pautar realmente por ela seus atos. É aí que está a fonte do valor e da dignidade da lei, há nela como que um prolongamento da lei natural. Na própria medida em que é verdadeiramente lei, ela participa da lei natural; essa é a razão pela qual, o mais das vezes, Santo Tomás fala de lei humana e não de lei positiva[111]. Utilizando essa expressão, quer dizer que a lei dos homens, na medida em que responde à sua essência, é uma mescla tal de indústria humana e de indicações da lei natural que é impossível distinguir realmente os dois elementos uma vez que, ou ela adapta um princípio da lei natural, ou estabelece termos precisos para uma conclusão vaga demais, mas em ambas as hipóteses ela não pode ser a lei natural da qual deriva.

Aí está o limite da lei[112]. Ela é realmente lei quando corresponde à sua função, quando, estabelecendo realmente o que é justo, apoia-se no bem comum real da cidade para a qual ela intervém e se apoia, por conseguinte, na lei natural. Em contrapartida, quando não leva em conta a lei natural tal como ela aparece através das determinações de dada cidade, ela não é uma lei, mas unicamente um ato da vontade do legislador. É então um ato de puro poder e de violência, *corruptio legis*, que reveste formas enganosas da lei, mas não é uma lei. Santo Tomás o afirma com muita clareza várias vezes, não se deve ver nisso nenhum desprezo da lei positiva nem nenhuma oposição entre um direito inferior e um direito ideal. Trata-se, ao contrário, de lembrar todo o valor da lei positiva e, portanto, as condições neces-

---

111. Ou de *lex humanitus posita*: "lei humanamente posta".
112. S. Tomás, *eod. loc.*

sárias para que ela corresponda ao que é. Quando o legislador recusa essas condições, introduz na lei uma contradição entre sua essência e sua realização concreta, de tal modo que na verdade essa pseudolei não é uma lei.

Mas também não se deve entender essa doutrina como introdutora de uma espécie de anarquismo em nome de uma moral superior; segue-se com muita lógica dessa tese que, na medida em que ela é justa e conforme à lei natural, o que é um todo, a lei é obrigatória. Ora, na maioria dos casos, ocorre isso, inclusive para grande número das disposições de uma lei injusta. A injustiça de certas disposições não acarreta a injustiça necessária e total da lei, assim como a injustiça de um regime não acarreta necessariamente *pleno jure* a injustiça de todas as leis estabelecidas por esse regime. Da injustiça da lei não se segue necessariamente que cumpra desobedecer-lhe; essas são a cada vez questões diferentes que se apresentam em situações particulares. Enfim, a injustiça da lei não deve ser estimada de forma abstrata, e sim no seio da cidade para a qual é feita, e em muitos casos não há nenhuma evidência da total justiça nem da total injustiça[113]. Portanto, é a prudência do legislador e o procedimento legislativo (que organiza o meio graças ao qual o que é mais justo nessa cidade pode ser determinado) que intervêm aqui.

Por isso também aí há que se recorrer a uma discussão dialética[114], em cujo decorrer pode-se apelar para as luzes dos prudentes, para a experiência tradicional, para as indicações mais precisas e certas da lei divina[115]. Esta tem a função, pelo menos parcial, de vir não substituir a lei natu-

---

113. S. Tomás, *eod. loc.*, quaest. XCVI, arts. 2 e 4. Essas posições matizadas são explicadas pela relação da lei com coisas mescladas de potência e de ato. Assim como elas não são perfeitamente elas mesmas, nenhuma lei, a não ser a lei eterna, é perfeitamente idêntica à essência da lei, assim como tampouco nenhuma lei está absolutamente fora da essência da lei.

114. S. Tomás, IIa IIae, quaest. XLVIII, art. 1, quaest. LI, art. 4, ad 2 m.

115. Trata-se aqui da lei divina na parte em que ela confirma mediante revelação a lei natural, ou seja, do que subsiste da lei antiga: as *moralia*, que, sem ser *judicialia*, esclarecem as condutas, sobre as quais incide a lei.

ral ou concorrer com ela, mas esclarecer esta quando a luz natural é insuficiente; só é preciso que a comunidade tenha condições de recorrer a ela, ou seja, ter confiança suficiente nela, acreditar nela[116].

A lei divina encontra-se então suficientemente integrada à comunidade para que possa esclarecer-se nela para decidir qual é seu bem comum. Tal é, por exemplo, atualmente o caso da República da Irlanda, que votou uma disposição constitucional que proíbe o aborto; em contrapartida, a comunidade francesa não pôde recorrer a essas luzes em razão de seu estado religioso; deve, portanto, contentar-se com uma solução que recorre apenas à luz da razão natural com todos os seus limites – obscuridades e incertezas devidas à situação concreta da cidade – e ao obscurecimento da razão prática pelos maus hábitos que, também eles, fazem parte da natureza da cidade.

A lei humana encontra-se duplamente situada, primeiro, em relação às outras leis das quais ela é uma participação e recebe regras – sendo concedidas as variações que convém precisar quanto à adaptação dessas leis superiores, que expressam outro nível do ser diferente dela –, depois, em relação ao bem comum da cidade. Logo, a lei humana deve submeter-se ao mesmo tempo à lei natural e à lei divina que esclarece esta, e à utilidade dos homens que vivem na cidade[117]. Mas, para Santo Tomás, a utilidade dos homens não significa uma realidade separada de seu objetivo. A retomada dessa noção romana[118] não deve iludir; não se trata de uma noção pré-utilitarista, mas de uma utilidade com vistas ao bem comum. De fato, não há nenhuma oposição entre o bem comum que deve servir de medida para a lei e as regras da lei natural e divina que lhe servem de regulação e medida; buscando o bem comum verdadeiro da cida-

---

116. S. Tomás, *eod. loc.*, quaest. C, art. 2.
117. S. Tomás, *eod. loc.*, quaest. XCV, art. 3.
118. *Dig.*, I, III, 25, Modestino.

SANTO TOMÁS OU A LEI ANÁLOGA

de, o legislador encontra a lei natural[119]. Ora, a forma é relativa ao fim, precisa aqui Santo Tomás. Isso quer dizer que ela deve adaptar-se ao fim concreto[120]. Por isso, nem todas as adaptações necessárias da lei natural são traições, mas, ao contrário, modos diversos de aplicá-la realmente.

Então é possível repetir os termos do preceito de Isidoro de Sevilha, que decerto o entendia num sentido muito mais agostiniano: *"Lex est omne quod ratione constiterit dumtaxat quod religioni congruat, quod disciplinae conveniat, quod saluti populi proficiat."*[121] Encontram-se enumeradas aí a conveniência à lei divina, *"quod religioni congruat"*, a conveniência à lei natural, *"quod disciplinae conveniat"*, a conveniência ao bem comum, *"quod saluti populi conveniat"*. Noutros termos ainda, a lei humana deve ser "honesta, justa", *"possibilis, necessaria, utilis"*. O comentário que Santo Tomás faz desses dois preceitos para mostrar que eles se reduzem um ao outro demonstra que a conveniência à lei divina e à lei natural implica a adaptação aos lugares e aos tempos, às pessoas, aos costumes[122]. Aí descobre-se realmente o que é o bem comum e faz-se o acordo entre a forma e o fim, quando a forma deve curvar-se ao fim concreto. Cumpre evitar os males que podem provir da própria lei, se ela não fosse adaptada ao bem comum por falta ou por excesso de exigências; portanto, tudo pode ser reduzido à exigência do bem comum que é o fim que justifica a lei e dá-lhe ser, precisamente porque ela é causa final.

---

119. Vê-se, assim, que Santo Tomás rejeita a dicotomia estoica (pelo menos a dos primeiros autores do Pórtico) entre o bem e o útil. No útil há um bem que pode ser relativo ao honesto. Cícero já havia seguido esse caminho, *De officiis*, III, caps. I a VIII.
Os juristas contemporâneos de Santo Tomás a compreendem assim. Lemarignier, *La France médiévale, institutions et société*, Paris, 1970, *op. cit.*, p. 246.

120. S. Tomás, Ia Iae, quaest. XCV, art. 3, cita Isidoro, *Etymologias*, L. V, cap. 3.

121. Isidoro, *Etymologias*, L. V, caps. 12 e 21: "A lei é tudo o que foi estabelecido pela 'razão', na medida em que isto está de acordo com a religião, convém à disciplina e é proveitoso para a salvação do povo."

122. S. Tomás, *eod. loc.*

O bem comum impõe ainda à lei humana sua generalidade[123]. Uma vez que ela visa o bem comum, deve ser-lhe proporcional, ou seja, relativa. Assim, ela assumirá não só o aspecto exterior de uma disposição geral, mas, sobretudo, no fundo, não deve mascarar a busca de um interesse privado. Isto implica, claro, considerar a cidade como um todo ao qual as partes são subordinadas. Mas o bem comum não pode ser materialmente definido de modo completo.

Em certo sentido, ele contém tudo o que é necessário para o bem dos cidadãos, devendo a justiça geral conduzir a esse resultado, mas é impossível ir além dessa indicação, a não ser para incluir nela as orientações ontológicas fundamentais e as disposições muito gerais que representam quase-conclusões da lei natural, com os limites que indicamos. Logo, seria impossível deduzir da noção de bem comum uma legislação precisa, conquanto o bem comum compreenda necessariamente certos elementos, a título de princípios[124].

Por isso, Santo Tomás estima que a noção de bem comum compreende uma profusão de realidades que impõem a um só tempo uma legislação comum para orientá-las para o fim comum e uma diversificação pela própria razão da natureza dessa comunidade. A comunidade política reside, de fato, na ordem que nasce da diversidade das partes orientadas para o fim.

Portanto, a lei é necessariamente um preceito comum, é destinada a englobar todas as realidades da cidade que caem no campo de suas disposições, a visar a cidade em seu todo. Mas, imediatamente, ela é chamada a se diversificar para levar em conta a natureza da comunidade que é destinada a reger[125]. Esta é apenas uma aplicação do que já foi dito sobre a maleabilidade das proposições práticas; elas são verdadeiras apenas *ut in pluribus*, como o torna a dizer o Doutor Angélico depois de Aristóteles.

---

123. S. Tomás, *eod. loc.*, quaest. XCVI, art. 1.
124. São os primeiros princípios da lei natural.
125. S. Tomás, *eod. loc.*, quaest. XLV, arts. 2 e 4; quaest. XLVI, art. 1.

A diversificação da lei humana é explicada por sua relação com as coisas. A lei não são as coisas, é-lhes relativa como o signo é relativo ao que ele significa. Ora, essa relatividade implica que a lei não esgota a totalidade do que recebe. Por isso é obrigada a flexibilizar-se perante a singularidade material que ela não pode atingir adequadamente. Eis por que Santo Tomás, no mesmo momento em que afirma que a lei humana prolonga a lei natural por sua relação com as coisas determinadas que compõem o bem comum das cidades concretas, é levado a salientar que a lei se diversifica segundo as partes que compõem a comunidade política.

Capítulo IV
A lei humana e as coisas

Temos de precisar essa relação entre a lei humana e as coisas, pois ela não é evidente. Encontramos no texto de Santo Tomás diversas indicações que requerem que nos detenhamos para determinar essas relações. O motivo dessas precisões é importante, pois condiciona a definição da lei e a relação dela com o direito.

Quando olhamos o objeto da lei tal como é fornecido para todas as leis na questão XC, artigo 1, lemos que a lei incide sobre atos, e não sobre coisas. Ela é *quaedam regula et mensura actuum*, "regra e medida dos atos".

Por outro lado, a propósito da lei divina e da lei nova, Santo Tomás indica que a lei nova incide principalmente sobre os atos interiores, enquanto a lei humana concerne em primeiro lugar aos atos exteriores[1]. Isso remete à divisão dos atos humanos, herdada de Aristóteles, segundo a qual certos atos são imanentes ao sujeito e outros transitivos, sem que haja, todavia, separação completa, pois é pela realização desses atos exteriores que a lei humana pode *homines facere bonos*.

---

1. S. Tomás, *eod. loc.*, quaest. CVIII, arts. 1 e 2. A *lex nova* conserva, porém, certas prescrições referentes a atos exteriores porque é a lei de uma comunidade: a Igreja.
Sobre as deficiências da lei humana em relação aos atos interiores: S. Tomás, *eod. loc.*, quaest. XCI, art. 4; quaest. XCVI, art. 3.

Se a lei humana incide principalmente sobre os atos exteriores, isso significa que ela rege atos, obras que têm por objeto coisas exteriores. Rege os atos a serem realizados, mas não o que é devido[2]. Ela diz que cumpre realizar os atos de justiça, mas não determina o conteúdo desses atos[3]. Este resulta não da regra, mas da relação entre as coisas. Essa própria relação é uma realidade objetiva que existe antes da regra. Por isso a lei é relativa a esse estado das coisas. Fica claro, então, que as coisas exteriores, objetos dos atos regidos pela lei humana, podem entrar em diversos tipos de relação. Um destes é a relação entre a parte e o todo. Aqui a coisa não só é constituída por elementos materiais – o território, por exemplo –, mas pela totalidade das relações que fazem a comunidade política.

A lei humana rege, pois, principalmente os atos exteriores que devem ser realizados com relação à comunidade considerada um todo e uma "coisa" objetiva. Esses atos, por intervirem numa relação com outrem, têm por objeto coisas exteriores cuja medida é determinada não pela lei, mas pela relação entre essas coisas. A lei determina os atos a serem realizados, mas não o *quantum* desses atos. É um dever moral pagar os impostos, que a lei edita; a obrigação de pagar esta ou aquela soma não resulta diretamente da lei, mas da relação entre quem deve o imposto e o que ele dá à comunidade ou recebeu dela. Claro, é possível que a lei determine a soma devida, mas só o faz indiretamente, atualizando uma relação de direito que lhe é anterior.

Por isso, Santo Tomás pode afirmar que a lei incide sobre os atos – especialmente exteriores para a lei humana –, ao passo que o *jus* determina o que é devido, mantendo ao mesmo tempo que a lei é *aliqualis ratio juris*. Precisamente porque ela é relativa à realidade da relação entre as coisas que constituem a comunidade[4].

---

2. S. Tomás, IIa IIae, quaest. CXXII, art. 1.
3. S. Tomás, *eod. loc.*, ad 2 m.
4. Isso não significa que ela não repita em seu texto o montante do que é devido para determiná-lo. Mas essa determinação não resulta da lei como re-

A relação da lei humana com a *res publica* é, aliás, apenas a repetição, em seu nível, da relatividade de toda lei com seu fim.

Essa relativização da lei pelas coisas tem o efeito, no pensamento de Santo Tomás, de introduzir imediatamente uma diversificação da lei. A coisa, mesmo concebida como uma relação objetiva, ou melhor, em razão dessa objetividade e dessa exterioridade, sempre tem um fundamento material, que a vincula a condicionamentos espaçotemporais.

Simultaneamente, porém, as coisas superam esse condicionamento, particularmente a cidade humana, por meio da razão que é uma via aberta para o universal[5]. A lei humana está, assim, no meio do caminho entre a lei natural (aqui no sentido restrito de lei da razão, mesmo assim vinculada pela natureza humana à ordem cósmica, animal e ontológica) e as coisas totalmente determinadas às quais ela se aplica. Com relação a estas, ela é um universal que se diversifica como a própria cidade[6]. Essas coisas particulares que condicionam a lei a submetem à mudança que arrasta elas mesmas. Isso leva Santo Tomás a desenvolver seu pensamento segundo essas três direções que seguiremos sucessivamente.

A lei da cidade e a razão universal

A lei de determinada cidade está relacionada com as leis das outras cidades. Ora, a experiência jurídica romana mostra que os diferentes povos com os quais Roma entrou em relação podem compartilhar certas instituições que parecem impor-se por seu caráter racional e, portanto, univer-

---

gra dos atos, resulta do juízo fundamentado na relação entre as coisas, que é então repetido na lei a título de regra de um ato de justiça.

Isso será examinado no decorrer dos desenvolvimentos posteriores sobre as relações entre a lei e o direito.

5. S. Tomás, *eod. loc.*, quaest. XCV, art. 4.
6. S. Tomás, *eod. loc.*, quaest. XVI, art. 1.

sal[7]. Assim, o pretor peregrino é levado a reconhecer o valor de uma *traditio* que interveio entre um cidadão e um cartaginês com o qual não existe o *jus commercii*.

A partir dessa experiência muito pragmática, os juristas buscaram, com a ajuda dos filósofos, explicações para esse fenômeno. Os estoicos forneciam-lhes a ideia de uma comunidade universal decorrente da natureza racional do homem. Aristóteles, de seu lado, distinguira a existência, na diversidade das instituições, de um direito natural comum a todos que se amparava numa natureza muito mais ampla do que a dos estoicos, que abrangia todas as tendências do homem. Herdeiro dessa dupla tradição, Ulpiano[8] restringira o direito natural às inclinações que o homem compartilha com os viventes e assimilara o direito das nações, comum a Roma e aos povos com que ela negociava, a um direito racional e universal próprio do homem[9].

Santo Tomás, por sua vez, encontrava-se diante dessa dupla tradição que lhe era transmitida pelos juristas e por Aristóteles. Mas sabemos que ele fundamenta a lei natural nas tendências do homem em sua totalidade, dando, porém, às tendências intelectuais não a exclusividade, mas o papel principal de reger todas as outras tendências. Ele pode, entretanto, distinguir camadas diversas. A natureza aristotélica é suficientemente rica para acolher as duas inclinações a um só tempo racional e animal do homem[10].

---

7. S. Tomás, *eod. loc.*, quaest. XCV, art. 4.

Sobre o *jus gentium* em Roma, E. Levy, "Natural Law in Roman Thought", *SDHI*, 1949; G. Lombardi, *Sul concetto di jus gentium*, pp. 3 ss., Roma, 1947; Gaius, I, 1; *Inst.*, Just. I, 1; Didier, "Les diverses conceptions du droit naturel dans la jurisprudence romaine des IIe et IIIe siècles", *SDHI*, 1981, p. 195.

8. Ulpiano, *Dig.*, I, 1, 1; I, 1, 6.

9. Assim ele se situava totalmente na linha do dualismo estoico, cf., por exemplo, Diógenes Laércio, VII, 129, *in SVF*, Von Arnim, t. III, n.º 367, p. 89; Cícero, *De finibus*, III, 20-67, *eod. loc.*, n.º 371, p. 90.

10. Sabe-se que Aristóteles distinguia partes vegetativas, animais e intelectuais numa alma única. Seja qual for a leitura que se deva fazer desses textos de Aristóteles que ocasionaram múltiplas interpretações, é certo que, para Santo Tomás, não há separação real entre três formas, mas distinção de três

Isso permite a Santo Tomás recolher, conforme seu hábito, a dupla tradição de Aristóteles e dos juristas, para ressaltar a verdade por inteiro. Nesse caso, o pensamento aristotélico é que se revela o mais filosófico, sendo, portanto, capaz de assimilar as tradições romanas.

A natureza pode ser considerada em sua totalidade como o princípio genérico do homem; contém, então, todas as inclinações ao ser, à vida e à verdade de que já se tratou. Ela também pode ser considerada segundo sua diferença específica, a saber, a razão. É este último aspecto que é aqui considerado por Santo Tomás[11]. Deve-se, porém, conservar presente na ideia que, em razão da antropologia tomística, essa atividade racional é ao mesmo tempo primeira e vinculada às outras atividades subordinadas.

Sabemos que existe em nossa natureza uma tendência racional. Agir conforme a razão é, pois, para nós, uma exigência da natureza; conduzimo-nos nesse ponto de acordo com o que somos, e os produtos dessa atividade são, nesse sentido relativo, conformes à natureza, naturais[12]. Em questão de direito, tudo o que depende da mensuração, da estimação é uma atividade da razão atuante como uma natureza. Pelo contato com outros povos, somos levados a compreender que o que depreendemos assim como direito pode ter uma universalidade bastante grande, porque isso é obra da razão que, enquanto tal, atinge o universal. Esse uso natural da razão permite então pôr em evidência instituições comuns à maioria dos povos que, também eles, usam sua razão. Por exemplo, é bem fácil para todos compreender que a venda pode ocorrer pela transferência da coisa, ao passo

---

funções cujo princípio se encontra na alma intelectual, ao passo que há distinção real entre a alma intelectual e o corpo, porque o espírito pode exercer seu ato próprio fora dos condicionamentos materiais. Ao contrário, toda a tradição franciscana se inclinará em favor da pluralidade das formas.

11. S. Tomás, *eod. loc.*, quaest. XCV, art. 4. As outras divisões da lei corresponderão a divisões situadas mais além da natureza, acidentais. Cf. S. Tomás, IIa IIae, quaest. LVII, art. 3.

12. S. Tomás, Ia IIae, quaest. XCV, art. 4, ad 1 m.

que é muito menos universal, muito mais vinculado a determinadas condições materiais, fazê-la intervir diante de cinco testemunhas e de um *libripens*. O caráter racional da *traditio* é para ela um penhor de universalidade.

Do ponto de vista do fundamento, esse gênero de instituição provém da atividade de nossa razão natural; ela não se identifica, pois, com os primeiros preceitos da lei natural que são, por si sós, evidentes. Temos aqui o produto de uma reflexão a partir desses primeiros princípios[13]. Mas essa reflexão é necessariamente bem curta, pois, para manter seu caráter de universalidade, ela não pode descer aos detalhes, como tampouco deve fazê-lo para conservar seu caráter racional, penhor de sua universalidade. Logo, é o resultado de uma consideração bem imediata da lei natural; é, na linguagem de Santo Tomás, uma conclusão próxima a partir dos seus princípios[14]. Se Santo Tomás não fala de quase-conclusão aqui é porque estima que o nível de generalidade dessa conclusão permite-lhe beneficiar-se de uma extensão universal. O direito das gentes está, pois, na lei natural a título de uma atividade natural da razão que se exerce por modo de conclusão próxima dos princípios da lei natural[15].

Mas também é natural ao homem usar sua razão para estabelecer leis mais particulares à sua cidade. O produto dessa atividade forma o direito positivo. Este, em comparação com o direito das gentes, caracteriza-se por seu particularismo, é próprio de cada cidade[16]. A lei positiva é, em comparação com o direito das gentes, pelo menos em suas particularidades, mais afastada da lei natural da qual ela constitui somente uma determinação.

O paralelo entre o direito das gentes e a lei positiva ressalta mais uma vez o caráter natural, no sentido do que é

---

13. S. Tomás, *ibid.*, e quaest. LVIII, art. 3.
14. S. Tomás, *eod. loc.*, quaest. XCV, art. 4.
15. S. Tomás, IIa IIae, quaest. LVIII, art. 3.
16. S. Tomás, *eod. loc.*, quaest XCV, art. 4.

exigido pela natureza do direito positivo. O direito positivo é inervado pelo direito natural. Não é possível considerar essas duas realidades como coisas separadas; o direito positivo é a perfeição do direito natural[17]. Entretanto, poder-se-ia objetar que o direito das gentes constitui esse direito ideal que deu origem aos sistemas de direito natural no sentido moderno. Não é esse, porém, o caso em Santo Tomás, porque o direito das gentes não é identificado aos princípios evidentes da lei natural; ele já está em certo nível de conclusões, de fato muito próximo dos princípios, de sorte que a tentação, inclusive entre os tomistas, será identificá-lo a eles, sem ver que, já nesse nível das conclusões muito próximas, há variações possíveis, devidas, por exemplo, ao tempo ou às situações especiais. Embora a venda exija, por sua natureza, o pagamento de um preço equivalente à coisa vendida, nem sempre é possível determinar, numa venda internacional, qual pode ser esse equivalente nem qual é o proprietário[18].

Chegamos assim a uma concepção da lei positiva própria de cada cidade que pode, na mesma medida em que ela contém também a lei natural, abrir-se para outras co-

---

17. S. Ramirez, *El derecho de gentes, Examen critica de la filosofia del Derecho de Gentes desde Aristoteles hasta Francisco Suarez*, Madri, 1955, p. 61; Aubert, *Le droit romain dans l'œuvre de saint Thomas*, Paris, 1955, pp. 97 ss.

Em contrapartida, apesar de um estudo consciencioso das fontes, não nos parece que tenham ressaltado a coerência filosófica do pensamento de Santo Tomás; não se vê em quê é impossível sustentar que o *jus gentium* é a um só tempo tirado da natureza humana e incluído em conclusões formuladas pelo direito positivo. Assim também, a inclusão da natureza racional no seio de uma natureza mais rica não apresenta problema na ontologia de Santo Tomás. As questões e dúvidas de Overbeeke ("Le droit naturel chez saint Thomas", *RT*, 1955, p. 600) não nos parecem justificadas. Não parece haver aí a menor hesitação em face das fontes, mas sim a integração delas numa filosofia da natureza que respeita todos os seus aspectos. As dificuldades parecem nascer aqui de uma busca de fronteiras (Roland-Gosselin, *La doctrine politique de saint Thomas*, Paris, 1928, pp. 67-8), enquanto toda a doutrina de Santo Tomás se baseia numa afirmação de continuidade (*derivatio*) entre a lei natural e a lei positiva.

18. Encontramos aqui o caráter de determinação particular do *jus gentium* em comparação com a *lex naturalis*.

munidades e se comunicar com elas. Logo, é por meio da lei natural que é possível o direito das gentes; este não se define pela vontade subjetiva dos Estados, mas estes, ao contrário do que pensarão alguns comentadores espanhóis, sobretudo Suarez, acham-se submetidos às conclusões próximas da lei natural que fazem parte dessa lei. Como bem notou Vittoria, a razão fundamenta a comunicação e até a torna obrigatória.

Conquanto não haja direito no sentido próprio fora da cidade, percebe-se, porém, um duplo movimento na ordem das leis cujo centro é o bem comum: de um lado, uma descida da lei para o particular, sendo a cidade o âmbito concreto onde se determina a lei natural; do outro, uma possível abertura do bem da cidade para um bem comum mais universal que se manifesta no direito das gentes. Estamos aí diante de um duplo fenômeno que se deve ao que é a lei natural: ela engloba o que é o mais singular, o mais envolvido nas determinações e o que é o mais universal, porque reúne em si todos os aspectos da natureza humana. Por essa tensão, ela participa da lei eterna que reúne em si a totalidade das leis desde as determinações positivas e os atos particulares de todos os seres e os unifica numa marcha direcionada a um fim.

A lei e o particular

Em razão de seu objeto – a comunidade política – e de seu fim – o bem comum –, a lei assume a forma de uma proposição universal em que se manifesta a obra da razão que a constitui. No entanto, uma proposição universal só pode aplicar-se da mesma maneira a todos os indivíduos se esses indivíduos forem absolutamente redutíveis e adequados ao que é dito deles. Ora, não é o que acontece.

Assim, por agrupar uma profusão de casos singulares, a lei não pode aplicar-se de maneira uniforme, deve ser matizada segundo as coisas às quais se aplica.

A cidade é antes de mais nada um lugar onde se encontra uma profusão de relações particulares, os *negotia* aos quais se deve aplicar a lei. Mas a cidade se diversifica também porque possui um regime específico e porque ela mesma é composta de inúmeras comunidades menores.

A lei segue um processo de diversificação de acordo com essas duas direções. Aplica-se a comunidades variadas e, enfim, embora permanecesse até então um universal, atinge o singular como tal[19].

A lei e a diversidade das comunidades

A lei se diversifica conforme o tamanho das comunidades que ela deve reger. A maioria das leis é de leis comuns, ou seja, aplicam-se como é devido numa comunidade que é una. Mas uma reflexão de Aristóteles a respeito de Platão preservava Santo Tomás de uma concepção formal dessa unidade. Para Aristóteles, a unidade, em especial em matéria política, não se identifica com o ser, ela o segue[20], e reprova Platão por ter pensado que a unidade inspirada pelo modelo artístico deveria formar a comunidade[21]. A essa referência teórica junta-se a experiência do mundo medieval em que a unidade dos reinos ou do império é evidentemente constituída pela diversidade das províncias, das cidades, das corporações, dos âmbitos consuetudinários, das famílias, unidos em círculos cada vez mais vastos, até o império e a cristandade. Por isso, a experiência de um grego do tempo de Filipe, que ainda via a diversidade na cidade e a diversidade das cidades constituir-se em império, e a do Doutor Angélico tinham algo em comum.

A partir daí, é fácil compreender que algumas leis não podem aplicar-se a todas as pessoas. Ao lado das leis co-

---

19. S. Tomás, *eod. loc.*, quaest. XCVI, art. 1, ad 2 m.
20. ἀκολουθεῖν, *Met.*, Γ, 2, 1003 *b*, 22-24. Como efeito de uma causa.
21. *Polit.*, B, 1263 *b*, 30 ss.

muns, existem, pois, privilégios que concernem a certas categorias de pessoas, talvez eco longínquo da personalização das leis na época bárbara, porém mais ainda reflexo da sociedade feudal muito diversificada.

Há, assim, leis que correspondem às três ordens da sociedade, diversamente orientadas para o bem comum desta. Acima de tudo, os sacerdotes que oram pelo povo, os príncipes que o governam, os cavaleiros ou os soldados que o defendem[22]. Santo Tomás não descreve aqui toda a hierarquia da sociedade feudal porque só considera os que agem diretamente com vistas ao bem comum. Os comerciantes e artesãos visam em primeiro lugar o bem próprio. A lei se diversifica também conforme os regimes. Existem pressupostos, que não são questionados para cada lei, sobre os elementos constitutivos do bem comum, espécies de preconceitos compartilhados pela comunidade que diferem conforme se está numa monarquia, numa aristocracia ou numa democracia[23]. A experiência romana, transmitida por Isidoro e pelos juristas com que Santo Tomás teve contatos, mescla-se aqui com as classificações aristotélicas e permite classificar os principais tipos de lei segundo o órgão que as estabelece: os reinos são governados pelas constituições dos príncipes, as aristocracias pelas decisões do Senado e pelas respostas emitidas por aqueles que dispõem da experiência prática e formam a elite dos prudentes, as democracias são governadas pelos plebiscitos. Existem também regimes mistos; é o caso de Roma, onde se aliam as decisões populares e os atos da aristocracia senatorial. Cada um desses regimes é regido por um tipo de lei conforme ao bem comum. São bons regimes porque são regidos pela lei; ao contrário, segundo um pensamento muito clássico, a tirania é o pior dos regimes, porque é governado pela vontade própria do

---

22. S. Tomás, *eod. loc.*, quaest. XCVI, art. 1.
23. S. Tomás, *eod. loc.*, quaest. XCV, art. 4. Isso constitui também uma homenagem e uma justificação da pluralidade das fontes da lei em Roma, de que Santo Tomás faz, depois de Políbio, o modelo da *politie* aristotélica.

tirano, e não por uma lei. É por isso que Isidoro não menciona nenhuma lei própria da tirania.

Enfim, as leis se dividem segundo os tipos de atos que devem regulamentar e o nome do autor delas.

A lei e a diversidade dos casos

Apesar ou em razão de seu caráter universal, a lei é questionada pelo surgimento de casos particulares e imprevistos. Ela é questionada, ou seja, já não se é obrigado a considerar seus termos, mas qual era seu escopo quando foi estabelecida, e que é verdadeiramente a sua causa. Isso se realiza através de três fenômenos: a interpretação, a dispensa, o julgamento, que mostram a imperfeição da lei.

A *interpretação e a* epieíkeia

Santo Tomás se pergunta se a lei sempre deve ser seguida conforme o rigor de seus termos ou se, em certos casos, é possível ir de encontro a seus termos[24].

Para examinar claramente essa questão levando em conta o conjunto dos textos de Santo Tomás, cumpre distinguir a interpretação da *epieíkeia*. Santo Tomás não fornece definição da interpretação, utiliza somente essa noção várias vezes em seu texto; é evidente que aqui não se trata da interpretação entendida no sentido filosófico que ele encontrou ao comentar o *Perì hermeneias* de Aristóteles.

Em compensação, dá uma definição muito clara da *epieíkeia*: é uma virtude, parte subjetiva da justiça, porque a justiça é dita *per posterius* da justiça legal e *per prius* da justiça e da equidade. Portanto, como virtude, ela é uma qualidade adquirida por sua prática, reside no sujeito que a possui, como a coragem e a temperança. Como a justiça da qual

---

24. S. Tomás, quaest. XCVI, art. 6.

ela é uma das partes, utiliza uma técnica. A justiça tem por objeto o direito, que é a técnica pela qual a justiça se realiza. Assim também, a virtude de equidade necessita recorrer a uma disciplina particular que lhe permite adaptar a lei aos casos particulares[25]: essa disciplina ou técnica é a da interpretação[26]. A interpretação não é, portanto, a equidade, nem inversamente, mas, se elas se distinguem como o fim e o meio, não se distinguem segundo seu campo de aplicação; pelo menos no que toca à equidade propriamente dita. Existe, de fato, um segundo tipo de equidade que intervém no âmbito da justiça particular[27], ao passo que nos limitamos aqui à justiça legal.

A consequência dessa relação entre meio e fim existente entre a equidade e a interpretação é dupla. Uma vez que a equidade é uma busca da adaptação da lei graças à interpretação, nada impede que essa adaptação se refira a uma lei não escrita, a lei natural, por exemplo, e, de fato, Santo Tomás reconhece a legitimidade e mesmo a necessidade dessas adaptações[28]. Segue-se que, embora a interpretação sempre se refira a uma lei, ela não se refere necessariamente a um texto, como bem o haviam visto os romanos[29]. A interpretação está, pois, a serviço da *epieíkeia*, não tem sentido em si mesma, não conduz à exegese, só adquire sentido diante de um caso[30] que, por ser duvidoso, reclama uma interpretação e, portanto, um recurso à equidade. Por conseguinte, a interpretação não tem valor nem autori-

---

25. S. Tomás, *eod. loc.*, quaest. CXX, arts. 1 e 2.
26. *Interpretatio locum habet in dubiis:* "A interpretação intervém na dúvida", *eod. loc.*, ad 3 m. *Ergo magis est attendendum ad causam, quae movit legislatorem quam ad ipsa verba legis*, S. Tomás, Ia IIae, quaest. XCVI, art. 6: "Assim, pois, convém ficar mais atento à causa que moveu o legislador do que aos próprios termos da lei."
27. S. Tomás, *eod. loc.*, quaest. LXXX, art. unic. ad 4 m.
28. S. Tomás, *eod. loc.*, quaest. C, art. 8.
29. *Jus civile, quod sine scripto in sola prudentium interpretatione consistit:* "O direito civil, que sem texto escrito consiste somente na interpretação dos sábios", Pompônio, *Dig.*, I, II, 2, 12.
30. S. Tomás, *eod. loc.*, quaest. XCVI, art. 6.

dade absolutos; seu valor é relativo ao caso que ela serve para solucionar com justiça. Não é uma pesquisa científica no sentido moderno do termo; é, ao contrário, a busca de um *justum*, o que é justo para com esse caso. O texto só ganha sentido no contexto; quando não há dúvida suscitada por um caso, não há motivo para interpretar[31]. O valor da interpretação reside na solução equitativa à qual ela permite chegar. Portanto, é normal que haja pluralidades de interpretações, já que há pluralidades de casos para solucionar por um texto ou uma lei única, a qual é assim chamada a se modular com base na diversidade dos casos e na eventual aproximação deles.

A interpretação não leva a violar o texto da lei, mas a compreendê-lo inteligentemente e não materialmente. Ela revela o que o legislador teria dito nesse caso, se ele próprio tivesse de solucioná-lo[32]. Ressalta a verdade da lei perante um caso especial.

A afirmação segundo a qual a equidade e a interpretação não são, contudo, arbitrárias resulta da própria lógica dessa doutrina: a equidade se fundamenta na aproximação do texto e do caso que se deve solucionar mediante um recurso à interpretação. Mas a lei, para ser uma lei, deve ser justa, senão não é uma lei; portanto, se deve ser aplicada, deve conduzir a uma solução justa, senão não pode ser aplicada, já que, considerada em relação a esse caso, ela não é justa, nem sequer uma lei[33]. Todo o fim da lei donde decorre seu ser é a justiça que ela permite atingir. Logo, se em dado caso sua aplicação se torna injustiça, cumpre interpretar a lei num sentido tal que dela resulte a justiça.

Há que se precisar que não se trata em absoluto de uma contestação da própria lei, a *Epieíkeia* respeita a lei.

---

31. "*In manifestis non est opus interpretatione sed executione*", S. Tomás, IIa IIae, quaest. CXX, art. 1, ad 3 m.
32. *Contra verba legis, ut servaretur utilitas communis, quam legislator intendit*, S. Tomás, Ia IIae, quaest. XCVI, art. 6: "Contra os termos da lei, para que seja preservada a utilidade comum, que o legislador tinha em vista."
33. S. Tomás, Ia IIae, quaest. XCI, art. 6.

Mas, pela sua própria natureza, a lei que visa o bem comum tem de ser geral, não pode e não tem de considerar todas as situações. Só pode ser justa *ut in pluribus*[34]. Mas, se o legislador estivesse presente, teria adotado uma disposição idêntica àquela à qual conduz a equidade. Segue-se que a interpretação pela equidade é um prolongamento da lei, não é um ato de misericórdia exercido pelo legislador, mas sim a determinação da justiça particular a um caso. Claro, ela implica certa benevolência em quem deve recorrer a ela, a título de qualidade que possibilita não exigir tudo o que os termos da lei preveem no rigor deles, mas a equidade também pode conduzir a uma solução mais severa do que a dos termos da lei. De fato, a equidade não intervém para abrandar a lei, mas para dizer o que convém ao bem comum nesse caso. A equidade concerne à lei e à justiça geral[35].

É por isso que ela depende sobretudo do próprio legislador, compete a ele dizer se nesse caso a lei deve ser literalmente respeitada ou não[36]. Pode-se entender aqui o legislador de forma bastante ampla. Podem e devem recorrer à equidade aqueles que são encarregados por ele de aplicar a lei a casos particulares, juízes ou administradores. Cumprirá, pois, recorrer ao legislador ou aos seus delegados para obter uma interpretação equitativa da lei, pois é a ele que cabe dizer o que constitui o bem comum mesmo para determinado caso. Essa é apenas a consequência muito normal do fim impresso em cada uma das partes por quem deve zelar pela busca do bem comum. Assim, apenas em caso de urgência é que, quando não é possível recorrer ao legislador, o juiz tomará por si só a decisão de passar por cima dos termos da lei para interpretá-la e aplicar por conta própria uma decisão equitativa.

---

34. S. Tomás, Ia IIae, quaest. XCVI, arts. 1 e 3.
35. S. Tomás, Ia IIae, quaest. CXX, art. 1, ad 1 m. *Epieikeia correspondet proprie justitiae legali*, S. Tomás, *eod. loc.*, art. 2: "A *epieíkeia* corresponde propriamente à justiça legal."
36. S. Tomás, Ia IIae, quaest. XCVI, art. 6.

Quando se interpreta, não é, pois, a vontade do legislador, conforme o que é expresso apenas pelas palavras, que se busca. A busca se faz a partir do que o legislador não pode não querer. Ora, para que exista realmente uma lei, ela deve ser justa e, portanto, promover o bem comum. Portanto, a intenção do legislador que é procurada é essa busca do bem comum em sua objetividade, é dela que decorre a determinação da solução equitativa, que por fim se mostra não como a busca da vontade, mas do que é *hic et nunc* para o caso o bem comum. Logo, a equidade é realmente uma particularização da lei que se realiza graças à interpretação.

A dispensa

Quando o legislador estima que a interpretação não basta para salvaguardar a equidade, pode ser levado a considerar que cumpre não aplicar a lei a um caso particular, em relação ao qual é possível estimar que a interpretação não permitiria evitar essa aplicação[37]. Ele deve, então, recorrer à dispensa. Esta não é um ato arbitrário de sua vontade, é um efeito da prudência que ele deve ter, é fundamentada em razão. Deve também ser fundamentada na fidelidade à sua missão de guarda do bem comum. Portanto, ela não deve favorecer um particular, ainda que possa desonerá-lo de uma obrigação legal[38].

A razão que torna necessário admitir as dispensas é rigorosamente idêntica à que obriga a recorrer à equidade. A multiplicidade dos casos e o caráter particular e contingente das matérias práticas tornam necessárias essas aplicações diversas e essas não-aplicações da lei. Pelas mesmas razões às quais se aludiu, é uma prerrogativa do legislador dispensar. Quando respeita essas condições, a dispensa não

---

37. S. Tomás, *eod. loc.*, quaest. XCVII, art. 4.
38. S. Tomás, *eod. loc.*, ad 1 m e ad 2 m.

constitui uma acepção de pessoa. Se ela impõe um ônus mais pesado a uma do que a outra, é em razão da desigualdade das pessoas. Aí também encontramos a fidelidade de Santo Tomás à realidade, que o leva a modelar a lei pela diversidade dessa realidade, ao passo que a vontade monolítica do legislador substitui essa ordem da diversidade.

Cada uma das decisões particulares que resulta da equidade por meio da interpretação ou da dispensa vem, assim, integrar-se numa ordem constituída pela lei e, mais acima, pela cidade por inteiro, ou até na totalidade do universo, porque é causada por um mesmo fim que a orienta numa direção semelhante. Mesmo tornando-se assim diverso, o fim não deixa de se impor, ao contrário, até nas mais ínfimas realidades. Por isso pudemos depreender que essas adaptações sempre ocorriam segundo o bem comum, que é o fim para o qual a lei ordena. Há, pois, superação da forma pelo fim, mas nenhuma oposição dialética.

O julgamento

Dissemos anteriormente que a adaptação da lei aos casos particulares depende do legislador, como declara Santo Tomás. É certo, porém, que ele também reconhece uma função particular nesse processo de adaptação àqueles que são delegados pelo legislador para realizar, entre outros, esse papel, a saber, os juízes. É extremamente importante especificar a tarefa deles nesse campo. O primeiro erro seria limitar o ofício do juiz à aplicação da lei, mesmo que o juiz deva, segundo Santo Tomás, sempre julgar segundo a lei[39], pelo menos quando é da área da lei.

O juiz está na encruzilhada da justiça particular e da justiça geral. Os casos que ele deve dirimir se prendem às duas espécies de relação que deveremos diferenciar com maior precisão mais adiante. Por ora, basta-nos constatar

---

39. S. Tomás, IIa IIae, quaest. IX, art. 5.

que ele julga ações nas quais a questão principal é o que é devido por determinada pessoa a outra ou o que é devido por determinada pessoa à sociedade porque ela não respeitou certa obrigação legal. Isso quase equivale à divisão entre a justiça civil e a justiça penal; também o contencioso da legalidade em direito administrativo se classifica do lado da pesquisa das obrigações legais ou das sanções que decorrem da inobservância delas. Sabe-se também que, na realidade, os dois pontos de vista coincidem parcialmente mas também se distinguem; um bom revelador desse fenômeno é a dupla ação, civil e penal, que nasce de um mesmo fato. Diante de um fato penalmente reprimido, os juízes podem se perguntar se o réu deve pagar uma indenização à vítima que a reclama; e qual pena ele deve à sociedade para reparar os danos que lhe causou. Por ocasião desse segundo tipo de questões, os juízes podem ser levados a perguntar-se quais eram as obrigações legais do réu: ele deveria fazer a manobra que o obrigou a transitar num local proibido, ou deveria, pelo contrário, ocasionar um acidente em vez de violar a lei? O bem comum exige que nesse caso a lei seja respeitada em sua letra ou que o juiz interprete a lei estimando que ela não deve aplicar-se nesse caso?

O papel do juiz que devemos considerar aqui é o do juiz posto diante de questões desse tipo. É preciso que o juiz esteja em seu lugar; não seria desejável que dirimisse questões que dependem da lei, ou seja, que dizem respeito à comunidade em seu conjunto; o juiz não tem o encargo do bem comum[40]. Várias razões se opõem a que o juiz intervenha no lugar da lei. Fazer a lei requer uma grande sabedoria prática, uma prudência não só esclarecida mas de vasta extensão, já que deve ser capaz de determinar o bem de toda a comunidade. Ora, parece mais fácil encontrar um pequeno número de pessoas suficientemente sábias para fazer boas leis em vez de um número considerável de juízes, talvez dotados de uma prudência um pouco menos ex-

---

40. S. Tomás, Ia IIae, quaest. XCV, art. 1, ad 2 m.

tensa, mas não obstante capazes de dirimir uma profusão de casos particulares. A lei intervém depois de longas deliberações destinadas a lhe assegurar a sabedoria, enquanto o juiz que é incumbido bruscamente de um caso deve dirimi-lo com rapidez, sem se ter beneficiado do mesmo prazo de reflexão que o legislador. Enfim, os juízes que devem julgar um caso particular e presente são mais acessíveis ao amor ou ao ódio para com as partes do que o legislador que dirime de modo mais universal e para o futuro. Há, finalmente, mais possibilidades de encontrar uma justiça verdadeira no legislador, pela própria razão de seu distanciamento do particular, do que nos juízes que em geral não são justiças vivas, como desejaria Santo Tomás na esteira de Aristóteles.

Através dessa crítica dos juízes manifesta-se de novo a vontade de considerar a comunidade política e seu bem específico como um nível próprio da realidade que não deve ser dirigido por um conjunto de decisões particulares. Ao contrário, um pensamento nominalista, que não consegue pensar a realidade da comunidade, poderia ser tentado por esse acúmulo de decisões particulares que dariam aos juízes a possibilidade de substituírem o governo. Entretanto, mais do que a um pensamento filosófico, as desconfianças de Santo Tomás para com os juízes devem ser reportadas à situação política da época. O governo monárquico ainda é fraco e hesita em legislar para o conjunto do reino; os feudais, em nome do exercício de sua justiça particular, querem negar-lhe esse direito. Também na Igreja não reconhem facilmente ao papa o direito de legislar para o conjunto da cristandade. Em face dessas hesitações, Santo Tomás reafirma a existência dessa comunidade perfeita e absolutamente necessária que a comunidade política é e o papel insubstituível que a lei tem nela.

Afirmado o papel secundário do juiz com relação à justiça legal, o juiz deve em seu ofício julgar segundo a lei. Com efeito, a sentença que o juiz deve prolatar é uma declaração e uma determinação do que é justo em dado caso, ou seja, o que é devido num caso particular à comunidade. Ora, a lei diz o que é justo de duas maneiras, seja determinando a lei natural, seja dando uma conclusão tirada da lei natural. Portanto, há na lei dois aspectos: de um lado, ela dá força à lei natural, do outro, avaliza a lei natural que por si só já tem força; se o julgamento não seguisse a lei, seria duplamente contrário ao direito; logo, seria duplamente injusto[41].

Nessas condições, não é possível que o juiz julgue segundo uma lei que vá de encontro à lei natural, excetuando-se o que dissemos da adaptação da lei natural a dada cidade[42]. Mas essa deficiência que deixaria a lei injusta não é necessariamente total, pode intervir em apenas alguns casos e não na totalidade daqueles que são regidos por essa lei. Nessa hipótese, o juiz, para fazer um julgamento justo, pode e até deve recorrer à equidade; agindo assim, não vai em absoluto de encontro à lei, aplica-a, ao contrário, verdadeiramente segundo o que ela é: uma indicação geral do que é justo, que requer, portanto, que o que é justo seja executado em cada um dos casos particulares que caem em seu campo de aplicação. Julgar equitativamente quando o juiz deve fazê-lo é a um só tempo julgar justamente e aplicar verdadeiramente a lei segundo a intenção do legislador[43].

Verifica-se então que julgar segundo a lei não consiste em absoluto em aplicar uniformemente a lei. Cada caso submetido ao juiz requer uma determinação particular do que é justo *hic et nunc*, pois o juiz faz justiça e diz o direito, diz que "isto" é devido a esta cidade. É por isso que às vezes é levado a recorrer à equidade e a ir além dos termos da lei. A atividade do juiz não se situa no mesmo nível que a do legislador que promulga uma lei. Ao promulgar uma lei, o legislador se atém a uma decisão geral, uma *ratio*; o juiz,

---

41. S. Tomás, *eod. loc.*, quaest. LX, art. 5.
42. Já que julga segundo a lei escrita (porque esta contém o direito natural ou o determina). Cf. nota *supra* e S. Tomás, Ia IIae, quaest. XCV, art. 2.
43. S. Tomás, *eod. loc.*, ad 2 m. Embora a *epieíkeia* seja parte da justiça, ela também está além.

por sua vez, diz o direito (no sentido primeiro)[44]. Ampara sua sentença numa pesquisa prudencial e numa apreensão do particular como tal que requer apelar à experiência, à memória e, por fim, ao sensível. Por isso que, em sua particularidade, sua sentença não é racional, mas razoável, e requer uma virtude habitual[45]. Inversamente, a distinção dos níveis tem como consequência o fato de a decisão particular não se opor à lei.

Ora, há que salientar que se dá o mesmo com o legislador que legisla[46]. Sua decisão é fundamentada num juízo prudencial que, também ele, apela ao sensível e ao singular como tal[47]. É por essa razão que as leis e os múltiplos julgamentos podem ordenar-se conforme um mesmo fim.

Mas, embora o juiz e o legislador, na prática da *epieíkeia* e, de modo mais geral, em seus juízos, vejam surgir uma realidade singular e sensível que ultrapassa as palavras, a explicação desse fenômeno deve ser buscada unicamente na homologia da operação intelectual que praticam: o juízo[48].

---

44. S. Tomás, *eod. loc.*, quaest. XCV, art. 1, ad 1 m e XCVI, art. 1.

45. "*Secundum rectam rationem prudentiae*", S. Tomás, IIa IIae, quaest. LX, art. 2. O julgamento requer uma virtude no juiz para que seu juízo não seja perturbado. G. Lagrange, *Le réalisme du principe de finalité*, Paris, 1932, p. 286; S. Tomás, *eod. loc.*, quaest. LX, art. 1, ad 1 m.

46. *Ibid.* e S. Tomás, IIa IIae, quaest. L, art. 1; Ia IIae, quaest. XCV, art. 1. Santo Tomás se refere a Juliano. Dig;, I, III, 20: *Non omnium, quae a majoribus constituta, ratio reddi potest*: "Não se pode levar em conta tudo o que foi instituído pelos antigos."

47. Santo Tomás, IIa IIae, quaest. XLVII, art. 3 ad 3 m. Sobre o sensível na prudência, Giuliani, "Droit, mouvement et réminiscence", *APD*, 29, 1984, p. 110. *Nomen judicii*.

48. S. Tomás, IIa IIae, quaest. IX, art. 1, ad 1 m. P. Cunningham, "Judgment in st. Thomas", *Modern Schoolman*, 31, 1954, pp. 185-202. B. Garceau, *Judicium, vocabulaire, sources, doctrine de saint Thomas*, Paris, 1968, pp. 221 ss., parece ressaltar bem o vínculo entre os diferentes juízos, mas não esclarecer suficientemente o juízo, de existência ou judiciário, quando nele vê uma "aplicação", ainda que a uma coisa tal como é, de uma regra. O que, ao contrário, nos parece capital é que a regra provém da coisa e é mensurada por ela. O juízo implica uma virtude (p. 225).

Este, na medida em que para nós implica o conhecimento atual do sensível, necessita passar pelos sentidos, os únicos capazes de nos fazer ultrapassar um conhecimento das formas para nos fazer atingir *species* existentes em ato[49]. Por isso o juízo, como bem mostra a equidade, é um conhecimento de realidades em ato em que se encontra ultrapassada, ou melhor, mais perfeitamente realizada, a forma inteligível apreendida pela lei. Mas então aparece com evidência que o que nutre o juízo judiciário assim como o juízo do legislador é a constatação da existência de uma coisa atual pela qual entramos numa apreensão imediata que aperfeiçoa os nossos conhecimentos formais, que é a fonte de existência deles, à qual eles são relativos. É por isso que o juiz difere do legislador por um ofício próprio que consiste precisamente em voltar às próprias coisas, se necessário *praeter verba legis*.

Por uma razão idêntica, a lei não tem existência em si mesma, está na mente do legislador como uma proposição abstrata ou nas coisas como ordem existente em ato. Daí resulta que a lei é submetida às mudanças das coisas.

A lei e o movimento das coisas: o costume

Se a lei se diversifica de acordo com as diferentes realidades da cidade, o fenômeno consuetudinário acrescenta à diversificação no espaço, que ele pressupõe, a diversificação no tempo.

Em princípio, a lei benfeita corresponde ao que a cidade é realmente, adapta-se à situação ética desta. Ela a apreende no ponto em que estão os cidadãos, para educá-los progressivamente e conduzi-los do imperfeito ao mais perfeito. Quando é bem adaptada à cidade, não muda por si

---

49. S. Tomás, Ia, quaest. LXXXIV, arts. 7 e 8. O juízo prático também tem como fim a obra: S. Tomás, Ia IIae, quaest. LXXVI, art. 1; *in Eth.*, L. II, II, 255-6.

só. Mas a natureza humana é instável e há que se levar isso em conta, mesmo que isso não constitua um progresso. Pode acontecer que um povo já bem moderado por si mesmo procure constituir-se em república para administrar a si próprio. Mas também pode acontecer que esse povo fique depois depravado e precise se atribuir magistrados para ser mais bem governado[50]. A lei está num mundo inconstante[51].

Vê-se assim que todo historicismo está banido do pensamento de Santo Tomás; a razão gostaria que só houvesse mudança para melhor, mas a história não caminha num sentido determinado e, portanto, poderá ser necessário mudar de lei para acompanhar uma regressão. Fazendo isso, aliás, não se faz mais que promulgar a boa lei adaptada à situação para a qual cumpre legislar.

Logo, há necessidade de uma mudança da lei que é apenas o reflexo da natureza instável da razão humana. Santo Tomás escapa, assim, às tentações fixistas que existiam no fideísmo agostiniano que estimava que, tendo a lei sido perfeitamente revelada pelo Evangelho, bastava ater-se a ele[52].

A posição de Santo Tomás é, ao contrário, admitir a possibilidade de mudança, embora guarde certa distância em relação a ela. Por instituir uma regra, a lei deve, na medida do possível, ser estável; a mudança da lei não deve ser buscada por si mesma; deve vir das necessidades, da evolução da própria comunidade. Apenas a imperfeição humana torna necessária a mudança, mas essa imperfeição é uma realidade que se deve levar em conta. Sendo assim, a mudança da lei não é encarada numa perspectiva voluntarista, é vinculada à natureza da comunidade, o que explica o papel capital que o costume desempenhará nela. A modera-

---

50. S. Tomás, Ia IIae, quaest. XCVI, art. 2.
51. S. Tomás, *eod. loc.*, quaest. XCVIII, art. 1, e S. Tomás, *eod. loc.*, ad 1 m; cf. também ad 2 m e ad 3 m.
52. Se bem que também haja no agostinismo a ideia de uma espera.

ção de Santo Tomás fica bem marcada pela reserva que ele conserva, mesmo em relação aos melhoramentos. A mudança de regra e de medida é em si mesma uma imperfeição que causa um dano à comunidade. Com efeito, a mudança da lei sempre abala um pouco os costumes, e esse abalo constitui em si mesmo um atentado contra a natureza da comunidade; ora, o costume tem em si mesmo um valor mais importante do que muitas leis, porque representa o que é a comunidade que vive naturalmente segundo essas regras. Por isso a mudança de lei só deve intervir se o legislador compensa pela bondade da lei nova esse atentado feito contra a comunidade. Essa compensação, que deve evitar toda mudança devida unicamente à arbitrariedade da vontade de um príncipe, pode resultar de três melhoramentos: seja de uma utilidade manifesta e muito grande da lei nova, seja da extrema necessidade de mudar, seja porque a lei antiga contenha uma iniquidade manifesta ou sua observação tenha um efeito nefasto para a maioria dos casos que ela rege.

A cidade não é uma obra de arte com a qual o legislador pode fazer o que quer; impõe-se a ele uma realidade da qual ele é apenas uma parte. Ele não pode dedicar-se a transformações; a natureza da cidade transparece nos costumes de que a lei extrai sua força. Os costumes se mostram como o equivalente político dos *habitus* na psicologia tomista[53], são aquisições através das quais se manifestam as exigências de uma natureza. Eles são os bons hábitos de uma cidade que ressaltam de sua constituição, como um organismo bem constituído adquire os hábitos que lhe rematam a natureza. É por existir um fundo que escapa à vontade do legislador que uma parte da vida da cidade se desenvolve assim, fora dele.

Não é de espantar, pois, ver Santo Tomás analisar o costume como uma verdadeira lei. Mais ainda do que às realidades jurídicas contemporâneas (a multiplicidade e a

---

53. S. Tomás, Ia IIae, quaest. XLIX, arts. 2 e 3.

proliferação dos costumes de todo tipo), à elaboração da teoria romano-canônica do costume, cumpre referir-se aqui a Aristóteles e à teoria das inclinações naturais. Como a lei natural é conhecida na observação das inclinações naturais, a lei da cidade pode ser conhecida através das manifestações espontâneas de sua natureza. Há nisso uma passagem imediata da natureza para a lei que encontrará a oposição de todos os racionalismos e de todos os voluntarismos.

Assim como as tendências espontâneas de nossa natureza se manifestam revelando a lei natural, elas têm prolongamentos muito particularizados no plano político. Através desses múltiplos costumes aparecem não só a necessidade natural de viver em cidade, mas também a necessidade de que essa vida cívica se organize segundo a nossa inclinação radical para o bem e para todas as suas formas concretas[54].

Assim, nos atos espontâneos e repetidos do costume pode-se ver uma expressão da vontade e da inteligência, equivalente à que é necessária para constituir uma lei. Já que se trata de uma expressão da natureza da cidade, de seu bem comum tal como é em dado momento, o costume pode ter força de lei; poderá, pois, ter todos os seus poderes; ele interpreta a lei, eventualmente a abole. Como qualquer outra lei, porém, está submetido ao respeito da lei natural: segundo o velho preceito, o costume deve ser razoável, racionalidade e conformidade à lei divina e natural que também são estimadas *in concreto*, segundo a flexibilidade da ordem direcionada a um princípio. A questão do poder do costume não é exposta por Santo Tomás em termos de oposição, ou, o que equivale praticamente ao mesmo, em termos de origem. A comunidade forma uma totalidade ordenada por um príncipe ou princípio, quem governa não está acima da comunidade nem é hostil. O que constitui a comunidade é, precisamente, a ordem de todos os seus membros, inclusive do príncipe, direcionada ao bem co-

---

54. S. Tomás, Ia IIae, quaest. XCVIII, art. 3.

mum. Sempre que existe uma comunidade, existe também uma autoridade que está à sua frente.

Conforme o Poder Legislativo pertença ao povo, ele pode, por si só, impor seu costume ao príncipe que é apenas seu delegado. Se o príncipe possui a autoridade necessária à fundação de uma lei, o costume obtém força de lei pela tolerância de que é objeto. Essa tolerância não é uma questão de vontade do príncipe, mas de respeito e de compreensão do que é o bem comum.

Mais reveladora ainda da confiança de Santo Tomás na natureza é a ideia de que os primeiros atos que são estabelecidos contra a lei não são, enquanto tais, maus. Intervêm no ponto em que a lei, em razão de sua generalidade, é deficiente, portanto, ela precisa ser adaptada. Como no caso da equidade, ao serem contrários à letra da lei, os atos criadores do costume corrigem a lei e são de certa forma a melhor aplicação dela. Uma vez que esses atos se multiplicam, mostram com isso que a lei não era uma boa lei, ela contrariava a natureza da comunidade. O costume, corrigindo-a mediante uma melhor interpretação, ou abolindo-a, restabelece uma regra conforme ao bem comum, qualidade não possuída pela lei anterior, que por essa razão não era uma lei verdadeira, como o prova, justamente, o desuso em que caiu[55].

Da teoria tomasiana do costume resulta uma nova possibilidade de a lei não virar sistema. Há, na verdade, mais do que uma adaptação pragmática. Mais precisamente, através das necessidades práticas de respeito das particularidades, transparece uma natureza irredutível aos esquemas simplificadores da razão legisladora dos homens. Por si mesma ela se opõe às tentativas de redução da natureza da cidade e às interpretações da lei como um fenômeno artístico que o legislador poderia transformar como quisesse, segundo os princípios de sua razão. A natureza que nela se manifesta não é abstrata; é plural e instável, tende para um fim perfeito através de uma profusão de relações e de evo-

---

[55]. S. Tomás, *eod. loc.*, ad 2 m e ad 3 m.

luções. Por essa razão, ela é rebelde aos âmbitos da razão unívoca, lembra que o tempo e o lugar são realidades que a razão legisladora não pode esquecer, como tampouco pode esquecer os homens reais que neles se desenvolvem pela ação. O legislador não lida com uma matéria, legisla para homens que também intervêm com sua inteligência e sua vontade. Mas o acordo entre eles e o legislador não passa por um contrato; ambos estão desde a origem envolvidos numa mesma comunidade, o acordo deles passa pelo reconhecimento de um fim comum que constitui para ambos seu bem verdadeiro. O acirramento de todos os positivismos racionalistas e voluntaristas contra o costume é a melhor prova do obstáculo teórico que ele constitui para todo pensamento desse tipo. No costume lê-se uma natureza que escapa a toda vontade de reduzir a cidade ao artifício, a toda tentativa de fazer dela um mundo somente humano[56].

A natureza da cidade se mostra, então, em movimentos segundo diversas perspectivas, ela varia conforme o lugar, mas também conforme o tempo. Esta última variação da natureza da cidade é ambígua, pode constituir um aperfeiçoamento pelo qual a natureza da cidade se desenvolve e desabrocha ou, ao contrário, uma regressão no aperfeiçoamento da natureza. Por isso conviria que o legislador só mudasse a lei para um melhoramento pelo qual a cidade alcançaria um bem comum mais perfeito. Então, junta-se à mudança temporal um movimento no ser que cresce para sua perfeição. Esse duplo movimento é perfeitamente realizado pela lei divina.

A lei divina, perfeição da lei humana

Sabe-se que, em comparação a seus predecessores, a originalidade de Santo Tomás consiste em dar autonomia

---

56. Por isso o próprio costume, como ato humano, deve reconhecer uma natureza ainda mais essencial que fundamenta seu caráter razoável.

às causas secundárias; enquanto o agostinismo ainda dominante se expressava perfeitamente no preceito de Graciano, *jus naturale est quod in lege et in Evangelio continetur*, Santo Tomás comenta o texto que lhe é oposto declarando que isso não significa que o conteúdo do Evangelho e da lei natural se equivalem, mas que a lei e o Evangelho, entre outros, expressam perfeitamente a lei natural[57]. Evita, assim, todo evangelismo político, contudo tão presente na Idade Média, não só nas seitas heterodoxas, mas também em bom número de doutores ortodoxos, que nem sempre tiram todas as consequências dele. Ao mesmo tempo, a interpretação de Santo Tomás estabelece tanto a originalidade da lei divina como a perfeição que ela traz à lei natural.

Isso resume a posição de Santo Tomás. Já sabemos que a lei divina torna-se necessária pelas imperfeições da lei natural e da lei humana. Atribuindo ao homem um fim mais elevado do que seu fim natural, a lei divina o conduz também a realizar a perfeição de sua natureza e, portanto, de sua vida política indispensável à perfeição desta. É, de novo, pelo ponto de vista da hierarquia dos fins[58] que se fazem o acordo e a diferença entre esses dois planos da realidade. Não importa o que possam ter dito, a distinção entre o fim das duas leis é muito nítida em Santo Tomás[59] e não unicamente em Caetano, seu mais famoso comentador[60]. A lei divina possui um fim próprio que é conduzir a Deus, conhecido e amado como ele ama e conhece a si mesmo. Depois da queda, a revelação e a redenção intervieram para dar ao homem a possibilidade de participar da vida divina[61]. Para atingir esse fim, é necessário receber do próprio Deus uma ajuda que supera todas as forças humanas: a gra-

---

57. S. Tomás, Ia IIae, quaest. XCIV, art. 4, ad 1 m.
58. S. Tomás, *eod. loc.*, quaest. XCI, art. 4, e quaest. XCVIII, art. 1.
59. *De malo*, quaest. 5, art. 3; S. Tomás, Ia IIae, quaest. 12, art. 4; *De ver.*, 7, 2.
60. S. Tomás, Ia IIae, quaest. LXII, art. 1, cf. *Summa* C. G. III, cap. 150.
61. Para os debates contemporâneos sobre essa questão, J. H. Nicolas, *Les profondeurs de la grâce*, Paris, 1969, p. 335.

ça e indicações e prescrições necessárias para alcançar esse novo fim dado à natureza humana. Portanto, a lei divina é original em primeiro lugar por seu fim próprio que é conduzir à vida divina os homens constituídos em comunidade de cristãos cujo bem comum é essa própria vida divina. Essa não é a lei de uma comunidade política. Conduz os fiéis para seu fim sobrenatural, para um fim que excede as forças humanas. Na medida em que esse fim os aproxima de Deus mais do que qualquer outra lei, a lei divina é uma participação muito perfeita na lei eterna.

Do fim para o qual ela orienta decorrem as características originais da lei divina[62]. A lei humana é orientada pelo bem comum da cidade e tem como resultado assegurar a tranquilidade da cidade, recorrendo, se necessário, à coerção; logo, incide essencialmente sobre os atos exteriores, embora com isso tenha realmente efeitos sobre a bondade do homem. O bem para o qual ela conduz é um bem real, mas ela não pode por si só produzir na alma do cidadão esse bem que ela lhe impõe, essa é uma de suas imperfeições. A lei divina retira, ao contrário, da perfeição de seu fim uma perfeição bem maior, prescreve atos e quer que sejam acompanhados da disposição interior correspondente à realização deles. Isso é fonte de uma nova divisão da lei divina segundo a perfeição que ela pode proporcionar. A lei de Moisés, ou lei antiga, proporcionava apenas uma perfeição bem exterior por meio de atos por realizar; a lei nova, ou lei de Cristo, traz consigo não só a prescrição de certos atos, mas também a possibilidade de ficar interiormente adequado ao fim da lei divina mediante a graça da lei de Cristo. No interior da própria lei divina existem, pois, dois graus de perfeições conforme aquele que os realiza é menos ou mais conduzido à perfeição do fim. A perfeição da lei divina é mensurada, pois, pela sua capacidade de trans-

---

[62]. S. Tomás, Ia IIae, quaest. XCVII, art. 1; cf. Villey, *Philosophie du droit*, Paris, 1975, t. I, pp. 112-3.

formação interior[63]. Essa ordem de perfeição não significa que a lei antiga tenha um fim menos perfeito do que a lei nova; significa que uma conduz a uma maior proximidade do mesmo fim que a outra. A lei antiga é em embrião o que a lei nova é em perfeição. A passagem de uma para a outra não deve, pois, ser interpretada como um ato arbitrário da vontade divina que muda o estatuto da humanidade, mas como um crescimento numa direção idêntica, já inaugurada pela lei antiga. A ruptura mais radical reside na distância existente entre a lei divina e as outras leis, mas veremos que tampouco se deve pensar essa distância sob a forma de uma ruptura absoluta[64].

Esse progresso na aproximação do fim é marcado por uma maior interiorização; enquanto a lei antiga ainda é inscrita em tábuas de pedra, a lei nova, mesmo conservando alguns documentos exteriores, está inscrita principalmente no coração dos fiéis, porque ela consiste sobretudo na graça do Espírito Santo difundida neles pela fé em Cristo[65]. A lei antiga continua sendo uma lei de temor; o motivo pelo qual é seguida é o medo do pecado e dos castigos e a esperança de recompensas, inclusive temporais, por isso é acompanhada de promessas. Ao contrário, a lei nova, que é a perfeição da lei divina, é uma lei de amor, que inclina os homens por um movimento espiritual e interior[66].

Segue-se que o aperfeiçoamento na realização do fim atribuído pela lei divina torna caducas certas disposições da lei antiga[67], porque o que elas anunciavam está então realizado. A lei antiga era a lei do povo de Deus; continha, pois, não só preceitos de ordem ética, mas também disposições próprias do culto divino e preceitos necessários à vida da comunidade política constituída por esse povo que vivia sob

---

63. S. Tomás, Ia IIae, quaest. XCVII, art. 1.
64. *Ibid.*, art. 2, ad 1 m.
65. S. Tomás, Ia IIae, quaest. XCVI, art. 1.
66. S. Tomás, *eod. loc.*, quaest. XCVI, art. 5; quaest. XCVIII, art. 1; quaest. CVII, art. 1 (sobretudo ad 2 m); quaest. CVIII, art. 2.
67. Que vão ser precisadas.

um direito sacro. Devemos distinguir nas prescrições da lei antiga *moralia, ceremonalia* e *judicalia*[68].

Os preceitos cerimoniais tinham como objeto o culto que devia ser prestado a Deus em razão das prescrições do Decálogo[69]. Comportavam certo número de ritos, dentre os quais é possível distinguir sacrifícios, sacramentos e observâncias[70]. Essas prescrições da lei antiga não eram puros atos arbitrários, tinham uma razão na sabedoria divina; é possível descobrir a conveniência dessas disposições em seu papel figurativo e a conveniência delas à necessidade que o povo judeu tinha de prestar um culto a Deus[71]. Com a instituição da lei nova por Cristo, a necessidade de prestar um culto a Deus permanece, mas deve ser um culto proporcionado pelas virtudes de fé, de esperança e de caridade ao culto interior, novo, introduzido por Cristo. Por outro lado, em seu papel figurativo as *ceremonalia* ficam antiquadas com o advento de Cristo. Resta, pois, a prescrição de prestar um culto a Deus segundo as exigências da fé em Cristo, praticando os sacramentos da lei nova.

Os *judicalia* eram preceitos que tinham por objeto ordenar o povo de Deus segundo a justiça. São, como os preceitos cerimoniais, determinações de preceitos morais, que concernem, desta vez, à ordem para com outrem[72], à organização política de Israel. Eles não têm justificação racional, são somente adaptados ao que era o povo de Deus antes do advento de Cristo.

Com o advento de Cristo, muda o estatuto do povo: já não é submetido aos *judicalia* porque a natureza da comunidade dos fiéis mudou. Embora continue sendo uma co-

---

68. S. Tomás, Ia IIae, quaest. XCIX, art. 4.
69. S. Tomás, *eod. loc.*, quaest. CI, art. 1, e S. Tomás, *eod. loc.*, quaest. C, art. 11.
70. S. Tomás, *eod. loc.*, quaest. CI, art. 4.
71. S. Tomás, *eod. loc.*, quaest. CII, art. 6.
72. Por diferença com a ordem para com Deus, que fundamenta essa parte especial da justiça que a religião é. Cf. S. Tomás, Ia IIae, quaest. CIV, arts. 1 e 3.

munidade parcialmente visível, guarda apenas os atos exteriores necessários à transmissão da graça do Verbo Encarnado. Abandona, pois, ao legislador, papa e príncipe, o juízo das leis necessárias à comunidade política ou eclesiástica[73].

Com isso, em nome da perfeição interior da lei divina, encontram-se abandonadas todas as tentações de instituição de um regime sacro e aparece uma ruptura muito nítida com o agostinismo. Não poderia ser o caso de ir buscar na palavra de Deus soluções jurídicas ou políticas. Assim é oposto um obstáculo teórico não só ao agostinismo, mas também a todos os seus ressurgimentos sob diversas formas, sejam as das seitas medievais, dos espirituais franciscanos com os quais Ockham conviverá ou de todos os poderes que, a pretexto de mudar o homem, usurpam o campo da religião para tentar penetrar no homem interior. A distinção clara estabelecida por Santo Tomás não livra a comunidade política de suas obrigações morais nem religiosas. Mas estabelece uma fronteira precisa entre o campo da revelação e o da lei humana. Essa fronteira não institui, contrariamente às tentativas de laicização a que a Idade Média também assistirá[74], hostilidade, mas uma ordem entre um fim mais perfeito, portanto mais interior, e um fim menos perfeito e menos interior. Ela é apenas a consequência do respeito a todas as realidades, tão característico do pensamento de Santo Tomás. Existe uma cidade, como existe uma Igreja; para conseguir levar em conta realmente o que pode parecer corriqueiro, cumpre, não obstante, dispor muito mais de um pensamento em que os atos de ser são ordenados do que de um pensamento em que a participação desvaloriza as realidades inferiores reduzidas a serem apenas símbolos das superiores. Não nos parece arriscado dizer que as voltas ao agostinismo político ou às suas formas deturpadas marcam uma volta dos pensamentos da

---

73. S. Tomás, Ia IIae, quaest. CVIII, art. 2.
74. G. de Lagarde, *La naissance de l'esprit laïque au déclin du Moyen Age*, Paris, Louvain, 1956, 1958, 1962, 1963, 1970, *passim*.

participação e uma dissolução consequente das próprias coisas.

Limitamo-nos, porém, a esboçar as relações da lei divina com a lei humana. Existem ainda na lei divina outros preceitos que possuem um estatuto um pouco diferente das duas primeiras categorias e cujo estudo nos permitirá precisar como se organizam, para o Doutor Angélico, os vínculos, de um lado, entre a lei divina e a lei natural, do outro, entre a lei divina e a lei humana.

A lei divina se compõe também de *moralia*, preceitos que estão contidos principalmente no Decálogo. O estatuto destes é bem diferente dos outros preceitos da lei divina. Persistem mais além do advento de Cristo, e isto por duas razões que lhes revelam o estatuto especial; persistem primeiro enquanto continuação da lei antiga na lei nova, depois, enquanto preceitos da lei natural[75].

Se a lei divina tem como fim próprio conduzir os homens a Deus e constituir uma amizade entre os homens e Deus, não é possível que a amizade divina também não torne os homens bons, pois a amizade se funda na similitude. O fim da lei divina tem, portanto, por efeito, tornar os homens bons, por isso convém que a lei divina contenha preceitos morais. Mas não há a menor razão para que esses preceitos sejam contestados pelo advento de Cristo; a razão pela qual estão compreendidos na lei divina não é abolida pela vinda de Cristo, contrariamente aos outros preceitos. A essa razão acrescenta-se outra que decorre da natureza desses preceitos morais: tornar os homens bons é sobretudo uma questão de razão, basta observar a lei natural para se amoldar à sua natureza e, assim, atingir seu fim[76]. Se for mesmo assim, um evento como a vinda de Cristo não poderia mudar a natureza, que por hipótese é insuscetível de mudança em seu fim próprio[77]. Constataremos que a in-

---

75. S. Tomás, Ia, IIae quaest. XCIX, art. 1.
76. S. Tomas, *eod. loc.*, quaest. CVIII, art. 2.
77. Mas não em sua potencialidade passiva radical que lhe permite ser atualizada por um fim que a determina além da perfeição natural, indetermi-

tegração da lei natural na lei divina não a submete à vontade cambiante de Deus. Entretanto, a lei natural não se identifica, mesmo nesses preceitos morais, à lei divina; embora repita a lei natural, a lei divina atribui-lhe um fim novo que é a amizade na caridade divina, ela pode repetir a lei natural porque não há oposição entre a natureza e a graça; ser bom, para um homem, permanece idêntico sob a lei natural e sob a lei divina. Mas a lei divina acrescenta um fim superior à natureza, a bondade e os atos que a produzem são idênticos, muda apenas o fim. Aliás, isso deve ser limitado aos preceitos morais da lei antiga; a lei nova introduz, por sua vez, preceitos próprios que vão mais além da lei da natureza, mas que são atinentes sobretudo aos atos inferiores.

Os preceitos morais são, portanto, de um lado a lei natural e, do outro, essa mesma lei à qual é atribuído um fim novo. Convém perguntar se nessas condições a lei natural não é modificada por sua integração na lei divina. Essa integração traz duas categorias de problemas. A primeira se refere ao conhecimento da lei natural: se a lei natural é desde então conhecida no texto da lei divina, este não deve substituir o conhecimento adquirido pela razão, o príncipe cristão não deve então procurar no texto da Escritura os princípios e as soluções que o príncipe pagão procurava na lei natural? O risco de semelhante assimilação seria então desacreditar as buscas prudenciais exigidas pela lei natural, referir-se a um texto que se supõe conter a totalidade das soluções políticas e morais, recusar também qualquer valor às soluções daqueles que não se referem a esse texto, em suma, reduzir a lei natural contida desde então no texto da Revelação a uma lei positiva.

Um segundo tipo de problemas diz respeito às consequências que a retomada da lei natural pela lei divina pode ter sobre a sua permanência. Se a lei natural é identificada com a lei divina, não se seguirá necessariamente que ela fi-

---

nação que a deixa apta para receber a potência de obediência. S. Tomás, Ia, quaest. 115, art. 2, ad 4 m, e III a, quaest. II, art. 1.

cará então submetida às vicissitudes da história sagrada? Essa submissão não será a consequência necessária do abandono da natureza em proveito do espelho da vontade divina? Não será utópico querer conservar o ponto de vista da natureza e do ser no seio de uma história sagrada que exige a dissolução da natureza para submetê-la melhor às evoluções que por hipótese essa história contém? Não será insensato querer acordar o *logos* com a potência de Deus?

As doutrinas de seus contemporâneos já confrontaram Santo Tomás com essas questões, a doutrina da iluminação agostiniana não tinha a menor dificuldade em aplicar-se à lei natural, e sabemos que Graciano não é uma amostra isolada dessa aplicação. Apesar de certa ascensão do naturalismo no decorrer do século XII, Azo ainda fala do *jus naturale quod in lege mosaïca vel in Evangelio continetur* e de *jus naturale decalogi*[78], mas já Acúrcio reconhecia que a lei natural é conhecida por duas fontes: a *lex mosaïca* e o *instinctus naturae*[79].

Para mostrar que, em seus preceitos morais, a lei divina depende também da lei natural, o Doutor Angélico começa amparando-se em São Paulo, que declara que os gentios, que não têm lei escrita, cumprem naturalmente a lei[80].

Segundo Santo Tomás, isso significa que os bons costumes que os pagãos às vezes atingem sem o auxílio da lei divina podem ser assimilados aos bons costumes causados pela lei divina: portanto, se os que vivem sob a lei natural chegam aos mesmos bons costumes que os que não têm o auxílio da lei divina; existe algo em comum nas duas leis. Essa afinidade se explica porque a lei divina contém a lei natural.

Santo Tomás estabelece essa afinidade com mais detalhes fazendo um paralelo entre as duas leis. Os preceitos morais enquanto tais incidem sobre os bons costumes dos

---

78. Azo, *Summa Institutionum*, I, 2.
79. Acúrcio, *In Dig.*, I, I, 1, 3, V° Natura.
80. S. Tomás, Ia IIae, quaest. C, art. 1, *sed contra* e *respondeo*.

homens; ora, a conduta moral é boa na medida em que é razoável; por isso, indicar os preceitos de uma conduta moral equivale necessariamente a indicar como se conduzir segundo a razão, logo, segundo a lei natural. Posto esse princípio, segue-se uma identificação entre o que é segundo a razão e o que é segundo a lei divina. Ora, a análise de todas as categorias de preceitos da lei natural mostra que todos eles são segundo a razão, mas de modos diferentes[81].

Alguns são conhecidos imediatamente ou segundo uma reflexão pouco desenvolvida, outros exigem uma reflexão mais aprofundada e não são, por esse motivo, conhecidos por todos; devem ser ensinados pelos sábios. A lei divina, em seus preceitos morais, segue a mesma hierarquia; alguns são facilmente conhecidos, quase "por si sós", outros só são conhecidos por uma reflexão mais desenvolvida. Enfim, em ambas as leis, alguns preceitos só são conhecidos com uma ajuda especial de Deus.

Esse paralelo esclarece bem o fato de que os objetos da lei divina e da lei humana são idênticos; trata-se de fazer uma única e mesma natureza humana alcançar seu fim duplamente compreendido. As regras que conduzem a esse fim podem ser conhecidas pela razão ou pela revelação, esta não suprime a natureza nem, portanto, a lei natural. A natureza, trate-se, num caso, de conduzir para seu fim e, no outro, para um fim que assuma o primeiro, assegura a ponte entre as duas leis. Já que o objeto é idêntico, encontraremos no modo de conhecimento uma mesma ordem: de um lado, a razão extrai seu conhecimento da natureza; do outro, a mesma razão conhece a mesma natureza, além disso esclarecida pela revelação. Não poderia haver contradição entre as duas leis, nem entre os dois modos de conhecimento.

Mais que isso, o objeto conhecido em ambos os casos impõe um procedimento idêntico, que vai do mais geral e evidente ao mais difícil e ao mais determinado.

---

81. S. Tomás, *eod. loc.*

A referência à natureza mostra-se aqui realmente central. Nela se fundamenta o vínculo entre as duas leis; a natureza é um princípio do movimento direcionado ao fim, portanto é possível pensar uma realidade que, pela realização de um fim mais elevado, acarreta também a perfeição do que tendia para seu fim próprio. Isso permite compreender as relações entre as duas como uma ordem entre o fim da lei natural e o fim da lei divina.

Estando posto esse fundamento, dele resulta que a natureza não é conduzida para esse fim novo pela violência; o bem do homem salvo inclui o bem do homem comum. Assim, a via para qualquer fundamentalismo sacro se encontra obstruída pela realidade do homem.

A natureza impõe sobretudo ser compreendida conforme o que ela é, por isso a leitura da própria lei divina não pode ser empreendida sem referência ao seu objeto. É impossível ler o Decálogo como uma regra extrínseca que o legislador divino imporia do exterior somente por sua vontade a uma natureza sem poder algum. Ao contrário, o texto do Decálogo está finalizado pela natureza, é uma forma de esclarecê-la sobre seu bem verdadeiro, de indicar-lhe qual é seu verdadeiro fim. O Decálogo contém um conhecimento prático verdadeiro da natureza, por isso inclui um conhecimento puro e simples. O bem que ele ordena é o desabrochar da natureza. Esse conhecimento inicia-se com o que é mais comum a todos os homens em qualquer situação que estejam, que é também o mais evidente porque fundamentado nas características mais certas dessa natureza. Ele prossegue com o que é mais ligado às condições determinadas, que é menos universal, que é suscetível de exceção e não pode ser facilmente conhecido por todos. Em outras palavras, o Decálogo segue os matizes de seu objeto e se organiza segundo a natureza finalizada, cujo bem ele procura determinar. Por isso os princípios devem matizar-se de acordo com esse fim. Essa é a razão por que a ordem dos preceitos do Decálogo é idêntica à dos preceitos da lei natural.

Existe, nos preceitos morais da lei divina e no Decálogo, uma ordem em função do fim. Essa ordem compreende três graus diferentes[82]. Em primeiro lugar, preceitos muito evidentes e comuns a todos, que são como que os fins de todos os outros mandamentos: como são evidentes por si sós, não necessitam ser publicados, podem ser assimilados aos princípios primeiros da lei natural que são, também eles, conhecidos *ex ratione subjecti* ou *per se nota*, são o equivalente na razão prática dos primeiros princípios indemonstráveis da metafísica. Vêm, depois, preceitos mais determinados e, portanto, não tão facilmente conhecidos por todos: pode ocorrer que não sejam conhecidos e que, em certos casos, não se deva aplicá-los. Porque podem ser esquecidos em virtude da perversão dos corações, precisam ser promulgados, a fim de que ninguém os ignore. São esses preceitos que correspondem às quase-conclusões da lei natural e estão contidos no Decálogo. Enfim, existem outros preceitos morais que não são conhecidos por todos, mas apenas pelos prudentes que têm a experiência e a reflexão necessárias. Não estão compreendidos expressamente no Decálogo, mas os preceitos do Decálogo os contêm implicitamente a título de princípios como as quase-conclusões da lei natural, os juízos dos prudentes.

Vê-se, assim, que o conhecimento prático contido nos preceitos morais da lei divina não contesta o que sabemos da natureza pela lei natural. Ao contrário, ele confirma com grande nitidez os conhecimentos que podiam ser atingidos apenas pela razão. Essa confirmação não ocorre simplesmente quanto ao conteúdo dos preceitos, mas também quanto à natureza e à certeza que é possível esperar deles.

Referindo-se ao mesmo objeto, a parte moral da lei divina e a lei natural não se contradizem. A luz da fé sobre a natureza não é o contrário da luz da inteligência; o que é conhecido naturalmente também é conhecido mediatamente por uma luz divina já presente no conhecimento in-

---

[82]. S. Tomás, Ia IIae, quaest. C, arts. 2 e 3.

telectual natural. Santo Tomás pode aqui aceitar as intuições de Santo Agostinho[83].

A identidade de objeto também tem por consequência conservar uma idêntica gradação na certeza e nos modos de conhecimento de ambas as leis. Nem a lei natural, nem a lei divina se tornam leis rígidas. Conservando o mesmo fim, elas conservam graus de relativização idênticos. A lei natural contida na lei divina não se torna, por esse fato, uma lei que se aplica da mesma forma sempre e em toda parte, conserva sua flexibilidade. Assim também, a lei divina não é concebida como um texto no sentido mais material, é possível, em razão de sua relação com a natureza, continuar a raciocinar a partir desse texto para resolver casos particulares. Sua origem divina não o transforma em um ato de pura vontade, se bem que Deus permaneça livre com relação às suas criaturas: seu juízo prático as conhece como elas são e suas decisões decorrem desse conhecimento[84].

A lei natural contida na lei divina continua a ser conhecida de início em seus primeiros princípios que são, a um só tempo, evidentes, conhecidos por todos e universais.

Em seguida, é conhecida em suas quase-conclusões. No Decálogo, os princípios mais evidentes não são indicados, já que não precisam sê-lo, mas estão contidos implicitamente a título de princípios das conclusões; as premissas que comandam uma conclusão são, para Santo Tomás bem como para Aristóteles, a matéria e o princípio dessas conclusões[85]. Sendo conclusões próximas, podem ser conhecidas com bastante facilidade. Existem, enfim, conclusões mais afastadas que só são conhecidas pelas pesquisas dos prudentes e que são aqui conhecidas nas quase-conclusões que as contêm a título de princípios; de fato, as conclusões estão em potência nos princípios. A prudência intervém,

---

83. S. Tomás, Ia IIae, quaest. XCI, arts. 2 e 4.
84. Por intuição dos indivíduos e de sua *ratio* própria, conhecimento que precisamente nos escapa, a não ser pelo sensível.
85. S. Tomás, Ia IIae, quaest. C, art. 3.

pois, no interior da lei divina, quer para remontar das conclusões aos princípios que são cognoscíveis por evidência, quer para tirar conclusões próximas das conclusões e das determinações mais afastadas.

É possível, como quando considerávamos a lei natural em si mesma, aceitar as exceções e as eventuais dispensas, sem por isso recorrer a uma explicação voluntarista, já que a própria natureza será fonte dessas exceções e não um decreto da potência divina.

O procedimento de Santo Tomás a esse respeito é ainda mais revelador, pois ele se recusa a ver nessas eventuais exceções e dispensas marcas do caráter instável do Decálogo, ou da lei natural. Estamos no oposto exato das concepções de Escoto, de Ockham e de Suarez. Para estes últimos, como a vontade divina decidiu uma lei geral, em princípio universal, sem se fundamentar numa natureza, ela pode, caso o queira, contestar essa lei em nome da mesma vontade que a estabeleceu, sendo o único limite a não contradição no mundo atual. Ockham parece mesmo transpor esse derradeiro limite, só conservando a não-contradição no momento presente.

Em Santo Tomás, o princípio é a imutabilidade dos preceitos do Decálogo[86]. Cumpre começar lembrando que uma lei é finalizada pelo bem comum e, secundariamente, pelo bem dos membros da comunidade. Se um preceito contém um ou outro desses fins, é por si insuscetível de dispensa, pois seria uma contradição dispensar apenas para realizar melhor o bem comum. Assim, se estabelecemos numa lei humana princípios extremamente fundamentais do gênero destes: "é proibido destruir a república"; ou então: "é proibido entregar a cidade aos inimigos", está fora de questão dispensar o que quer que seja desses preceitos que são a expressão imediata do bem comum. Em contrapartida, existem preceitos menos imediatos, que são expressão mais determinada do bem comum, e dos quais é possí-

---

86. S. Tomás, Ia IIae, quaest. C, art. 8.

vel dispensar a fim de que os preceitos mais diretamente vinculados ao fim sejam respeitados. Por exemplo, numa cidade sitiada, se se decidiu que todos os habitantes devem montar guarda, é possível dispensar dela alguns, tais como os chefes, para que possam dirigir as operações militares. Essa dispensa permite que seja realizado o bem comum, que também era visado pela regra que obrigava a guarda: ela não contradiz realmente a primeira regra, é uma maneira melhor de realizar o fim que está na intenção do legislador, no caso, preservar a cidade de sua destruição, que é evidentemente uma expressão fundamental do bem comum.

Ora, os preceitos do Decálogo são do primeiro tipo, são a expressão imediata do bem comum e, portanto, são enquanto tal insuscetíveis de dispensa. Os preceitos da primeira tábua se reportam a Deus como causa final e bem comum; os preceitos da segunda tábua são ordenados para a justiça que deve reinar entre os homens em consequência de um bem comum visado.

Esse raciocínio não deve ser aplicado à totalidade do Decálogo, considerado como uma única lei indivisível; tal interpretação deixaria incompreensível a continuação do pensamento de Santo Tomás; cada mandamento deve ser em particular reportado ao fim que foi definido por ambas as tábuas. Daí resulta uma ordem no interior de cada um dos preceitos que permite precisar seu sentido e a intenção do legislador.

Santo Tomás se dedica então a essa operação à luz dos princípios que ele acabou de determinar a fim de responder às dificuldades habitualmente levantadas pelos voluntaristas contra essa doutrina. Vem primeiro o caso do homicídio; ele parece, à leitura da letra do preceito, não admitir exceção nenhuma. No entanto, ele está incluído no Decálogo não como uma disposição arbitrária, mas *sub ratione justitiae* como todos os preceitos da segunda tábua; com isso, ele é uma consequência do bem comum definido na primeira tábua. Por isso, embora não seja possível matar o inocente, é possível condenar à morte os que merecem: os culpados ou os inimigos da República.

Assim também, o roubo é proibido *sub ratione justitiae*. Ora, retomar o que nos pertence não é cometer um roubo nem uma injustiça; por um julgamento, Deus tinha atribuído aos israelitas os despojos dos egípcios, portanto, para eles, o fato de se apoderarem deles não constituía um roubo.

Assim também, para Abraão, o fato de querer sacrificar Isaac não significa que ele consente num homicídio, mas que obedece a Deus, que é o verdadeiro senhor da vida e da morte, como o mostra o fato de ele poder infligir a morte a todos os homens depois da queda original. Quando Oseias se casa com sua mulher, ele não é adúltero, porque conclui esse casamento por causa de um mandamento divino e Deus é autor do casamento. Os preceitos do Decálogo são imutáveis, não quanto às determinações e aplicações a atos particulares, mas quanto à *ratio justitia* que contêm. No fundo, é apenas a repetição da doutrina das quase-conclusões da lei natural. Todos os preceitos são assim reportados ao seu fim, e a *ratio* que expressa essa relação permite determinar o que é ou não imutável. Os atos que parecem constituir dispensas arbitrárias não o são, porque respeitam a *ratio justitiae*[87].

Mais uma vez, pela referência à natureza, Santo Tomás orienta o nosso olhar para o fim em relação ao qual devem ser lidas a lei divina e a lei natural.

As consequências jurídicas dessa concepção das relações entre a lei divina e a lei natural são extremamente importantes. A primeira e a mais importante é deixar um espaço livre para uma verdadeira prudência legislativa e jurídica. A lei divina se acha reduzida a uma lei essencialmente interior, acompanhada de preceitos morais corolários. O príncipe, mesmo cristão, não tem de extrair soluções políticas da lei divina, elas dependem de seu juízo. As próprias disposições morais não suprimem esse recurso à prudência[88]. De-

---

87. S. Tomás, Ia IIae, ad 2, m e ad 3 m.
88. S. Tomás, Ia IIae, quaest. CVIII, art. 2 ad 4 m.

vem ser aplicadas conforme todas as indicações dadas pela natureza da cidade à qual são destinadas; aliás, elas não contêm nenhum preceito que não fosse possível conhecer pela simples razão. Portanto, o príncipe deve adotar leis adaptadas ao bem dos homens que têm uma natureza cujas exigências morais são especificadas pela lei divina. Mas essas exigências devem ser compreendidas *in concreto*, segundo a moralidade da cidade para a qual se deve legislar. O espaço deixado assim para o exercício da prudência do legislador[89] não é, porém, neutro como em Escoto, não permite ao legislador desenvolver sua arbitrariedade; ele é, ao contrário, remetido pela própria lei divina à natureza de sua cidade, da qual deverá tirar as soluções mais apropriadas para realizar seu bem comum, inclusive as que se referem à conduta moral dos cidadãos. Inversamente, isso não significa que a lei divina seja absolutamente silenciosa sobre as questões políticas que são necessariamente questões éticas. Sabe-se que a lei natural não é totalmente evidente, às vezes é difícil de conhecer, então a lei divina vem confirmá-la e esclarecê-la.

Os incréus não devem ser excluídos da cidade; é possível descobrir com eles as necessidades da natureza, que se oferece a uma comum observação e indica aos incréus o que é confirmado pela lei divina aos que creem, pelo menos no que é atinente aos preceitos morais. A natureza que se oferece a ser observada no seio da cidade é o objeto comum que é o critério, para uns e outros, da boa ou da má-fé.

Como a lei humana vem determinar a lei natural e dar-lhe os prolongamentos necessários na cidade, a lei humana, esclarecida pela lei divina, reencontra essa lei natural e a aperfeiçoa com as determinações concretas que lhe dá. Se a lei humana recebe uma luz mais precisa sobre o conteúdo da lei natural mediante a luz da lei divina, por sua vez a lei humana vem, num lugar e num tempo determinado, prolongar e aperfeiçoar a lei divina. O legislador humano tem um papel necessário e benéfico, é fonte de uma ver-

---

89. "*Istae determinationes... Reliquuntur humano arbitrio*", S. Tomás, Ia IIae.

dadeira justiça; a nobreza de sua função se enraíza na lei natural e na lei divina. Por fim, essas três leis se acordam em buscar de três formas diferentes e complementares o bem de uma única natureza mergulhada nas condições particulares de uma cidade e chamada a um fim sobrenatural. Cada uma delas, em sua ordem e completando a outra, assegura à natureza humana a possibilidade conjunta de alcançar o duplo fim, ao qual, a partir dos mais particulares condicionamentos, o chama o governo da sabedoria divina expressa pela lei eterna.

Através do movimento temporal que faz a natureza passar pelo devir, realiza-se um movimento ontológico que a conduz para sua perfeição.

No seio da cidade, as leis humanas conduzem a natureza a ser conforme consigo mesma, a eventual mudança delas não tem outro objetivo. O advento de costumes novos ocorre pelas mesmas razões. A lei divina não se introduz ao arrepio dessa história; ela conduz a natureza para mais alto sem a destruir, mas, ao contrário, aperfeiçoando-a. Embora comporte uma modificação da lei, ela não mudou a lei natural, mas, à imagem das leis humanas que mudam para respeitar melhor a natureza, constitui um melhor conhecimento prático e uma regra dessa mesma natureza, que ela leva, através de outro fim, à sua mais alta perfeição. Mas, já na origem, a lei eterna continha o advento da lei divina; ela vem, pois, num advento temporal, terminar o acesso da natureza a suas mais altas perfeições e até conduzi-la para além de si mesma.

Ao mesmo tempo que ela realiza esse movimento temporal e esse aperfeiçoamento ontológico[90], não rompe a ordem do que existe, mas a completa, porque completa o desígnio da lei eterna que unifica sob um único fim todas as outras leis. O fim próprio de cada uma é, assim, orientado para o outro que é para ele princípio, e todos estão em último lugar orientados para o fim da própria lei eterna, ou seja,

---

90. Que vai além do ontológico propriamente dito.

Deus, na medida em que ele se conhece e ama a si mesmo. Os juízos da sabedoria prática[91] são o modo humano de se adequar a essa ordem e de reconhecê-la[92]. Nessas condições há, para além da lei, realidades talvez ordenadas igualmente por uma lei, mas que em si mesmas são diferentes da lei[93]. São partes da ordem universal que tiram seu valor não da conformidade a uma regra, mas do que são, das quais a regra é uma expressão não absolutamente adequada. O pensamento de Santo Tomás, mesmo no plano da lei eterna, não termina em pensamento da lei. A lei não é o constitutivo cabal das realidades como nos pensamentos voluntaristas nos quais ela fixa o estatuto dos seres; sabemos que o governo difere do ato artístico, ainda que seja o do criador. As próprias realidades é que são, antes, as fontes da lei, que é uma expressão imperfeita delas. Mesmo no pensamento divino, as ideias não são arranjadas segundo uma lei não imanente. Deus pensa os seres em ato ou em potência segundo o que eles são[94]. Não define em seguida o estatuto deles combinando a seu gosto as ideias. A realidade que ele lhes dá é, ao contrário, fonte das relações que os situam relativamente ao seu fim. Essas relações são ou necessárias ou então contingentes. Esta última distinção permite compreender que certas decisões têm um alcance particular irredutível à lei, mas constituem, porém, uma conclusão e um remate da lei. Aqui não se trata de casos particulares em que a lei recebe uma aplicação diferente de sua letra em nome da equidade; trata-se de relações existentes aquém ou além da lei no âmbito da cidade. A existência desses *negotia* obriga, em sua qualidade de realidades singulares, a formular a questão das relações entre a lei e o direito.

---

91. Na medida em que incidem sobre o contingente material, eles são um certo conhecimento, pelos efeitos da potência divina presente nesses acontecimentos, cuja razão permanece o segredo do Pai oculto na lei eterna. S. Tomás, Ia IIae, quaest. XCVIII, art. 5.
92. S. Tomás, Ia IIae, quaest. XCIII, art. 6.
93. S. Tomás, Ia IIae, quaest. C, art. 9.
94. S. Tomás, Ia IIae, quaest. XCI, art. 1, ad 1 m.

Capítulo V
"Jus" e "lex"

A questão colocada pelas relações entre lei e direito não pode ser resolvida sem apelar para os vínculos estabelecidos por Santo Tomás entre, de um lado, o que é geral e o que é particular e, do outro, entre os diferentes sentidos do objeto da justiça. Aliás, não é certeza que esses dois grupos de relações sejam absolutamente idênticos.

De qualquer modo, impõe-se observar antes de qualquer análise mais aprofundada que Santo Tomás fala muito pouco do direito no decorrer do tratado das leis; não que às vezes não faça alusão a ele com maior ou menor precisão, mas só formula as questões concernentes ao direito num lugar muito diferente da *Suma*, a propósito do objeto da virtude de justiça, no decorrer das questões 57 e seguintes da Secunda Secundae.

Convém, em seguida, lembrar que, para Santo Tomás, existem seres particulares, os únicos existentes no sentido mais forte, e relações entre esses seres que têm certa realidade relativa a esses seres singulares. Portanto, se existem realidades além dos seres singulares, como os universais ou a cidade, essas realidades são relativas a esses seres concretos, conquanto expressem uma ordem verdadeira entre esses seres concretos. Os seres concretos são os termos dessas relações. O que é expresso pelo que é geral manifesta, pois, a ordem real entre os seres individuais onde existem em ato, antes de existir no espírito, as formas inteligíveis.

Uma expressão universal não é, pois, absolutamente adequada; mesmo quando define adequadamente o que existe, falta-lhe precisamente existir em ato. Ora, o ser em ato, para as realidades materiais, implica uma potencialidade que faz com que elas não sejam exatamente o que as define. Elas ultrapassam, por seu ato de existência que começa na matéria, sua essência[1], que elas portanto não realizam totalmente. Por isso o indivíduo se encontra num plano que não é o do universal, ele não está na linha da forma, a individuação é causada pela matéria[2].

Essa distinção entre o plano do indivíduo existente em ato e o universal que lhe é relativo é capaz de fazer que se compreenda a possibilidade, para o pensamento tomasiano, de conceber as relações entre lei e direito segundo esse esquema.

Encontramos uma primeira aplicação expressa dessa distinção no interior do próprio *jus*. Embora essa distinção não baste para explicar as relações entre lei e direito, convém analisá-la, porque ela permite lançar luz sobre o objeto próprio da lei, e depois disso ficará mais fácil compreender o que distingue a lei do direito.

Os dois "jus": justiça geral e justiça particular

Cumpre lembrar que para Santo Tomás a justiça é uma virtude. Mas ela se diferencia das outras virtudes por seu caráter de exterioridade; a justiça implica uma relação com outrem e uma partilha das coisas. "Outrem" deve ser entendido de modo muito concreto e só pode ser realmente considerado através da mediação das coisas que, por essa razão, devem ser partilhadas à medida que sobrevêm modificações no curso do tempo[3]. As modificações do equilí-

---

1. S. Tomás, Ia, quaest. LXXXV, arts. 1 e 3.
2. S. Tomás, Ia, quaest. III, art. 3; quaest. XXXIX, art. 2; quaest. LXXV, arts. 4 e 5; quaest. LXXXV, art. 1.
3. S. Tomás, IIa IIae, quaest. LXVII, art. 1.

brio das coisas constituem questões que aquele que é incumbido de administrar justiça é chamado a resolver.

Ele opera essa resolução mediante a busca do *medium rei*, ou seja, mediante uma observação e uma análise do que é essa *res* que existe entre as pessoas, fundamentada em *res quae tangi possunt*. Todo juízo jurídico, seja qual for o gênero das relações observadas, é uma determinação do *medium* da *res* considerada[4].

Mas sabemos que a cidade é constituída sobretudo por uma relação específica que ordena todas as outras para o bem comum. É no seio da relação política que entram todos os *negotia* que têm como unidade uma afinidade de fim. Mas a inclusão deles no âmbito político não os absorve, continuam sendo relações particulares entre pessoas, das quais recebem um caráter particular. A distinção dos planos entre o que é comum e o que é particular encontra perfeita aplicação aqui. Aplica-se em razão da natureza da comunidade que não substitui as relações particulares, mas as orienta para um fim comum.

Por essa razão, é possível distinguir duas espécies de justiça que correspondem a esses dois tipos de relação.

Uma primeira justiça, a que chamamos por essa razão particular, tem por objeto as relações existentes entre as pessoas no seio da comunidade política. Ela diz respeito, por exemplo, às operações comerciais, aos contratos que os cidadãos assinam entre si, ou ainda às obrigações delituosas que nascem dos danos que eles causam uns aos outros. Diz respeito também às relações que a comunidade tem com uma pessoa privada à qual ela deve devolver o que lhe é devido. Embora essa justiça seja particular porque seu termo sempre é uma pessoa singular, pode acontecer que a cidade seja o outro termo. É o que ocorre, por exemplo,

---

[4]. S. Tomás, IIa IIae, quaest. LXVIII, art. 10; Graneris, *Contributi tomistici alla filosofia del diritto*, Turim, 1949, é o autor que sem dúvida apreendeu melhor essa noção de coisa justa, pp. 34-5, pp. 76-7; Lachance, *Le concept, op. cit.*, pp. 28-31; *Le droit...*, *op. cit.*, pp. 162-3.

quando o poder público é considerado responsável por um dano causado a um particular.

Isso leva a subdividir a justiça particular em duas partes, pois num caso podemos só levar em conta objetos entre os quais deve existir a medida justa, no outro, devemos levar em consideração a posição que a pessoa ocupa na cidade. A partilha entre a cidade e aquele a quem ela deve algo depende dos serviços que são prestados pelo cidadão à sua cidade[5].

Trata-se aqui de uma divisão segundo duas espécies de um mesmo gênero, o que quer dizer que a noção de justiça é idêntica em ambos os casos. Ambas são partes da mesma justiça particular. A relação que dá origem à justiça particular é a que existe entre as partes de um todo; essa relação pode ser considerada unicamente como a que existe entre duas partes; pode também levar em consideração a relação que uma das duas partes tem com o todo; por exemplo, não é exatamente a mesma coisa injuriar uma pessoa privada ou um magistrado no exercício de sua função, ou ainda o Presidente da República. Em cada uma dessas hipóteses, a qualidade da pessoa, ou seja, a posição que lhe é conferida por sua relação com o todo, é levada em consideração para determinar o que lhe é devido. Portanto, convém dividir a justiça particular numa justiça que intervém nas trocas entre as partes do todo consideradas em si mesmas, e uma justiça distributiva na qual as partes são consideradas em sua relação com o todo. Esse ponto de vista diferente acarreta uma diferença na igualdade buscada. A justiça comutativa só leva em conta a igualdade *rei ad rem*, que encontra seu modelo na venda; a justiça distributiva busca uma igualdade *secundum proportionem rerum ad personam*[6].

É importante notar que, para Santo Tomás, essas relações particulares não são absorvidas por uma lei uniforme

---

5. S. Tomás, IIa IIae, quaest. LXI, art. 1. Em razão da natureza dessa relação, a justiça distributiva é da alçada de quem é encarregado do bem comum.
6. S. Tomás, *eod. loc.*, quaest. LXI, art. 2.

que viria substituir a troca das coisas ou a distribuição dos bens. Fora do campo próprio da lei, a justiça particular se refere diretamente às coisas, como é de sua natureza. O direito dessa justiça não provém diretamente da regra, mesmo que às vezes seja mediado por ela. O que é buscado e importa é que o preço de venda seja equivalente à coisa vendida, ou que a totalidade do dano seja reparada, que a recompensa merecida seja efetivamente recebida.

Nessa perspectiva, Santo Tomás examina algumas relações que se prendem à justiça particular.

A primeira é a restituição. É definida como um ato de justiça comutativa pelo qual alguém é restabelecido na posse de sua coisa. A natureza desse ato implica, pois, uma igualdade entre o que é restituído e o que era devido. Em princípio, obriga a uma restituição da própria coisa. Convém restituir não só o que foi voluntariamente transferido por um tempo a outrem, mas também o que foi injustamente tirado de outrem. Pode acontecer que a restituição da própria coisa não seja possível; nesse caso deverá ser restituído um equivalente. Pode também ocorrer que a tomada da coisa alheia tenha sido acompanhada de uma violência; nesse caso a restituição da coisa satisfaz à reparação da desigualdade, exigida pela justiça comutativa, mas não à reparação da violência, que deve ser reparada por uma pena. Cumpre, ademais, reparar o dano causado pela subtração da coisa[7]. Aqui não é feita nenhuma referência à lei; é a própria natureza da relação que indica que a igualdade deve ser reconstituída depois de ter sido lesada. Procuraríamos em vão, em Santo Tomás, outro princípio além daquele da satisfação da igualdade exigida pela justiça comutativa: nem a vontade das pessoas nem a lei toma o lugar da natureza da coisa aqui considerada. É verdade que às vezes a vontade intervém para distinguir, neste ou naquele ponto particular, uma relação de outra, por exemplo, para distinguir pagamento de uma dívida de uma doação supérflua,

---

7. S. Tomás, *eod. loc.*, quaest. LXII, arts. 1, 2 e 3.

ou para distinguir os modos de recebimento da coisa[8]. Depois disso, é ainda mais digno de nota que não seja a vontade das partes nem a lei que determinam a medida da restituição, mas realmente a natureza da coisa. Se o ladrão é obrigado a restituir a coisa roubada e reparar o dano causado, não é em nome da lei humana. O empréstimo de uso obriga a restituir não só a coisa emprestada, mas também o ganho que dela pode ser retirado. O depósito, em contrapartida, só obriga a restituir a coisa, e o depositário não é forçado a restituí-la se acontecer de a coisa estragar sem que seja culpa sua.

Um ou outro autor quis aplicar aqui uma lei, por exemplo, a restituição ao quádruplo ou ao quíntuplo prevista pela lei divina. Ao que Santo Tomás responde que a lei de Moisés, em seus preceitos judiciários, caducou. Se acontece de o legislador humano prever tal disposição, ela só pode ser justa a título de penalidade, e não de restituição da coisa propriamente dita. Se não fosse uma pena, não seria justificável, pois a restituição requer apenas a igualdade entre as coisas[9].

O olhar que Santo Tomás deita sobre as outras relações jurídicas que ele examina é da mesma ordem, não se refere diretamente à lei. Em vez de aplicar uma lei uniforme que recusa levar em conta as diversas situações na cidade, ele considera que a acepção de pessoa pode ser compreendida diversamente conforme a coisa de que a pessoa é digna; por exemplo, alguém pode ser digno de ter acesso ao patrimônio de outro porque é seu parente, ao passo que isso não o torna de modo algum digno de receber uma prelatura. Assim também, alguém pode pretender uma parte de honras superior à de outro, não em seu nome próprio, mas por representar uma outra pessoa.

Aqui o direito é realmente tirado *ex ipsa re justa*.

---

8. S. Tomás, *eod. loc.*, quaest., LXII, art. 6.
9. S. Tomás, *eod. loc.*, quaest. LXII, art. 3, ad 1 m.

À justiça particular se opõe a justiça geral. Além das relações com outrem que existem no interior da cidade, existe uma relação entre os cidadãos e a cidade da qual cada um é uma parte. O cidadão deve a essa comunidade, considerada como um todo diferente de suas partes, certo número de atos[10]. Essa relação da parte com o todo se fundamenta, evidentemente, na consideração de que a cidade é uma realidade própria. Essa relação é diferente daquela que fundamenta a justiça distributiva particular, porque tem como termo não as pessoas, mas a comunidade.

Assim é que o cidadão deve à cidade o serviço militar, deve-lhe até conduzir-se de forma corajosa para defender a pátria com prejuízo eventual da própria vida. Também é devido à cidade conduzir-se com bastante temperança para não causar distúrbios por embriaguez pública, ou então ser bastante paciente e obediente para respeitar o código de trânsito. A prática dessa justiça só ocorre na relação existente entre a cidade e uma parte dela mesma; ora, a vida em cidade tem o objetivo do bem comum e, por conseguinte, faz assim o bem de todos os cidadãos. A moral se realiza na política. O que é devido à cidade são condutas morais exigidas pelo bem comum, e mesmo a totalidade das virtudes, pelo menos na relação delas com os outros. Por incluir a totalidade das virtudes e por dirigir-se à totalidade da comunidade, essa justiça é chamada justiça geral. Ora, o objetivo da lei é, principalmente, dizer o que é exigido pelo bem comum, ou seja, o que a justiça geral requer para ser satisfeita. Precisamente por ser a justiça geral a virtude pela qual o cidadão paga o que deve à comunidade, ela está principalmente definida e contida no que determina sob forma de regra universal o que a comunidade estima devido por cada membro da cidade. Ora, as leis têm como fim definir o que o bem comum pede a todos, elas são gerais como a justiça que praticam. Logo, é possível chamar essa justiça de geral ou "legal"[11].

---

10. S. Tomás, *eod. loc.*, quaest. LVIII, arts. 1 e 5.
11. S. Tomás, *eod. loc.*, quaest. LVIII, art. 6.

Uma vez que a justiça tem como objetivo o *jus*, ela concerne à parte do direito visada pela lei. O direito está contido ao menos parcialmente na lei. A lei tem como objetivo próprio o direito da justiça geral, por isso ocorre que em certos contextos, em particular nas discussões com agostinianos, Santo Tomás afrouxe uma pouco a precisão de sua linguagem e empregue o termo *jus* para designar a lei[12], como acontece realmente no tocante ao uso linguístico estender o nome da parte ao do todo[13]. Essa extensão não acarreta, como constataremos, mudança nos vínculos entre lei e direito.

Pode ocorrer que o bem comum requeira que certas relações, que em si mesmas dependem da justiça particular, sejam ainda assim reguladas pela lei. Já que a justiça geral contém o conjunto das virtudes na medida em que elas se reportam a outrem, ela abrange também a justiça particular na medida em que ela interessa ao conjunto da cidade; o direito que é objeto da justiça geral ou legal pode, portanto, quando isso se mostra necessário, intervir na esfera do direito que é objeto da justiça particular[14]. Nesses casos, como a regra principal do direito da justiça particular é a lei, é pela regra legal que se acha regrado o direito da justiça particular.

Dá-se o mesmo, por exemplo, quando o legislador avalia que o preço de determinada mercadoria interessa ao bem comum, ou ainda quando não abandona o contrato de seguro ou o contrato de trabalho apenas às regras oriundas da troca dos serviços e da vontade das partes.

Em todos esses casos, a lei intervém a título de regras do direito. Isso significará que a lei determina tudo que o direito é, que se identifica com o direito quando ela rege o direito que é objeto da justiça geral?

---

12. S. Tomás, Ia IIae, quaest. XCIV, art. 4, ad 1 m; S. Tomás, Ia IIae, quaest. XCVI, art. 1, ad 1 m.
13. Kalinowski, *APD*, 1973, pp. 331 ss.
14. S. Tomás, IIa IIae, quaest. LVIII, art. 6.

A essa questão parece-nos que podemos responder categoricamente que Santo Tomás não assimila a lei ao direito; seja qual for a parte da justiça de que ele seja objeto, ele faz dela somente uma causa parcial do direito.

A lei, causa parcial do direito

Se Santo Tomás às vezes emprega, em sua discussão com os agostinianos, o termo lei no lugar do termo direito, é que o agostinismo não é capaz de compreender que o direito se situa no plano das coisas particulares. Para autores como Isidoro de Sevilha, o que rege a coisa, a ideia divina e a essência são idênticas à própria coisa, e a expressão mais adequada da ideia divina é a que está na lei religiosa revelada. Por isso, quando Santo Tomás lhes responde sobre uma questão que não toca expressamente a esse problema, por vezes adota o vocabulário deles. Isso não prejulga em nada sua resposta essencial quando aborda formalmente a questão.

A resposta então é o mais nítida possível: "*Lex non est ipsum jus, proprie loquendo.*"[15] A explicação que é dada a essa afirmação esclarece totalmente a concepção que Santo Tomás tem da lei em relação ao direito. A lei é uma regra, ou seja, uma *ratio* que existe na mente do legislador a título de modelo ideal. É regra da prudência, como existe na mente do artista um modelo, um exemplar que é regra de sua arte. A lei está, assim, na mente do legislador e no documento que a contém. Mas a causa exemplar da obra de arte não é a própria obra. Aquela é apenas um modelo ideal desta, que existe realmente. Sua existência é uma realização mais perfeita em si mesma do que a existência a título intencional que é a da forma exemplar na mente do artista. Ainda que seja menos perfeita em razão do peso da matéria, ela

---

15. S. Tomás, IIa IIae, quaest. LVII, ad 2 m: "Propriamente falando, a lei não é o próprio direito."

"existe", ao passo que a outra, apesar de sua perfeição ideal, continua uma forma[16].

Nessas condições, fica claro que a lei se situa no nível da causa exemplar e formal, enquanto o direito é o que é apreendido na coisa, na medida em que ela é justamente objeto de uma partilha. A lei é da ordem da definição, enquanto o direito é uma coisa existente. O direito é *res*, é o *medium rei*. Por isso o direito consiste numa determinação mais precisa e concreta, é o que é justo aqui e agora, enquanto a lei dita uma regra abstrata e geral. Isso não quer dizer que a lei não tem pertinência para as situações concretas que cairão em seu campo de aplicação: ela contém, como o universal na concepção tomista, um conhecimento verídico do que é justo, do que as coisas são e, portanto, do que devem ser; mas esse conhecimento não é adequado à totalidade do que a coisa é. O conhecimento da coisa em sua particularidade lhe escapa, e escapa a bem dizer ao conhecimento intelectual enquanto tal, para apelar à memória, à imaginação e ao senso comum[17].

É por isso que a lei nunca pode descer ao nível das últimas determinações que não estão compreendidas enquanto tais nas formas apreendidas pela razão[18]. Assim, a lei deve ser completada por uma consideração da particularidade da coisa em sua realidade atual. Já no tratado das leis, Santo Tomás prevê que o nível de determinação em que a lei deveria unir-se ao particular escapa-lhe para tornar-se o do direito, que deve ser determinado em última instância

---

16. Lachance, *Le concept...., op. cit.*, pp. 155 ss.; Ogliati, *Il concetto di giuridicita in S. Tomaso d'Aquino*, Milão, 1943, pp. 164-5.

17. Porque a coisa como ser em ato, *ens*, está além da forma, sua essência, da qual ela é ato, compreende a matéria e, portanto, a individualidade pela qual se manifesta a realização desse ato. Nas coisas separadas, também não há adequação entre as formas e o ato de ser, o conhecimento e a visão da essência divina não esgotam a inteligibilidade de Deus, pois nele a substância é subsistência por si.

18. Se bem que deem uma informação verdadeira sobre o que é (*ens*) ou, para expressá-lo com Santo Tomás, porque o *ens* (*to on*) é *fons* e *origo* do *esse*, *In Peri Hermeneias*, I, LV, nº 73.

fora dos procedimentos puramente racionais, mediante uma mescla de raciocínio e de experiência que apela ao sensível que é o lugar próprio do particular conhecido através dos procedimentos da dialética[19]. Portanto, a lei esclarece a situação no que ela possui de necessário e de universal, por isso ela é mesmo uma expressão da forma exemplar, mas não atinge a situação em sua existência particular. Desse modo, mesmo que não haja recurso necessário à equidade para ir além dos termos da lei, há uma necessária consideração da situação em sua particularidade. É por isso que a aplicação da lei a uma situação concreta requer referir-se à situação que, por sua vez, é plenamente o que é operado pelo juízo.

Através deste aparece uma consideração da coisa no que ela é em si mesma. O juízo jurídico é embasado pelo juízo de existência.

Como a lei se situa apenas no plano da cidade, ela só contém a expressão de um juízo prudencial que concerne à cidade; logo, se ela é fundamentada num juízo de existência, este está em sua origem. Mas, em razão do que o espírito humano é, esse juízo não pode atingir em seu termo o particular em seu ato, não convém, aliás, que seja de outra maneira, porque a lei se dirige à cidade enquanto tal, o que lhe confere a qualidade de ser geral e o defeito de não ser particular. Vemos, portanto, que o particular só é alcançado por um outro juízo. Isso explica a necessidade, ainda que

---

[19]. S. Tomás, Ia IIae, quaest. XCV, art. 2, ad 4 m. Através desse processo, há um verdadeiro conhecimento intelectual indireto – por intermédio do sensível – que conduz ao ato de ser *contingentia, prout sunt contingentia, cognoscuntur directe quidem sensu, indirecte autem ab intellectu,* S. Tomás, Ia, quaest. LXXXVI, art. 1, corp. e ad 1 m: "As coisas contingentes, na medida em que o são, são conhecidas diretamente pelos sentidos e indiretamente pela inteligência."

Aí fica conhecida a determinação cabal do "isto" em ato, sinal de que se trata mesmo do ato de uma o ὐσια, cuja subsistência comporta aqui um agente material. Inversamente, o ato da o ὐσια não material pode ser compreendido por intelecção (*eod. loc.*, ad 3 m), mas, no mundo dos humanos, só é conhecido por seus efeitos.

uma lei preveja com qual pena deva ser punido o roubo, de recorrer a um julgamento para dizer que o direito é que tal pessoa mereça tal pena. Dá-se o mesmo quando a lei orçamentária prevê que os cidadãos que ganham entre tal e tal soma devem pagar tanto de impostos, mas é preciso uma decisão executória particular do fisco para dizer o que esse cidadão deve, ou, ao contrário, aquilo de que é parcialmente isento. O mesmo fenômeno explica que se desenvolvam, apesar ou por causa das leis, as comissões administrativas que dizem o direito[20]. Em todos esses casos as disposições da lei se detêm ao mesmo tempo que é preciso pesquisar o direito.

Apesar da proximidade de seus objetos, lei e direito continuam, pois, muito diferentes. A lei incide sobre categorias de atos mesmo quando ela enuncia a obrigação de realizar atos de justiça, geral ou particular; mas ela não incide sobre a determinação do objeto totalmente concreto desses atos, área própria do direito que atribui a cada qual coisas exteriores.

Vê-se então que as relações entre lei e direito se integram perfeitamente nas relações mais amplas que Santo Tomás concebe entre a essência expressa pelo universal e a determinação derradeira das coisas sensíveis particulares em seu próprio ato de existir. Como as formas inteligíveis concebidas pela mente são extraídas do juízo de existência que elas expressam imperfeitamente, ao passo que elas existem numa coisa que só pode ser conhecida por uma relativização das formas à existência, a lei é oriunda de um juízo sobre a cidade que ela expressa de forma inadequada; ela requer uma volta ao concreto por esse juízo em que é utili-

---

20. É por isso que, embora juiz e administrador se situem realmente num mesmo nível de determinação, como salienta Kelsen, não deve ser para equiparar a função judiciária à do administrador, mas para ressaltar a necessidade de o administrador julgar, já que ele determina em última instância.

Desse ponto de vista, a passagem da monarquia judiciária à monarquia administrativa é reveladora da escalada das ideias modernas e de sua progressiva penetração nas instituições.

zado o sensível para se aproximar do ser em ato em sua totalidade.

Todavia, Santo Tomás não recusa completamente as intuições desajeitadamente expressas dos agostinianos. Como expressão da causa formal, a lei é também expressão da causa exemplar daquele que pensa a realidade. Longe de recusar essa concepção, Santo Tomás a adota, uma vez que começa dizendo que a lei é como o *exemplar* do artista. Mas com isso ele mostra seu limite, pois a causa exemplar do artista não é por si eficaz, detém-se justamente diante da causa material em que há uma existência que não depende dele. A lei dá conhecimento apenas do que é necessário, não leva em consideração o que existe, de forma ainda imperfeita e contingente, mas, além da forma, numa singularidade irredutível. Só poderia ser de outra maneira se o conhecimento exemplar do artista também contivesse, para além do conhecimento necessário do que é, o conhecimento das razões das existências individuais e contingentes, conhecimento que só poderia ser tal se o contingente e o individual resultassem de um juízo pelo qual fosse a um só tempo conhecido e realizado o que está em ato, mas contingente. É o que ocorre na lei eterna na qual se juntam as relações necessárias e os juízos criadores dos acontecimentos contingentes. Por isso no juízo, na precisa medida em que ele ultrapassa a lei, temos através do ato de conhecimento obscuro de uma realidade em potência o conhecimento misterioso e indireto da potência divina[21]. No espírito divino, a causa exemplar atinge tamanho grau de determinação que a lei e o juízo se acordam, conquanto de modo não necessário. Nele a causa exemplar se torna causa final individual, fonte eficaz dos movimentos contingentes. Quando o juízo humano determina o direito num caso particular, ele expressa muito imperfeitamente o juízo da sabedoria divina e se une à lei eterna.

---

21. É em razão da ação da potência divina como perfeição, que atrai através da potencialidade das coisas, que a concepção tomasiana não é violenta.

Mas, por ser conhecimento de um ser atual em suas determinações cabais reveladas pelos condicionamentos sensíveis, o juízo que dá a cada qual o que lhe cabe adquire ainda outra dimensão. Levando em conta o sensível e o individual, ele manifesta que os seres, aos quais as coisas determinadas são entregues, são os agentes sensíveis nos quais subsiste em ato uma substância singular[22], cujo sinal é o particular sensível que lhe cabe ao termo do juízo. Através da partilha das coisas efetuada pelo direito há, portanto, não somente volta à natureza, mas, através dessa natureza, intenção da pessoa do cidadão como meta. Esta é então o termo *ad quem* do ato de justiça e de legislação[23]. A lei é um dos atos que só terminarão no seio da amizade política cujo meio é a cidade.

No decorrer da exploração demasiado rápida do pensamento de Santo Tomás referente à lei, apareceram dois aspectos interligados e que se fortalecem mutuamente. A concepção tomasiana da lei se inclui numa ontologia do ato e da causa final, é relativa às realidades concretas perante as quais ela se curva. O vínculo entre esses dois aspectos do pensamento tomasiano deve ser situado na tensão fundamental que percorre cada coisa, em cada um de seus níveis, entre uma essência possível e o ato do que é.

O fenômeno legal se insere numa cidade, ela própria vinculada a um cosmos finalizado. Essa cidade pode então ser concebida como o lugar onde se desenvolvem as virtualidades humanas sem ruptura com a totalidade da ordem. Pela vida política, o homem é chamado a passar de seu ato primeiro de ser à plena realização de seu ato segundo. A lei é o meio pelo qual se realiza esse desenvolvimento ético. Ela mostra, em determinadas circunstâncias, seu fim e os meios de alcançá-lo, incentivando a ele, se necessário por

---

22. *In Sent.*, D. 23, quaest. III; *De Potentia*, quaest. IX, art. 1, ad 3 m; S. Tomás, Ia, quaest. XXIX, arts. 1 e 2.
23. S. Tomás, IIa IIae, quaest. LXVIII, art. II.

meio de certa coerção exterior, sempre relativa, a alcançar a verdade não essencial. Estudando as diferentes leis, notamos que elas próprias se organizavam segundo uma ordem de fins que as inseria na ordem cósmica e eterna, de cujo movimento elas participavam, cada qual em sua ordem e segundo seu campo, da lei humana à lei eterna. Cada uma delas se revela ser uma compreensão em certo grau dessa ordem, é uma expressão parcial do movimento das coisas.

Um exame mais detalhado da lei, em suas origens e em suas aplicações, permitiu lançar luz sobre esse mesmo vínculo com o movimento das coisas. Cada lei é, em sua origem, obra de um juízo prudencial do legislador que a promulga, pelo qual ele toma conhecimento do que é a comunidade para a qual ele legisla e, portanto, do que é o bem dessa comunidade (mesmo que as razões derradeiras desse juízo escapem aos homens, como é o caso da lei divina e da lei eterna). No plano da lei humana, os fenômenos tais como a interpretação e a equidade, a dispensa, o costume e, finalmente, a distinção da lei e do direito mostram que são as próprias coisas que surgem para além da lei, que se aperfeiçoa e se realiza nelas. Juntando-se às coisas na última determinação dada pelo direito, a lei, em virtude de sua relação com as coisas, revela-se plural e análoga, de uma pluralidade ordenada no seio de uma hierarquia de fins. Essa realização é então o sinal concreto de que a lei encontra aqui as coisas imperfeitas que são. O discurso do legislador se curva perante as realidades que estão se tornando elas mesmas. Devir fundamental, *per se*, que revela a transcendência das coisas ao discurso e a dependência que o movimento das coisas tem de uma causa final perfeita. Esse movimento das coisas não pode ser descrito eliminando o contingente.

Tal concepção, em virtude da superação das categorias pelas coisas em movimento que ela implica, não pode ser concebida, fora de um ceticismo radical, sem uma confiança profunda no que as coisas são [24] e na capacidade de a inte-

---

24. Confiança em que as coisas são seres em ato dos quais compreendemos que eles escapam à pura facticidade.

ligência atingi-las em certa medida. Mas é justamente diante da solicitação da confiança pelo movimento das coisas que a inteligência vai recuar, amedrontada, para preferir as certezas da revelação e, mais ainda, as certezas dos sistemas essencialistas ou empiristas. Não é de surpreender, pois, que as transformações da concepção da lei que surgem imediatamente depois de Santo Tomás passem por uma recusa de integrar o movimento nas coisas. Veremos manifestar-se essa recusa pela tese, característica do nominalismo, da redução e da assimilação da potência ao ato.

Mas, já antes da construção dos amplos sistemas em que essas novas ideias adquirirão todo o seu brilho e força, no próprio tempo de Santo Tomás, começam a aparecer umas correntes e tendências nas quais, em face das coisas, já não é a confiança que domina, mas a angústia. São essas correntes que são portadoras dos primeiros desequilíbrios que vão mais tarde atingir a noção tomista de lei.

SEGUNDA PARTE

Duns Escoto, Ockham

*A ruptura nominalista
ou
da lei unívoca à lei equívoca*

Capítulo VI
Primeiros sinais de desequilíbrio

À abertura progressiva para as coisas, que permitiu pensar que nelas a lei encontra sua origem e seu fim, opõem-se, já nos primeiros anos do século XIII e muito pouco tempo depois da morte de Santo Tomás, movimentos de orientação inversa. Manifestam-se primeiro na sociedade e na Igreja e repercutem depois entre os doutores da universidade. As autoridades da Igreja de Paris e certo número de leigos começam a ficar com medo diante das audácias a que os arrasta Santo Tomás. O que este propunha era nada menos do que dar à inteligência a plenitude de seu fim, reconhecendo-lhe o poder de compreender uma ordem segundo a qual ela está, pelas coisas, na dependência de um Outro. Tal pensamento equivalia a exigir da inteligência uma abertura para a totalidade da realidade. Implicava também confiar plenamente nessa realidade, considerada ademais na fé como um dom de Deus, que não podia de modo algum contradizer a fé. A lei podia encontrar sua fonte na observação do que é e devia modelar-se de acordo com todas as suas variações complexas.

Serão esses dois elementos de confiança na realidade como fonte fiel e na inteligência como capacidade de compreendê-la que vão faltar. Cumpre notar que a contemplação da realidade e a referência às coisas implicavam uma relativização de si por um outro suscetível de arrastar para fora de si. Era preciso, noutros termos, ser despossuído pela transcendência; a inteligência parece ter recuado ante essa perspectiva. Paradoxalmente, porém, esse recuo se efetuará sob o pretexto de preservar a transcendência da palavra divina. Mas, confundindo numa mesma reprovação um pensamento que tinha como resultado fundir a alma individual no universal e outro que não cessava de salientar a não-imanência do objeto, ia-se favorecer correntes em que a fé viria simultaneamente impor-se sob a forma de um mandamento e libertar o sujeito do que fosse diferente dele.

O processo da inteligência

O movimento de reação temerosa em que temos de nos deter primeiro atingiu alguns grupos de leigos bastante marginais cuja atitude é, porém, bem sintomática da desconfiança que vai surgir. De forma independente, depois, os clérigos se verão confrontados com questões perante as quais sentirão o mesmo temor.

Sempre existira em algumas mentes certa suspeita contra especulações, ainda que fossem inspiradas pela fé. Essa é uma das constantes que compõem a cultura cristã desde as reações antifilosóficas de alguns Padres[1]. Mas, no final do século XIII, esse estado de espírito ganha os leigos. Ele nasce de várias maneiras dos movimentos "espirituais" que, todos eles, querem limitar os direitos da inteligência para voltar a uma fé simples, desvencilhada das sutilidades da teologia e que apela mais à afetividade do que à contemplação. Tais movimentos, que em geral se põem sob a invocação direta do Espírito Santo, têm como característica comum desprezar as mediações da realidade em proveito de um recurso imediato à palavra de Deus, a quem estimam capaz de fornecer todas as soluções. Daí resulta a vontade de viver segundo estatutos bem especiais, fora do mundo, em geral na comunidade dos bens e no celibato, sem, toda-

---

1. Taciano ou Tertuliano, por exemplo.

via, tornar-se monge². Embora aspirações semelhantes existam no pensamento dos fundadores de ordens monásticas³, elas foram temperadas pela sabedoria das disposições do direito particular dos religiosos e pela moderação de alguns fundadores. Em particular, nem os filhos de São Bento nem os de São Bernardo haviam pensado que o modo de vida monástico deveria tornar-se o de toda a cristandade. Apesar de sua retirada pessoal do mundo, tiveram uma influência benéfica muito ativa em todo tipo de campos, da especulação ao desenvolvimento das técnicas e da economia. Com o sistema da aprovação das regras monásticas por Roma, a Igreja se dava a possibilidade de controlar a sabedoria dos modos de vida e, eventualmente, de temperar o que lhe parecia exagerado. O modelo das regras era o de São Bento, aliás, muito equilibrado. Um bom exemplo desse papel moderador aparecera quando o cardeal Hugolino, conhecido como canonista sob o nome de Hostiensis, aconselhou São Francisco na adoção de uma regra⁴. Na origem, o Poverello queria apenas a letra do Evangelho. O cardeal romano, excelente jurista, depois de reconhecer a verdade da intuição religiosa do fundador, ajudou-o a redigir uma regra capaz de eliminar os fermentos utópicos que trariam o risco de virar em seu prejuízo. Ocorre que essa solução não foi realmente aceita por todos os frades da Ordem.

Existem inúmeros exemplos de movimentos de natureza similar, mas com desfecho menos feliz. Desde 1173, um grupo de leigos se constituíra ao redor de um antigo mercador lionês, Pierre Valdo, que resolvera viver na pobreza, e depois essa comunidade foi se radicalizando progressivamente. Parte deles acabou unindo-se à seita dos lombardos, que pretendia dispensar os padres. Vaudenses e lom-

---
2. Lagarde, *La naissance...*, *op. cit.*, t. I, p. 82; Gordon Leff, *Heresy in Later Middle Ages*, Manchester, 1967; Manteuffel, *Naissance d'une hérésie, les adeptes de la pauvreté volontaire au Moyen Âge*, trad. Posner, Paris, 1970, pp. 39 ss.
3. Lagarde, *op. cit.*, pp. 68 ss.; Manteuffel, *op. cit.*, pp. 61-7.
4. Outra interpretação é dada por Manteuffel, p. 63.

bardos se arrogavam o poder de pregar e se espalharem por toda a Europa[5].

Em outros lugares multiplicavam-se as beguinarias para onde leigos se retiravam, por vezes ao redor dos mosteiros[6]. Ali, viviam em comunidades leigas que se tornaram lugares totalmente apropriados ao desenvolvimento de utopias sacras. Vemos também nascer os *"bégards"**, depois múltiplas confrarias, dentre as quais algumas encontraram sua salvação juntando-se a uma grande ordem religiosa já constituída, mas muitas outras acabaram alimentando a corrente herege. Entre estas últimas, há que se citar os lollardos, os irmãos da vida comum.

Nesses meios floresceram as concepções da história segundo as quais, após a idade do Pai e depois a do Filho, teria advindo ou iria advir um tempo do Espírito que superaria as velhas estruturas eclesiásticas e políticas para substituí-las por não se sabe bem qual comunhão imediata na fraternidade e na espontaneidade. Uma das principais fontes dessas ideias eram evidentemente as especulações de Joaquim de Fiore, que se difundiam e que Santo Tomás sentira necessidade de refutar[7].

Tal doutrina implicava voltar ou dirigir-se para uma vida na qual estaria ausente a política e em que se poderia viver fora de um direito tornado inútil, substituído pela inspiração e pela caridade[8]. Daí resulta que a própria ideia de

---

5. Manteuffel, *op. cit.*, pp. 54-5.
6. Manteuffel, *op. cit.*, pp. 75, 88-98. O caso de Bernard Délicieux e de seu círculo mostra bem os laços que existiram entre os espirituais, os cátaros e os beguinos. É interessante assinalar que os adeptos da pobreza espiritual que o cercam não são miseráveis, mas, antes, ricos. Biget, "Autour de Bernard Délicieux: franciscanisme et société en Languedoc entre 1295 e 1330", *RHEF*, LXX, 1984, p. 95.
* Mesmo que begninos. [N. da R. T.]
7. H. de Lubac, *La postérité spirituelle de Joachim de Flore*, Paris, 1978; Manteuffel, *op. cit.*, pp. 70 ss.; S. Tomás, Ia IIae, quaest. CVI, art. 4; De Lubac, *op. cit.*, pp. 140 s. Observe-se uma condenação, por outros motivos, em São Boaventura, o doutor franciscano. De Lubac, *op. cit.*, pp. 123 s.
8. Villey, "La genèse du droit subjectif chez Guillaume d'Occam", *in Seize essais de philosophie du droit*, Paris, 1969, pp. 159, 162-4.

uma partilha dos bens e da propriedade destes ficava inútil. A condição dessa entrada na hipótese do não-direito era a renúncia à propriedade e, portanto, sua denúncia como um pecado que se opunha ao advento do reinado do Espírito. Parecia totalmente possível que, por um ato de vontade correspondente a uma verdadeira conversão, se pudesse abandonar todos os bens como já o faziam, ao que parece, os monges.

Por essa razão, a questão da pobreza vai se tornar capital. Assim, quando São Francisco de Assis faz dela um dos elementos principais de sua espiritualidade, encontrar-se-á em sua ordem certo número de frades que adotarão, de modo apenas mais moderado, as teses das seitas heterodoxas. A discussão da pobreza vai se tornar um dos problemas sobre os quais não param de enfrentar-se aqueles para quem era impossível subtrair-se completamente aos condicionamentos humanos e todos aqueles – "espirituais", seitas e doutores que os sustentam, como Umbertino de Casale, Bonagrazia de Bérgamo, Marsílio de Pádua, Ockham, enfim – que estimam não só desejável, mas também necessário, renunciar à propriedade para viver cristãmente. Esse é um dos aspectos mais concretos e mais evidentes do fechamento diante das coisas[9].

Outro aspecto desse fenômeno se desenrola num meio muito diferente daquele das seitas, já que se trata da Universidade de Paris. A redescoberta de Aristóteles desencadeara ali um riquíssimo movimento de especulação filosófica. Não só os teólogos haviam adotado textos de Aristóteles para deles tirar conceitos que podiam ser utilizados para a exploração do mistério da fé, mas também alguns professores da Faculdade das Artes haviam, de seu lado, começa-

---

9. "O fundamento da pobreza voluntária é, portanto 'a abdicação de todo direito sobre as coisas'", escreve G. de Lagarde, *op. cit., eod. loc.*, p. 79, citando Richard de Connington, *Tractatus de Paupertate*, ed. Heysse, *Arch. Franc. Hist.*, t. X, pp. 70-2, 104, 357-60.

Sobre os laços de Ockham com esses meios, Baudry, *Guillaume d'Occam, sa vie, ses œuvres, ses idées sociales et politiques*, Paris, 1950, pp. 102-19.

do a realizar uma reflexão puramente filosófica utilizando, também eles, os textos do Estagirita. Ora, sabe-se que alguns deles haviam sido conhecidos primeiro pelos filósofos árabes que os haviam comentado; alguns desses comentadores árabes compreendiam Aristóteles de modo muito diferente do que será adotado por Santo Tomás. Entre outras coisas, parecia-lhes impossível compreender que Aristóteles havia sustentado a imortalidade e a personalidade da alma humana. Se Santo Tomás pensava poder fazer uma exegese nesse sentido, ela não lhes parecia convincente. Mas, como Aristóteles é para eles o Mestre de "aqueles que sabem" e o Filósofo, não conseguem acordar a fé deles com as verdades que pensam dever sustentar em filosofia. Que tenham ou não desenvolvido uma doutrina da dupla verdade não é aqui capital; importa muito mais mostrar que, de fato, a filosofia que expunham e acreditavam poder atribuir a Aristóteles era totalmente contrária à fé. Chegavam a sustentar a verdade filosófica da eternidade do mundo, da unidade do intelecto agente, da existência de uma substância social.

Diante dessas posições, o clero, que era composto de pastores ainda muitíssimo influenciados pelo agostinismo do período anterior, inquietou-se com os perigos que o pensamento de Aristóteles podia fazer a fé correr. Mas não souberam distinguir o pensamento dos comentadores árabes de Aristóteles de seu pensamento autêntico esclarecido por Santo Tomás[10]. Por isso, em sua reação de rejeição, con-

---

10. Decerto não se deram conta de que o intelecto agente coletivo do averroísmo estava em última instância ligado à passividade do intelecto que Santo Tomás criticava também no platonismo, sendo o único modo de assegurar a independência da alma concebê-la como um ato pessoal.

Caso essa hipótese esteja correta, ela não explicaria também por que os primeiros discípulos do Doutor Angélico acentuam a passividade do intelecto com relação ao mestre deles? Não serão, paradoxalmente, conduzidos a isso pelas teses agostinianas das condenações de 1270 e 1277? Não lhes escapará, em sua oposição ao voluntarismo agostiniano-escotista, que este compensa a passividade do intelecto sob a luz de um inteligível em ato pela atividade da vontade?

fundiram as duas doutrinas, a que se diz ser a dos averroístas latinos e a de Santo Tomás. Duas condenações sucessivas do bispo de Paris, a primeira em 1270, a segunda em 1277[11], vieram atingir não só algumas teses averroístas mas também a doutrina de Santo Tomás, que então julgavam ainda próxima demais do Aristóteles dos averroístas.

Nunca é demais insistir sobre a importância do acontecimento, pois essas condenações fechavam, de uma forma que pode ser considerada definitiva, a possibilidade de conferir à razão seu lugar pleno na exploração do mundo. Era verdade que a doutrina averroísta questionava muito profundamente a fé, mas a leitura que Santo Tomás fazia de Aristóteles, mesmo apresentando um Aristóteles muito autêntico, conseguia, mediante o jogo da distinção formal dos objetos da filosofia e da teologia, deixar à razão todo o seu lugar sem, todavia, jamais lhe dar condições de contradizer diretamente a fé, uma vez que elas sempre conservam um objeto formalmente diferente.

A partir do momento em que se rejeitava a solução de Santo Tomás, a única saída que restava aos doutores que pretendiam ser fiéis à Igreja era voltar, de um modo ou de outro, às teses do agostinismo tradicional. Podiam, claro, adotar a técnica filosófica do Estagirita e seu vocabulário, mas a leitura deles nunca mais recobrou a fidelidade inteligente de Santo Tomás. Passaram a ter de ler o Filósofo indo buscar os conceitos fundamentais deles em campo diferente da filosofia, o que os fará voltar para interpretações que já haviam tido precedentes entre os neoplatônicos e os

---

Sobre esses aspectos da primeira escola tomista, Gilson, *op. cit.*, p. 542. Thomas de Sutton já havia encontrado uma posição equilibrada. Cf. *Quaestiones ordinariae*, Q. VI, pp. 168 ss., Munique, 1977; Gilson, *La philosophie, op. cit.*, pp. 558-9.

11. R. de Vaux, "La première entrée d'Averroès chez les Latins", *RSPT*, XXII, 1923, pp. 193-245; Van Steenberghen, *Maître Siger de Brabant*, Louvain, 1977.

Sobre os aspectos políticos do averroísmo, J. Quillet, *La philosophie politique de Marsile de Padoue*, Paris, 1970; Mandonnet, *Siger de Brabant*, Friburgo, 1899.

partidários bem numerosos do acordo entre Platão e Aristóteles.

Através dessa questão da leitura de Aristóteles, surge outro problema. Se se deve a partir daí buscar uma parte da verdade filosófica na fé, já não é possível conceber a filosofia como a exploração do mundo tal como ele é. Cumpre subordinar não só as pesquisas, mas também a inteligência, a um elemento extrínseco. Segue-se que as coisas já não nos podem esclarecer, e nossa inteligência fica então inapta por si só para conhecer o real. Daí resulta que este deve desde então ser submetido, e isto já no início da reflexão, a condições tais que ele deixe de contradizer a contingência implicada pela fé. Isso constitui uma modificação muito profunda das noções filosóficas que podem servir de ponto inicial para a reflexão: começarão a olhar os seres não na medida em que são, mas na medida em que são criados ou finitos.

Tal regressão teve efeitos ainda mais imediatos porque se apoiava na persistência de uma fortíssima corrente agostiniana ainda presente nas cátedras universitárias na época em que Santo Tomás estava vivo.

O recurso à fé

A reputação de Santo Tomás é tamanha que nos é difícil pensar que está rodeado em Paris de pensadores que não estão convencidos da verdade de seu procedimento. Contudo, cumpre reconhecer que, apesar da veneração que ele usufrui entre os mestres de humanas e filosofia, está rodeado de doutores de teologia, se não hostis, pelo menos reservados quanto ao seu pensamento; são na maioria representantes do agostinismo ou, o que é muito próximo, doutores que pertencem à tradição franciscana.

Ora, é fácil depreender já nessa época que esses doutores sustentam certo número de teses que formarão, retomadas com muito mais vasta amplitude e desenvolvidas mais sistematicamente, os fundamentos das teorias nominalistas que vamos encontrar mais tarde. Especialmente, veremos desenvolver-se a ideia de uma oposição ao necessitarismo atribuído a Aristóteles do qual se torna necessário, na nova perspectiva da influência da teologia sobre a filosofia, libertar Deus e o sujeito humano[12]. Para isso, será preciso, de um modo ou de outro, libertar as ações da influência da inteligência e, portanto, separar a ação e as decisões da relação delas com as coisas.

Encontramos tais posições primeiro entre os clérigos seculares. Por exemplo, pode-se pensar que os trabalhos de lógica e de filosofia que Pedro da Espanha escreveu, antes de ser papa, influenciaram mais tarde os nominalistas. Ao longo de suas *questiones disputatae*[13], toma muito claramente posição em favor da independência da vontade em relação ao intelecto e, depois, em favor da superioridade da vontade sobre a inteligência. Segundo ele, Aristóteles nunca sustentou a superioridade do intelecto: sempre afirma essa superioridade apenas em relação às faculdades inferiores e não em comparação com a vontade. Ademais, a autoridade dos santos se opõe a que se possa sustentar a doutrina da superioridade do intelecto[14]. O ato da vontade tem, por si mesmo, razão de fim, portanto, é desejável, uma vez que o fim é por si só desejável; logo, o ato de vontade é desejável por si só. Pode-se, para estabelecer essa doutrina, amparar-se na autoridade de Santo Anselmo, segundo quem: "*Justifia est rectitudo volontatis propter se servata.*"[15] Dirão também, com Santo Agostinho, que tudo o que é formalmente bom é desejável em si, assim como o que a isso con-

---

12. Essa crítica do necessitarismo aristotélico mostra quão profunda foi (ainda é) a incompreensão do Estagirita. Este não se opõe, ao contrário, ao necessitarismo megárico pela manutenção muito firme da existência da potência? Podemos sugerir que a confusão se deve à incapacidade de distinguir a filosofia da *doctrina sacra* e, por essa razão, de distinguir a potência no ser e a potência absoluta – que haja seres.
13. Petrus Hispanicus, *Quaestiones disputatae, et quodlibets*, Quarrachi, 1935.
14. Petrus Hispanicus, *op. cit.*, quaest. IV, pp. 55-6.
15. "A justiça é retidão de vontade, guardada por ela própria."

duz, porque é meio com vistas ao fim[16]. Não é verdade dizer que o ato da vontade necessita primeiro da apreensão da própria coisa, nem de sua apreensão como bem. Aliás, na visão beatífica, seremos somente levados à contemplação por um ato da vontade. A inteligência se contenta em mostrar qual é a regra que a vontade deve seguir, regra que apenas a vontade realiza efetivamente. É errado pretender que o objeto do intelecto seja mais eminente que o da vontade, pois o amor a Deus é superior a qualquer conhecimento[17]. A vontade é, aliás, independente do juízo da inteligência, o que resulta dos artigos condenados por Etienne Tempier e da razão demonstrativa, pois, ao agirmos, agimos sempre sem remorso e visando o bem[18]. As mesmas ideias são sustentadas nas *questiones quodlibetales* de nosso autor. Temos muito amiúde a experiência de agir contra o juízo da razão; se a inteligência bastasse para mover a razão, a caridade ficaria inútil; seguir-se-ia também que a escala das faltas dependeria do juízo da inteligência, a qual poderia, por exemplo, julgar que é mais grave roubar do que ofender a Deus; cumpre, pois, que uma regra venha fixar limites à vontade, e não mais o juízo que a inteligência pronuncia sobre as coisas[19].

Paralelamente, em Oxford, a tradição da Escola de Chartres se mantém sob a forma de um platonismo que inspira cosmologias da luz e as pesquisas experimentais a elas vinculadas. A tendência a certo empirismo que encontraremos em Ockham talvez tenha aí sua origem. Contrariamente ao que se poderia imaginar, não há paradoxo em querer, porém, falar aqui de afastamento das coisas. O dualismo platônico pode harmonizar-se com o cuidado da experiência sensível, porquanto se constitui com isso um campo em que o sensível pode ser considerado por si mesmo, sem re-

---

16. Petrus Hispanicus, *eod. loc.*, pp. 56-7.
17. Petrus Hispanicus, *eod. loc.*, pp. 66-7.
18. Petrus Hispanicus, *Quaestiones disputate*, quaest. VIII, pp. 126-7.
19. *Quodlibet*, quaest. XI, *op. cit.*, pp. 424-5.

ferência cabal à ontologia. Portanto, com isso a coisa fica reduzida ao que pode dizer dela a experiência sensível.

Dentre os doutores de Oxford, há que se mencionar Robert de Lincoln, denominado Roberto Grossatesta. Ao lado da teologia da luz que ele edifica e de especulações de filosofia da natureza, esse sábio doutor é também um dos tradutores da *Ética nicomaqueia*, pois conhece o grego: aliás, não se contenta em traduzir a *Ética*, junta-lhe certo número de comentários gregos, entre eles o de Eustrato. Esse interesse por Aristóteles e pela filosofia da natureza não o impede, de modo algum, de acautelar os cristãos contra o necessitarismo que ele acredita depreender nesse pagão. Consagra uma de suas *questiones quodlibetales* ao problema do livre-arbítrio, que ele resolve no sentido totalmente tradicional do agostinismo. Também ele se apoia em Santo Agostinho, mas igualmente em Santo Anselmo e São Bernardo. Segundo Grossatesta, o juízo é sustentado pela inteligência, diante do que a vontade fica livre. A liberdade está na vontade. Deus aparece como a liberdade suprema, porque todo o seu ser reside em sua vontade, que pode, assim, tomar a si mesma como objeto, já que ele é o bem supremo. Estamos muito perto das ideias de Escoto, que, formado em Oxford, pôde ser influenciado por essa ideia[20].

Também Henrique de Gand é um doutor secular que escreve e vive nos anos que se seguem imediatamente à morte de Santo Tomás, já que ele mesmo faleceu em 1293. Ora, encontramos em suas obras, ainda firmada e apoiada em autoridades quase idênticas, em especial Anselmo, a ideia da superioridade da vontade sobre o intelecto. Os argumentos são em parte os que já encontramos. A vontade é superior porque seu objeto é superior, é o bem[21]. Embora a

---

20. Roberto Grossatesta, *Quodlibet*, XXVII, pp. 228-9, *in Die philosophischen Werke des Robert Grossetestes*, org. L. Baur, Munique, 1912. A *summa philosophica* publicada nesse volume da p. 275 à p. 643 parece inautêntica (Gilson, *La philosophie...*, *op. cit.*, p. 492).

21. R. Macken, "La volonté humaine, faculté plus élevée que l'intelligence selon Henri de Gand", *RTAM*, XLII, 1975, pp. 5-51.

inteligência apreenda o bem como fim e seja motriz nesse sentido, cumpre evitar atribuir a essa ideia, como o fazem certos intérpretes de Aristóteles, o alcance de uma causa que move realmente; o fim, diz Henrique, inaugurando a tese que encontraremos palavra por palavra em Escoto e Ockham, é uma causa motriz num sentido unicamente metafórico. Ele não move realmente; apenas a vontade tem condições de fazê-lo[22]. Deve-se acrescentar que, para Henrique de Gand, não há distinção real entre a alma e suas faculdades nem distinção de razão, mas somente uma distinção intermediária forjada pela razão, a que ele chama de distinção intencional. Essa distinção é preexistente à razão, mas não é uma distinção real, pois esta ameaçaria a unidade do concreto[23]. Henrique inaugura desse modo uma via que Escoto e Ockham explorarão largamente[24].

Ele arrasta, assim, o pensamento para a direção de uma linguagem separada da realidade, pois a distinção intencional é da ordem da ideia e não da existência. Vai dar desse modo na descrição de um mundo plano em que as distinções já não têm alcance real[25]. Ockham será o herdeiro muito fiel e zeloso dessa concepção. Henrique de Gand pertence expressamente a um grupo de agostinianos que se atribuíram o objetivo de refutar os aristotélicos, não só Santo Tomás, mas também Godofredo de Fontaines e, talvez, Siger de Brabante. Contra eles, ele sustenta a tese segundo a qual a liberdade tem sua sede na vontade. A vontade é autossuficiente, é a única causa de seu movimento.

---

22. Henrique de Gand, *Quodlibet I*, quaest. XIV e XVI.
23. Henrique de Gand, *Quodlibet I*, quaest. II, e H. de Gand, *Quodl.*, X, 97, citado por Macken, p. 26; J. Paulus, *Henri de Gand*, Paris, 1938, pp. 259 ss.; Caffarena, *Ser participado y ser subsistente en la metafísica de Enrique de Gante*, Roma, 1958, pp. 90-1.
24. A influência de Henrique de Gand no pensamento franciscano foi mostrada por O. Lottin, *Psychologie...*, *op. cit.*, I, 1957, p. 274; Weber, "La liberté dans la théologie de Mathieu d'Aquasparta", *RTAM*, XXXIV, 1967, p. 250; Prentice, "The voluntarism of Duns Scotus as seen in his comparison of the intellect and the will", *Franciscan Studies*, VI, 1968, p. 6.
25. Como salienta Macken, *op. cit.*, p. 26, a distinção intencional de Henrique de Gand é da ordem do *nomen*.

Os autores que acabamos de assinalar, embora fortemente vinculados à tradição agostiniana, aproximam-se da corrente que se desenvolvera a partir de Alexandre de Hales entre os franciscanos[26]. Embora Santo Tomás tivesse extraído de Alexandre as linhas diretrizes do plano de seu *De Legibus*, corrigira seus aspectos formalistas e voluntaristas. Ao contrário, a tradição franciscana prossegue sem adotar essas correções. Vê-mo-la, pois, repetir uma reflexão sobre a lei segundo o plano de Alexandre de Hales conservando o conteúdo formalista de sua exposição, que resulta de um agostinismo cada vez mais desenvolvido e, por conseguinte, também de um platonismo bastante evidente. Parece-nos possível sugerir que a transformação da metafísica num sistema legislativo, que será manifesta em Escoto e mais ainda em Suarez, encontra na tradição franciscana uma de suas origens.

É muito significativo, por exemplo, que Mateus de Aquasparta[27] repita a ideia de uma lei eterna compreendida como uma expressão racional da vontade divina fora de um juízo de existência relativo às coisas[28]. Dessa norma suprema decorre por certo uma lei natural. Mas nem a lei eterna nem a lei natural são verdadeiramente imanentes às coisas. Ou, melhor, tornam-se imanentes em consequência de um ato da vontade divina[29]. Portanto, há um momento em que elas existem abstratas e separadas das coisas às quais depois são impostas. Isso permite então conservar a concepção anselmista da liberdade, segundo a qual a lei natural é percebida na razão conhecendo-se a si mesma. Não há, portanto, mediação das coisas, o que parece nesse pensa-

---

26. A. San Cristobal Sebastian, *Controversias acerca de la voluntad desde 1270 a 1300* (Estudio historico-doctrinal), Madri, 1958; Bonafede, *Il pensiero francescano nel secolo XIII*, Palermo, 1952.

27. Sobre a questão da vontade e da inteligência, a posição de Mateus é praticamente idêntica à de Henrique de Gand.

28. Mateus de Aquasparta, *Quaestiones disputatae de legibus*, Quaracchi, 1959, quaest. I, pp. 436-7.

29. Mateus de Aquasparta, *op. cit.*, quaest. I, p. 441.

mento ser a condição da liberdade[30]. É conhecendo-se como uma natureza separada do cosmos que o homem descobre sua natureza própria e, portanto, a lei natural tal como a concebem esses autores. Segue-se que teremos uma lei natural abstrata e uma lei escrita que virá completá-la como conclusão. Então é impressionante depreender que os traços característicos da lei, segundo Mateus de Aquasparta, são totalmente idênticos aos que lemos em nossos livros didáticos de Direito Civil mais habituais: a lei é geral e abstrata[31].

Um autor como Pedro Olivi, dito Olieu, não só é um representante bastante fiel dessa corrente, mas também suas idéias terão grande influência sobre os espirituais franciscanos[32]. Segundo Olieu, existe no homem um livre-arbítrio que difere da razão e cuja existência é provada pela faculdade de mandar, que pertence à vontade. Esta última faculdade tem a função de *imperare*, o que em absoluto a inteligência não faz. Ela é motriz e dirige para um fim. Deus e o homem dispõem desse livre-arbítrio. A vontade livre pode querer e retratar-se, o que é a prova de sua liberdade. Por essas razões, a vontade é superior ao intelecto; a capacidade que ela tem de mandar no intelecto é o melhor sinal disso[33].

O mais ilustre representante dessa maneira de pensar é, claro, o contemporâneo de Santo Tomás, que também leciona teologia em Paris, São Boaventura. O doutor repete essas teses para expô-las numa síntese, a bem dizer mais religiosa e mística do que verdadeiramente filosófica e teológica. Característico de sua maneira de pensar, muito oposta à do Doutor Angélico, é o hábito que ele tem de não

---

30. Mateus de Aquasparta, *op. cit.*, quaest. II, pp. 460-1 e 464-5. É impressionante a proximidade dos termos empregados por Mateus e Santo Tomás, que deixa mais evidente a reviravolta do pensamento.
31. Mateus de Aquasparta, *op. cit.*, quaest. III, pp. 486 e 494.
32. Manteuffel, *op. cit.*, pp. 73, 90-2.
33. Pedro Olivi, *in II Librum sententiarum*, ad Claras Aquas, 1922, 1924, 1926, quaest. LVII, pp. 326-7 ss. Olieu prova depois a indiferença da vontade em relação aos seus atos, em relação ao consenso, depois sua capacidade de *imperare*.

analisar as realidades em si mesmas, mas concebê-las de forma simbólica. Por exemplo, as classificações da ética não serão categorias destinadas à análise da ação humana, mas meios de dar o sentido místico dessa ação[34]. Ao lado disso, já vemos esboçar-se as questões a partir das quais se desenvolverá a teologia do possível. Cumpre distinguir o poder e a obra[35]. Claro, Deus não faz tudo o que pode, pois, tendo fixado o mundo em certa condição, ele age segundo o que está assim ordenado; mas pode tudo e poderia tê-lo fixado noutra condição muito diferente. O bem consistirá em obedecermos à vontade divina tal como ela fixou o mundo. Segue-se da potência absoluta de Deus que não existe mal em si, mas que a definição do mal sempre resulta do preceito que Deus fixou ao criar o mundo com um determinado estatuto[36]. Fica claro, e isso constitui o limite desse tipo de voluntarismo, distinguindo-o daquele, muito mais radical, que será adotado mais tarde por alguns doutores heterodoxos, que nenhum objeto mau pode ser objeto de uma volição divina. Seja como for, já que Deus é o único ser bom por si mesmo, qualquer outro preceito que não tenha como objeto imediato o amor por Ele é contingente e submetido aos acasos eventuais de sua vontade. Portanto, o mal é o que resulta de uma ordem que os preceitos têm como função fazer conhecer. Aqui é totalmente necessário que disposições explícitas venham precisar o que é mal; o conhecimento das realidades não pode bastar para fazer que se compreenda o que é bem, já que o bem e o ser estão a partir daí separados pela possibilidade que a vontade divina tem de modificar um ou outro. A vontade divina será, pois, conhecida não por sua *voluntas beneplaciti*, mas por sua *voluntas signi*. Segue-se que as coisas são silenciosas. Por isso, a vontade divina será conhecida pelo texto do Decálogo e

---

34. São Boaventura, *Itinerarium mentis ad Deum*, C 3. 6.
35. São Boaventura, *in I Sent.*, dist. XLVI, art. I, quaest. I, II s. Sobre a vontade divina, ver também dist. XLV, art. 2, quaest. I.
36. São Boaventura, *in I Sent.*, dist. XLVI, art. I único, quaest. II.

pela reta razão na intuição que ela tem de si mesma. Poderão intervir dispensas divinas no âmbito do direito natural assim concebido. Por exemplo, Deus pôde conceder aos patriarcas a dispensa da poligamia[37]. Pela mesma razão, o direito natural se torna uma regra[38], pois ele deixou de estar nas coisas particulares, e uma regra comum, pois já não tem raiz no ser.

De forma totalmente coerente, o livre-arbítrio tem sua sede principal na vontade, a qual também é a mais eminente das faculdades. Sendo a regra conhecida pela razão, é à vontade que convém querê-la[39]. Vemos, assim, organizar-se, mesmo em vida de Santo Tomás, todos os pontos que, desenvolvidos sob uma forma mais técnica pelos doutores posteriores, virão inverter a síntese do Doutor Angélico e chegar até nós.

Esses pontos, retomados e ampliados no seio de sínteses mais argumentadas e sistemáticas, vão desabrochar na ontologia dos dois grandes doutores franciscanos – Duns Escoto e Ockham – cujas teorias da lei, conquanto bastante diferentes, vão ser construídas em oposição consciente à de Santo Tomás.

---

37. São Boaventura, *eod. loc.* Sobre a poligamia dos patriarcas, *in IV Sent.*, dist. XXXIII, art. I, quaest. III.
38. São Boaventura, *in I Sent.*, art. único, quaest. V.
39. São Boaventura, *in II Sent.*, dist. XXV, art. único, quaest. III. San Cristobal, *op. cit.*, pp. 259-60; Veuthey, "La potence dell'anima secondo S. Bonaventura", *Miscellanea Francescana*, LXXIX, 1969, pp. 137-9.

Capítulo VII
As leis separadas das coisas

João Duns Escoto nasceu em Maxton em 1266, no condado de Roxburg. Educado pelos franciscanos de Dumfries desde os onze anos de idade, ele entra na ordem dos frades menores em 1281. É estudante em Oxford por volta de 1290. Ordenado padre em 17 de março de 1291, deixa as ilhas britânicas para ir estudar em Paris, capital da teologia. Retorna depois a Oxford, por volta de 1296, prossegue seus estudos com mestre Guilherme de Ware e começa a lecionar por volta de 1300. Ali, comenta, segundo o costume da época, as *Sentenças* de Pedro Lombardo. O conteúdo desse ensino está transcrito no primeiro de seus comentários sobre as *Sentenças*, chamado *Opus Oxoniense* em razão do lugar de sua composição. De novo o professor de Oxford vai a Paris e comenta, para tornar-se doutor, as *Sentenças*. Desse comentário, chegaram até nós transcrições efetuadas pelos alunos: as *Reportata Parisiensia*. Mas a vida universitária medieval não é o lugar retirado e calmo que um imaginário fácil poderia fazer crer; em 1303, o monge escocês é banido da França por ter tomado o partido pontifical contra Filipe, o Belo. Volta em 1304, é doutor em teologia em 1305. Parte então para lecionar em Colônia, onde morre em 8 de novembro de 1308[1].

Duns Escoto nos faz abordar uma nova geração de teólogos e poderia, por diversas razões, constituir a virada, a

---

1. Gilson, *La philosophie...*, *op. cit.*, p. 591.

ruptura em relação a Santo Tomás, apesar de vários precursores de menor importância.

Acima de tudo, se bem que conheça e utilize com maestria a lógica e a metafísica de Aristóteles, não o faz com audácia igual à de Santo Tomás. Pertence àqueles teólogos para os quais as condenações de 1270 e 1277 marcam os limites da utilização de Aristóteles. Doravante já não é possível conceder à natureza, à inteligência, à comunidade política toda a autonomia que a síntese tomista lhes abria.

A esse aspecto acresce-se um segundo para afastar o pensamento de Duns Escoto daquele de Santo Tomás. Duns Escoto não é dominicano, não é um filho espiritual de Alberto Magno e de Santo Tomás; com o hábito franciscano, herdou outra tradição espiritual e intelectual que combina bem com as características de seu pensamento. Herda, de um lado, através de São Boaventura, toda a tradição agostiniana de uma concepção das relações entre a graça e o mundo, na qual a parte do mundo exterior não tem valor em si mesma, mas somente como símbolo, como figura da vida espiritual. Está sob a influência desse agostinismo político que tende a absorver a realidade do político na cidade de Deus[2]. Embora tome com tanta naturalidade o partido da Santa Sé, não é certo que o faça com a moderação e o equilíbrio característicos de Santo Tomás. É verdade que o próprio doutor dominicano não era compreendido nesse sentido por alguns de seus discípulos[3]. De outro lado, a filiação espiritual de Escoto o vincula a uma ordem cujo fundador, São Francisco, se bem que venere as criaturas, sinais da glória de Deus, não dá todo o valor à vida política, sendo seu desejo satisfazer o Evangelho como única regra de vida.

Isso talvez nos explique por que o pensamento de Escoto dará tanto espaço à revelação, um espaço que às vezes invade o campo que, em Santo Tomás, era o da inteligência natural. Ainda mais porque é possível depreender outras influências, notadamente a de Avicena, que vão nesse sen-

---

2. Arquillière, *L'augustinisme politique*, Paris, 1934. Esta obra é consagrada a um período muito anterior, mas esclarece um complexo de ideias que encontramos em pleno século XIII. Lagarde, *La naissance...*, *op. cit.*, t. II, Paris-Louvain, 1958, pp. 215, 258-9.

3. Lagarde, *op. cit.*, pp. 129-37.

tido e preparam uma leitura de Aristóteles muito diferente daquela de Santo Tomás[4], uma leitura em que o ser já não será compreendido através da análise da experiência dos seres concretos, da relação da natureza com o homem, depois com Deus, mas através das deduções do ser comum, e em que tudo o que depende do devir escapará à filosofia para ser reservado à revelação. A esse respeito e de modo muito complementar, Duns Escoto se situa na linha de Platão[5] tanto como na de Agostinho ou de Avicena.

No seio dessa obra, prisioneira da estrutura do comentário das *Sentenças*, e voluntariamente orientada por seu autor para as mais elevadas especulações metafísicas, as realidades morais, políticas e jurídicas têm apenas um lugar reduzido. Não se deve procurar aqui o equivalente de um tratado da lei, em que a experiência da lei humana seria analisada a fim de permitir depois uma melhor compreensão da lei divina. Não se trata, porém, de uma ignorância das realidades jurídicas, a julgar pelo verdadeiro pequeno tratado dos contratos desenvolvido pelo autor. Só que essas realidades, contratos ou lei, são compreendidas apenas por seu aspecto diretamente teológico: a lei em sua relação com a lei divina, os contratos em sua relação com o dever de restituição. Por isso a lei será estudada em algumas páginas, primeiro do ponto de vista da relação de Deus com o universo, depois a propósito dos mandamentos de Deus e, enfim, a propósito da penitência e, notadamente, da restituição dos bens em consequência desse sacramento[6].

Apesar desse medíocre interesse pela lei, Duns Escoto é para a nossa pesquisa um autor importante, como o é no plano da filosofia geral, uma vez que, sendo o ockhamismo largamente combatido, ele servirá de base para a edificação das primeiras filosofias da idade clássica, especialmente para

---

4. Toda a interpretação de Escoto proposta por Etienne Gilson é regida por essa influência de Avicena. Além de sua obra, *Jean Duns Scot, introduction à ses positions fondamentales*, Paris, 1952, p. 85. Gilson, "Avicenne et le point de départ de Duns Scot", *AHDLMA*, pp. 89-150.

5. Gilson, *Jean Duns Scot...*, *op. cit.*, pp. 110-7, 283.

6. *Op. Ox.*, I, dist. XLIV, quaest. única, *Op. Ox.*, IV, dist. XV, quaest. II-III. Estes são apenas os lugares principais, encontraremos outros que serão assinalados em sua hora.

Descartes. No tocante à lei, sua importância não é menor, pois ele desenvolve um voluntarismo consciente estreitamente ligado à sua ontologia; estabelece dessa maneira certo número de posições que serão retomadas pelo nominalismo que ele prepara; conquanto Ockham muito frequentemente se pretenda em oposição com o Doutor escocês, copia-lhe um espírito e algumas das posições-chave de seu pensamento, tal como certa fragmentação do ser sob a onipotência de Deus.

O vínculo do pensamento de Escoto com o ockhamismo é, de fato, um ponto de controvérsia; indagam-se que lugar se deve ou não atribuir ao Doutor Sutil na emergência do nominalismo. Não se trata de mera questão de erudição; é toda a interpretação de Escoto e do pensamento do final da Idade Média que está aqui em jogo[7]. Para alguns, o pensamento escotista não teria nenhum caráter negativo; não é essa a nossa opinião, e veremos ao longo de nosso estudo as razões pelas quais somos conduzidos a um juízo crítico, ao menos no que concerne à lei. Escoto parece bem ser um dos teólogos que, com Ockham e alguns outros, encontram-se na origem da noção moderna de lei[8]. Essas são as razões que levam a estudá-lo mais de perto.

Há em Escoto uma recusa de situar-se como Santo Tomás no nível dos seres, na plenitude da existência deles,

---

7. Pulzanski, *Essai sur la philosophie de Duns Scot*, Paris, 1888; Landry, *Duns Scot*, Paris, 1922; De Muralt, "Signification et portée de la pensée de Duns Scot", *Studia philosophica*, Basileia, 1970; Philippe, *L'être...*, t. I, Paris, 1972, p. 287, inclinam-se pela ideia de uma preparação do nominalismo por Ockham, com variações menores ou maiores.

Ao contrário, Minges, J. *Duns Scoti Doctrina philosophica et theologica quoad res prae-cipuas*, Quaracchi, 1908; Longpré, *La philosophie du bienheureux Duns Scot*, Paris, 1924; Déodat de Basly, *Scotus Docens*, Paris, 1934, e, parece-nos, Gilson negam esse vínculo.

É certo que, se Duns Escoto não é nominalista – apesar das dificuldades que tem em dar lugar para o indivíduo no universal –, seu realismo dos universais conduz simultaneamente à destruição da unidade do ser individual e à exaltação da diferença. Parece-nos, pois, preparar Ockham por meio de ação e de reação.

8. Welzel, *Diritto naturale e giustizia materiale*, trad. De Stefano, Milão, 1965, p. 119; Wieacker, *Storia del diritto privato moderno*, trad. Santarelli e Fusco, Milão, 1980, t. I, p. 397; Lagarde, *La naissance...*, *op. cit.*, t. II, pp. 238 ss.

para preferir considerá-los no conceito deles. Substituir o ser concreto e real de Santo Tomás pela noção de ser comum cada vez mais determinado, mas sem nunca deixar o plano formal. Essa análise formal do ser embaça então as coisas. Segue-se que o ser pode ser apreendido adequadamente pela inteligência e, portanto, conquistado pela vontade. Há em Escoto uma passagem manifesta do fim para a forma, da acolhida da inteligência para a eficácia da vontade.

A execução dessa eficácia da vontade é convocada pela redução da coisa à forma. Dessa redução, resulta uma realidade uniforme que suscita uma lei uniforme, a qual, por sua vez, confirma e constitui essa uniformidade por trás da qual caminha a vontade.

A concepção escotista da lei[9] se harmoniza com muita facilidade com os princípios de sua ontologia, na qual pudemos constatar uma dissolução da coisa sob a pressão da vontade divina e sua substituição por uma realidade dissociada e, por isso, mais facilmente submetida à vontade de um Deus onipotente, livre de qualquer necessidade. As leis, no pensamento de Escoto, organizam-se de forma paralela a esse esquema. A lei eterna que fazia a unidade do cosmos tomista desaparece em proveito de uma hierarquia das leis, que já não corresponde a uma realidade diversificada e unida pelo fim. Cada lei, como as formas que a razão recorta no mundo das essências, é uma realidade separada e, sobretudo, separada da coisa. Cada uma delas se desenvolve em seu próprio plano. A coisa não as une, na verdade elas não têm relação com ela. Não provêm dela, nem voltam a ela, por isso podem impor-se sem dever matizar-se ou flexibilizar-se. Esse desprezo pelas coisas, ou essa impotência das coisas, leva a estabelecer a origem da lei numa faculdade diferente daquela que põe em relação com as coisas, ou seja, na vontade. Esta pode, de fato, assegurar força à lei, mantê-la fora de qualquer relação com as coisas. Essa mesma faculdade pode, como já era o caso no tocante à unidade da própria coisa, re-

---

9. Para um levantamento quase exaustivo dos textos escotistas referentes à lei: Michel Brlek, "De momento Scoti pro jure et formatione juris", *in Congressus..., op. cit.*, t. IV, pp. 767-875.

compor uma unidade artificial sob a pressão do objetivo que ela se atribui. Por isso veremos a unidade das leis diversas recompor-se sob a pressão da vontade divina. Por conseguinte, elas já não se referirão à coisa, mas a uma vontade ainda mais facilmente unificante, pois estará situada acima da realidade à qual ela se imporá.

Um primeiro esboço desse esquema se revela na organização do pensamento escotista sobre a lei. Dois pontos dignos de nota aparecem já de início: a ausência de lei eterna e o lugar reduzido ocupado pela experiência da lei humana, que já não intervém em absoluto como ponto inicial da análise. Ao contrário, esse procedimento é muito frequentemente criticado na teologia escotista. É-lhe reprovado não poder soltar-se finalmente da experiência, da qual ela faz seu primeiro momento. Tal experiência é demasiado pobre para fornecer ao teólogo os conceitos necessários à sua ciência, e, como não é possível ultrapassá-los por meio da analogia, é preciso extrair da revelação os conceitos novos necessários à teologia católica.

Sobre a análise das relações entre as leis, essa concepção das relações entre a teologia e a filosofia pesa sem parar, pois estas reproduzem mais amplamente a relação entre a natureza e a graça. O bem indicado pela lei humana, assim como o bem indicado pela lei natural não bastam para conduzir o homem ao seu fim (essas leis não devem, aliás, ser entendidas de modo diferente segundo os níveis do ser). Diante da constatação do fracasso da lei humana e da lei natural, cumpre apelar para a lei divina que vem preencher as lacunas e as insuficiências das duas primeiras. Esta última vem, pois, não rematar a perfeição da lei, mas substituir-se parcialmente às duas primeiras. No entanto, a relação da lei divina não é rigorosamente paralela conforme se trate da lei humana, que ela substitui bem amplamente, ou da lei natural que conserva um lugar mais amplo.

Sejam quais forem essas variações por ora, cada lei parece ser puramente positiva na medida em que nenhuma, da lei divina à lei humana, apoia-se nas coisas. Em vez das coisas, há a vontade dos legisladores e, se aprofundamos a análise, uma vontade única que circula de uma lei para a outra e acaba englobando de modo mais ou menos direto a totalidade das leis e da ordem jurídica. A univocidade da lei se manifesta então em dois sentidos; em primeiro lugar, no fato de que a diversidade das leis é substituída pela única vontade divina, em segundo, pelo fato de que a diversidade das relações é substituída de modo mais ou menos direto por uma vontade uniforme atrás da qual sempre se encontra a presença da vontade divina.

Duns Escoto conserva, no tocante à lei, as grandes divisões da tradição escolástica em lei divina e lei natural. Em compensação, recorre com muito mais frequência do que Santo Tomás à expressão lei positiva, extraído de Abelardo, que tende a substituir a expressão lei humana. O estudo sucessivo de cada uma dessas leis lança luz ao que se manifesta assim mais claramente para a lei humana, a saber, a substituição das coisas pela positividade da vontade.

A lei divina estabelecida por Deus

Duns Escoto não dedica questão especial à existência da lei divina, nem à explicação dessa noção. Não obstante, utiliza-a com frequência suficiente para que seja possível tirar dos textos um sentido que determina com mais precisão a sua noção. Escoto utiliza a noção de lei divina no âmbito de duas oposições: a primeira entre a lei divina e a lei natural, a segunda entre a lei divina e a lei eclesiástica ou canônica.

A lei divina se distingue de início da lei natural pelo fato de esta última ser permanente. Uma vez escolhido por Deus o estado presente da criação, ele persiste[10]. Ao contrário, a lei divina não é por si imutável; a prova disso é que ela variou, já que passamos do Antigo Testamento ao Novo, no próprio interior da lei divina[11]. Por isso deve-se criticar Graciano, que disse que a lei natural está contida na Escritura e no Evangelho. Em si mesma, a lei divina é totalmen-

---

10. *Op. Ox.*, lib. I, dist. XLIV, quaest. única, n.º 2.
11. *Op. Ox.*, lib. IV, dist. I, quaest. III, art. 4, n.º 8.

te separada da lei natural, não só porque representa um fim mais elevado, mas porque não assume a natureza[12]. A graça que é transmitida por ela é puramente gratuita, não é em nenhum sentido uma realização da natureza. Tal concepção, próxima daquela de Santo Tomás, conduziria, pensa Duns Escoto, a dar à graça um caráter de necessidade, o que é inadmissível.

Quanto à lei natural, a lei divina encontra-se na mesma relação que uma lei positiva, mas uma lei positiva superior. É por isso que Escoto fala, para opô-las, da lei natural e de *lex positiva*, aplicando este termo à lei divina[13].

A lei positiva eclesiástica encontra-se, também ela, na mesma relação com as coisas; assim como a lei positiva eclesiástica é querida livremente com a condição de respeitar os limites da lei natural, também a lei divina, com a condição de não contradizer a lei natural, é querida pela onipotência de Deus[14]. Isto nos leva imediatamente ao fundamento da concepção escotista da lei divina. É a vontade onipotente de Deus que a faz ser. Toda a sua essência se baseia nisso. Sejam quais forem os matizes que é preciso aplicar ao voluntarismo de Escoto depois das observações de Etienne Gilson, que aliás se referem sobretudo à lei natural[15], a verdade é que a vontade divina na ordem natural[16] impõe-se unicamente por seu valor intrínseco, sem correspondência com nenhuma natureza. Apenas o amor que Deus tem por si mesmo é uma necessidade de natureza; nem a criação, nem a revelação o são. "Como nenhum bem particular está vinculado ao Bem absoluto por uma relação necessária entre o meio e o fim, o próprio Deus teve de promulgar mandamentos para dizer o que o homem deve querer ou não querer, com o fito de atingir seu fim cabal; esses mandamentos constituem a lei divina", escreve Etienne Gilson[17].

---

12. *Op. Ox.*, lib. IV, dist. XVII, quaest. I, n.º 4.
13. *Op. Ox.*, lib. IV, dist. III, quaest. IV, n.º 4.
14. *Op. Ox.*, lib. IV, dist. XVII, quaest. I, n.º 4.
15. Gilson, *Jean Duns Scot...*, *op. cit.*, pp. 575 ss.
16. *Op. Ox.*, lib. IV, dist. XVII, quaest. IV.
17. Gilson, *op. cit.*, p. 680.

Com isso encontra-se posta toda a questão da organização do universo em Escoto. Parece mesmo que ele se caracteriza por certa comunidade fundamental do ser; por conseguinte, para preservar a transcendência divina, Escoto é levado a recusar a existência de uma verdadeira causa final. Apenas uma vontade gratuita e imprevisível preserva o mistério divino. Num mundo sistematizado como o de Escoto, a novidade já não intervém entre os níveis do ser, mas da lógica do ser à pura vontade.

Isso o leva a fazer da lei divina uma lei positiva não derivada de uma outra lei, mais elevada, a lei eterna de Santo Agostinho e de Santo Tomás, que está ausente, mas em relação à lei natural. A lei divina não é positiva porque é a expressão de um mistério ainda mais profundo, mas porque não é racionalmente dedutível dos preceitos da lei natural[18]. Na teologia de Santo Tomás, a lei divina conduz a uma pessoa viva, e o próprio Verbo não é autossuficiente, mas fala do segredo de seu Pai. O texto das Escrituras se acha assim orientado, mas também relativizado, por duas instâncias superiores. Ao contrário, parece que no pensamento de Escoto a lei divina esgota, pelo menos para o estado presente, o que devemos fazer e o que podemos conhecer de Deus, com a possibilidade de deixar para o além um estado de beatitude sem vínculo com o caminho que a ele conduz. É por isso que puderam ver em Escoto um remoto predecessor das doutrinas da predestinação distinta da justificação[19].

Embora o mistério se situe no desenvolvimento temporal, ficando o futuro sempre incognoscível e totalmente novo em relação ao passado, cada etapa, porém, sob a lei antiga primeiro, sob a lei nova depois, é regida por um estatuto que é autossuficiente. Daí resulta que, de fato, *de potentia ordinata*, a lei antiga, depois a lei nova regem os homens mediante o texto claro delas. Oscila-se, assim, de um

---

18. *Op. Ox., ibid.*
19. Vignaux, *Justification et prédestination au XIe siècle*, Paris, 1934, pp. 23 ss.

mistério imprevisível a um texto sem espessura. De um lado, apenas a vontade dá força obrigatória ao texto, mas, para não ser reduzida a uma ordem criada em direção de um indivíduo, para estender-se a grupos e para adquirir certa estabilidade, ela se torna texto universal. Isto nos põe no centro das hesitações do pensamento jurídico moderno entre a vontade e a razão e mostra-nos a origem antiga delas. Há, porém, e em nossa opinião ela já está presente em Escoto, uma redução dessas oposições, porque a razão troca o serviço da inteligência pelo da vontade. A inteligência põe a razão a serviço de sua descoberta da realidade; se utiliza esse instrumento de análise, os resultados dessa análise permanecem secundários em relação à inteligência iluminada pelo ser em ato da coisa, que constitui assim um fim. Inversamente, aqui, pelo viés da abstração e da universalização, a inteligência possibilita que a razão deixe de ser relativa à coisa, que reduza a coisa aos conceitos, que recorte em entidades segundo as formas do espírito. É bem isso o que realiza, depois de Platão, a doutrina escotista da realidade dos conceitos. Nessas condições, o conceito é imposto pela razão sem levar em conta a unidade real da coisa. Desde então, o pensamento já não é relativo à coisa, mas a coisa se torna seu objeto, a vontade já não é esclarecida pela inteligência apreendida pela coisa, ela se estende substituindo a realidade pelo conceito. As deduções da lógica, as conclusões tiradas do texto são na verdade meios não de conhecer a coisa ou os caminhos que a ela conduzem, mas de conhecer a vontade imposta à coisa, no caso, a vontade divina imposta aos batizados. A lei divina já não pode então ser considerada como o conhecimento de uma pessoa do qual decorre o que é preciso fazer para amar essa pessoa segundo tudo o que ela é.

É verdade que a revelação cristã podia ser interpretada do modo como a compreende Duns Escoto, já que, de fato, a fé deixa o espírito na obscuridade, com a exceção do que é conhecido pela revelação das Escrituras. Estas revelam-se então o meio de conhecer o que Deus quer, não quem é

Deus. O acordo das vontades através da ordem dada pelo texto substitui o conhecimento natural. No entanto, Santo Tomás evitara esse modo de compreender a Escritura, mantendo simultaneamente os estatutos de um conhecimento e de uma sabedoria práticos que só resultam num conhecimento ainda obscuro, *pro statu isto*, que regula a partir da realidade da pessoa amada o exercício da caridade.

É igualmente verdade que Escoto adota essa posição talvez mais por desconfiança de Henrique de Gand do que de Santo Tomás[20]. Ele quer evitar a necessidade intelectualista daquele, muito diferente da autêntica posição do Doutor Angélico. Em Henrique de Gand, parece mesmo que o intelecto funciona com a passividade e a necessidade de uma natureza, o que está longe de representar a posição autêntica de Santo Tomás, para quem o intelecto não é necessitado pela coisa, mas deve valer-se da vontade para se determinar. Não é certo, porém, que, apesar da crítica desse ponto, Duns Escoto tenha conseguido libertar-se inteiramente da influência de Henrique de Gand. Compartilha com ele a herança agostiniana e platonizante. Talvez a explicação profunda da posição de Escoto se encontre nessa herança que o força a conceber um real que se reflete por suas formas no espírito e dele necessita; para salvar a liberdade, é então conduzido a separar dele o ato da vontade. Fundamenta apenas muito parcialmente a liberdade do espírito. Santo Tomás, que a fundamentava a um só tempo no dinamismo do espírito, na pobreza dos objetos e na profundidade ontológica do real, era, contrariamente a muitas interpretações, inclusive contemporâneas, seu melhor defensor. Uma confirmação da parcial dependência de Escoto em relação a Henrique de Gand poderia ser encontrada no fato de que o necessitarismo intelectual de Henrique de Gand era vivamente atacado por um profundo voluntarismo ético, nesse mesmo autor.

---

20. Henrique de Gand é o adversário de Escoto em todas as questões que abrangem as relações entre a vontade e o intelecto.

A separação voluntarista que caracteriza a lei divina em Escoto aparece ainda de inúmeros pontos de vista. Observa-se, acima de tudo, que as relações entre a lei antiga e a lei nova são muito diferentes das que existiam em Santo Tomás. Ao passo que, para este último, havia um aperfeiçoamento de uma para a outra, sem ruptura, Escoto insiste, ao contrário, na mudança ocorrida sem salientar o aperfeiçoamento. Com efeito, a lei divina é, a esse respeito, constituída pelas disposições temporárias da Escritura, em oposição à lei natural imutável. Há, sem dúvida, certo aperfeiçoamento de uma para a outra, mas ele não parece residir, para Escoto, numa interiorização do amor. A lei divina nova é mais perfeita porque é mais leve; comporta apenas preceitos morais ou cerimônias menos precisas. É mais universal: enquanto a lei antiga abrangia apenas um povo, a lei divina se estende a todos os crentes. É mais uma lei de graça do que uma lei de verdade[21]. Foi instituída por Cristo para o bem da comunidade dos crentes[22]. Parece que, com isso, Escoto se aproxima de uma concepção finalizada da lei, mas não se deve esquecer que, se há fim, ele é entendido como uma vontade exterior que vem no estado atual finalizar o que é suscetível de sê-lo. Há sem dúvida nisso uma aplicação dos princípios ontológicos de Escoto. O fim prescrito pela lei se impõe, mas de modo extrínseco, o que confirma a doutrina dos atos indiferentes bem como as indicações mais diretas de Duns Escoto.

Nessa concepção, a promulgação assume uma importância particular, já não é uma declaração relativa à natureza da coisa em movimento, necessária para tomar conhecimento do que é apto para o desenvolvimento dessa coisa. É realmente criadora da lei, já que o texto substitui as coisas. Enquanto uma promulgação expressa não for realizada, não

---

21. *Op. Ox.*, lib. IV, dist. XVII, quaest. IV.
22. *Op. Ox.*, lib. IV, dist. I, quaest. 1, n.ºs 5 e 8, e *ibid.*, dist. III, quaest. IV, n.º 3. Por conseguinte, a superioridade da lei nova se mensura pelo fato de ser mais leve: *Op. Ox.*, lib. III, dist. XI.

haverá lei. Ao inverso, essa promulgação fica totalmente entregue à vontade do legislador, uma vez que contém toda a vontade do legislador[23].

De todo modo, se a lei antiga foi promulgada no Sinai, a lei nova o foi por ocasião do Pentecostes. Entre os dois, Escoto parece admitir um período intermediário durante o qual a lei antiga permaneceu em vigor. A duração exata desse período não é, aliás, especificada, pois é preciso que a promulgação da lei nova atinja aqueles que ela deve governar. Pode-se estimar que a lei antiga permaneceu em vigor durante certo tempo durante o qual, por exemplo, a prática da circuncisão era autorizada, e durante o qual Cristo devia sujeitar-se aos ritos da antiga lei[24].

Há que se saber também qual é o alcance da mudança ocorrida na vontade do legislador. Todas as disposições da lei antiga estão ab-rogadas ou permanecem algumas? Escoto distingue, de acordo com as categorias habituais da escolástica, os preceitos morais, cerimoniais e jurídicos (*moralia, ceremonalia* e *judicalia*)[25].

Os preceitos morais são retomados na lei nova, o Decálogo é apenas mais explícito, mais bem exposto pelo próprio Cristo no Evangelho: "Vós ouvistes que foi ensinado aos antigos: não matarás. Mas eu vos digo: quem disser a seu irmão, Raca..." (Mt 5, 21-22).

Os preceitos atinentes às cerimônias não permanecem em si mesmos, mas sim em seu significado. Estamos muito próximos da interpretação de Santo Tomás. Eles tinham apenas um papel prefigurativo da purificação dos pecados e do sacrifício de Cristo. A esse respeito, a lei antiga não é suprimida quanto aos seus frutos[26].

Os preceitos jurídicos têm um estatuto diferente. São em princípio antiquados, mas permanecem quanto ao seu

---

23. *Op. Ox.*, lib. IV, dist. III, quaest. IV, n.º 5.
24. *Ibid.*, n.º 20.
25. *Op. Ox.*, lib. III, dist. XL, quaest única, n.º 2.
26. *Op. Ox.*, lib. IV, dist. III, quaest. IV, n.º 19.

fim. O fim dos *judicalia* é a coabitação pacífica, e os *mores* do Evangelho são mais aptos para esse fim do que a lei do talião da lei antiga. No entanto, seu valor não mudou e seria possível, e até desejável, que os Príncipes os impusessem a título de direito positivo humano. Não seria herético continuar a utilizar a lei antiga[27].

A passagem de um regime para o outro não é concebida como um aprofundamento, que conduz a abandonar inúmeras práticas anteriores, mas como uma mudança de vontade do legislador[28].

Compreende-se então que seja difícil admitir nesse caso o que pode parecer uma contradição com essa vontade absoluta. A questão surge várias vezes a propósito de alguns acontecimentos que parecem contradizer os preceitos morais da lei antiga.

Parece que na lei divina no sentido estrito – veremos que Escoto às vezes estende esse termo à lei natural – basta que o autor da lei, graças à mesma vontade que fundamentou o preceito, revogue o preceito ou diga como deve ser compreendido. A primeira espécie de dispensa se aplica, por exemplo, às cerimônias da antiga lei: a dispensa equivale aqui a uma revogação, a uma mudança da lei. Dá-se o mesmo quando se trata de um caso particular, por exemplo, o de Abraão. Ordenando o sacrifício de Isaac, Deus dispensa do preceito que proíbe o homicídio[29].

Assim, se bem que o casamento segundo a lei de natureza ou divina seja em princípio monógamo, Deus dispensa dessa prescrição os patriarcas, em razão das circunstâncias: a necessidade do desenvolvimento do gênero humano, a fim de assegurar o culto divino[30].

Entretanto, é imposto um limite a essa vontade divina: ela não deve contradizer-se, isto quer dizer que ela inter-

---

27. *Op. Ox.*, lib. III, dist. XL, quaest. única, n.º 3, e lib. IV, dist. III, quaest. IV, n.º 11.
28. *Op. Ox.*, lib. III, dist. XXXVIII, quaest. I, n.º 3.
29. *Ibid.*, n.º 5.
30. *Op. Ox.*, lib. IV, dist. XXXIII, quaest. I, n.º 4.

vém em razão das circunstâncias, visando o Bem, que constitui a única necessidade à qual ela obedece, já que ela própria é Bem e Amor[31].

Com esses dois exemplos, parece que estamos passando para uma extensão da lei divina à lei natural. Se, no início, Escoto parece realmente distingui-las pela diferença de estabilidade que ele introduz entre uma e a outra, sendo a lei natural o que é estável como a natureza e a lei divina a que a vontade pode modificar[32], fica claro que ambas têm raiz na vontade divina. Pode-se então dizer que a lei natural está em consonância com a lei divina[33]. As duas leis se referem à vontade de um mesmo autor. A lei divina se estende à lei natural, cuja estabilidade, aliás, é em certos pontos colocada em dúvida[34]. Parece então que a lei divina se distingue ainda, pelo menos sob a lei antiga, porque é menos exigente do que a lei de natureza. A lei divina mosaica permite o casamento polígamo, ao passo que a lei natural prevê a monogamia[35].

Quanto à lei nova, podemos pensar que é mais exigente do que a lei natural, ainda que isso não esteja muito claro. Por exemplo, quando Escoto raciocina sobre o homicídio, ele observa que a lei natural e o Evangelho permitem, em virtude da lei do talião, aplicar a pena de morte ao homicida[36]. Notar-se-á sobretudo a diferença entre a justificação de Escoto e a de Santo Tomás: o bem comum pode exigir a pena de morte, pode também não a exigir; aqui é um texto que é invocado. Depois vem o caso do ladrão: ele será passível de pena de morte? A lei divina proíbe absolutamente a morte e não prevê dispensa nesse caso. Ora, so-

---

31. *Op. Ox.*, lib. I, quaest. II, n.ºs 20 e 23, e lib. IV, dist. XLVI, quaest. I, n.º 6.
32. *Op. Ox.*, lib. IV, dist. XVII, quaest. I, n.º 4.
33. *Ibid*.
34. *Op. Ox.*, lib. III, dist. XXVIII, quaest. única.
35. *Op. Ox.*, lib. I, dist, XLIV, quaest. I, n.º 2, A aproximação das duas leis ficará mais manifesta quando se tiver mostrado que a maior parte da lei natural é oriunda da vontade divina. *Op. Ox.*, lib. IV, dist. XXXIII, n.º 4.
36. *Op. Ox.*, lib. IV, dist. XV, quaest. III, n.º 6.

mente o superior pode dispensar de sua lei, ele próprio previu caso de dispensa para o blasfemo, o adúltero e muitos outros, mas não para o roubo. Logo, o roubo simples, nem na lei mosaica nem sob o regime da lei evangélica, pode ser punido de morte. Para que não seja assim, seria preciso uma prescrição expressa da Escritura ou uma intervenção divina expressa[37]. É característico que Escoto não se coloque a questão da proporção entre a pena e o delito. Por conseguinte, a lei divina, expressão da vontade divina, desempenha o papel de uma norma superior que, pelo jogo de suas prescrições e de suas dispensas, fornece a justificação das outras leis. Dela devem ser deduzidas todas as disposições que são justas[38].

O processo de dedução, de descida da vontade divina à lei positiva, é expressamente previsto por Escoto[39]. Trata-se de levar até o concreto as consequências da *potentia ordinata Dei*. Nessa interpretação, Escoto invoca expressamente Santo Agostinho[40], de quem parece um fiel intérprete. Fica claro que, nessa perspectiva, a realidade por si só não tem valor, adquire-o pelo decreto divino. A lei positiva só adquire valor em virtude de sua dedução da lei divina, as circunstâncias que cercam a aplicação dessa lei são levadas em conta apenas como meros fatos brutos, sem nenhum sentido por si mesmos. O raciocínio do legislador se reduz a um silogismo a partir da norma superior constituída pela lei divina. Apenas essa lei justifica as outras leis. O príncipe cristão deduz dela todas as disposições que se lhe impõem, mas fora do que foi prescrito ele é livre[41].

Vamos dar, desse modo, numa espécie de positivismo moral, muito ligado ao agostinismo político e a certas con-

---

37. *Op. Ox.*, lib. IV, dist. XV, quaest. IV, n.ºs 7 e 8.
38. *Op. Ox.*, lib. I, dist. XLIV, quaest. I, n.º 1.
39. *Op. Ox.*, lib. IV, dist. XVII, quaest. única, n.º 3.
40. *Op. Ox.*, lib. IV, dist. XV, quaest. IV, n.º 7.
41. Assim, é a ausência de lei natural ou divina incidente sobre esse ponto que permite ao legislador partilhar os bens, é o mesmo silêncio que impõe recorrer a uma espécie de contrato social para determinar o detentor da autoridade. *Op. Ox.*, lib. IV, dist. XV, quaest. II, n.ºs 6 e 7.

sequências da reforma gregoriana. A lei divina é o princípio de qualquer outra disposição legislativa. Isso nos conduz de novo ao agostinismo, a Platão também, para quem a lei era descoberta a partir da ideia de Bem. Ocorre em Escoto uma volta ao absoluto da palavra de Deus, mas entre os gregos, inclusive Platão, o *lógos* era *lex* na natureza; ou a partir da natureza, aqui ele é *lex* numa Escritura. A ordem é produzida pela aplicação da Escritura a um caos original.

As consequências dessa posição são graves. Apenas os que creem serão membros da comunidade política? Se esta tira imediatamente seu valor de sua adesão à lei divina, deveremos excluir aqueles que rejeitaram e rejeitam essa lei?[42] No entanto, antes que houvesse príncipes cristãos, havia cidades, e Santo Agostinho tem muita dificuldade em situar o lugar e a legitimidade da *Res Publica Romana*, anterior à Igreja. Na época de Escoto e na precedente, Santo Tomás e alguns outros haviam recobrado esse sentido da cidade autônoma, e independente em sua ordem, do espiritual. Mas Santo Tomás deixava à cidade toda a abertura possível para o espiritual e para a Igreja. A autonomia da cidade não acarretava sua oposição à Igreja. Por não se seguir esse caminho, por temor, favoreceu-se a volta do agostinismo político, manifestada, depois da condenação de 1277, pela doutrina da lei divina em Escoto; isto iria suscitar afirmações da autonomia do temporal oposto dessa vez ao espiritual e à Igreja. Ockham e Marsílio de Pádua são seus mais típicos representantes.

Ademais, a afirmação da lei divina como norma superior da qual se deduzem as disposições positivas acarreta uma dificuldade, que consiste em aplicar de modo rígido as prescrições de um texto ao qual é atribuído, em virtude de sua sacralidade, um caráter absoluto. Então é difícil escapar das contradições nascidas da evolução das situações e não

---

42. Vemos, por exemplo, o comentador Lychetus fazer do direito canônico o melhor intérprete da lei divina, mas também da lei natural. Lychetus, *in Op. Ox.*, dist. XV, quaest. III, n.º 55 (Edit. Wadding).

dar a certas disposições, na realidade secundárias, um valor absoluto, enfim, não tomar costumes pouco importantes ou humanos pela vontade de Deus. Dever-se-á, por exemplo, recusar fazer os aviões voarem aos sábados ou condenar absolutamente o empréstimo a juros, se a economia vier a evoluir? Recai-se então numa espécie de idolatria do texto que não era alheio ao farisaísmo e que Cristo, ao que parece, se dera por objetivo eliminar, precisamente levando a lei à sua perfeição. A lei divina assim concebida se torna então um terrível poder não só na boca de Deus, mas também de seu intérprete, o príncipe cristão, que fala a partir daí em seu nome. As disposições que ele toma participam da vontade divina da qual tiram a sua legitimidade, usufruem a mesma sacralidade, a mesma infalibilidade; e passa-se da idolatria do texto da Escritura para a idolatria do texto da lei positiva[43]. Escoto às vezes nos diz mesmo que as circunstâncias importam, mas não justifica filosoficamente essa intervenção. Poderá então desenvolver-se uma casuística, concebida com a aplicação da lei a todas as circunstâncias[44]? Basta reportar-se ao seu ensinamento sobre a prudência para compreender que, na realidade, esta permanece sempre um conhecimento da vontade divina e não do que é bem.

Estamos aqui numa das origens da monarquia absoluta de direito divino, pelo menos tal como será concebida mais tarde, e em suas versões extremas.

Mas a derradeira e ruinosa consequência da doutrina escotista consiste em fazer da lei divina uma ordem arbitrária de Deus. Por certo é a arbitrariedade de um amor, ao menos em Escoto, mas não haverá aí alguma contradição? Será possível amar sem deixar o outro ser tudo o que ele é?

---

43. Tendo mostrado que a comunidade e a autoridade legislativa resultam de um artifício, Escoto desvia o sentido de autoridade para o de poder. O príncipe deve possuir a autoridade para fazer a lei *auctoritatem quia dicitur lex a ligando*. *Op. Ox.*, lib. IV, dist. XV, quaest. II, n.º 6, e lib. II, dist. XXVI, quaest. única.

44. *Op. Ox.*, lib. IV, dist. XXXIII, quaest. I, n.ºˢ 4 e 6.

O realismo da amizade em Santo Tomás não consiste precisamente nisso, e isso não exigirá medir a sua vontade pela inteligência que conhece realmente o que são os outros? Seja qual for a intenção espiritual profunda do Doutor Sutil, a lei fica desprovida de caráter pedagógico, requer somente ser executada porque é desejada. É a expressão de uma vontade onipotente que não suscita, senão de maneira externa, o desenvolvimento de uma natureza. Tal lei apresenta o risco de suscitar mais a revolta do que o amor.

Essa concepção da lei divina em Escoto é estreitamente vinculada às relações de justiça que existem entre Deus e o universo. Quando Escoto se pergunta se há em Deus uma justiça, ele situa essa justiça primeiro na vontade, sendo a relação com outrem secundária. Dessa forma, há justiça em Deus, já que ele é para si mesmo sua primeira regra à qual sua vontade é perfeitamente adequada. Com relação a outrem, a justiça é sobretudo legal, ou seja, estabelecida pelo legislador[45]. Ou então a justiça é "direcionada a um outro" em particular, seja pura e simplesmente, seja para consigo mesmo como se se tratasse de um outro. Esta última espécie de justiça é a justiça penal. Poder-se-ia dizer que a primeira existe em Deus se compreendemos que ele próprio concorda perfeitamente com a sua própria lei: é preciso amar a Deus. A segunda, em seu aspecto de relação consigo como com um outro, existe nele porque sua vontade é determinada a querer o que convém à sua bondade, e isto como uma dívida que ele deve a si mesmo. A respeito das criaturas, Escoto, ao tratar da justiça divina, repete as categorias aristotélicas de justiça distributiva e comutativa; não podendo a segunda, aliás, convir estritamente, já que não há igualdade entre Deus e as criaturas. A originalidade de Escoto se manifesta na interpretação que ele dá dessas relações de justiça. Pode-se dizer que a justiça é de Deus porque pode ser reduzida a dois elementos: o primeiro é a retidão da vontade que convém a si mesma, o segundo, a

---

45. *Op. Ox.*, lib. IV, dist. XLVI, quaest. I, n.ᵒˢ 4 e 5.

retidão da vontade na ordem da exigência para com a criatura. A justiça se encontra resumida à vontade, e esta, à natureza de Deus. Portanto, podemos perguntar-nos se a raiz do que é descrito aqui não se fundamenta em última análise numa concepção das relações trinitárias que parece dar uma prioridade ao Espírito em comparação ao *Lógos*.

A concepção escotista da justiça, como conformidade à vontade divina, tem o resultado de deslocar o sentido da justiça e absorver a justiça, no sentido romano ou aristotélico, na justiça religiosa de Israel; provoca uma confusão entre lei natural, divina e eterna. A conformidade de Deus com sua própria vontade não é lei divina, expressão da essência divina? A partir daí esta já não é secreta e misteriosa; a lei eterna que, em Santo Tomás, permanecia secreta, é aqui totalmente revelada. Uma vez que Deus é amor, ele pode tomar todas as disposições que quer em virtude desse amor; logo, a lei divina não é em absoluto compreendida como uma lei dependente da lei eterna; ela é essa lei na medida em que é a vontade presente de Deus[46]. Fica difícil distinguir essa lei da lei natural que, no sentido estrito, também é o amor que Deus tem por si mesmo; em Escoto, é impossível situar em planos diferentes do ser, o que é revelado e o que é adquirido pelo estudo racional. As duas realidades encontram-se numa continuidade que as confunde[47]. Isso, aliás, talvez seja necessário nesse pensamento em que a inteligência é incapaz de atingir seu próprio fim natural sem a ajuda da Revelação. "Deus é Amor e cumpre amá-lo" constitui também a lei natural no sentido estrito[48]. Somos levados a distinguir o que na lei divina é passageiro ou não: lei divina no sentido estrito, que sempre pode variar, e o que nela é estável na ordem atual[49]. Essa divisão terá uma consistência mais firme do que fariam acreditar as premissas escotistas? Convém examiná-lo.

---

46. *Op. Ox.*, lib. IV, dist. XLIV, quaest. I, *passim*.
47. *Op. Ox.*, lib. IV. Dist. XVII, quaest. única, n.º 3.
48. *Op. Ox.*, lib. IV, dist. XLVI, quaest. I, n.º 10.
49. *Op. Ox.*, lib. IV, dist. XVII, quaest. única, n.ºs 4 e 5.

Apresenta-se a nós uma lei divina dividida e ambígua, que abrange a um só tempo os decretos arbitrários de Deus e a expressão necessária de sua natureza. As leis divina e natural coincidem. Havíamos partido de uma oposição e terminamos, parece, numa confusão que se desenvolve, porque uma filosofia que dá primazia à vontade já não distingue os níveis diferentes do ser. A vontade não é analógica, ela estende sobre a realidade a uniformidade. É bem possível que a recusa da analogia em Escoto seja o resultado da primazia da vontade. O ser comum permite à vontade transpor os graus da realidade; apenas a Revelação, que introduz a noção de um ser finito e de um ser infinito, poderia restabelecer uma transcendência. Mas, em Escoto, a Revelação ainda toma lugar na ordem dos conceitos.

Em relação às leis eclesiásticas, a lei divina só se distingue por seus autores. Para umas, trata-se do homem; para a outra, de Deus. Ambas são, entretanto, direito positivo, o que quer dizer que são apenas um produto artificial, que não leva em conta uma natureza. Extraem, ambas, sua legitimidade apenas de sua lei superior, a lei natural ou divina para as leis eclesiásticas, a vontade de Deus confinada em sua essência para a lei divina[50]. Ficamos então mais capacitados para compreender o desaparecimento da lei eterna; a coincidência entre a vontade e a essência divina não permite pensar que a sabedoria permanece sendo uma medida da vontade. A vontade não tem necessidade de ser retificada para ser reta; aqui ela é perfeita em si mesma, sempre combina com a sabedoria, já que, no fundo, ela é essa sabedoria[51]. Deus não impõe regra a si mesmo, ele é apenas o que é. Apenas a Revelação é na verdade, mais além da filosofia, fonte de um conhecimento preciso de sua vontade. Mas essa lei divina é atingida por uma ambiguidade: é conhecida por um texto, logo, não há um além desse texto, não há lei eterna, ela sempre pode ser contestada. A lei natural apresenta uma dicotomia semelhante.

---

50. *Ibid.*, n.º 4.
51. *Op. Ox.*, lib. IV, dist. XLVI, quaest. I, n.º 3.

A lei natural dividida entre o necessário e o voluntário[52]

Podemos ficar surpreendidos de encontrar aqui uma lei natural. Decerto ela deveria ser absorvida pela lei divina, e constataremos que ela não é tão independente quanto pode parecê-lo à primeira vista. A presença da lei natural reflete, porém, uma divisão capital em Escoto, a do ser finito e a do ser infinito. Partindo do ser comum, apenas um olhar que tem sua origem na Revelação e não na análise filosófica permite-lhe distinguir, no ser comum, o que é finito e o que é infinito. No entanto, talvez essa distinção não seja tão firme quanto parece, não nas intenções profundas do autor, mas na formulação de seu próprio pensamento.

A lei natural é analisada por Escoto principalmente a propósito do estatuto do Decálogo. Toda a tradição fazia dele uma expressão da lei natural, e Santo Tomás havia retomado essa ideia para precisá-la.

Apresenta-se a questão a propósito das dispensas dessa lei concedidas por Deus na Bíblia: sabe-se que, para Santo Tomás, nesses casos não havia dispensas, ou seja, mudança da lei natural, mas como esta é concebida por ele à imagem de um caminho que nos indica um objetivo, a aproximação ou o afastamento dos indivíduos desse objetivo explica a variedade das encarnações da lei natural. O ato não é considerado fora da situação nem da intenção de seu autor. A lei natural assim concebida é uma perfeição que subsiste e existe anteriormente no que se torna, mas é apreendida e encarnada no devir. É explicativa do devir e não sua matéria.

A concepção escotista é muito diferente: a lei natural será suscetível de dispensa, porque é situada primeiramente na vontade do legislador. Isso é característico do pensa-

---

52. Pelayo de Zamayon, "La ley natural en la filosofia de Escoto", *in Duns Escoto y las corrientes filosoficas de su tiempo*, Madri, Instituto Luis Vivès, 1968, pp. 157, 158, mostra bem que a teoria escotista supõe o abandono da lei eterna.

mento do Doutor Sutil. Trata-se sobretudo de explicar um fenômeno interno da Revelação preservando-lhe a coerência, ainda que em detrimento da filosofia. Ou ainda de fazer o devir triunfar sobre o ser, a história, sobre a análise. Entretanto, para isso é preciso excluir a possibilidade de um acordo entre o ser e o devir, o que por certo é fatal num pensamento tão marcado pelo platonismo.

A questão que se coloca para Escoto é manter, de um lado, um campo imutável da lei natural que se situará na estrita lógica do desenvolvimento do conceito de ser, e outro campo em que as mudanças serão, ao contrário, possíveis, uma vez que a Bíblia parece mostrar todos os tipos de variações sobre pontos tais como a bigamia ou o homicídio[53]. Formular a questão nesses termos é evidentemente quase já resolvê-la; a solução consiste em separar os dois campos. Convirá perguntar se se trata de uma solução verdadeira.

Escoto começa constatando a mutabilidade de toda lei por causa de dispensa ou de revogação. Passou-se das cerimônias da antiga lei para a nova por uma revogação da lei anterior. A dispensa também pode permitir agir contra o preceito, ao passo que o preceito permanece[54].

Tal concepção da lei natural, pensada a partir do modelo do direito positivo, tem a consequência de que apenas o que é expressamente prescrito por ela é permitido. Não será isso conferir uma rigidez absoluta aos preceitos de uma lei natural que parece ter passado por modificações?

Para escapar a essa dificuldade, cumpre distinguir o que é direito natural no sentido estrito e o que o é apenas no sentido lato. Basta para isso precisar o que significa "natural" aqui. Para Escoto, é natural o que é conhecido como necessário, em virtude mesmo dos termos da proposição[55]. O natural, no sentido estrito, é apenas o desenvolvimento lógico do ser e do Bem. O Bem é uma paixão necessária do Ser. A lei natural é a expressão adequada dessa necessida-

---

53. *Op. Ox.*, lib. III, dist. XXXVII, quaest. única, n.os 1 e 2.
54. *Ibid.*, n.º 3.
55. *Ibid.*, n.º 5.

de. Vinculam-se a esses princípios conhecidos *ex terminis* as consequências lógicas desses princípios. Apenas esses princípios são necessários, porque é necessário fazer somente o bem. A única necessidade é que o Bem seja amado, é a lei interna, que se impõe a todas as criaturas. Se apenas isso é necessário, qualquer outra disposição só pode ter um caráter contingente. Escoto afirma aqui o absoluto do fim, mas de modo algum faz os meios participarem da dignidade do fim; ao contrário, separa-os dela com força. Se outros princípios se impusessem com a mesma necessidade, a liberdade divina, que é sua essência, seria atingida; com efeito, ela encontraria um limite numa regra existente fora dela mesma[56]. Seria pôr objetos fora de Deus que necessitariam de seu querer. Não será fechar Deus na necessidade do amor de si mesmo, o que seria, diz o adversário, submetê-lo de novo a uma regra natural exterior? Ao contrário, responde o Doutor Sutil, apesar da percepção desses princípios, a vontade divina permanece livre, porque o intelecto divino pode apreender essas proposições sobre o Bem, inclusive a que concerne à sua própria essência, sem que essa compreensão acarrete o menor ato da vontade: a decisão da vontade pertence apenas a ela mesma que permanece sempre boa. Mandar é fato da vontade, não da razão. A lei é o produto da vontade: Etienne Gilson quis ver nessa concepção da vontade necessariamente conforme consigo mesma, boa por essência, um limite ao voluntarismo de Escoto. É verdade que, para com as criaturas, essa doutrina é menos radical do que a de Ockham, já que a vontade divina, por si só sempre boa e sábia, não pode querer ir contra si mesma[57]. O amor de Deus é necessariamente amor a si[58], e amor das criaturas por ele; é assim também

---

56. *Ibid.*, n.ᵒˢ 3 e 4.
57. *Ibid.*, n.º 6. *Primum principium practicum est: Deus est diligendus*: "O primeiro princípio prático é: é preciso amar a Deus", *Op. Ox.*, lib. IV, dist. XLVI, quaest. I, n.º 10; Wancke, "Duns Skotus als Naturrechtslehrer", *in Festgabe für E. Kleineman*, Leipzig, 1969, p. 203.
58. Deus quer necessariamente ser ele próprio a distinção formal *a parte rei* do intelecto e da vontade.

o único necessário. A verdade é que a vontade e a sabedoria divinas são separadas, e que a vontade prevalece nos atos externos porque é mais digna do que a sabedoria. É ela que quer que a vontade queira, é a essência de Deus, Deus é amor.

A lei natural, estritamente entendida, comporta princípios primeiros, conhecidos pela noção de seus termos, e as conclusões que decorrem necessariamente desses princípios. Não pode ser considerado dispensar nesse campo, porque esses preceitos têm Deus por objeto e decorrem necessariamente desse objeto. Eles se expressam negativa ou positivamente: "Não tenhas deuses estrangeiros" e "Não pronuncies o nome de Deus em vão", ou fórmula positiva: "Adores só a Deus." O estatuto do Sabá apresenta uma questão mais difícil na concepção de Duns Escoto[59]. Na medida em que é uma prescrição positiva de culto divino, ele provém da mesma categoria que os dois primeiros mandamentos: a lei natural. Se proviesse inteiramente da lei natural no sentido estrito, não se poderia compreender a mudança da lei natural que atribui o culto divino ao domingo depois de ter mandado que fosse no sábado; este caso bastaria para questionar a divisão da lei natural. Escoto estima, pois, que o mandamento do Sabá contém também uma prescrição negativa, a proibição das obras servis, que concerne, como a primeira parte, ao culto divino e, por essa razão, provém da lei natural estrita; ao lado disso, o mandamento contém uma terceira prescrição que determina o tempo em que se aplicam as duas primeiras. O estatuto dessa terceira parte é duvidoso[60]. Se consideramos que não se trata de uma prescrição da lei natural *stricto sensu*, terminamos por dizer que Deus poderia dispensar de culto um homem por toda a vida, de todo ato de culto e mesmo de todo bom movimento direcionado a Deus. Chegaría-

---

59. *"Tertio, dubitatum est de tertio primae tabulae praecepto"*, *Op. Ox.*, lib. III, dist. XXXVII, quaest. única, n.º 8.

60. *Eod. loc.*, n.ᵒˢ 6, 7.

mos, assim, a arruinar a necessidade da natureza pelo tempo, já que a separaríamos – e essa contestação ressalta o pensamento escotista – de seu movimento direcionado ao fim por uma prescrição. O que parece impossível, pois então o homem já não poderia querer nenhum bem, já não tendo fim último. Então não poderíamos concluir disso em qual momento ele é obrigado a esse culto, pois que, já não tendo fim último, ele não poderia estabelecer nenhuma hierarquia entre essas atividades. Tudo ficaria indistinto.

Se vinculamos então a prescrição à lei natural estritamente entendida (porque ela segue necessariamente a obrigação do culto divino), só pode ser em razão do vínculo necessário entre a prescrição do Sabá e o mandamento de amor a Deus. Mas essa vinculação traz uma dificuldade lógica: ela não consistiria, diz Escoto, em vincular um caso particular a uma disposição mais universal, mas em vincular um caso determinado a vários outros determinados, *fallacia figura dictionis*. Não é possível dirimir o caso do Sabá.

Ao lado dos mandamentos da primeira Tábua, que constituem a lei natural no sentido estrito, encontram-se os mandamentos da segunda Tábua, que só constituem a lei natural num sentido lato. Contrariamente aos primeiros, estes não são consequências necessárias de princípios conhecidos por evidência. Esses preceitos são consonantes com a lei natural no sentido estrito, mas não são deduzidos dela. Essa relação de consonância é difícil de precisar, mesmo para o Doutor Sutil. Ele nos apresenta uma comparação tirada do direito positivo: o princípio de direito positivo segundo o qual a comunidade política deve viver em paz. Não se segue necessariamente que todos devam ter posses distintas: é possível viver em paz num convento onde tudo é, porém, comum. No entanto, a apropriação é consonante com o princípio de que é preciso conservar a paz, em razão do egoísmo dos homens. É o que ocorre em todos os direitos positivos em que alguns princípios fundamentam as outras leis conquanto estas não sejam suas consequências necessárias. Entre os princípios da primeira e os da segunda Tábua há, pois, um vínculo, pois eles decorrem de um princípio ou o explicam, sem ser a consequência necessária dele[61]. Como essas disposições da segunda Tábua são contingentes, não só puderam ser modificadas no passado, mas podem tê-lo sido em sentidos diversos. Assim, se houve dispensa da monogamia para os patriarcas, também o Evangelho modificou a lei natural, impondo uma estrita monogamia[62].

Mediante a distinção entre o contingente e o necessário que introduz aqui, Escoto corrige parcialmente a rigidez que uma concepção puramente voluntarista da lei divina acarretaria, o que Ockham não fará. Ou então cumpriria aplicar unicamente a letra do texto, excluir qualquer interpretação, o que é impossível, ainda que em virtude das mudanças constatáveis na Escritura, ou cumpre destruir totalmente a ideia de lei natural: ela é deste jeito hoje, poderia ser totalmente diferente amanhã. Escoto procura evitar as consequências extremas de seu voluntarismo. Paradoxalmente, recobra em parte, com a ajuda de sua distinção, certa ordem que o aproxima de Santo Tomás. Entretanto, permanece uma diferença fundamental: a separação escotista das duas Tábuas é precisamente uma separação[63], fica então difícil apreender o vínculo de uma com a outra. O caso do Sabá que o autor não consegue situar precisamente, senão recortando-o em três, finda num impasse.

Por outro lado, podemos perguntar-nos por que razão os preceitos da segunda Tábua, assim separados, são direito natural: já não participam da dignidade ontológica do fim à qual se vinculam em Santo Tomás, dignidade ontoló-

---

61. *Op. Ox.*, lib. IV, dist. XLVI, quaest. I, n.º 8. Prentice, "The Contingent Element Governing the Natural Law in the Seven Precepts of the Decalogue according to Duns Scot", *Antonianum*, Roma, XLII, 1967, p. 270.
62. *Op. Ox.*, lib. IV, dist. XXXIII, quaest. III.
63. Separação que não é fortuita, mas parece muito estruturalmente ligada à metafísica escotista, que procura as relações necessárias no seio do possível como ele próprio declarou no início do *opus oxoniense*. Damiata, *I e II Tavola, l'etica de Giovanni Duns Scoto*, Florença, 1973, pp. 91 ss., p. 147.

gica que também permitiria uma grande maleabilidade, uma vez que só tinham sentido com relação a esse fim. Aqui os preceitos da segunda Tábua explicitam e declaram os da primeira, ou seja, desenvolvem os conceitos contidos na primeira Tábua, embora o desenvolvimento não seja necessário e não o possa ser em razão do tempo que contesta os conceitos. Ainda assim ficamos numa ordem formal de dedução: ao inverso, em Santo Tomás, a ordem dos fins importava, o que dava à sua concepção da lei natural uma maleabilidade muito mais real: a evolução temporal não era antinômica dos conceitos; estes se apoderavam de uma inteligibilidade relacionada ao fim, o fim se manifestava no tempo. Aqui, ao contrário, temos um corte e uma tentativa de síntese, o terceiro mandamento, que não alcança seu termo.

Apesar dessa tentativa de introduzir certa maleabilidade na lei natural, a verdade é que cada mandamento, em si mesmo, continua sendo uma ordem imperativa da vontade. Assim é com a primeira Tábua, já que a essência divina é a vontade, mas também com a segunda Tábua, já que justamente ela é desejada fora de toda necessidade[64].

Resulta disso uma modificação profunda da natureza. Esta se torna em si mesma contingente. Essa contingência decorre da contingência da criação, da modificação da natureza decaída. Já não é um princípio de movimento para um fim, mas uma ordem estável, regular, em dado estado de fato. A ordem dos conceitos descreve perfeitamente essa situação presente, a cada conceito corresponde uma realidade. A natureza é, assim, resumida à definição da coisa. A diferença do gênero à espécie, depois do indivíduo à espécie. A definição diz a totalidade do ser[65].

---

64. *Op. Ox.*, lib. IV, dist. XXXIII, quaest. 3, n.º 5; *Op. Ox.*, lib. IV, dist. XXXVII, quaest. única, n.ºs 2-7.

65. A natureza é *nota ex terminis*, e esse conhecimento é expressamente reportado por Escoto a uma intuição necessária do intelecto, que deduz as *consequencia ex talibus necessariis*. Para salvar a liberdade, cumpre opor a vontade a essa ordem necessária, *Op. Ox.*, lib. IV, dist. XXVII, quaest. única, n.ºs 3-4.

A lei natural sofre as consequências dessas modificações; descobrimos aqui a raiz metafísica e lógica que fazem dela não mais uma parte da ordem do universo direcionada ao seu fim, mas a ordem das coisas atual. O legislador que quiser apreendê-la para nela se inspirar a fim de fundamentar a lei positiva não observará a cidade tal como ela é para nela descobrir a melhor lei, a mais apta para desenvolver-lhe a natureza, mas considerará a ordem da natureza humana, abstratamente. A fonte da lei já não reside numa lei natural que se manifesta empiricamente, está numa lei superior que será aplicada, explicitada, declarada e imposta a uma realidade por si só desprovida de valor. Por isso, mesmo que não haja uma relação necessária de dedução da lei natural com as soluções, há, não obstante, uma relação de continente com conteúdo: assim como os preceitos da primeira Tábua são, além de suas deduções necessárias, princípios em relação aos da segunda Tábua que estão em consonância com eles, também o direito positivo, embora não necessariamente deduzido, é ainda assim tirado da lei natural. É tirado dela mediante uma particularização sucessiva graças à inclusão do particular no geral[66]. Fiel à univocidade, partir-se-á de um conceito comum progressivamente dividido. O fundamento da lei positiva será, pois, uma lei superior cortada da coisa por ela regida. Vai-se procurar na realidade superior diretrizes que serão particularizadas; faltará explicar a necessidade dessa particularização de um modo que não seja empírico. Não seria ela a causa final do processo? Tal confissão contestaria – por assim dizer – todo o sistema. Implicaria que a realidade suscita uma interrogação. Ora, não pode ser esse o caso, uma vez que, no fundo, as respostas já estão fornecidas pelo saber total que a Revelação é. A concepção escotista da lei natural deduzida, pelo menos em parte, da essência divina é a esse respeito muito significativa, não menos do que a divisão

---

66. *Eod. loc.*, n.º 8. Aqui Escoto se aproxima sensivelmente de Santo Tomás quanto às relações entre a lei natural e a lei positiva. Nem sempre é assim.

principal do ser em finito e infinito, que mostra que toda natureza é olhada na luz revelada e considerada criada, ou seja, contingente[67].

Não seriam de espantar, nessas condições, as dificuldades encontradas por Escoto para dar à lei natural um caráter político. Em Santo Tomás, o amor a Deus e a vida em cidade estavam juntos; aqui a divisão entre as duas Tábuas tem como consequência jogar numa categoria de segunda ordem os aspectos comunitários da lei natural, até mesmo separá-los da lei natural verdadeira.

Escoto não deixou de destacar essa dificuldade, faz a si mesmo duas objeções, muito inspiradas em Santo Tomás. O amor ao próximo segue necessariamente o amor a Deus: se este faz parte da lei natural, o primeiro também. O amor perfeito não pode ser ciumento, propriamente falando; o amor ao bem comum é por si só desordenado, assim como o amor de quem recusa ser amado com outros; logo, se cumpre amar a Deus perfeitamente, segue-se que aquele que ama a Deus deve querer amar ao próximo. A isso, Duns Escoto responde de forma pouco convincente. Reduz o mandamento da lei natural ao seu aspecto negativo: "Não odiar a Deus"; o mandamento positivo "Ama ao Senhor teu Deus" não estaria incluído nessa lei e, portanto, não se pode tirar uma conclusão positiva dele[68]. A segunda ramificação da resposta é extremamente importante, porque arrasta toda a teologia para um caminho que a conduzirá quase a Lutero, e porque nos revela as dificuldades e as consequências de um pensamento voluntarista.

Porque o amor perfeito não pode ser ciumento, não posso querer que o bem comum seja aquele de alguém em particular: não convém querer esse bem para um outro porque é possível que esse não seja o seu bem; como Deus que

---

67. Embora se procure depreender daí o necessário, que só pode, portanto, estar situado nos conceitos e não nas coisas.

68. *Eod. loc.*, n.ºˢ 10, 11, 12. Stratenwerth, *Die Naturrechtslehre...*, *op. cit.*, p. 80.

predestina um, e não outro, quer o bem do predestinado, e não o do outro. Assim como aquele que, amando, quer ser amado, só pode ser amado se seu amor agrada ao amado; mas não é nem um pouco certo que seu amor seja aceito por esse Deus amado.

Conquanto se possa dizer que é da lei natural amar ao próximo, no sentido de querer que ele ame a Deus, isso não decorre necessariamente dos princípios da segunda Tábua. É possível que eu queira que meu próximo ame a Deus, e no entanto que eu queira ou não conservar-lhe a vida corpórea, conservar a fé conjugal, e assim por diante. Podem, pois, subsistir juntos, sem contradição, minha vontade de que meu próximo ame a Deus, como eu mesmo devo amar a Deus, a título de conclusão necessária do primeiro preceito, e o fato de não querer para meu próximo o que está expresso nos preceitos da segunda Tábua, já que não são a consequência necessária do primeiro princípio.

Assim, Escoto confirma no final de sua resposta a conclusão que se anunciava: o amor a Deus e o amor ao próximo são separados. Não estão numa ordem necessária, o amor a Deus não se exerce necessariamente através de uma comunidade. Numa perspectiva voluntarista, de fato, a vontade se aplica apenas a objetos determinados um após o outro, sem vínculo de necessidade, o voluntarismo e o nominalismo se robustecem. A exaltação de Deus o torna aqui rival do homem. A lei natural só tem alcance social acidental, o que, de um lado, reduz a compreensão de Deus como bem comum a uma abstração: querer que meu próximo ame a Deus, sem contudo amá-lo conservando os preceitos da segunda Tábua, e, do outro, reduz as diretrizes da lei natural na ordem política a preceitos decerto não contraditórios – consonantes –, mas não necessários. Apenas uma inteligência que olha o fim pode discernir esses dois níveis sem os separar, pondo entre eles uma ordem que não os opõe. Escoto, ao contrário, utiliza aqui uma inteligência puramente dedutiva que só olha o necessário, então é impossível ir além das deduções para apreender a ordem. Tal lógica, ao contrário, revela-se estar a serviço da vontade: fora do necessário, estritamente deduzido, a vontade pode intervir. A vontade livre de Deus, que pode amar este e não aquele, do homem que pode amar a Deus sem amar ao próximo, está bem no princípio: porque em ambos os casos a vontade não é necessária, o amor será gratuito, livre, real. O princípio de ação de Deus e do homem está situado nessa vontade livre[69].

Devemos perguntar-nos se a lei natural reduzida ao mandamento do amor pessoal de Deus pode ter uma influência sobre a lei dos homens que vivem em sua cidade. Se só é natural o que é necessário, nem a lei humana nem a cidade o são e não têm vínculo necessário com o primeiro preceito; a lei natural, entendida estritamente, aqui não tem valor. Mas, ao inverso, os preceitos da segunda Tábua encontram toda sua justificação apenas na vontade divina, o que lhes explica a contingência; eles se impõem, portanto, não de acordo com uma natureza, da cidade ou dos homens, mas porque existe uma área em que a natureza fica silenciosa. Portanto, há afinal uma intervenção da lei natural, no sentido lato, na área da lei positiva, mas pela única razão de que é atualmente desejado por Deus: *"Ut legislator intendit."*

A vontade divina está, assim, presente em dois níveis: ela se manifesta a um só tempo na existência da segunda Tábua dos mandamentos e nas exigências que esta última faz pesar sobre o legislador humano.

A vontade divina explica que a natureza seja afetada por duas características desde então separadas, a regularidade e o devir. Ela é regular porque é o princípio dos encadeamentos necessários, trate-se da necessidade da primeira Tábua e de suas conclusões, ou das leis existentes em

---

69. Donde uma transformação do fim: cf. *Op. Ox.*, lib. I, dist. 1, quaest. II, n.º 14; *Op. Ox.*, Pról., quaest. IV, V, n.º 13; Stratenwerth, *Die Naturrechtslehre...*, *op. cit.*, p. 36; cf. "Não se trata do ato enquanto realmente posto ou não desta ou daquela maneira, mas do ato enquanto querido"; *Quaest. Quoblib.*, quaest. XVI, n.º 8; Damiata, *I e II Tavola...*, *op. cit.*, pp. 124-5.

dado estado de fato e que constituem as regras dessa ordem formal. Essa é a ordem desejada atualmente por Deus. Mas a vontade divina pode modificar o estado de coisas, ela introduz mudanças bruscas sem vínculo com a ordem formal precedente. Uma ordem nova simplesmente se encontra instituída. A primeira dessas mudanças ocorreu por causa da queda: então é criado o direito positivo, a sociedade política, a propriedade individual. Outras mudanças são causadas pelas dispensas que a vontade divina concede, que constituem a lei divina no sentido estrito, oposta à lei natural. Alguns homens são, por exemplo, dispensados da monogamia, como o mostra a Bíblia, Abraão é dispensado da proibição do homicídio, ou do roubo[70].

Manifesta-se uma transformação da natureza em comparação com a de Santo Tomás. Ela já não é olhada como um princípio próprio da realidade. Aparece apenas na completa dependência do seu autor, numa total contingência. Fica extremamente difícil distingui-la e coordená-la. O movimento e o ser não são mais que um acidente, que lhe advém ou não conforme Deus decida ou não criá-la. A natureza social é pensada a partir do mesmo modelo, Deus ou o homem decidem ou não constituí-la. A natureza já não é portadora de dinamismo próprio, o que seria invadir a potência divina; ela se reduz à definição que expressa a estrutura atual e abstrata daquilo que Deus pensa de sua criatura existente ou possível.

O modo de conhecimento dessa natureza escotista encontra-se, também ele, modificado, uma vez que ela é situada primeiro no intelecto divino. Não é conhecida por abstração a partir das fantasias mediante um aprofundamento progressivo de um dado parcialmente obscuro, tampouco é compreendida por uma iluminação divina como o queria a tradição agostiniana, mas é conhecida por uma apreensão direta da natureza existente como tal no singular. Não é a partir do singular, mas nele que ela é apreendi-

---

70. *Op. Ox.*, lib. IV, dist. XXXVII, quaest. única, n.os 13, 14.

da. Em outras palavras, o singular existente não é como tal a causa desse conhecimento[71]. A natureza é, de fato, indiferente à existência ou à não-existência; pode-se então dizer que ela é conhecida por uma intuição direta dessa entidade existente no singular. Observaremos que essa posição se aproxima da intuição ockhamiana. Se bem que difira dela, tem consequências similares às da iluminação agostiniana: o conhecimento encontra-se separado, em ambos os casos, da experiência da existência de uma coisa concreta. Nela, tudo o que define a coisa encontra-se conhecido, sem que nunca a coisa existente possa novamente vir interrogar e relativizar o que foi apreendido pela mente. A lei natural então não fornecerá a indicação de uma tendência, será a regra de um estado racionalmente definível do qual se tirarão conclusões. A derivação, que era para Santo Tomás o modo cabal de utilização da lei natural, será abandonada; permanece somente a conclusão a partir das premissas *ex terminis nota*.

Dá-se isso ainda mais porque, separada do existente, a natureza se torna por essa razão uma natureza individual, racional, e separada do cosmos. Já dissemos que a lei natural não tinha, no sentido estrito, dimensão social; é fácil compreender a razão dessa redução pelo fato de que a experiência do outro, existente realmente, não é necessária à sua compreensão. É possível conhecer o que é necessário à natureza da sociedade sem fazer necessariamente a experiência dessa sociedade, cuja existência natural é duvidosa. A ciência do legislador precede a sociedade. Compreende-se, então, que ele não tenha de fazer uso de uma prudência[72] que explore cada vez mais o singular e termine por uma espécie de intuição para tomar a decisão final. A prudência do legislador, em Escoto, consistirá em deduzir, a partir dos princípios, a solução particular; é verdade que em

---

71. *Op. Ox.*, lib. II, dist. VI, quaest. II, n.º 9; *ibid.*, dist. VII, quaest. única, n.º 27, e *Op. Ox.*, lib. III, dist. XXXVI, quaest. única, n.º 12.
72. *Op. Ox.*, lib. III, dist. XXIV, quaest. única, n.º 20, e *ibid.*, dist. XXVI, quaest. única, n.º 19.

Escoto é possível alcançar o particular a partir de uma dedução, já que o individual é apenas uma última diferença formal: a "heceidade". Não é necessário analisar juntamente uma realidade difícil demais de delimitar por um único homem. A intervenção de outrem nada traz ao exercício da dedução, o vínculo social não é natural, não é mais necessário ao saber do que ao amor a Deus. Essa obra de pura razão individual não leva em conta os outros fenômenos naturais que o homem vivente experimenta. O corpo e a alma não são unidos por uma relação substancial de ato com potência; as inclinações presentes no vivente, até mesmo no mineral, não são compreendidas como tendências para um bem que requerem ser purificadas, ordenadas, mas em que também é possível ler essa lei natural. Aqui essas tendências não são negadas, mas não indicam um valor[73]; são separadas da razão que lhes impõe do exterior a sua ordem, sem as consultar de algum modo, nem as considerar fontes de conhecimento da lei natural. É bem possível que o cosmos seja empurrado para Deus por sua vontade eficiente, mas a ordem daí resultante, a lei que o governa não lhe são imanentes, ficam-lhe extrínsecas.

O homem não conhece essa lei natural pela observação do movimento do cosmos. Conhece-a consultando uma razão que lhe diz o que ele é: essencialmente *recta ratio*[74]. A lei de sua natureza não lhe manda estabelecer sua cidade em harmonia com o cosmos, está ligado a ela apenas acidentalmente. Basta que a ordem de sua cidade seja a ordem da razão.

---

73. Esta é a consequência da separação entre bondade moral e bondade ôntica. Cf. por exemplo: *Op. Ox.*, lib. III, dist. XXIII, quaest. única, n.º 6; *Quaest. Quodlib.*, quaest. XVIII, n.º 3; *Op. Ox.*, lib. I, dist. XVII, quaest. III, n.ºˢ 3 ss.

Ao contrário, para Santo Tomás, a bondade ética do ato se une à sua plenitude de ser, sua qualidade não resulta de uma *agregatio*, mesmo que as circunstâncias estejam ligadas a ele como acidentes à substância: S. Tomás, Iª, quaest. XLVIII, art. 1; cf. *Rep. Par.*, lib. I, dist. XIX, quaest. V, n.º 3.

74. *Op. Ox.*, Aprol., quaest. IV-V, n.º 5; *Op. Ox.*, lib. I, dist. XVII, quaest. I, n.º 3; *Op. Ox.*, lib. III, dist. XXXVI, quaest. única, n.º 20; *Op. Ox.*, lib. II, dist. XXXIX, quaest. I e II.

A lei natural fica reduzida a ser apenas a lei da razão, entendida de duas maneiras: a razão é a expressão da vontade divina e é idêntica à natureza humana. Mas à lei natural é atribuído o monopólio da razão, ao passo que, em Santo Tomás, toda lei é somente: *aliquid rationis*. A lei divina está situada além da razão, pode ser modificada, é contingente; a lei humana positiva está situada parcialmente aquém, é deduzida dessa razão, mas não é em si mesma racional; ela participa somente parcialmente daquilo de que é deduzida.

Apesar da contingência de uma parte da lei natural, a segunda Tábua, encontram-se definidas disposições ideais que se encadeiam mecanicamente. Escoto aqui é o herdeiro de Platão, mas resolve a antinomia entre o mecânico e o contingente com a intervenção da vontade divina: também herda dos estoicos essa lei de razão sem finalidade e prenuncia a definição de Montesquieu: a lei é uma relação necessária que decorre da natureza das coisas[75].

O legislador humano tem conhecimento desse mundo *ex terminis*, por uma dedução de noção. Tal conhecimento será real? É verdade que, em Escoto, a ordem da razão e a ordem da realidade coincidem. Não obstante, na realidade será assim? O mundo conhecido por dedução a partir do conceito de ser comum deixa escapar toda uma parte da realidade, o movimento, a existência, e só tem consistência reintroduzindo a experiência por alguns vieses, o que Escoto faz pelo pretenso conhecimento direto do singular. Mas, aí também, o que é conhecido é a singularidade do singular e não o singular como tal: a socrateidade de Sócrates. Por mais precisamente que se faça a divisão, fica-se no mundo dos conceitos, do qual o legislador só pode então sair por um ato totalmente arbitrário; uma pura decisão voluntária, que acabará tornando-se, preparada pelo racionalismo escotista, a essência da lei.

Há outra via que se oferece, ao que parece, para escapar a essa dificuldade: o conhecimento da lei natural pode

---

75. *Espírito das leis*, I, 1.

encontrar sua fonte no Decálogo, que parece conter preceitos mais precisos da lei natural[76], precisão ainda insuficiente que deve ser acompanhada de uma prescrição mais imperativa. Entretanto, recorre-se assim a um texto que, também ele, se apresenta sob forma de preceitos gerais; dever-se-á, pois, também aí, proceder de dedução em dedução, sem mais esperança de obter um resultado. A não ser que se considere que o texto deva aplicar-se literalmente, pois expressa a vontade de Deus (voltamos assim ao voluntarismo, como na primeira dificuldade), mas nem por isso a questão está resolvida. O legislador não deverá reconhecer circunstâncias em que, em razão do fim considerado, o preceito, sem ser suprimido, não se aplica? Por exemplo, o legislador não poderá estimar, em razão da sociedade em que vive, que é necessário matar, em determinados casos, certos criminosos, ou deixar a bigamia subsistir? Isso está fora de cogitação para Escoto. Em ambos os casos, a vontade divina expressa no Decálogo se opõe a isso. Apenas uma nova intervenção dessa vontade que se expresse então como lei divina, superior à lei natural, pode em casos tão particulares modificar a ordem da natureza. Isto aconteceu com a permissão da poligamia concedida aos patriarcas, ou com o sacrifício de Abraão. Ele recorre, então, mais uma vez à pura vontade, aqui divina, para escapar às dificuldades do racionalismo[77]. Agindo assim, invoca uma lei ainda mais elevada, ainda mais afastada da situação concreta, totalmente incapaz de dar ao legislador uma informação.

O legislador humano encontra-se na difícil situação de deduzir a lei positiva da lei natural, ou de recorrer à vontade divina. Em ambos os casos, a lei natural não parece fornecer-lhe grande ajuda: ou ela é rígida demais e encerra os conceitos em deduções puras, ou é maleável demais, suscetível de ser superada pela lei divina. Falta-lhe ser lei de uma

---

76. *Op. Ox.*, lib. IV, dist. XXXIII, quaest. I, n.os 1 e 3 ; *Op. Ox.*, lib. III, dist. XXXVII, quaest. única, n.os 9 e 14.

77. *Op. Ox.*, lib. IV, dist. XXVI, quaest. única, n.os 3 e 9.

natureza determinada e ao mesmo tempo em movimento direcionado ao seu fim.

A natureza, mais especialmente a natureza da cidade, não existe como princípio de existência e de ação intrínsecas e autônomas, por isso é, de um lado, a lei e a vontade divina que lhe atribuem, como um acidente, a existência e o movimento e, do outro, o homem, em nome de Deus, que é o instrumento da criação e do governo da cidade.

O artifício da lei humana

No pensamento de Duns Escoto, a lei positiva é separada de um princípio apreendido na realidade concreta da cidade. É justificada não pelo que a atrai, mas pelo que a fundamenta e a constrói. Desvalorização, até mesmo desaparecimento de uma natureza da cidade, recurso à lei divina e ao artifício humano combinam-se na lei da cidade.

A concepção escotista da lei se insere, de fato, na história da redenção. Antes do pecado original existe um estado de natureza em que os bens não são distintos, são possuídos em comum, por todos. A comunidade política é inexistente, não há autoridade mais ampla do que a paterna. Esta é, em contrapartida, a um só tempo uma autoridade natural e de origem divina. Portanto, ela existe já na origem, não é o resultado de uma convenção. Ademais, a autoridade paterna não é abolida pelo pecado, nem pela lei divina, antiga ou nova, é, ao contrário, confirmada pela lei escrita recebida de Moisés[78]. O individualismo de Escoto não é, pois, absoluto, o homem não é totalmente isolado como o será mais tarde em Ockham, Hobbes ou Rousseau; ele existe dentro de um grupo: a família. É verdade que há nisso um fato biológico dificilmente refutável. No entanto, os grupos familiares são, por sua vez, isolados, e permanece na

---

78. *Rep. Par.*, lib. IV, dist. XV, quaest. IV, n.º 10.

ordem ontológica uma *ultima solitudo*[79]. Apesar dessa integração ao grupo familiar, os indivíduos são essencialmente livres e iguais. A submissão à autoridade paterna não parece contestar esse princípio, na medida em que a lei natural é recebida por uma intuição individual.

Nesse estado de inocência primitiva, os homens obedecem espontaneamente à lei natural inscrita em seu coração. Em particular, utilizam apenas os bens de que precisam, pois não são egoístas. Por isso não há motivo para distinguir os bens[80]. A vida nesse estado de natureza prossegue contra o pano de fundo de uma natureza comum e indistinta, corolário da matéria comum à qual sobrevirá a distinção pelas formas.

Depois, devido ao pecado original, os homens ficam egoístas, apoderam-se dos bens de que os outros têm necessidade. Para evitar esses abusos, há que sair da comunidade primitiva. A fim de proceder a essa repartição, convém designar e constituir uma autoridade[81]. Por isso *ex mutuo consensu omnium* eles escolhem uma autoridade à qual se submetem, quer a deleguem a um deles a título vitalício ou hereditário, quer o conjunto do grupo a conserve para si[82].

---

79. *Op. Ox.*, lib. III, dist. I, quaest. I, n.º 17, *De lege naturae omnes liberi*, *Op. Ox.*, lib. IV, dist. XXXVI, quaest. I, n.º 2; Gandillac, "Loi naturelle et fondements de l'ordre social selon les principes du bienheureux Duns Scot", *in Congressus...*, *op. cit.*, t. II, pp. 684, 709; Lagarde, *La naissance de l'esprit laïque au Moyen Âge*, t. II, Louvain-Paris, 1958-71, pp. 235-7.

80. *Rep. Par.*, lib. IV, dist. XV, quaest. IV, n.º 7, e *Op. Ox.*, lib. IV, dist. XV, quaest. II, n.ºs 3 e 4.

81. *Rep. Par.*, lib. IV, dist. XV, quaest. IV, n.ºs 7 e 8, e *Op. Ox.*, lib. IV, dist. XV, quaest. II, n.º 5. A observação final atinente a Aristóteles é muito característica da atitude de Duns Escoto a seu respeito; em geral ele diz a verdade mas, como pagão, seu olhar é limitado à situação atual do mundo pecador, enquanto o teólogo cristão, que conhece o mundo remido e restaurado, penetra a essência das coisas.

82. *Rep. Par.*, lib. IV, dist. XV, quaest. IV, n.º 11, e *Op. Ox.*, lib. IV, dist. XV, quaest. II, n.º 6. Encontramos um procedimento idêntico a propósito da justificação da escravidão: cumpre preservar o direito de submeter-se a outro, sem o que o estado monástico ficaria injustificável. Aproximamo-nos dos raciocínios realizados um pouco mais tarde por Ockham. Gandillarc, *Loi naturelle...*, *op. cit.*, p. 710. *Op. Ox.*, lib. IV, dist. XXVI, quaest. I, n.ºs 4 a 8.

É esse agrupamento e essa submissão voluntários, pela qual é perdida a liberdade original, que dotam aquele que recebe deles a incumbência da autoridade necessária para adotar leis justas[83]. De fato, a lei justa é constituída da aliança de três elementos: a prudência que dá o conhecimento do que convém fazer, a lei natural que contém os princípios desse conhecimento e a autoridade necessária à volição do que até então continua do campo do intelecto. Nota-se imediatamente que nos situamos aí no nível de uma transferência de forças. Na falta de uma cidade natural, deve-se recorrer a uma delegação de vontade. A justiça da lei não resulta da autoridade necessária a toda comunidade para preservar seu bem comum, decorre de uma transferência de poder realizada pelo "consenso". Este realiza uma unidade artificial, uma agregação que é, no pensamento escotista, o menor grau de unidade, o que convém a uma soma[84].

Por outro lado, já nesse momento anuncia-se uma confusão entre lei e direito, já que a autoridade é constituída sobretudo para repartir os bens por meio da lei. Ela recebe autoridade de fazer a lei para repartir as propriedades. Finalmente, os homens se submetem à autoridade a fim de receber uma propriedade[85].

A noção de lei, que se depreende desse mecanismo de constituição progressiva da cidade, tem de ser positivista[86]. A cidade é artificial, resulta de uma construção voluntária que não se apoia numa natureza política, mas num acidente da história, o pecado. Não é somente a lei constitucional que é artificial, a lei civil também o é. A partir do momento em que a autoridade é constituída, ela dispõe do poder de

---

83. *Op. Ox.*, lib. IV, dist. XV, quaest. II, n.º 6.
84. Lagarde, *La naissance...*, *op. cit.*, pp. 250 ss.; Gandillac, *La loi naturelle...*, *op. cit.*, p. 703, considera não fundada a crítica de Lagarde, contudo o próprio Escoto precisou a noção de *agregatio, minima unitas est agregationis, Op. Ox.*, lib. I, dist. II, quaest. VII, n.º 44. E é esse mesmo o tipo de unidade da cidade.
85. *Op. Ox.*, lib. IV, dist. XV, quaest. III, n.º 6.
86. *Rep. Par.*, lib. IV, dist. XV, quaest. IV, n.º 10, e *Op. Ox.*, lib. IV, dist. XV, quaest. II, n.º 6.

legislar, por certo limitado pela lei natural e pela prudência, como Escoto as compreende, isto é, permanecendo da ordem dos princípios da razão. Mas a repartição dos bens não é feita segundo relações preexistentes, tem sua fonte apenas na autoridade do Príncipe, uma vez que este é instituído para esse fim e antes não havia a questão de uma repartição. Depois do pecado, apenas existem indivíduos egoístas que tentam apoderar-se por sua própria conta da maior massa de bens. A ausência de natureza também se faz notar aqui: os homens que, antes do pecado, eram radicalmente bons e generosos parecem agora ter se tornado radicalmente maus. Trata-se de criar, pela lei, essa relação de partilha que não existe, nem em potência[87]. Não há, pois, entre os indivíduos, senão relações que eles criaram para designar uma autoridade[88], ou aquelas que essa autoridade cria. O campo do político é obra do homem; está radicalmente separado de toda natureza, ou melhor, em outro sentido, a natureza é limitada ao jogo das forças físicas, ao estado de fato, mas não penetra no campo da lei e do justo. Mais ainda, o conceito de natureza começa a tomar o sentido que terá ao longo de todo o desenvolvimento do pensamento moderno: ou é do campo do puro fato, da força, ou é identificado com a razão humana[89]. Pois, embora seja verdade que a natureza cósmica não é levada em conta pelo legislador, é preciso que este tire as indicações sobre o direito que vai editar de uma fonte qualquer. Mesmo quando, no pensamento mais moderno, ele pretende dispensar qualquer conhecimento exterior, apela entretanto, como Kelsen, a uma norma fundadora, e, apesar de suas pretensões, leva em conta, na realidade, o estado social, ético, econômico da cidade para a qual legisla. Escoto não é tão radical quanto Kelsen, confessa claramente seu recurso a fatores exteriores à lei.

---

87. Lagarde, *La naissance...*, *op. cit.*, pp. 249, 251.
88. Gandillac, *La loi naturelle...*, *op. cit.*, pp. 705-6.
89. E, aqui, presente na intuição individual das *nota ex terminis*.

O primeiro desses recursos, que substituem a natureza enfraquecida, é, por mais paradoxal que isso possa parecer, o recurso à lei natural. Mas sabemos que o sentido de natureza, na lei natural de Escoto, é muito diferente do de Santo Tomás. Ela é reduzida à lei de razão. Cumpre, então, interrogar-se sobre a capacidade da lei natural, assim reduzida, para servir de fonte ao legislador, e isso sobre dois pontos. Se a lei natural é apenas a lei de razão, sabemos que ela só nos fornece indicações muito vagas; no sentido estrito, ela se limita à obrigação de amar e honrar a Deus. O legislador humano não pode esperar tirar disso indicações suficientes para a cidade de que cuida. Escoto reconhece, aliás, expressamente esse limite[90]. Por isso, deve-se estender a lei natural às disposições "consonantes" com o primeiro princípio. Mas essas disposições não se aplicam por serem conhecidas pela razão, mas sim porque são queridas por Deus[91]. Portanto, esse recurso à lei natural resulta, na realidade, num recurso à vontade divina, e, desse modo, à lei divina da qual a lei natural constitui uma parte. A extensão da lei natural aos princípios da segunda Tábua não resolve a dificuldade provocada pelo abandono da natureza concreta da cidade. É certo que os preceitos da segunda Tábua têm um alcance social, definem certo número de regras morais que não têm somente um caráter individual, mas que, de fato, são necessários à vida de toda comunidade: como imaginar uma cidade onde o homicídio e o roubo são praticados sem a menor restrição? Não obstante, esses mandamentos são impotentes para esclarecer o legislador quando se trata de determinar o estatuto dos magistrados, a repartição dos impostos, os prazos de processo ou de prescrição. Talvez seja possível tirar delas algumas qualificações penais, mas e além delas? É aqui que se imporia um recurso à

---

90. *Rep. Par.*, lib. IV, dist. XXVIII, quaest. n.º 6; *Op. Ox.*, lib. III, dist. XXVII, quaest. única, n.º 10; *Op. Ox.*, lib. IV, dist. XXXIII, quaest. I, n.º 4 (3).

91. *Op. Ox., eod. loc.*, n.º 8, precisamente porque elas *possunt circumstantionari*, "podem variar conforme as circunstâncias" (*Rep. Par.*, citado na nota precedente).

observação da natureza através do bem da comunidade política situada em seu lugar e em seu tempo.

Duns Escoto às vezes parece apelar a isso, pelo menos utiliza esse vocábulo, para opor a lei tirana e injusta feita dentro de um interesse privado à lei justa feita com vistas ao bem comum[92]. É de duvidar que com isso ele conceba coisa diferente do que é desejado pelo conjunto dos cidadãos, já que não poderia tratar-se de uma manifestação da natureza da cidade. Pode, quando muito, tratar-se apenas do bem dessa entidade fabricada e desejada pelos homens, da situação de fato que criaram ao se reunir, que o legislador é mesmo obrigado, na prática, a levar em conta, mas que não comporta a indicação de um bem ontologicamente fundamentado.

É por isso que a relação entre a lei natural e a lei positiva é muito ambígua. Escoto começa salientado que há, entre a lei positiva e a lei natural, uma relação semelhante àquela existente entre a lei natural *stricto sensu* e a lei natural *largo sensu*. Sabemos que essa relação é de uma "consonância"[93]. A lei positiva é, pois, consonante com a lei natural. Com efeito, ela não pode ser rigorosamente deduzida dela; deve, pois, constituir uma explicação e uma particularização dela. No entanto, a relação de consonância implica que, mais além do que é rigorosamente deduzido, intervenha a vontade. Parece, então, que a lei positiva ou pode ser deduzida da lei natural ou divina, ou então é querida pelo legislador. Essa vontade do legislador será solicitada pela realidade particular, caso em que encontraríamos uma explicação bastante próxima daquela de Santo Tomás? Sem introduzir aqui aspectos mais gerais do escotismo, podemos estimar que o esquema de transferência da autoridade ao legislador pelo "consenso" dos cidadãos implica que essa "explicação" da lei natural e essa autoridade que lhe permite "particularizá-la"

---

92. *Op. Ox.*, lib. IV, dist. XIV, quaest. II, n.º 7.
93. *Op. Ox.*, lib. IV, dist. XXXIII, quaest. III, n.º 8; cf. Wanke, "Duns Skotus als Naturrechtslehren", *in Festgabe für E. Kleineman*, 1969, p. 216.

não provêm, em absoluto, de uma natureza do político. É, muito pelo contrário, oriunda do poder individual dos futuros cidadãos que se submeteram ao legislador reconhecendo na vontade dele a expressão da lei natural e do que é consonante com ela. Em outras palavras, o legislador se vê investido do poder de adotar leis oriundas apenas de sua vontade, que, contudo, são consonantes com a lei natural e a explicam, porque esse poder lhe foi voluntariamente entregue para sair do estado de natureza[94].

À luz desses princípios, o bem comum é reinterpretado no sentido de uma realidade abstrata, um universal, que permite tomar decisões voluntárias particulares sem vínculo com essa relação abstrata. A justiça geral será o que é querido por esse todo abstrato, enquanto a justiça particular se torna a que é objeto das volições particulares[95].

Uma confirmação dessa interpretação pode ser descoberta na análise escotista do raciocínio prático, este é uma dedução silogística que resulta num conhecimento particular de um dever[96], em seguida resta à vontade aquiescer e realizar. Também o legislador deve deduzir da lei natural disposições mais particulares, depois as querer. Mas, do lado do que não pode ser deduzido, apenas sua vontade intervém para querer o que é particular, sendo por isso que a lei natural fornece um princípio, enquanto as leis positivas se atêm a "ser consonantes" com ele[97]. No particular, não é en-

---

94. Aqui intervém a *justitia praesidentia*: *Op. Ox.*, lib. III, dist. XXXIV, quaest. única, n.º 17.
95. *Op. Ox.*, lib. IV, dist. XLVI, quaest. I. Deve-se salientar a justificação ontológica exposta aqui.
96. *Op. Ox.*, lib. III, dist. XXXVI, quaest. única, n.º 12; *Op. Ox.*, lib. II, dist. VII, quaest. única, *Rep. Part.*, dist. XXXIX, quaest. II, n.º 6.
97. Consonância que parece chegar à possibilidade de uma contradição causada pela vontade positiva, cabendo a última palavra ao estado de fato ou de força. *Op. Ox.*, lib. IV, dist. XXXV, quaest. I, n.º 5; cf. Marchesi, "L'autorita politica nel pensiero di G. Duns Scoto e di St Tomaso d'Aquino", *in Congressus...*, *op. cit.*, t. II, p. 676, parece-nos difícil falar, nessas condições, de acordo com Santo Tomás, Gilson, *op. cit.*, pp. 613-4; cf. *Op. Ox.*, lib. IV, dist. XXXVI, quaest. I, n.º 3.

contrado o elemento necessário que o vincula ao princípio. De um lado, o legislador deve, pois, deduzir certo número de disposições da lei natural, "não matarás", "não roubarás", e aplicá-las; do outro, deve querê-las[98]. As leis positivas são particularizações em caso de dedução, ou explicações quando a vontade deve ir além, mas em todos os casos elas são consonantes somente porque sempre a vontade intervém para encontrar-se com o particular[99]. É apenas a consequência normal da ruptura do juízo prático.

Uma lei assim concebida como fenômeno de vontade e de poder, através das categorias lógicas, tende a se tornar essencialmente penal, ou, pelo menos, suas disposições tendem a ser acompanhadas de uma sanção penal. A punição, a correção se tornam características principais da autoridade tal como a concebe Escoto[100], trate-se de Deus ou do Príncipe. Encontraremos aí a origem de uma concepção utilizadora da lei. Cumpre forçar os indivíduos, prometendo-lhes recompensa ou castigo, a ficar na categoria prevista, pois a conduta que é exigida é puramente extrínseca, não encontra nenhuma inclinação natural no indivíduo; cumpre, pois, impor pela força o que não é conatural. Não há dúvida de que a teologia do homem pecador, mais profundamente atingido por Duns Escoto do que por Santo Tomás e que é preciso trazer de volta, como que à sua revelia, ao caminho reto da obediência à lei divina, desempenhou um papel capital.

Essas leis positivas desde então impostas em nome da lei natural vão tender a se confundir com a sua fonte. Vão aparecer como as únicas disposições racionais que confe-

---

A diferença com Santo Tomás reside no fato de esses exemplos serem apresentados como justos porque queridos e como justos apesar da lei natural, ao passo que, para Santo Tomás, eles seriam conformes à lei natural porque justos, a equidade teve de intervir.
98. *Op. Ox.*, lib. IV, dist. XV, quaest. III, n.º 7; *Op. Ox.*, lib. IV, dist. XXXIII, quaest. III, n.º 7; *Op. Ox.*, lib. IV, dist. XXXVI, quaest. I, n.º 5.
99. *Op. Ox.*, lib. IV, dist. XVII, quaest. única, n.º 4.
100. *Op. Ox.*, lib. IV, dist. XIV, quaest. II, n.ºs 2, 8 e 9.

rem certa consistência à lei natural escotista ou aos preceitos do Decálogo, e que podem dar ao jurista diretrizes precisas. Na continuação da história do pensamento jurídico, elas se tornarão a base dos sistemas de direito natural, e os direitos modernos, principalmente o Código Civil, pretenderá ser sua pura e simples aplicação. Em nome da lei natural assim concebida, organiza-se um positivismo jurídico ainda mais rígido porque pretende ser apenas a aplicação da lei natural, única fonte racional das prescrições que ele pretende impor. A menos que, mais tarde, percebam o caráter artificial dessa lei positiva, com o direito natural permanecendo um ideal longínquo e separado, a ser atingido no futuro. De um lado, superestimam as disposições particulares que tiram sua autoridade apenas das dificuldades que elas resolvem em condições precisas[101], do outro, reduzem a lei natural a ser apenas um ideal e arruínam a autoridade da lei positiva, ou melhor, substituem a autoridade tirada de sua justiça pelo poder do Príncipe, evolução já contida no pensamento de Escoto, uma vez que a lei natural confere ao Príncipe esse poder de fazer as leis justas para uma comunidade artificial. O único limite à vontade deste último permanece, em certa medida, a lei divina, e, quando esta desaparece, não há mais nenhuma.

A conclusão do procedimento de Escoto apresenta-se então sob a forma de uma tríplice confusão: entre a lei positiva e a lei natural, depois confusão entre a lei e o direito; enfim, estes dois últimos conduzem a uma terceira: a confusão entre o direito e a moral.

Não é surpreendente constatar que Duns Escoto pretende fazer o conjunto do direito passar para o campo da conduta moral, por intermédio da lei.

O Doutor Sutil se interroga sobre se o penitente que detém o bem de outro, ou que o lesou no corpo ou em seus bens espirituais, deve, para ser perdoado, restituir esses bens ao proprietário?

---

101. *Op. Ox.*, lib. IV, dist. XLVI, quaest. I, n.º 11.

A necessidade de estabelecer propriedades individuais fundamenta a lei positiva na lei natural racional. A lei civil torna-se, assim, manifestação da vontade divina. Por isso as prescrições dessa lei devem ser seguidas com consciência, e as que se referem aos modos de aquisição da propriedade, seus modos de transferência, as consequências penais de atos violentos, devem ser consideradas regras que permitem ao penitente restituir o que deve. As regras da propriedade, da posse, dos contratos, do direito penal acabam se tornando uma parte integral da lei divina e realizando de modo concreto a lei natural[102].

Tudo isso parece óbvio para as mentes modernas. Fazendo abstração dos aspectos diretamente religiosos, todo jurista contemporâneo subscreverá à ideia de que a lei deve conter as regras da propriedade, de suas transferências, das sanções penais. Neste ponto estamos, de fato, diante de uma concepção moderna. Mas, em sua época, essa linguagem é nova. Jamais os romanos haviam pensado tirar da lei natural um conjunto completo de regras, jamais Santo Tomás havia pensado vincular diretamente à lei natural ou à lei divina as regras dos contratos. Portanto, ninguém – e sobretudo não Santo Tomás – fazia delas regras imediatamente morais ou prescrições legislativas (Santo Tomás deixava ao jurista o cuidado de regular as relações jurídicas e nelas descobrir direito natural). Quando examina o aspecto ético dos atos da pessoa que se acha envolvida nessas relações, ele o faz não em relação a uma lei, mas em relação à prática da virtude de justiça.

Escoto, ao contrário, não considera essas relações em si mesmas. São para ele apenas prescrições legais; por isso o equilíbrio que procuramos lhes é imposto, sem ser fundamentado na coisa. Trata-se apenas de um *medium rationis* previsto pela lei[103]. Assim realiza-se uma primeira absorção do direito, que existe nas relações entre dois indivíduos, pela

---

102. *Op. Ox.*, lib. IV, dist. XV, quaest. II, III, IV.
103. *Op. Ox.*, lib. IV, dist. XV, quaest. IV, n.º 20.

lei positiva. Supõe-se que essa relação não passa de uma aplicação particular, deduzida da lei natural; ela própria, por sua vez, não passa de uma manifestação da vontade divina, do mesmo modo que a lei divina à qual ela se identifica parcialmente. Remontamos a uma fonte situada cada vez mais alto, enquanto abandonamos a realidade concreta da relação entre os cidadãos; entre essas duas áreas supõe-se que os diferentes intermediários, lei natural e lei positiva, são uma ponte. Mas é extremamente duvidoso que se possa, a partir das áreas mais elevadas, alcançar realmente a realidade mais humilde que se começou por excluir. Não só a relação jurídica se encontra eliminada em proveito de leis cada vez mais elevadas, mas também sua absorção pela lei transforma a natureza da obrigação jurídica em obrigação moral. Com efeito, a questão à qual responde o penitente, ou que o confessor examina, não é tanto saber de quem é o quê quanto saber se a conduta do interessado foi conforme às regras da matéria, regras que o conduzem, se ele as aplica, a restituir o que é devido e, indiretamente, a cumprir a vontade divina.

Uma derradeira transformação consiste em acompanhar essas regras de conduta de uma sanção penal, de ordem espiritual aqui, já que estamos no campo do sacramento de penitência. Se o cristão não se conduz segundo as regras prescritas, ele é passível de uma pena agora ou no além. Não só o caráter da pena (em matéria delituosa) fica transformado: ela passa de uma pena devida à razão do dano causado para a sanção de uma regra de conduta, mas ainda todo o direito civil se vê acompanhado de uma sanção penal. Se o cristão não vende seus bens pelo preço justo, não só não age como deve, mas ainda é passível de um castigo. A medida do que ele deve não é considerada por si mesma, o que seria reintroduzir, de certa forma, o direito fora da lei; ela só é considerada uma obrigação imposta pela lei, e não um equilíbrio inserido nas relações existentes entre os patrimônios[104].

---

104. *Ibid.*, n.º 28.

Já não encontrando diante de si uma relação independente dela, a lei não tem motivo para adaptar-se a casos particulares que significariam que, fora da lei, a realidade contém direito. Por isso a lei será aplicada de forma literal, os intérpretes, glosadores ou outros são inúteis, sobrecarregam as definições "claras e precisas" da lei, obscurecem-na e deformam-na em vão[105]. Basta aplicar rigorosamente seus termos. O que está contido na lei basta; no ponto em que a lei prevê distinguir, distinguiremos, no ponto em que não o prevê, não o faremos. Na lei divina a pena de morte não é prevista para o roubo simples; logo, não poderia ser de outra maneira[106]; ora, os termos dessa disposição concernem apenas ao roubo; se é acompanhado de crimes ou de outras violências, estas podem ser regidas pelas disposições que lhes são atinentes. Essa concepção leva a recusar qualquer recurso à equidade ou a concebê-la somente como um ato de misericórdia gratuito fora de qualquer vínculo com a lei.

Chega-se, então, a um conjunto de características que permitem, se não definir a lei positiva (definição ausente em Escoto[107]), pelo menos precisar-lhe os contornos. A lei positiva está na dependência de uma lei superior, lei natural ou divina. A lei positiva é obra de quem detém a autoridade, cuja fonte é dupla: natural, porque há transmissão da autoridade paterna, e artificial pela *agregatio civium*. A lei é justa porque é conforme a uma lei superior e tem o objetivo do bem da cidade, com a condição de se lembrar que essa cidade não é natural. É um ato de vontade, decerto esclarecido pela prudência que permite conhecer como particularizar a lei superior, mas independente dela no sentido de que não é a prudência que manda adotar esta ou aquela lei: a prudência estima, mas a vontade manda. Disso resulta que a lei é geral em relação ao juízo que é particular, geral quer dizer que ela constitui o meio de que a vontade do le-

---

105. *Op. Ox.*, lib. IV, dist. VI, quaest. IX, n.º 3.
106. *Op. Ox.*, lib. IV, dist. XV, quaest. III, n.º 7.
107. Cf. entretanto uma tentativa para elaborar uma definição a partir de Escoto: Budzic, *De conceptu legis ad mentem I. D. Scoti*, Burlington, 1954.

gislador dispõe para se estender a um grupo e ser por sua vez fonte das decisões particulares. Ela constitui a esse respeito uma colocação à disposição, pela razão, de sua universalidade a serviço da vontade, operação que se realiza pela negação das particularidades, ou melhor, pela inclusão lógica delas numa categoria que, pelo jogo das diferenças, pretende encontrar sua fonte no universal, o que é manifestado pela submissão individual voluntária, fundadora da autoridade legislativa. Disso resulta que nem a equidade nem o privilégio se incluem nesse pensamento, uma vez que a conclusão do universal atinge necessariamente o particular. Nenhuma realidade vem revelar o caráter relativo desse universal em relação ao ser concreto do qual expressa certa inteligibilidade, mas não a totalidade do ser e, em nenhum caso, sua orientação natural para seu fim.

A hierarquia das leis: da vontade divina à vontade do Príncipe

Escoto herda um vocabulário e uma concepção que distinguem entre lei natural, lei divina e lei positiva. Ele mesmo emprega essas distinções e, por vezes, como observamos, define de forma precisa essas diferentes leis. Isso tenderia a negar a confusão que acreditamos, porém, detectar em seu pensamento. Conquanto possa parecer espantoso que um doutor tão cuidadoso quanto Escoto com a transcendência e a liberdade divina chegue a assimilar de certa forma lei natural e lei divina, ficará claro para nós que seu pensamento é, nesse ponto, decerto menos firme que o de Santo Tomás. Será igualmente espantoso constatar que um autor que tende de certo modo a separar a lei positiva da realidade natural que ela rege, venha, de outro ponto de vista, a absorver a lei natural na lei civil.

Já começamos a depreender essa dupla assimilação, mas chegou o momento de precisar seu mecanismo e compreender suas causas.

Sobre este último ponto, não parece temerário avançar a hipótese segundo a qual a impossibilidade da distinção real entre essas diversas leis deve-se à estrutura do pensamento escotista, que não fundamenta essas diferentes leis em níveis diferentes do ser, mas começa, ao contrário, considerando o que é comum para o distinguir depois. É provável que a ordem da reflexão escotista imponha a seu autor a impossibilidade de superar certo fundamento comum a todo ser, cabendo pensar que ele impede de encontrar uma distinção real entre os seres: essa dificuldade se traduziria pela ausência, no pensamento de Escoto sobre a lei, da lei eterna, estando a transcendência divina assegurada, em relação ao bem comum, pela onipotência de sua vontade imprevisível, alheia tanto às leis do ser quanto à ordem finita atual.

Se observamos como em Escoto os níveis do ser distinguidos realmente contra o pano de fundo do ser comum se ordenam um com relação ao outro, devemos assinalar que a ordem não resulta da unidade do ser, mas de um intermediário que une os diferentes níveis do ser entre eles. Recentemente foi lançada luz sobre o papel capital dessa estrutura filosófica do pensamento de Escoto no problema da relação entre a alma e o corpo e, paralelamente, no desenvolvimento do pensamento político que encontra aí uma das origens de seu dualismo[108].

Em nossa opinião, as relações entre as diferentes leis no pensamento escotista se organizam segundo uma estrutura idêntica, o que nada tem de surpreendente, já que a lei é um desses elementos da realidade analisados pela ontologia escotista. Assim como o ser comum se divide primeiramente em ser finito e infinito, porquanto a causalidade desse ser comporta primeiro uma causalidade contingen-

---

108. De Muralt, *Pluralité des formes et unité de l'être, introduction, traduction et commentaire de deux textes de Jean Duns Scot,* Studia philosophica, 1974, p. 58; De Muralt, "La structure de la philosophie moderne d'Occam à Rousseau", in *Souveraineté et pouvoir, Cahiers de la Revue de Théologie et de Philosophie,* n.º 2, 1979, pp. 1 ss.

te e necessária, depois uma causalidade de natureza, a lei se divide primeiro em lei natural no sentido lato e em lei natural no sentido estrito, e a necessidade do ser primeiro que poderia resultar dessa decisão é superada pela lei divina, no sentido estrito. Depois, como o ser recebe primeiro uma matéria na qual vêm apoiar-se, até uma diferença cabal, diferentes formas realmente distintas entre as quais se estabelece uma ordem por síntese, a cidade é primeiro um estado bruto, o estado de natureza, sobre a qual vêm sucessivamente impor-se a lei divina, a lei natural, a lei positiva até uma última diferença que determina uma comunidade, ou um indivíduo, leis entre as quais estabelece-se, também por síntese, sua ordem.

A questão que surge é a da consistência ontológica dessa síntese que, se não fosse real, fragmentaria a realidade em múltiplas formas. Ora, no plano da metafísica, essa unidade a partir das numerosas formas realmente separadas não deixa de ser problemática.

Convém ainda perguntar se as leis que descem da lei divina à lei positiva, até mesmo ao juízo particular, constituem uma ordem real ou simplesmente uma sobreposição de leis destinadas a se oporem, ou a se fundirem.

Na análise metafísica do ser finito, Escoto pretende descobrir uma unidade mediante a pesquisa de elementos mistos que asseguram a transição de um nível para outro. Um bom exemplo dessa forma de proceder é dado pelas relações que ele pensa existir entre a alma e o corpo. Enquanto, em Santo Tomás, esses dois elementos distintos realmente permanecem ligados por uma ordem substancial, a matéria é aperfeiçoada e solicitada a ser matéria de um corpo pela alma, ato e forma do corpo; Escoto é levado, e mais ainda a tradição que o continuará, Descartes entre outros, a imaginar um elemento misto pelo qual se realiza a união dos dois elementos separados. Essa concepção está vinculada, em Escoto, à necessidade de transpor as separações reais resultantes da existência real das entidades discernidas pelo espírito.

Ora, parece mesmo que as relações entre as diversas leis se organizam dessa maneira. Se partimos, de um lado, da lei divina e, na outra extremidade, do estado de natureza bruta, tal como ele existe antes da queda, os dois aspectos só vão poder unir-se graças a intermediários. De fato, a lei divina divide-se primeiro em duas partes. A primeira é a lei divina no sentido preciso: as disposições particulares da escritura; a segunda é a lei natural promulgada pelo Decálogo. A lei natural, por sua vez, é dividida numa parte que é a lei natural no sentido estrito, e noutra parte que constitui a lei natural no sentido lato. A lei positiva retoma essa lei natural no sentido lato e contém, por sua vez, uma parte da lei natural que ela aplica e disposições naturais que não são da lei natural. Devemos constatar primeiro que esse esquema faz o ser próprio de cada lei residir na diferença que a opõe à lei inferior com relação ao que elas têm em comum. Depois fica claro que a lei inferior é ordenada com a lei superior por uma participação de ambas numa parte comum, sendo a estrutura desse conjunto perfeitamente platônica. Essa parte comum e essa diferença formam um misto que assegura a transição de uma categoria para a outra, assim como no ser físico.

Há que se assinalar que essa concepção da ordem entre as leis unidas por um misto não dá nenhum espaço à realidade da cidade ou das relações jurídicas concretas; cada lei só tem valor em função da sua participação na lei superior. Cumpre concluir daí que a realidade concreta da cidade é entregue a ela mesma, não entra no campo das fontes do direito; ela recebe somente essas diversas leis, como a matéria-prima recebe as diversas formas; isso implica a existência de uma matéria-prima realmente existente, e não pura potência, mas, não obstante, informe e comum, correspondendo os homens, no estado de natureza antes da constituição da cidade, a essa definição.

O mesmo modo de união entre duas leis de nível diferente na hierarquia do ser é confirmado pelo exame da articulação da vontade humana com a vontade divina. No topo, a vontade divina, esclarecida pela sabedoria divina, mas sem a menor necessidade, quer o que constitui a lei divina; uma parte dessa lei divina é recebida pelo homem como um mandamento através do texto sagrado, a outra parte constitui a lei natural no sentido estrito, que se mostra necessária, ao menos para coroar a inteligência humana que apreende aí a vontade divina; ela, por sua vez, pode ou não querer essa lei, conforme a aplique ou não na lei positiva. O espírito humano faz, pois, o vínculo entre a vontade divina e a cidade terrestre. Também ele é um misto dividido em duas partes, a inteligência que recebe passivamente as ordens divinas através das Escrituras, do Decálogo, ou a necessidade do ser, e a vontade livre que a aplica ou não à realidade bruta.

Mas essa hierarquia fundamentada na participação, essa descida de um campo para outro através de um misto serão reais? As leis diversas poderão participar umas das outras sem que a lei superior reduza a lei inferior?

Se nos atemos ao ponto de vista lógico, que é o de Escoto, não parece haver dificuldade; uma lei serve de maior, a outra de menor, e chegamos a uma lei positiva particular[109]. Mas a dificuldade, como o viu com muita justeza Ockham, reside na realidade do meio-termo proposto que, na verdade, equivale a dar à relação uma existência real independente dos extremos. O misto é apenas uma construção da mente, essa mente humana que pretende constituir uma passagem da lei natural à lei positiva não é um misto; é, de um lado, uma inteligência e, do outro, uma vontade, como o diz o próprio Escoto, e esses dois aspectos separados não podem conseguir constituir uma realidade.

Por não partir de um ser existente na realidade concreta, da qual cada lei corresponde a um aspecto ordenado

---

109. *Op. Ox.*, lib. IV, dist. XV, quaest. III, n.º 7. *Ex majori de lege naturae et minori de lege positiva non sequitur conclusio nisi juris positivi*: "Uma maior tirada da lei natural e uma menor tirada da lei positiva só podem acarretar uma conclusão de direito positivo", *Op. Ox.*, lib. IV, dist. XVII, quaest. I, n.º 30.

para o outro, somos conduzidos em Escoto ou a pensar leis totalmente alheias uma à outra, ou a reduzi-las sob a vontade do Legislador supremo. De um lado, as diversas leis não são ordenadas umas com relação às outras porque não se servem mutuamente de fins ordenados cabalmente por um fim derradeiro; do outro, e isto decorre do primeiro ponto, a ausência de ordem dinâmica direcionada a um fim é substituída por uma ordem estática que consiste em fazer todas as disposições particulares decorrerem de uma disposição geral. Como, no ser concreto, as formas são cada vez mais particularizadas, aqui ocorre o mesmo com as leis, mas a ordem que se segue permanece uma ordem formal que só subsiste sob a coerção da ordem superior. É por isso que a lei positiva é apenas uma conclusão tirada da vontade divina. As únicas distinções residem, por um lado, no autor: o Príncipe recebe delegação de Deus e de sua comunidade, enquanto a lei natural e a lei divina são de origem divina; por outro, na extensão: as leis divina e natural são mais gerais do que a lei positiva. O Príncipe deve aplicar leis justas para o bem da comunidade, ou seja, tomar disposições que tirarão seu valor da fundação delas na lei divina, ou mesmo do vínculo delas com a lei mosaica, como mostram certos exemplos tirados do direito canônico[110].

A separação formal e aparente das diferentes leis resulta na submissão e unificação delas sob a vontade divina.

A autonomia das diferentes leis que parecia ser firmemente assegurada em Escoto, já que ela corresponde a divisões reais do ser, é arruinada. Essa divisão do ser em diversos níveis separados não preserva, na realidade, a diferença deles porque a unidade que tende a reuni-los não é a unidade de uma realidade concreta que seria um fim e um além das distinções formais e que asseguraria ao mesmo tempo a unidade real das diversas leis. Na própria medida em que tal fim ultrapassaria as distinções formais, ele

---

110. *Op. Ox.*, lib. IV, dist. XV, quaest. IV, n.ᵒˢ 41-2.

escaparia parcialmente, pela riqueza de seu mistério e dada a pobreza de nosso espírito, ao domínio de nossas categorias. Em Escoto, apenas pode desempenhar parcialmente esse papel o arbítrio da vontade divina que vem dar um fim extrínseco[111]. Mas não há fim ordenador e unificador que permita pensar que a Sabedoria de Deus o diz lei eternamente conforme à sua sabedoria: a lei eterna desapareceu.

Deve-se acrescentar que, em certos casos, a lei divina intervém diretamente, por exemplo, para proibir a pena de morte em caso de roubo[112], sendo fácil perceber que a lei como um todo vai consistir na aplicação à cidade de uma moral religiosa. Ademais, a lei absorve totalmente o direito, ficando este último reduzido à moral religiosa. Escoto envereda nessa via, pois, quando atribui à lei o papel de partilhar os bens; dá-lhe uma função que, até então, pelo menos em Santo Tomás, ela não tinha principalmente e, assim, absorve o direito na lei. Mas, de outro lado, ele pretende encontrar as soluções dessa repartição na vontade divina, ou na lei natural moral. Introduz tudo o que concerne à partilha dos bens, das penas, na lei moral e religiosa. A solução é totalmente diferente da de Santo Tomás, que, ao contrário, conferia à lei como objetivo principal a ação reta e só a fazia intervir a título secundário na repartição dos bens. A inserção do direito na lei moral religiosa realiza-se, em Escoto, por intermédio da confissão na qual cada um deve verificar sua conduta em relação à lei divina, do que resulta se se é ou não justo.

No tocante a Deus, a justiça consiste em cumprir sua vontade, em aceitar as prescrições de sua lei, se é possível, todavia, falar realmente de justiça. Na realidade, ninguém consegue cumprir perfeitamente essa lei e cada qual merece ser sancionado pelos descumprimentos dessas regras[113].

---

111. *Op. Ox*, lib. IV, dist. XLVI, quaest. I, *passim*.
112. *Op. Ox.*, lib. IV, dist. XV, quaest. II, n.º 7.
113. *Op. Ox.*, lib. IV, dist. IV, quaest. II, n.º 2.

É por isso que se apresenta a Escoto a questão da justiça perante Deus a propósito do sacramento da penitência.

Tudo isso nos leva a tentar reunir elementos de uma definição da lei que deveria ser válida para o conjunto destas, uma vez que parecem por fim confundir-se. Se lembrarmos os elementos característicos de cada uma das leis, podemos dizer isto: a lei divina se define essencialmente pela boa vontade divina que ela deixa inteiramente livre; a lei natural se define quer pela própria natureza do bem e do que se segue logicamente, quer pelo que é querido e não é contrário a esse bem; a lei positiva se define pela vontade geral de quem tem autoridade sobre a comunidade, acompanhada de sanção e acordada com uma lei superior.

Se tentamos elaborar uma definição válida para cada uma das leis, que possa ser entendida segundo a especificidade de cada uma, caímos na cilada de uma dupla contradição. Com efeito, pode-se destacar que a lei é "o ato de vontade geral de quem tem autoridade sobre a comunidade", mas uma parte da lei natural, a mais essencial, escapa a essa definição, porquanto tem o caráter de uma necessidade de natureza. Não é possível resolver essa dificuldade abstraindo a vontade da autoridade, já que esta é essencial às leis divinas e humanas. Supondo-a resolvida, permanece outra, pois também é essencial à lei humana depender de uma lei superior; talvez seja possível estender essa noção à lei natural, reportando a dependência de sua primeira parte à lei do ser e a segunda, à vontade divina, mas então excluímos da definição a lei divina, cuja peculiaridade é não ser submetida a nenhuma outra.

A primeira contradição, que mostra de novo a dificuldade de conceber um misto que faria a passagem de uma lei divina a uma lei positiva, manifesta a dificuldade que há em Escoto de manter uma lei natural independente de toda vontade, exceto se a reduzimos a um preceito de pouco alcance social. Ela mostra, por fim, a impossibilidade, em Escoto, de pensar uma ordem da vontade orientada pela inteligência: se submetemos uma das partes da lei natural à vontade, a outra lhe escapa, pelo menos de certa maneira. Aparece claramente que, entre essas duas exigências, a lei natural é dissociada. Ensina-nos, por fim, a dificuldade de pensar, no âmbito da teologia de Escoto, a existência de uma lei natural que consagraria a existência de uma ordem imanente da realidade; isso revela uma contradição entre o ser e o agir.

A segunda contradição nos indica sobretudo a ordem de Escoto; a lei divina é, na realidade, o modelo que é aplicado à lei humana e não o inverso, já que a noção de lei divina é mais estrita do que a de lei humana. Mostra-nos que ele se encontra diante de uma escolha que não consegue fazer, entre uma lei incondicionada, a lei divina, e uma lei subordinada, a lei humana; se não há lei natural, as duas outras ficam em oposição, pois, ou a lei respeita um dado existente e a lei divina de Escoto deve ser modificada, ou ela não o respeita, e não se vê por que a lei humana deveria, ela, respeitá-lo, a não ser porque esse estado é querido por Deus. Finalmente, a contradição em que desaparece a lei natural manifesta sua necessidade para não pôr como rivais a vontade divina e a vontade humana (o que Ockham fará); mostra o fracasso de um pensamento que recusa a analogia.

Para encontrar uma aparência de ordem, fica-se acuado na redução dos planos do ser sob a coerção da vontade divina, via que Escoto abre e Ockham prosseguirá até seu termo.

A lei pode então ser apenas um mandamento, que se diferencia em lei humana ou em lei divina unicamente em razão do autor que a promulga e não conforme os diversos graus da realidade. Não é a cidade que, por sua realidade complexa, interroga o legislador sobre a melhor lei a ser adotada e fornece-lhe uma luz sobre a solução. A realidade é despojada de seu caráter complexo e das indicações que ela pode fornecer em proveito de uma lei superior que se impõe pela vontade daquele que a promulga. Já não há entre as diferentes leis relação de ordem, mas um escoamento da vontade, do mais geral ao mais particular. A ordem suprema entre as leis, que parcialmente se opõem, não necessita ser regida por uma lei cabal mas desconhecida. A lei suprema é sem lei; é a pura e simples liberdade da vontade divina: a lei eterna é suprimida por Escoto.

A via pela qual essa vontade se impõe é a generalidade. Com efeito, esta permite uma dedução de um nível a outro, mas suprime, desse modo, a especificidade das situações que viriam introduzir uma realidade independente da vontade, e mais cabal que o conceito geral. Deixa-se, assim, de levar em conta o que ultrapassa a razão, pelo simples motivo que ele está em ato de ser.

A consequência dessa vontade exercida por meio da razão é dar à lei não uma função de guia, mas de coerção, divina ou humana, para reduzir os casos particulares à obediência para com a regra geral. Por isso a lei é essencialmente acompanhada de uma sanção, e aqui de uma sanção geral, a saber, a salvação ou a danação. Parece-nos, então, legítimo estimar que podemos resumir o pensamento escotista sobre a lei dizendo que ela é, de modo muito moderno, a expressão de uma vontade geral, divina ou humana, acompanhada de uma sanção.

O mesmo movimento que, em Escoto, desqualifica a lei humana em proveito de leis superiores desqualifica também os casos particulares em que o juiz descobriria o direito em proveito da instância superior, da lei. Assim como as leis tendem a reduzir-se à lei humana, esta última se torna a única fonte do direito que ela absorve.

Capítulo VIII
O direito assimilado à lei

Em vez de examinar, como Santo Tomás, as questões de restituição dos bens e de equilíbrio entre os patrimônios a propósito do exercício da justiça, Escoto estuda esse equilíbrio a propósito da aplicação dos mandamentos. Esse novo lugar das questões de igualdade dos patrimônios modifica profundamente a questão do direito. Em Santo Tomás, o direito era constituído por uma relação autônoma de igualdade entre os patrimônios, as pessoas se esforçavam em respeitá-la ao praticar a justiça, o que não impedia de dizer que se respeitava também, mas pela mediação da coisa, uma lei. Temos aqui a relação inversa; trata-se primeiro de aplicar a lei às relações entre os indivíduos; fazendo isso, os indivíduos restituem o que é devido. A justiça continua sendo a restituição do que é devido, mas o direito que lhe determina a medida não consiste em respeitar a igualdade (descoberta no *medium rei*), mas em praticar o que é prescrito pela lei. Tendo desaparecido o *medium rei*, subsiste apenas um *medium rationis* determinado pela lei divina.

Estando aceito o princípio, a assimilação do direito à lei se desenvolve por ocasião do exame de cada um dos principais tipos de relação jurídica.

A primeira dessas relações estudadas é, naturalmente, a propriedade, fundamento do problema da restituição e da justiça. Ora, Escoto a submete a algumas transformações. Em primeiro lugar, ela é separada da natureza, uma vez que só existe depois da construção artificial da cidade; sua origem não é contemporânea da existência do homem, não mais que a vida política. Ela deixa de existir em razão das relações que se tecem espontaneamente quando um grupo de homens intervém, encontra sua origem na lei positiva depois que uma autoridade política atribuiu a cada um o que é seu[1]. Desse modo, essa autoridade se arroga o papel de juiz, e já não são somente certos aspectos das trocas ou das distribuições que podem louvar-se na lei, mas o conjunto dessas operações, como o confirmará o que segue.

A entrega da propriedade pela autoridade pública é feita a um indivíduo ou a um grupo? Escoto não o precisa expressamente, mas podemos estimar que a orientação de seu pensamento tende a entregá-la ao indivíduo. Sem dúvida, ele precisa que a autoridade paterna não é suprimida pela constituição da cidade e pela emergência do poder político, mas, na medida em que a lei julga condutas de acordo com a redenção, cada qual é unicamente responsável por si e pelos bens que lhe foram entregues na origem. Escoto não chega a precisar a natureza desse direito e a fazer dele um poder sobre a coisa (essa nova etapa será obra de Ockham), mas introduz os elementos que permitirão a seu sucessor transpor essa etapa: a lei como atribuidora ao indivíduo dos bens de que decorrem para este a necessidade de uma conduta conforme a lei e, ao mesmo tempo, a possibilidade de dispor deles conforme essa lei.

Por isso passamos ao exame das transferências dos bens. Essa transferência cabe ao proprietário que vende a propriedade ou o usufruto, ou então ao Príncipe ou à lei. A transferência de origem legal é a prescrição ou o usucapião para Escoto; em ambos os casos trata-se de uma decisão do legislador para o bem da República. De um lado é necessário, para evitar a multiplicação dos processos, que a transferência se faça em proveito do ocupante e, do outro, que o Príncipe, ao operar essa transferência, puna o negligente.

---

1. *Op. Ox.*, lib. IV, dist. XV, quaest. IV, n.º 12.

Vê-se que Escoto aplica com rigor o mesmo princípio: a fonte da passagem da posse à propriedade é a vontade do legislador que se manifesta por uma sanção[2]. Temos de destacar que a ideia de analisar a prescrição como uma passagem progressiva do fato ao direito, que manifestaria o dinamismo de uma natureza, não acode a Escoto.

O não-respeito da lei merece uma sanção, por isso ela é provida de uma pena destinada a constranger o indivíduo a se conduzir de acordo com a lei. Nessa perspectiva, a relação entre os dois patrimônios perde sua autonomia em proveito da lei e só é examinada do ponto de vista de uma eventual penalidade. A questão do direito já não é abordada senão pelo viés da lei, que se reputa contê-la, e a própria lei só é pensada em função da pena, aqui do sacramento da penitência. O lugar das questões de direito, propriedade, posse, venda etc., a propósito do sacramento da penitência, como condição de perdão por meio da lei em Escoto, é muito significativo da distância tomada em comparação a Santo Tomás.

Essa nova perspectiva leva Escoto a confundir lei e direito e, por conseguinte, a começar a elaborar um sistema de leis pelas quais se transmite a vontade divina.

Confusão entre lei e direito

A natureza é substituída pela lei, a intervenção do legislador é justificada pelo consentimento da comunidade.

A propriedade também pode ser transferida por um ato do proprietário. Este ato pode ser ou não um ato de liberalidade. No primeiro caso, são requeridas duas condições. Cumpre que a doação não seja proibida por uma lei superior, que o doador e o beneficiário tenham a vontade, respectivamente, de doar e de receber. Na falta dessa vontade, não se pode dar dinheiro a um frade menor, já que ele

---

2. *Ibid.*, nos 13 e 14.

não quer ser proprietário; na falta da permissão de uma lei superior, o monge não pode doar sem permissão do abade, nem a filha sem permissão do pai. Vê-se ainda que a lei é o elemento que substitui a análise da natureza da relação, a qual é reduzida, pela lei, à vontade das partes. O vínculo entre positivismo e voluntarismo se manifesta claramente; a relação natural, desvalorizada em benefício da lei, é substituída pela artificial construção oriunda das vontades que operam no âmbito da lei[3].

As transferências de propriedade a título oneroso se operam por três contratos que Escoto examina sucessivamente: a troca, a compra e a venda, e, paralelamente, por três contratos que transferem apenas uma parte da propriedade: o comodato mútuo ou não, o arrendamento, a locação. É requerida uma dupla condição para que esses contratos sejam conformes à lei: que seja dada sem fraude uma contrapartida justa. A questão da ausência de fraude é irrelevante para nosso assunto; em contrapartida, a respeito da igualdade das prestações, Escoto assinala que a igualdade não deve ser apreciada abstratamente, mas segundo a razão. Espera-se então que intervenha a consideração da situação particular. Ora, não é esse o caso, ou, pelo menos, a particularidade não é encarada diretamente. Com efeito, Escoto recusa expressamente a possibilidade de considerar o justo como um *medium rei*, pois então se poderia obter apenas uma ordem de grandeza entre um mínimo e um máximo, seria impossível atingir um ponto preciso de equilíbrio e, portanto, uma verdadeira justiça. Para remediar essa impotência da coisa para dar uma indicação determinada sobre o justo, a via da razão consistirá em pautar-se pela vontade, pela lei ou pelo costume. O pensamento escotista se revela aqui com toda clareza: a coisa é impotente para fornecer uma indicação precisa sobre o justo; convém, pois, recorrer a uma instância superior que remedie essa indeter-

---

3. *Ibid.*, n.ºs 15, 16 e 9. Esta análise da doação é condicionada pela teoria da pobreza franciscana.

minação, a lei ou o costume que virão impor sua medida à coisa. Julgar segundo a razão equivale a julgar segundo a lei[4]. A submissão à lei de todos esses atos jurídicos[5] transforma o olhar que se pode ter sobre eles e sobre o direito. Já não são considerados em si mesmos a fim de lhes buscar um equilíbrio, mas como atos de conduta humana cuja responsabilidade compete ao autor deles. Por conseguinte, a vontade desempenha o papel principal, mais além do equilíbrio entre as prestações. A vontade se torna o elemento determinante, em detrimento de uma justiça objetiva; a injustiça pode ser compreendida não mais como o que lesa o patrimônio alheio, mas como o que vai contra a vontade do proprietário, ou seja, contra a lei positiva inicial. Inversamente, a conduta justa consistirá em respeitar a vontade alheia e, desse modo, a lei primitiva que determinou a atribuição das propriedades[6]. O acordo das vontades tende a se tornar a essência do direito. A aplicação dessa concepção em matéria civil é bem fácil. Escoto não o deixa de fazer. Uma doação não pode ser justa se o proprietário não tem vontade liberal, ou se a doação ocorreu malgrado a vontade de que depende a doação: a violência ou a ignorância suprimiriam essa vontade. Podemos estender esse princípio da vontade esclarecida e livre ao "comodato", à troca, à venda, à locação, ao *mutuum*[7]. Mas é a propósito da escravidão e do casamento que a vontade adquire, no sistema jurídico de Escoto, um lugar central.

Antes de saber se o casamento do escravo é possível, cumpre indagar se a escravidão é ou não justa. Na origem, antes da falta, nenhum homem é submetido a outro; de direito natural os homens são, pois, livres. Aqui trata-se apenas do direito natural secundário, da segunda Tábua que não é, na verdade, imutável. Podemos, assim, ir ao encontro

---

4. *Ibid.*, n.ᵒˢ 18, 19 e 20.
5. Cf. o caso do empréstimo a juros, evocado rapidamente *ibid.*, § 26.
6. *Ibid.*, n.º 9.
7. *Ibid.*, n.ᵒˢ 16, 17.

dessa disposição. Há duas formas legítimas de fazê-lo. Um homem pode entregar sua liberdade a outro, constituir-se seu escravo como os homens se submetam à autoridade de um Príncipe. Aquele que é investido justamente da autoridade política pode reduzir à escravidão, na qualidade de príncipe, aqueles cuja liberdade prejudica o bem da República, da mesma maneira que pode amarrá-los em certos casos pelo bem da República. A redução do prisioneiro de guerra à escravidão é rejeitada[8].

Nas duas hipóteses, o recurso à vontade é o princípio de justificação: a vontade de quem se dá em escravidão, a vontade do Príncipe que impõe a servidão. A solução aristotélica consiste em ler na natureza relações de subordinação. Na cidade antiga concreta do século IV, o fato justifica a escravidão e, desse modo, acarreta uma certa justiça que deve ser respeitada entre o senhor e o escravo. Esta é descartada por Escoto. Duns Escoto não compreende o limite que ela traz às relações de subordinação. Prefere afirmar a existência de um direito natural ideal, no qual todos são livres, mas que, na própria medida em que é de um outro mundo, é impotente para regular as situações concretas. Para sanar essa ineficácia é preciso, contra o direito natural no sentido clássico, e portanto fora de todos os limites, que a vontade humana edifique um direito positivo, que se justifica unicamente pela vontade dos homens. Essa vontade constrói então um direito positivo artificial, que se fundamenta em si mesmo ou na duração do estado de fato. Mas, neste último caso, nem o direito positivo da prescrição, assim como a natureza de uma relação que se desenvolveria no tempo, não podem ser utilizados, o primeiro porque só se aplica às coisas, o segundo porque seria uma volta à solução aristotélica. Deve-se então dizer ficticiamente que os dois modos de escravidão têm origem e justificação na vontade do Príncipe, criadora de direito positivo. De novo a lei abrange a totalidade da situação[9].

---

8. *Op. Ox.*, lib. IV, dist. XXXVI, quaest. 1, n.º 2.
9. *Op. Ox.*, lib. IV, dist. XXXVI, quaest. 1, n.ºs 3 e 4.

A influência da lei se estende também à relação do casamento, se bem que talvez menos totalmente do que nas situações precedentes. Por certos aspectos, a natureza se manifesta com mais força, e por vezes é difícil para Escoto reduzi-la à lei. Não obstante, apesar de certas similitudes, não se deveria concluir disso que ele se aproxima das posições aristotélicas ou tomistas. Decerto as inclinações naturais, o desejo de procriar e o apaziguamento do desejo, o *remedium concupiscientiae*, são o fundamento do casamento. No entanto, eles só atingem o nível jurídico através do acordo das vontades; casar-se não é "comer, beber e dormir juntos", mas querer trocar seu corpo pelo do outro[10]. Por certo também a relação assim estabelecida pela vontade exige a justiça, ou seja, a igualdade. Essa igualdade não é diretamente dada na situação concreta. Deve ser considerada apenas como a expressão da lei[11]. Duns Escoto é muito explícito sobre esse ponto quando examina a poligamia: sua referência é a lei. Quanto ao primeiro fim do casamento, a procriação, a bigamia é justa; durante o estado de inocência, ela era, aliás, necessária para o desenvolvimento da espécie humana, depois ficou inútil. Quanto ao segundo fim, o *remedium concupiscientie* e após a queda, ela já não é legítima[12]. Poder-se-ia crer que essa consideração da natureza da relação conjugal conduz Escoto a uma concepção muito próxima da de Santo Tomás. Entretanto não é assim. Não é a natureza por si mesma que fornece a indicação de uma mudança; é o legislador que, depois da queda, institui uma nova regra, como instituíra uma para o estatuto de inocência. Essa instituição pode, aliás, ser comprometida pelas circunstâncias: se por causa de guerras ou de perdas o mundo dos homens se tornasse demasiado pouco numeroso em comparação ao das mulheres, apesar de certa injustiça para com o segundo fim do contrato, a bigamia poderia tornar a

---

10. *Op. Ox.*, lib. IV, dist. XXXIII, quaest. 2, *passim*.
11. *Op. Ox.*, lib. IV, dist. XXXIII, quaest. 1, n.ºs 2 e 9.
12. *Ibid.*, n.ºs 5 e 6.

ser lícita[13]. Aí também, Duns Escoto chega perto do método aristotélico, a mudança das circunstâncias não permitirá ler na natureza a necessidade de um direito novo, até mesmo de uma lei positiva nova[14]? Contudo, não é o que acontece em seu pensamento; essa mudança anunciaria uma mudança da vontade divina, que não poderia ser detectada na observação concreta da natureza, mas deveria ser objeto de uma revelação nova, concedida à Igreja. Portanto, o direito é ainda bem determinado pela lei não somente pela lei humana, mas também pela lei natural e divina, expressão da vontade divina[15]. Em vez de considerar uma mudança das coisas com vistas ao próprio fim delas e indicadora do direito, no âmbito de uma lei por si imutável, mas nunca totalmente conhecida nem realizada, a mudança é posta por Duns Escoto na vontade do legislador que impõe a direção que ele almeja e desse modo diz o direito.

É possível ir, parece, ainda mais longe nessa concepção voluntarista do direito: o roubo é assimilado por Escoto a um atentado contra a vontade do proprietário[16]. Seguindo esse caminho, poder-se-ia, se bem que Escoto não chegue até aí, aplicar a noção do roubo assim definida ao conjunto das injustiças civis, ficando então o direito civil incluído no direito penal que constituiria sua sanção. Escoto nos conduz nessa direção. O próprio roubo é submetido à lei para determinar sua punição. A lei divina não prevê a pena de morte para o roubo simples, por isso a lei positiva deve amoldar-se a ela e abster-se de prever essa pena. A medida da sanção não se define pela justa retribuição da falta, consoante a natureza do delito, mas pela aplicação da lei, no caso a lei divina. O caráter da pena se encontra modificado e assume o aspecto de um decreto arbitrário do legislador destinado a sancionar a conduta do delinquente e a puni-lo

---

13. *Ibid.*, n.º 4.
14. *Ibid.*, n.º 6.
15. *Ibid.*, n.º 7.
16. *Ibid.*, n.º 27.

porque desobedeceu, a castigá-lo e não a retribuir com uma pena o ato cometido.

Para as mutilações e os ferimentos, a lei do talião parece a mais bem adaptada, porque prevê uma restituição perfeitamente igual, que é difícil de obter por uma pena monetária. Parece que aqui Escoto é obrigado a levar em conta o aspecto retributivo da pena: no entanto, essa consideração não o leva a dar lugar pleno à natureza da relação nascida do dano corporal contra a vítima e a comunidade. A pena do talião é prevista pela lei mosaica, mas esta já não é vigente, por isso o talião não pode ser aplicado em virtude da lei de Moisés. Só pode ser aplicado a título de lei cristã se o legislador cristão, juiz ou imperador, o tiver incorporado à sua própria legislação. Aliás, há vários pontos de acordo entre as constituições imperiais do código e a lei mosaica. Portanto, é a decisão do Príncipe, como já o fizeram certas disposições do direito canônico em relação à lei mosaica, que pode decidir sobre a aplicação em seu reino da pena do talião. Mas o que acontecerá se o Príncipe não tomou tal decisão?[17] Aqui se manifesta o legalismo de Duns Escoto; o talião, ainda que o juiz tivesse constatado seu valor retributivo, não pode ser aplicado *proprio motu* pelo juiz que estimasse que ele é a solução justa. Apenas uma lei positiva, mosaica, eclesiástica ou civil pode deixá-lo vigente. Conquanto o talião convenha à lei mosaica, apenas uma lei positiva pode prever utilizar essa pena, e, se o Príncipe não decidiu assim, aplicar-se-á outra pena, pois somente um preceito especial de Deus, através da lei positiva, pode permitir ao carrasco tirar a vida do réu se o talião reclama essa pena. Embora a confusão entre direito e lei não seja total (Escoto vive num mundo que a ignora largamente), ela já é perceptível. É certo que o equilíbrio da relação se ressalta às vezes, mas logo é recoberto pela lei, o mais das vezes divina. A comparação com Santo Tomás ressalta a diferença: mesmo quando este declara que a lei é

---

17. *Op. Ox.*, lib. IV, dist. XV, quaest. III, n.ºˢ 4, 5.

regra da justiça, nem por isso despreza a proporção real entre as coisas; aqui, ao contrário, sem redundar nos derradeiros excessos do legalismo, Escoto envereda pelo caminho que a ele conduz e começa a privilegiar a lei em comparação com a *res justa*.

A assimilação das relações jurídicas concretas à lei positiva leva Escoto a edificar um sistema do direito já muito próximo de nossos sistemas modernos. Trata-se de uma estrutura que será progressivamente adotada e desenvolvida, mas cujos pontos principais já foram descobertos pelo Doutor Sutil. A constatação que acabamos de fazer sobre a confusão parcial entre lei e direito tem por primeira consequência assimilar direito e moral: a lei impõe uma conduta, convém praticar essa conduta e não mais buscar primeiro um ponto de equilíbrio entre o que é devido e o que é pedido. A lei dirige-se, pois, diretamente à vontade dos indivíduos, por isso o próprio direito se torna a exigência de uma conduta que os indivíduos devem querer. As vontades dos indivíduos, ao se amoldarem à lei, obedecem ao direito. Mais um motivo para ser assim é que o indivíduo entra na esfera do direito por intermédio de uma lei que lhe atribui uma propriedade, a saber, uma parte do bem daí em diante submetida à sua vontade. Todo o direito, nessa perspectiva, organiza-se como o sistema das trocas voluntárias. Bastará a Ockham esclarecer esse ponto e desenvolvê-lo para chegar à noção do direito subjetivo.

Paralelamente, pelo viés da sanção penal generalizada, o direito tende a se tornar obediência a uma regra legal sob ameaça de sanção.

O direito, obra da vontade divina

Perguntando-se se há alguma justiça em Deus, Escoto é levado a definir a justiça, o que faz combinando a definição de Santo Anselmo, *"justitia est rectitudo voluntatis propter se servata"* e a que ele atribui a Aristóteles, *"est esse ad alte-*

rum"[18]. A definição anselmiana vai prevalecer. Cumpre distinguir, segundo um vocabulário clássico, duas justiças. Podemos considerar outrem como um grupo, uma totalidade ou um indivíduo particular. No primeiro caso, trata-se da justiça legal ou geral, definida por Escoto como a que olha outrem como um grupo; ela depende da lei na medida em que é uma regra determinada pelo legislador. A segunda é a justiça particular, que é retidão para com o outro quando determinado caso particular depende da lei. Escoto emprega aí uma leitura muito pouco fiel das categorias aristotélicas. Perdeu de vista esta distinção: se a lei é necessária para assegurar a justiça legal, quando outrem é uma comunidade considerada como um todo, ela não o é, muito pelo contrário, para assegurar a justiça particular, porque se trata de dar a algum indivíduo o que lhe é devido concretamente em razão do *medium rei*. Não levar em conta essa diferença equivale a confundir as duas justiças. Essa confusão foi, porém, percebida por Escoto, mas ele a justifica porque se trata da justiça em Deus: há nele, de fato, uma justiça legal ou geral que consiste em estar de acordo com o que ele é, em obedecer a uma lei necessária por si mesma, a saber, que Deus deve ser amado, mas há também uma justiça particular *ad se, quasi ad alterum*, pela qual sua vontade é determinada a querer o que convém à sua bondade e a dar a ele mesmo o que lhe é devido. Ora, em Deus essas duas justiças se confundem porque a realidade da vontade divina consiste no amor a si mesmo; em outras palavras, a justiça particular se realiza através da justiça geral, pois Deus se apreende perfeitamente como pessoa determinada através da compreensão que tem de si mesmo: já que ele é único e perfeitamente igual a si mesmo, não poderia haver distância entre os dois pontos de vista. O resultado dessa identificação entre as duas justiças é assimilar a lei e o direito; se tal assimilação pode ser legítima para Deus, transposta para o

---

18. "A justiça é retidão de vontade conservada por si mesma" e "[a justiça] é ser voltada para os outros".

plano do legislador humano, ela conduz às transformações que destacamos[19].

Entretanto, parece que Escoto quer preservar a especificidade da justiça em Deus. Quando examina a justiça, não mais em Deus em relação a ele mesmo, mas em Deus em relação à sua criação, ele admite em Deus uma justiça distributiva particular e uma justiça comutativa, se bem que desigual, particular. Essas duas últimas espécies de justiça devem, para Deus, ser resumidas a uma só, pois a justiça comutativa para com as criaturas não existe no sentido próprio em razão da desigualdade, só existe sob uma forma proporcional; ora, a justiça particular distributiva consiste justamente em dar às naturezas criadas o que lhes convém conforme sua posição de perfeição. Chegamos, pois, a uma identificação da justiça comutativa e da justiça distributiva por assimilação da primeira à segunda. Mas Duns Escoto desprezou a justiça geral; ele não concebe entre Deus e as criaturas senão a existência de uma justiça particular; encontramo-nos, assim, numa posição inversa da precedente, ao passo que, na relação de Deus consigo mesmo, a justiça particular é assimilada à justiça geral; aqui a justiça geral é assimilada à justiça particular[20].

Reduzir a justiça geral à justiça particular significa que Deus não está, com relação ao universo criado, na posição de um Príncipe que legisla para esse todo. Não há lei eterna. Sua vontade aqui não depende da justiça geral porque não é uma lei, disposição permanente e necessária. Apenas a essência de Deus permite formular um mandamento necessário que tem a natureza verdadeira de uma lei permanente: Deus deve ser amado; qualquer outra disposição divina é contingente, estabeleça ela um estado estável em cujo seio certas consequências são necessárias ou, ao contrário, disposições totalmente particulares. Assim, conquan-

---

19. *Op. Ox.*, lib. IV, dist. XLVI, quaest. 1, n.os 2 e 3.
20. *Ibid.*, n.os 7 e 8. Escoto acrescenta que a justiça na criatura é a correspondência a essa vontade, torna-se obediência à imagem da relação política.

to seja expressa em formas legislativas: lei natural ou lei divina, trata-se apenas de disposições particulares da vontade divina, de modo algum deduzidas da necessidade de amar a Deus.

Falta saber por que essa justiça particular de Deus para com as criaturas adquire a forma de uma lei? Não seria apenas porque, finalmente, a justiça legal de Deus para com ele mesmo (que já assimila a justiça particular de Deus para com ele mesmo) é equivalente à justiça particular para com essas criaturas? Parece mesmo que Escoto, impulsionado pelas objeções, chega a essa posição[21]. É a ela conduzido pelo seguinte raciocínio: a justiça nada mais é senão a retidão da vontade, a vontade divina é inclinada necessariamente apenas para si mesma, para sua própria bondade, Deus não tem outra justiça senão dar à sua própria vontade o que lhe convém. Ele volta-se para si mesmo por um único ato, mas esse ato concerne, a título de consequências, a múltiplos objetos secundários. O intelecto divino que considera esses objetos secundários considera-os de modo necessário; ao contrário, a vontade divina considera-os somente de forma contingente. Segue-se que toda a ordem da justiça divina, exceto o amor devido a ele mesmo, é um ato de justiça particular. Toma a forma de uma lei não porque esta seria a forma necessária para um todo, para uma comunidade que constitui naturalmente um nível de realidade distinto das partes que a compõem, mas porque essa forma geral é exigida pela extensão nominal possível dos indivíduos. Não há diferença de natureza entre essa soma de indivíduos com extensão indefinida possível e a multiplicidade das decisões individuais. A ausência de lei eterna e de causa final própria do universo aparece de novo aqui e, por essa razão, o nó do nominalismo. A lei é apenas a soma possível das decisões individuais, por isso ela sempre pode ser superada por outra decisão individual sem que haja passagem de uma ordem para outra. O ato de legislar e o

---

21. *Ibid.*, n.º 11.

ato de julgar se confundem, ambos são decisões de maior ou menor extensão. No exercício da justiça divina, lei e direito ficam, pois, confundidos quanto à natureza deles: a vontade. Apenas os distingue a extensão. O que nos ocupa, porém, é o humano, e convém dizer por que vias essa concepção desce até ele. A passagem dessa concepção voluntarista e nominalista se realiza por duas vias, a bem dizer muito ligadas. A primeira é que a lei humana é ela própria aplicação da vontade divina, é fundamentada por essa lei superior, e a vontade divina permite considerar todo o direito no contexto da aplicação da lei divina no tribunal da penitência. Isso nos abre a segunda via. Duns Escoto marca uma diferença clara entre a relação do Príncipe com sua comunidade e a relação de Deus com o universo. A primeira, a comunidade política, é uma comunidade de agregação; a segunda é uma comunidade de extensão nominal. Isso nos basta para marcar, sob o ângulo que nos importa, uma diferença entre elas. Dizer que a comunidade do universo é *communitas eminentis continentiae* quer dizer que todos os indivíduos novos podem ser incluídos, a soma deles é potencialmente infinita. Ao inverso, a comunidade política é uma comunidade de agregação, ou seja, é a soma artificial dos indivíduos que a ela vieram agregar-se. A única diferença entre os dois "todos", o universo e a comunidade política, é, pois, uma diferença de maior ou menor extensão, de extensão atual já realizada para a comunidade política, de extensão sempre possível para o universo. Essa diferença não é uma diferença de natureza. Em ambos os casos o todo permanece uma soma e não uma ordem. Só que um, a cidade, é menos extenso do que o outro. A lei da cidade é, portanto, particular com relação ao todo do universo, mas o todo da cidade constitui apenas uma soma artificial, por isso é possível, sem mudar de nível de realidade, tomar uma decisão particular de encontro a uma lei. Não há diferença de natureza entre essa decisão que concerne a um indivíduo e a decisão que concerne ao todo; sua única diferença se deve à extensão delas.

Em princípio, a decisão particular decorre da lei que tem uma maior extensão. A cidade é submetida à lei natural, mas é possível ir mais além por um ato de vontade particular sem que esse ato signifique que existe um nível de realidade diferente, já que o todo é apenas a soma dos indivíduos que compõem a cidade, são os cidadãos. Encontra-se então demolida a diferença entre justiça geral e justiça particular. Trata-se apenas de duas extensões diferentes da mesma justiça: uma considera a soma artificial dos indivíduos, a outra, um indivíduo. Ambas são de mesma natureza, ou melhor, a primeira é somente a soma das decisões inspiradas pela segunda. Assim está estabelecida a possibilidade de atingir perfeitamente o particular através do universal, o que justifica a lei, e excetuar o particular sem contestar a lei. De um lado, a aplicação da lei basta para deduzir o direito, o direito está contido na lei, o juiz só tem de deduzi-lo dela sem considerar a situação concreta. A lei é suficiente para atingir as situações particulares, a regra é a fonte do direito e não o inverso, segundo a fórmula romana. A fórmula precede a ordem. Mas, se formos obrigados a tomar uma decisão particular contrária à lei, seremos levados a vinculá-la, às vezes muito ficticiamente, a uma dedução da lei, ou então a recorrer a uma decisão particular do legislador, o que é introduzir uma contradição na vontade do legislador, ou então a contradizer pelo julgamento a lei, sem poder justificar esse fato. O pensamento de Escoto finaliza um conflito insolúvel entre as decisões gerais do Príncipe e as decisões do juiz. Conflito que só se soluciona pelas dispensas voluntárias e desordenadas do legislador.

Conclusão

Bem pouco tempo depois da morte de Santo Tomás, a obra de Escoto é a primeira grande síntese que marca uma ruptura profunda com o pensamento realista e aristotélico que conhecera o triunfo graças ao Doutor Angélico. Por certo a reação escotista não é totalmente original: um Henrique de Gand, por exemplo, já abrira caminhos bastante diferentes dos de Santo Tomás, e, mesmo em vida deste, inúmeros doutores ficaram muito reservados a respeito do "batismo" de Aristóteles. Nesse sentido, a grande obra de Escoto não é particularmente original; abebera-se expressamente nas fontes do velho agostinismo tradicional, representado em particular por Santo Anselmo.

No entanto, por sua amplitude assim como por sua força sistemática, e sobretudo por seus resultados, esse pensamento escotista pode realmente ser considerado o ponto inicial de uma nova maneira de encarar o direito e a lei.

Sua novidade consiste sobretudo em apoiar-se numa metafísica elaborada com muita firmeza. Ora, essa metafísica escotista só podia ser uma metafísica do necessário possível a fim de deixar toda possibilidade à vontade divina, quer de construir outro mundo, quer de intervir no mundo presente. Mas, como também é preciso remontar a um ser primeiro causa necessária, sem atribuir a necessidade aos seres segundos, esse procedimento conceitual só pode ser conduzido no plano do possível, cujo fundamento é constituído pelo ser comum. Resulta dos pressupostos desse procedimento uma primeira ruptura entre necessário e contingente, que acarreta uma cascata de novas separações. Devemos salientar de modo mais particular as atinentes à natureza e que conduzem, de um lado, a uma recusa nítida da finalidade ontológica, do outro, a uma dissociação das coisas numa profusão de formas, por sua vez separadas da matéria. Nessas condições, apesar da manutenção da realidade da relação, esta já não se insere num dinamismo ontológico, fica reduzida ao plano formal.

É no interior desse contexto que podem ser situadas as novidades introduzidas pela concepção escotista da lei. A lei será essencialmente uma obra de vontade para permitir à liberdade escapar das necessidades da ordem das essências que a inteligência é forçada a seguir como uma natureza. Ela não resulta de um juízo prático relativo à coisa que permaneceria inesgotável. Essa obra de vontade consiste, para o legislador, em estabelecer um comando geral acompanhado de sanções e de recompensas. A única garantia é que, tratando-se de Deus pelo menos, a vontade do legislador é essencialmente boa. A do legislador humano tem como únicos limites os que lhe são fixados por uma lei natural, também ela reduzida e atingida pela dissociação do necessário e do contingente. Uma segunda fonte de sua autoridade é assegurada pela submissão voluntária dos sujeitos. O legislador sempre pode intervir para dispensar voluntariamente um sujeito da execução da lei. As próprias leis constituem, pois, uma ordem necessária, uma vez que foi determinada pela superior, ordem em cuja margem se situam todos os tipos de decisões individuais contingentes. Entre esses acontecimentos contingentes interveio a revelação divina que completa, até mesmo modifica parcialmente, a lei natural e tende a substituí-la para assegurar a execução da vontade divina.

Já que a lei não poderia referir-se a uma natureza das coisas, ela é autossuficiente, não há necessidade alguma de considerar que existe um nível da realidade que supera a lei. Não poderia, portanto, ter lugar aí para o direito, por isso a justiça consiste em realizar a vontade do legislador, seja em suas disposições gerais, seja nas ordens particulares que ele dá.

As coisas dissociadas que se apagam assim atrás da lei dão lugar a um escoamento da vontade através da ordem do necessário ou através das disposições contingentes que a vontade impõe. Mas, falando precisamente, como só há como único necessário a infinidade das determinações possíveis do intelecto divino e do amor a si que sua vontade tem por si mesma, a ordem atual do mundo só tem a necessidade de ter sido querida por uma causa eficiente infinita. Então, já não são somente as leis jurídicas e éticas que são obras da vontade, mas as próprias coisas que são constituídas por uma lei totalmente adequada ao ser delas. As coisas se tornam a concreção das formas queridas e organizadas pela lei de Deus. Desse modo, o projeto ontológico de Escoto, na medida em que ambiciona ater-se às relações necessárias que continuam da ordem do possível, mostra-se ser fundamentalmente apenas a decifração de uma lei na qual se reduz e em que se evapora a consistência das coisas. Com isso revela-se então não somente a destruição da unidade das coisas, mas sua cobertura por uma única vontade expressa por uma lei tão fundamental e única quanto o ser comum do qual ela decorre. À dissociação das coisas corresponde o advento de uma lei uniforme desde então incapaz de se moldar aos contornos complexos da realidade.

Mas, embora esse processo seja amplamente iniciado por Escoto, talvez não tenha sido impulsionado até o termo pelo Doutor Sutil. As difíceis questões do estatuto do indivíduo, da separação da lei natural em duas partes, o necessário recurso a uma vontade particular para além da lei mostram a emergência, já no bojo da síntese escotista, da dificuldade de situar o indivíduo concreto nessa ordem formal. Parece então que Duns Escoto não encontra outra via para reintegrá-lo senão a de exaltá-lo em oposição à lei geral e abstrata.

Essa é a questão que Escoto deixa ao seu sucessor Guilherme de Ockham.

Capítulo IX
A lei entre Deus e o Imperador

Ockham[1], originário de Surey, perto de Londres, nasceu por volta de 1290. Tendo entrado na ordem franciscana e, portanto, se formado num meio fortemente marcado pelo agostinismo, pelas pesquisas lógicas e científicas e pela condenação de 1277, ele comenta as *Sentenças* de Pedro Lombardo em cerca de 1320. Existia também em Oxford uma forte corrente tomista, da qual John Lutterell[2], então chanceler, era um representante. Ockham não tardou a entrar em conflito com esses adversários, sobretudo a propósito da Eucaristia. Parece estabelecido que o processo não resultou numa sentença de condenação.

É em seguida chamado a Avignon pelo papa João XXII para responder por suas doutrinas heréticas, entre outras as referentes à Trindade. Ainda não é mestre em teologia e parece que nunca atingiu essa graduação, o que estaria expresso em sua alcunha de "Venerabilis Inceptor", que indica também que foi o iniciador de uma via nova, chamada pelos contemporâneos a *via moderna*[3].

---

1. Sobre a vida de Ockham: L. Baudry, *Guillaume d'Occam, sa vie, ses œuvres, ses idées sociales et politiques*, t. I: *L'homme et les œuvres*, Paris, 1949; *Tractatus de successivis*. ed. de P. Boehner, Nova York, 1944, pp. 1-15.

2. Hoffman, *Die Schriften des oxforder Kanzlers Johannes Lutterell*, Leipzig, 1959, pp. 3-102, abrange a lista dos 56 artigos suspeitos redigida por Lutterell e sua própria refutação dessas teses.

3. No entanto, Ockham se diz, ao contrário, fiel à tradição agostiniana e acusa tomistas (talvez escotistas) de serem *moderni*.

Em Avignon[4], também eram forçados a residir o canonista Bonagrazia de Bérgamo e Miguel de Cesena, ministro geral da Ordem Franciscana, também ele revoltado contra o papa. Todos os três fugiram uma noite de maio de 1328, acompanhados por mais dois companheiros, e entraram em revolta aberta contra o papa, a quem declararam, por vários manifestos públicos, herético.

Refugiados em Pisa, lá encontraram em fevereiro de 1329 Luís de Baviera, também ele revoltado, em luta contra o papa e apoiando um antipapa em Roma. Daí em diante, Guilherme de Ockham acrescenta à defesa dos Frades Menores a do imperador: "*O imperator defende me gladio et ego defendam te verbo.*"[5] Exercerá em Munique essa função, ao lado de Marsílio de Pádua, mas com argumentos muito diferentes e criticando-o, até a derrota desse partido no início de 1348.

Ockham manifestou então um desejo de reconciliação com os membros da ordem franciscana que não entraram na dissidência. Enviou-lhes o sinete da ordem que ele conservava desde a morte de Miguel de Cesena e pediu para voltar à ordem. Por outro lado, pediu perdão ao papa reinante Clemente VI. Mas morreu em 1349 ou 1350, antes de ocorrer uma reconciliação formal.

Ao inverso de Santo Tomás, e mesmo de Escoto, que dirigiam à realidade humana da lei o calmo e amplo olhar do teólogo contemplativo, Ockham, em suas obras puramente especulativas, interessa-se apenas de modo muito alusivo pela realidade jurídica. Examina o fenômeno da lei divina, ainda que muito rapidamente, mas unicamente no contexto de sua teologia moral e das relações entre a criatura e o criador. Assistimos a uma espécie de encolhimento bastante significativo do interesse do teólogo pelas realidades humanas. Enquanto Santo Alberto Magno se lançara com apetite sobre todos os saberes humanos e Santo Tomás ordenara todas essas realidades sob o olhar de Deus e dera razões filo-

---

4. Pelzer, "Les cinquante et un articles de Guillaume d'Occam censurés en Avignon em 1326", *RHE*, XVIII, 1922, pp. 240 ss.
5. Tritemo, *De scriptoribus ecclesiasticis*, Colônia, 1546, p. 233, citado por L. Baudry, *op. cit.*, p. 124.

sóficas capazes de salientar-lhes a dignidade, o mesmo já não ocorria com Escoto, nem com Ockham. O contexto que escolhem para expor seu pensamento – o *Comentário sobre as Sentenças* do tradicional e agostiniano Pedro Lombardo – explica esse encolhimento, mas também o salienta. Santo Alberto e Santo Tomás haviam, como todos os teólogos da época, comentado Pedro Lombardo, mas, bem depressa, escaparam desse contexto estreito demais para produzir sínteses mais pessoais e mais vastas, as *Summae*. Por permanecerem no contexto tradicional das *Sentenças*, nem Ockham nem Escoto produziram, senão em lógica, uma *Summa*. Enfim, embora Ockham já não possa ignorar que Aristóteles é um dos principais autores da cultura de seu tempo, não vai, ao contrário de Santo Tomás, interessar-se pelo conjunto de sua obra. E em especial muito pouco por sua metafísica. As leituras comentadas que preparam sua obra teológica compreendem, de um lado, a *Física*, já famosa em Oxford, mas sobretudo a lógica, que constitui um dos interesses fundamentais de Ockham e que poderia muito bem ser uma das chaves de sua compreensão. Ele pode ser compreendido como o teólogo que substitui a metafísica pela lógica.

Será preciso que as circunstâncias de uma vida, bem agitada em sua segunda parte, ponham Ockham em contato com a realidade política para que ele reflita e escreva sobre essas questões. Mas, longe de receber dessa área até então ignorada as lições de uma experiência nova, que talvez pudesse ser contrária a certos aspectos de seu pensamento, ele vai aplicar a essa realidade, nova para ele, as doutrinas elaboradas na calma da cátedra de Oxford. Essa atitude é facilmente explicada pela nova situação do *Venerabilis Inceptor*; já não é um doutor em busca da verdade pelo amor a ela, mas um polemista e propagandista que põe sua pena a serviço de um príncipe.

Essa aliança não é fortuita, pois ocorre que as doutrinas filosóficas e teológicas, pensadas e sistematizadas em Oxford para exaltar a onipotência de Deus, livre de qualquer necessidade natural, poderão servir com muita eficácia para exaltar o poder do imperador contra o papa, e o dos Frades Menores contra o mesmo papa. Quando, depois de uma vida consagrada a um ensino suspeitado pela Igreja, que lhe vale um processo e uma estada na prisão pontifical de Avignon, o

Venerabilis Inceptor foje para juntar-se ao imperador Luís de Baviera, ele abraça essas duas brigas.

Nessa época, a cristandade está duplamente dividida. A discussão da pobreza que parecia acalmada ganha novo vigor; após a bula *Ad conditor canonum*, seguida de uma consulta bem moderada, encontram-se postas as questões de saber o que é a propriedade, em que ela pode distinguir-se do uso, do *dominium*, se é possível renunciar a ela totalmente, se a perfeição evangélica consiste realmente nessa renúncia, com vistas à total pobreza[6].

No decorrer desses mesmos anos, o conflito entre o papa e o imperador, que nunca se acalmara perfeitamente, conhece um derradeiro e violento episódio[7]. Em 1324, com a morte de Henrique VII de Luxemburgo, os eleitores imperiais não conseguiram chegar a um acordo e dois príncipes foram eleitos e coroados: Frederico de Antióquia e Luís II, duque de Baviera. Este último venceu o rival em 1322. Entrementes, porém, o papa declarara o Império vacante e nomeara o rei Roberto de Nápoles vigário para a Itália. Luís II enviou seu exército à Itália. O papa o intimou então a renunciar ao Império, pois ele usurpara a aprovação da Igreja. Ele replicou que recebia seu poder apenas de Deus pela eleição e que o papa devia unicamente coroá-lo. Excomungado por causa dessa resposta em março de 1324, convocou um concílio geral para julgar esse papa que ele estimava herético. O papa João XXII o declarou desacreditado e o depôs em julho de 1324. Por sua vez, Luís II pronunciou a decadência do papa e elegeu em Roma um antipapa, Nicolau V (1328)[8].

---

6. Baudry, *Guillaume d'Occam, sa vie, ses œuvres...*, op. cit., Paris, 1950, pp. 108-9; Villey, "Occam et la naissance du droit subjectif", *in Seize essais...*, Paris, 1966; M. P. Lambert, "Franciscan poverty", *SPCK*, Londres, 1961, pp. 208-16 e pp. 229-42; Gratien, *Histoire de la fondation et de l'évolution de l'ordre des Frères Mineurs au XIIe siècle*, Paris, 1928; De Lagarde, *La naissance...*, t. IV, Eubel, *Bullorum Franciscanum*, 1898. Typis Vaticanis, vol. V, *Cum Nonnullas*, p. 518; *Quia Quorumdam*, p. 271; *Quia vir reprobus*, p. 820; *Ad conditiorem canonum*, p. 486.

7. Pacaut. *La théocratie, l'Église et le pouvoir au Moyen Âge*, Paris, 1957, p. 198.

8. Mollat, *Les papes d'Avignon*, Paris, 2.ª ed. 1949, pp. 330-66.

Foi somente depois do pontificado de Bento XII que seu sucessor, Clemente VI, conseguiu eleger um novo imperador, Carlos de Boêmia, para opô-lo a Luís II de Baviera. Este último morreu em 11 de outubro de 1347, deixando assim, ao seu rival, a possibilidade de ser coroado em Roma em 5 de abril de 1355. A luta entre o Sacerdócio e o Império acalmou-se então, graças à boa vontade das duas partes, não sem dificuldade, todavia. O papa e o imperador evitaram dirimir em princípio[9] a grande questão teórica que os teólogos dos dois campos haviam transformado em seu cavalo de batalha: a *plenitudo potestatis* pertencia ao papa? Quais eram o campo da Igreja e o do Império?

Envolvido na polêmica contra o papa e na discussão sobre a pobreza, o talento de Ockham estará em ver que as duas questões cujos protagonistas se encontram fortuitamente reunidos no mesmo campo envolvem os mesmos princípios e na realidade constituem apenas uma questão, sendo possível utilizar em seu proveito princípios idênticos e extremamente eficazes descobertos no trabalho teológico executado em Oxford. Isto leva a crer que existe um vínculo profundo entre a teologia, a filosofia e a política de Ockham. Tal vínculo não é admitido por todos os intérpretes[10], e os mais modernos, sobretudo os doutores franciscanos, parecem querer ou suavizar as posições políticas de seu confrade[11], ou então separar esses dois aspectos de seu pensamento de modo que se possa salvar uma parte ou a outra. Alguns, cujos erros[12] são mostrados pela tradição tomista, ten-

---

9. Mollat, *op. cit.*, pp. 358-61.

10. É admitido por Baudry, "Le philosophe et le politique dans Guillaume d'Occam", *AHDLMA*, XIV, 1939, pp. 209-30; De Lagarde, *La naissance de l'esprit laïque au Moyen Age*, t. IV; *Guillaume d'Ockham. La défense de l'Empire*, Louvain, Paris, 1962 (nova ed.); Gordon Leff, *William of Ockham, the Metamorphoris of Scolastic Discourse*, Manchester, 1975, pp. 614-6.

11. Morall, "Some Notes on a Recent Interpretation of William of Ockham's Political Philosophy", *Franc. Stud.*, IX, 1949, pp. 335-69; Hamman, *La doctrine de l'Église et de l'État chez Occam: Étude sur le Breviloquium*, Paris, 1942; "La doctrine de l'Église et de L'État d'après le Breviloquium d'Occam, *Franc. Stud.*, XXXII, 1950, pp. 135-41; P. Boehner, "Ockham's Political Ideas", *Collected Articles on Ockham*, Nova York e Louvain, E. M. Buytaert, 1958, pp. 442-68; Miethke, *Ockham's Weg für Sozialphilosophie*, Berlim, 1969.

12. De Muralt, "Traduction et commentaire du Prologue des Sentences de G. de Occam", *Studia Philosophica*, XXXVI, 1976, pp. 107-58.

tam livrar Ockham da suspeita de nominalismo[13], enquanto outros fazem disso a sua glória[14].

Sem querer encetar um estudo aprofundado dessa questão, temos, porém, de indicar brevemente as razões que nos conduzem a adotar a tese de um vínculo coerente, conquanto não necessário, entre o pensamento de Ockham expresso em Oxford e sua filosofia política. Precisemos de início que se trata mesmo de estabelecer um vínculo com sua filosofia política, ou seja, com o que, em seus escritos, vai além dos posicionamentos puramente circunstanciais. Ora, parece-nos que há nos escritos políticos de Ockham elementos, com maior ou menor esquematização, de uma filosofia política e jurídica: referência a um mundo contingente em face da onipotência divina, posicionamentos sobre a natureza da relação política, sobre o sentido da palavra direito natural, etc. Seria surpreendente que um pensador dessa envergadura renunciasse a remontar das questões práticas, sobre as quais fora levado a tomar partido, até os princípios que deveriam inspirar suas respostas. Cumpriria imaginá-lo atingido por um espantoso desdobramento. Ademais, inversamente, se queremos compreender profundamente as posições de Ockham referentes à comunidade política e suas leis, somos forçados a recorrer ao fundo de sua filosofia, até mesmo de sua teologia. Se não percebêssemos essa relação, teríamos nos deixado seduzir pelo pensamento nominalista a ponto de então ver em seu pensamento apenas dois instantes sem vínculos; sua política nos pareceria absurda, sem causa, puro fruto do acaso. Parece-nos, ao contrário, que essa relação aparecerá com uma certeza cada vez mais firme no curso da sequência desta análise.

São as disputas nas quais Ockham se vê obrigado a tomar partido que o vão conduzir a tratar de filosofia do direito. Nas obras que datam do período de Oxford, ele reflete como todo teólogo sobre as questões muito gerais do funda-

---

13. P. Boehner, *op. cit.*, "The Realistic Conceptualism of William Ockham", *Metaphysics of William of Ockham*, p. 377; L. Valcke, *Introduction au commentaire sur le livre des prédicables de Porphyre*. Trad. R. Galibois, Centre d'Études de la Renaissance universelle de Sherbrooke, 1978, pp. 25-31.

14. J. Largeault, *Enquête sur le nominalisme*, Louvain, 1971, pp. 32-95.

mento da ética, do papel da vontade e da liberdade nos atos humanos, do fim desses atos, mas não chega, a não ser de forma alusiva, a tratar das realidades jurídicas. Ao contrário, as discussões doutrinais nas quais toma parte mais tarde envolvem toda uma concepção do direito e de algumas de suas noções fundamentais, como a propriedade ou a origem do poder político, suas relações com a moral, com a teologia, com as Escrituras.

Se Ockham quisesse defender os poderes do imperador, não deveria salientar a realidade da comunidade política, autônoma, existente por si só em sua esfera, como um dado natural? Essa foi a linha de raciocínio adotada por alguns aristotélicos, defensores do imperador, entre os quais Marsílio de Pádua[15] ou Jean de Jandun. Mas tal ideia levava a pensar que todos os indivíduos se encontravam por natureza na esfera do direito e que, portanto, não podiam renunciar totalmente à propriedade, que eram *volens nolens*, membros de uma comunidade de trocas da qual participavam. Por isso, adotar tal raciocínio levava infalivelmente a dar ao papa armas contra os Espirituais, cujo grande desejo era aproximar-se de um estado de natureza anterior à constituição da comunidade política em que não existia nenhuma propriedade, fruto e fonte do pecado. Tal vida fora possível antes do erro original: a vida evangélica vivida em todas as suas exigências, graças à regra de São Francisco (que acabava identificando-se com o Evangelho), devia conduzir a isso e, assim, reformar a Igreja[16]. Essas teses achavam-se expostas por um dos seus, Pedro João Olivi, na *Lectura super Apocalipsim*, na *Littera septem sigillorum* e no seu *Rotulus*[17].

---

15. Tratava-se, em Marsílio bem como em Jean de Jandun, de um aristotelismo pouco fiel, muito marcado pela interpretação averroísta que fechava a cidade terrestre em si mesma. J. Quillet, *La philosophie politique de Marsile de Padoue*, Paris, Vrin, 1970, pp. 53-71. Essa posição não excluía o individualismo voluntarista: Lagarde, *Naissance*, t. III, pp. 324-7.

16. Chegou-se a um acordo doando a propriedade dos bens da Ordem, que eram consideráveis, à Santa Sé, e conservando-lhes o uso aos Frades Menores (decretal *Exiit qui seminat* de Nicolau II, 14 de agosto de 1279). A briga recomeçou quando o papa João XXII devolveu a plena propriedade. L. Baudry, *op. cit.*, pp. 107 ss.; Lambert, *op. cit.*, pp. 220-5.

17. Lambert, *op. cit*, *eod. loc*, e pp. 156-60.

Ockham soube perceber com perspicácia o impasse a que conduzia a posição de Marsílio. Compreendeu que era preciso defender os Espirituais partindo de outro ponto de vista, muito mais próximo, aliás, do espírito real deles do que as teses de Marsílio. Se se partisse da ideia de que a vida em comunidade é o produto de uma vontade individual entrar ou não na ordem dos Frades Menores, por exemplo, e que por ocasião dessa decisão renuncia-se, total ou parcialmente, ao direito que se tem, era muito fácil concluir que os Menores, por sua decisão voluntária de entrar na ordem, renunciavam totalmente a fins. Então era possível transpor o raciocínio e mostrar que também o Império era o resultado do limite que os membros desse Império se impuseram; assim, o Império vem a ser o produto da vontade dos indivíduos que constituem, por conseguinte, uma realidade independente da Igreja, sobre a qual o papa não pode ter direito. Além do mais, a fecundidade dessa reflexão não se esgotou, já que é possível então compreender, em virtude do mesmo princípio, que o poder do papa é não só limitado pelas realidades políticas oriundas da vontade dos laicos, mas também que os cristãos no interior da Igreja gozam ao menos dos mesmos direitos, se não de direitos mais importantes do que os dos cidadãos do Império. Decerto Ockham não subvertia o equilíbrio entre o poder espiritual e o poder temporal, e as soluções práticas às quais chega são em geral bem próximas das conclusões tradicionais[18], mas lhes dá um fundamento novo[19].

A descoberta do indivíduo como princípio e fundamento da comunidade política e eclesiástica se revelava de grande fecundidade do ponto de vista de Ockham. Era ainda mais fácil para ele realizar esse procedimento porque estava em perfeito acordo com os outros aspectos de seu pensamento.

Essa descoberta constitui no pensamento político uma real novidade. Claro, sabemos que Abelardo já havia emitido

---

18. Hamman, *La doctrine de l'Église et de l'État chez Occam*, Paris, 1942; Boehner, "Ockham's Political Ideas", *in Collected Articles*, pp. 442-68.

19. Lagarde, *La naissance...*, t. IV, p. 223, t. VI, p. 109. Brian Tierney, "Ockham's Conciliar Theory", *Journal of the History of Ideas*, XV, 1954, pp. 40-70, mostra bem a retomada, por Ockham, das teses de alguns canonistas bolonheses.

algumas ideias nesse sentido; também notamos que Escoto havia enunciado, assim como seu discípulo Umbertino de Casale[20], pensamentos próximos. Nos meios espirituais, Olivi, também ele nominalista, dera a essas especulações um aspecto místico, que parecia aproximar-se das intuições de Joaquim de Fiore[21], dos *fraticelli*, beguinos e valdenses. Apenas Ockham, porém, conseguiu sistematizá-los com rigor, e aplicá-los com força e clarividência às situações que agitavam a cristandade.

Até aqui, imaginava-se a comunidade política como um todo que ordena suas partes; daqui em diante ela é uma criação dos indivíduos, até mesmo uma soma de indivíduos. A lei não podia permanecer alheia a essa revolução copérnica do pensamento político. As fortes distinções marcadas por Santo Tomás, de um lado, entre os diferentes níveis da lei, do outro, entre lei e direito, não parecem poder subsistir. Apesar de uma linguagem às vezes bastante próxima da de Santo Tomás, o pensamento é totalmente diferente, o inverso, pode-se dizer.

O desenvolvimento de um pensamento nominalista não é, na época de Ockham, um acontecimento absolutamente novo na Escola. No século XII, Abelardo sacudira o neoplatonismo então dominante com uma tentativa de volta à coisa nesses diversos aspectos; mas, não dispondo de uma ontologia muito elaborada, a experiência da linguagem levara Abelardo, Roscelino e outros a dissolver a realidade em seus aspectos contrários. De uma coisa, a afirmação pode existir ao mesmo tempo que a negação: *sic et non*. No entanto, o que conduz ao nominalismo os autores dessa escola, particularmente a ausência da ontologia de Aristóteles, também os impedira de empreender uma crítica dessa ontologia à luz desse nominalismo. Decerto essa é a razão que explica que essa primeira escola nominalista não se tenha desenvol-

---

20. Havia, notadamente na *Lectura super Apocalipsim*, toda uma doutrina das idades da Igreja, voltada para uma idade espiritual. M. D. Lambert, *op. cit., eod. loc.*; G. Leff, *Heresy in the Later Middles Ages*, Manchester, 1967; H. de Lubac, *La postérité...*, *op. cit.*, t. I, pp. 93 ss.

21. Foi o processo de um beguino em 1321 em Narbonne, que declarava que Cristo e os apóstolos nada haviam possuído, que incitou João XXII a dirimir definitivamente a questão, cf. L. Baudry, *op. cit.*, pp. 105-8.

vido. Uma vez criticado o neoplatonismo, ela já não tinha objeto de crítica e, ao inverso, os problemas reais que ela levantava já estavam largamente resolvidos por Aristóteles, também ele crítico de Platão e pensador da diversidade. Santo Tomás traz e desenvolve então a solução das antinomias entre realismo e nominalismo.

Mas, após a condenação de 1277, o nominalismo pôde aliar-se à fé. Vai permanecer um instrumento de crítica da ontologia aristotélica, que desde então parece ser a mais grave ameaça para o pensamento cristão. Arruinando as noções metafísicas, desembocando no absurdo, ele permite que apenas a fé responda às questões que deixam a inteligência prisioneira da linguagem. Para ser bem-sucedido nessa crítica, não é necessário abandonar Aristóteles; basta, ao contrário, explorar uma aporia entre sua lógica e sua ontologia. A lógica de Aristóteles desenvolve uma linguagem conceitual e sua ontologia se inicia com uma crítica das ideias em proveito da experiência individual. Para ele, a lógica é, pois, apenas uma maneira de falar das experiências particulares. O pensamento ockhamiano se desenvolve nesse vaivém entre a experiência sensível, empírica, e a linguagem reduzida ao instrumento operatório que permite unificar e manipular esses indivíduos.

Contra Duns Escoto, ele sustentará, com Santo Tomás, que as noções não são entidades; contra Santo Tomás, sustentará que elas não têm fundamento na realidade. Desse modo, há na volta à experiência pregada por Ockham uma tentativa de reencontrar a coisa, o que se traduz por uma crítica severa da abstração de Escoto; Ockham utiliza aqui sua famosa navalha com uma particular eficácia contra as "entidades de Duns Escoto". Contudo, essa tentativa não é bem-sucedida porque Ockham em geral permanece prisioneiro da tradição agostiniana e de Duns Escoto. Não consegue restaurar a realidade em sua plenitude, mas somente em seu aspecto mais pobre e mais elementar: o sensível, só que esse sensível é menos o fundamento de alguma coisa do que um elemento passivo sobre o qual o espírito aplica seus conceitos. Estamos então no oposto de uma volta à experiência da rica realidade.

Ockham não é o primeiro a retomar a tradição nominalista do século XII. Durando de Saint-Pourçain, embora dominicano, havia, no decorrer de polêmicas com seu confrade tomista Herveu de Nédellec, adotado posições que preparam as de Ockham. Entre outras coisas, ele só reconhecia realidade à relação de causalidade, estando as outras apenas no pensamento. Vemo-lo, assim, aplicar o princípio de economia dos seres contra o próprio Aristóteles: *intellegere* não é receber uma informação de um outro, é a própria inteligência que causa o conhecimento do qual ela não difere.

O franciscano Pedro de Oriol[22] sustenta a existência de um vínculo recíproco e necessário entre matéria e forma; e, para salvaguardar a fé na imortalidade da alma, ele declara que a alma humana talvez seja por si só uma substância, mas que é preciso, seja qual for a dificuldade racional, inclinar-se diante da "nova decretal do Concílio de Viena". Cumpre forçosamente crer que a alma é forma do corpo e imortal. Somente o real individual é atingido pela inteligência; o seu conceito é apenas um aspecto e não uma realidade fundamentada nele. O que não impede, em absoluto, uma intuição direta das essências.

Essas diversas posições adotadas e amiúde ultrapassadas por Ockham representam ataques e golpes dirigidos tanto a Santo Tomás quanto, muitas vezes, a Duns Escoto. Se a volta ao agostinismo depois de Santo Tomás ainda permanecia num certo equilíbrio em Duns Escoto, em razão, parece, da realidade objetiva dos conceitos que impedia o desencadeamento da subjetividade do indivíduo, já não é o mesmo em Ockham. A dissociação da ordem imanente da realidade se acentua, para tornar possível simultaneamente a liberdade e a onipotência divina, a liberdade e a potência do homem. A via que Duns Escoto abrira para uma teologia do possível, que relativiza todas as coisas, é utilizada muito radicalmente. A possibilidade já não é assegurada somente pelo jogo das formas, mas as próprias formas são suprimidas para deixar espaço apenas aos indivíduos. A dissociação da realidade é completada pela aplicação ao mundo da ordem de uma palavra proferida por um sujeito, palavra divina da teologia,

---

22. Boehner, "Notitia intuitiva of Non-existents According to Peter Aureoli", *Franc. Stud.*, VIII, 1948, pp. 388-416; Brampton, "A Note on Aureol, Ockham and ms. Borghese n.º 329", *Gregorianum*, XLI, 1960, pp. 470-6.

palavra humana da lógica. Essa dupla exaltação do sujeito resulta na oposição dos dois, depois na ruína de ambos. A intenção principal de Ockham parece mesmo ser encontrar a realidade empírica dos indivíduos que emitem palavras e conceitos. Tal empreendimento passa por uma crítica da linguagem conceitual reduzida a ser apenas um instrumento a serviço da manipulação do mundo pelos sujeitos. Mas uma crítica tão violenta acaba superando seu objeto; em vez de trazer a abstração de volta à sua fonte e de relativizá-la pelo juízo de existência, separa-a dela completamente. Arruína então não só a análise da realidade por meio dos conceitos, mas também a fonte que torna possível a análise e a apreensão da realidade. Por isso ela desemboca num mundo raso e caótico que já não pode ter função mediadora entre os sujeitos. Estes falam sobre o mundo, sobre a coisa, não dizem o que esta é, conservam uma referência empírica àquilo de que falam sem partilhar a inteligibilidade daquilo de que falam. A palavra e o pensamento deles, não mais do que eles mesmos, não se inserem num conjunto de relações; por trás das palavras que empregam, já não há senão eles próprios fechados em si e confrontados com uma realidade definitivamente obscura. Os fatos que surgem contra esse fundo obscuro se impõem pela força, pela manipulação das coisas ou dos outros indivíduos reduzidos ao estatuto idêntico de causa eficiente. A crítica das abstrações metafísicas de Escoto desemboca num empirismo total que deixa frente a frente vontades individuais fechadas em si mesmas e em luta contra qualquer outra. Os cidadãos se acham abandonados às lutas fratricidas; os sujeitos, incitados à revolta; e os homens, à guerra contra Deus.

O sucesso da crítica ockhamiana da linguagem conceitual revela então, mas um pouco tarde demais, que a linguagem não possibilitava somente transmitir informações ou classificar os fenômenos, mas revelava uma ordem que eliminava os antagonismos. Suprimindo ao mesmo tempo os conceitos e seus objetos, recusava-se também qualquer acesso a essa ordem para deixar subsistir apenas a luta.

Ockham desenvolveu uma doutrina filosófica segundo a qual a realidade fica a um só tempo explodida e esvaziada de qualquer finalidade. Entre os diversos aspectos da realidade permanecem apenas oposições e lutas que só cessam, momentaneamente, aliás, sob a ação de uma força que reconstrói esse mundo dissociado. O pensamento ockhamiano integra a lei nesse esquema; a lei é uma dimensão do ser e é atingida pelos abalos que o *Venerabilis Inceptor* faz a totalidade da ordem escotista e tomasiana sofrer.

Mas também, por uma reviravolta que só é paradoxal na aparência, ele confere à lei uma importância nova, bem próxima do papel capital que lhe conferia Escoto. O mundo dissociado deve ser reconstruído, ou melhor, no próprio momento da dissociação, a liberdade e a vontade artificiosas aparecem como fatores que desempenham simultaneamente o duplo papel de ruptura com os dados transcendentes e o fim, e de substituto desses dados. A lei é ao mesmo tempo uma manifestação da vontade que rompe com o mundo que a supera e um artifício que substitui esse mundo de que ela se libertou. Então ela pode encontrar-se sozinha na ordem que acabou de produzir.

A lei sofre essas tensões internas do pensamento nominalista, é equívoca no sentido de que é dividida entre os diferentes protagonistas que pretendem ter competência para estabelecê-la. A manifestação mais evidente dessa divisão é, claro, a oposição na qual ela está presa entre a vontade de Deus e a do Imperador. No entanto, há outra linha de oposição mais secreta que está presente em todos os níveis da lei e que persiste malgrado as tentativas para estabelecer, de uma vez por todas, uma lei uniforme suscetível de tornar a dar coerência ao mundo; trata-se da oposição entre o legislador e os sujeitos.

Atendo-nos a uma leitura demasiado superficial das passagens onde Ockham estabelece a divisão entre as diferentes leis e o campo delas, poderíamos avaliar que ele se contenta em repetir as categorias tradicionais. Alguns autores não deixaram de praticar essa leitura redutora. Convém, sobretudo, lembrar que as distinções ockhamianas não podem ter o mesmo alcance que as de Santo Tomás, por ele reconhecer apenas as distinções reais entre dois seres; as distinções de razão não indicam uma ordem do ser, mas unicamente formas diversas de nomear as coisas que, às vezes, correspondem a ações diferentes mas não a uma estrutura da realidade. Convém conservar esse princípio na mente para compreender Ockham "como ele próprio se compreendia".

Ockham, quando fala da lei, começa estabelecendo uma *summa divisio* que parece reger todo o seu pensamento jurídico. Seus termos trazem a marca de Santo Agostinho. Trata-se da separação entre o *jus poli* e o *jus fori*.

O movimento próprio do pensamento de Ockham impõe partir do *jus poli*, que é o direito no sentido próprio e verdadeiro em oposição ao outro. Isto se insere, aliás com coerência, no procedimento de um pensamento segundo o qual, em razão dos pressupostos ontológicos referentes à relação entre as causas secundárias e causa primeira, não é possível remontar de uma ordem humana à lei eterna. Na ordem da causalidade eficiente, cumpre partir de um primeiro mandamento que pertence a Deus.

Jus poli

Já no início de sua obra teológica, Ockham opõe um direito verdadeiro que encontra sua fonte em Deus a um direito artificial e sem grande valor próprio[23]. Essa distinção também está nas questões quodlibetárias que datam de um período próximo daquele em que ele redigirá os escritos políticos. Isso parece bem ser uma constante em seu pensamento[24]. Nos escritos teológicos em que aparece, ela intervém para demonstrar que a teologia é uma ciência prática, em oposição a Santo Tomás. Também o é em oposição a Escoto.

Para Santo Tomás, a teologia é uma ciência primeiro especulativa e, secundariamente, prática; é apenas mediante

---

23. *In Sent.*, I, Pról., quaest. XII; *Sent.*, III, quaest. XII, T., quaest. XV, G.
24. *Quodlib.*, II, quaest. XIV.

a contemplação que o fim é conhecido. Para Escoto, embora já predomine o aspecto prático, a fé ainda nos transmite um conceito adequado do ser infinito que a filosofia espera. Em reação a esses dois pontos de vista, Ockham estabelece que o que é recebido primeiro pela revelação é uma ordem, no sentido de mandamento, à qual devemos obedecer. Esse mandamento nos fornece as instruções verdadeiras que devemos seguir de encontro às falsas morais humanas, das quais a mais evidentemente artificial é o direito[25].

Quando o momento das polêmicas políticas chega para o *Venerabilis Inceptor*, ele repete com toda a naturalidade esses conceitos para aplicá-los às questões de que trata. Repete-os com ainda mais segurança porque lhe permitem sustentar com coerência e força as ideias que defende. Isso o autorizará, de fato, a rejeitar as distinções romanas e a lógica delas reputando-as da ordem do artifício, e, assim, a desqualificar as pretensões do papa de impor aos franciscanos uma forma de propriedade que eles não querem de modo algum. A lógica segundo a qual o uso é justo ou injusto e implica, portanto, uma propriedade em questão de bens consumíveis é um raciocínio artificioso de jurista, que não pode opor-se à lei evangélica nem à vontade dos sujeitos, que renunciaram aos poderes que essa lei de liberdade lhes conferia. É em resposta a uma questão em que perguntam se é possível diferenciar direito de simples licença que Ockham vai expor os traços característicos de sua distinção entre o direito do "céu" e o *jus fori*[26]. Trata-se, sempre no âmbito da discussão sobre a pobreza, de saber se é possível ter uma simples licença sobre bens sem ter sua propriedade. Os adversários de Ockham retomam os argumentos da constituição *Ad conditorem canonum*: ou essa simples licença é justa e é conforme ao direito ou é injusta e não poderia ser *jus*. Não há outra possibilidade, pois um ato humano não poderia ser indiferente.

---

25. *Quodlib.*, II, quaest. XIV.
26. *Opus nonaginta dierum*, cap. 65, p. 573.

A resposta de Ockham é fundamentada na divisão do *jus poli* e do *jus fori*: "*Hoc nomen jus aliquando accipit pro jure fore. Aliquando pro jure poli.*"[27]

Uma primeira apreensão dessa divisão ressalta dos próprios termos: o *jus poli* se opõe ao *jus fori* como o que é interior ao que é público. O *jus fori* é público porque é artificial, oriundo de convenções ou de costumes humanos sem valor, enquanto o *jus poli* é oriundo de uma espécie de revelação interior que dá ao indivíduo um poder diretamente oriundo de Deus. O *jus fori* é vinculado à cidade, criação artificial, enquanto o *jus poli* transcende qualquer condicionamento[28].

Isso não basta, porém, para distinguir totalmente o *jus poli*, pois acontece de Ockham fazer de uma parte do direito divino, entendido num sentido estrito, uma parte do *jus fori*, a saber, quando o direito divino se manifesta como uma vontade divina que completa a ordem do mundo ou contesta um ponto dela. O que caracteriza mais fortemente o *jus poli* é que ele é produto da vontade divina tal como ela quer o mundo em seu estado atual. O *jus poli* é o que resulta da *potentia ordinata Dei* pelo fato de ela organizar atualmente o mundo segundo certo número de regras. De início é num sentimento interior que essa vontade é conhecida, muito mais do que no conhecimento da natureza. Esse sentimento consiste na consciência de ser um ser racional que possui, portanto, uma superioridade incontestável sobre os outros. Por isso a manifestação mais evidente do *jus poli* é o poder de que os homens dispõem sobre as coisas[29].

Mas essa manifestação não revela a essência do *jus poli*, esta coincide com a reta razão; o *jus poli* é conhecido pela intuição da *recta ratio* ou pela revelação, mas esta confirma essa *recta ratio* por motivos que aparecerão daqui a pouco.

---

27. *Eod. loc.*: "Às vezes toma-se a palavra 'direito' no sentido do 'direito da praça pública', e às vezes no sentido de 'direito do céu'."
28. *Eod. loc.*, pp. 573-4.
29. *Eod. loc.*, p. 579.

O caráter racional do *jus poli* não deve iludir, não se trata em absoluto de uma razão que busca nas coisas o que nelas se encontra, nem, aliás, de uma razão absolutamente imutável e abstrata. Cumpre aqui lembrar que, no pensamento ockhamiano, a razão não é uma realidade distinta da vontade; em última instância, esta é primeira e a razão é apenas o nome da alma em sua ação de raciocínio, a qual só pode ocorrer sob o impulso da vontade. O ato de compreensão é um ato de vontade para Ochkam, como o processo da própria razão. Daí resulta que, se o mundo está mesmo num estado atual racional, o que é conhecido pela razão é uma vontade, a vontade divina. Poderia acontecer que essa vontade impusesse novas regras de racionalidade, estas ainda seriam leis da razão, justamente porque seriam queridas pela onipotência divina[30].

Certas disposições do *jus poli* são a expressão adequada da reta razão; outras são consonantes com essa razão. Ockham evidentemente repete aqui a divisão escotista entre as duas Tábuas do Decálogo, mas não a aplica da mesma maneira. As leis da reta razão serão estritamente deduzidas das premissas, enquanto as que são consonantes serão vinculadas à razão com um pouco mais de flexibilidade, seja como disposições particulares que vêm completar disposições demasiado gerais da razão ou da vontade divina, seja como disposições novas da vontade divina que não se opõem à reta razão. É o caso, por exemplo, do que, querido pela lei evangélica, é uma expressão nova da vontade divina que, por essa razão, integra-se no *jus poli*, mas está em consonância com a *recta ratio*; como é devido, aliás, numa

---

30. O que explica as dificuldades sentidas pelos diversos comentadores para classificar a ética de Ockham. Oakley, "Medieval Theories of Natural Law: William of Ockham and the Voluntarist Tradition", *Natural Law Forum*, VI, 1951, p. 70; Copleston, *A History of Philosophy*, Westminster, 1963, t. III, 1ª parte, p. 120; Clark, "Voluntarism and Rationalism in the Ethics of Ockham", *Franc. Stud.*, XXXI, 1971, p. 84, etc., propõe-se a distinguir entre a forma e o conteúdo autoritário. Isso não nos parece ir até o fundo do pensamento ockhamiano, para o qual a vontade se confunde com a razão, o que é mostrado pela noção de termos conotativos (n. 49, p. 85, *in Sent.*, III, QXII, pp).

doutrina em que, em última instância, a inteligência e a vontade não têm ordem entre si, o que é querido é racional e vice-versa[31].

Um bom exemplo das relações entre a reta razão e a vontade é dado pelo modo como Ockham examina a questão da liberdade. A *recta ratio* é o poder que a razão dá. Implica incluir a liberdade entre aquilo que é oriundo do *jus poli*, mas a revelação cristã parece impor novas obrigações que não são consonantes com a *recta ratio*. Ockham resolve o problema mostrando, de um lado, que a Revelação é realmente uma nova vontade divina que num sentido modifica parcialmente a ordem da realidade, mas, ao mesmo tempo, essa modificação continua a ser consonante com a reta razão porque ela é um desenvolvimento da liberdade[32].

Se procuramos precisar um pouco o conteúdo do *jus poli*, fica claro que Ockham inclui nele todos os elementos de um direito ideal. Não só ele é racional, mas se define pela ausência de qualquer disposição positiva, pelo menos no sentido em que o entende Ockham, pois ele permanece fundamentalmente um direito positivo fundamentado pela vontade divina. Nesse sentido ele é uma expressão da *equitas naturalis*. Seu caráter divino não deve, porém, fazê-lo confundir-se com as Escrituras; estas também compreendem disposições que dependem do *jus fori*, por exemplo, o que será declarado caduco depois da vinda de Cristo; não obstante, as Escrituras podem conter certas disposições que provêm da *recta ratio* e, assim, do *jus poli*. Há, de certo modo, uma *lex Dei naturalis*, no sentido de que todo o direito contido na Escritura não é convencional em relação ao estado presente do mundo; por isso é que também se pode chamar, inversamente, todo o direito natural de direito divino, e dizer a mesma coisa do *jus poli*.

Em razão de seu caráter racional, o *jus poli* é certo, não é suscetível de contestação. Conhecido de antemão, ele não

---

31. *OND*, cap. 65, pp. 574-5.
32. *Breviloquium*, II, cap. 4, p. 21 (Baudry).

resulta de um debate judiciário, é por essa razão o oposto do *jus contentiosum et litigiosum*[33]. É também oposto a tudo o que é mudança; por exemplo, ele se define por sua imutabilidade e sua racionalidade em face da precariedade dos cânones. Essa certeza é vinculada ao fato de seu conhecimento resultar de uma intuição da *recta ratio*; não há necessidade da presença alheia para conhecê-lo, já que é independente de toda cidade humana artificial. É por essa razão que as prerrogativas que ele concederá terão um caráter essencialmente individual.

Portanto, ele não poderia ser o produto de um conhecimento por experiência; é impossível que a experiência da jurisprudência forneça algum conhecimento dele. Apenas podem adquirir um conhecimento mais aprofundado dele os especialistas da *recta ratio* e da vontade divina, a saber, os filósofos moralistas e os teólogos[34]. Essa concepção da partilha das competências entre os juristas relegados ao direito positivo e os teólogos e filósofos incumbidos do *jus poli* é muito significativa. Encontramos as mesmas divisões na concepção ockhamiana da interpretação: se a questão se prende à lei natural ou divina, ela é da competência dos teólogos e filósofos; em contrapartida, se é da alçada do direito positivo, compete ao jurista. Cumpre acrescentar que essa separação das tarefas não é tão justa e evidente como poderia parecer, pois o resultado dessa divisão do trabalho equivale, na realidade, a dar a primazia aos especialistas da teologia; embora, no pensamento ockhamiano, a coisa possa ser dividida segundo dois aspectos, não é verdadeiramente analisável segundo esses dois eixos; trata-se de uma única e mesma coisa da qual, na verdade, o raciocínio só pode dizer muito pouco, sendo por isso que, em última análise, o raciocínio fica desvalorizado e suplantado pelo que a fé diz

---

33. *OND*, cap. 65, pp. 574 e 578; cf. também cap. 3.
34. *Dialogus*, Ia, lib. I, caps. 6, 8 e 9. Os cânones, afirmou Ockham anteriormente, dependem da memória, e o direito canônico se opõe à *philosophia moralis* e à *scientia naturalis*, sendo por isso que os juristas somente são úteis para conhecer o mecanismo dos processos.

pela boca dos teólogos. Aliás, isso permite a Ockham desqualificar os canonistas romanos em proveito de sua própria competência de teólogo que ele afirma já no início do Diálogo, competência que lhe confere a possibilidade de pautar por sua ideia as questões de direito eclesiástico, em detrimento não só dos juristas da Igreja, mas ainda e sobretudo dos órgãos que detêm a autoridade nessa comunidade, papa e concílio. Inversamente, essa divisão não tem ordem de complementaridade, põe oposições que permitem, quando o requer a questão exposta, encerrar certas questões num direito positivo fechado em si mesmo, como ressalta com evidência a consulta dada sobre o casamento de Margarida Maulstasch. Nesse caso, Ockham sustenta, contrariamente à opinião bastante aristotélica de Marsílio de Pádua (baseada no caráter natural da sociedade), que, em razão da transmissão positiva do Império, o imperador possui o direito de intervir no regime jurídico do casamento. Ele combina nessa solução a ideia da não distinção real entre os dois campos e a possibilidade de fechamento do direito positivo em si mesmo. É o mesmo gênero de argumentos que justificará todas as intervenções casuais do imperador na área espiritual[35].

Esses elementos permitem precisar a natureza da divisão ockhamiana entre o *jus poli* e o *jus fori*. Se não é uma distinção real que, logicamente, impediria a passagem de um campo para o outro, ruinosa para os poderes do impe-

---

35. "*Tractatus de juridictione imperatoris in causis matrimonialibus*", in *Opera Politica*, Manchester, Offler e Sikes, 1940, 1956, 1963. Tratava-se de o imperador anular o casamento de João Henrique de Morávia, herdeiro do rei da Boêmia, com a condessa Margarida de Maulstasch, a fim de que ela se casasse com o filho do imperador, Luís de Brandeburgo, Baudry, *Guillaume d'Occam...*, *op. cit.*, p. 222.

Ockham sustentava nesse memorial que o imperador podia constatar e julgar a nulidade de um casamento canônico, pois a lei evangélica não priva ninguém de seu direito; ora, os imperadores de Roma possuíam o direito de estatuir em matéria matrimonial, *ergo...* (ainda mais que havia urgência e utilidade). Lagarde, *La naissance...*, *op. cit.*, p. 239; cf. *Contra Benedictum*, cap. 9, p. 314, e *Consultatio de causa matrimoniali*, p. 28.

rador, são dois discursos e dois poderes sobre uma mesma coisa que permitem o recurso a um ou ao outro conforme as necessidades da prática. Mas essa tese apenas é sustentável porque esses dois discursos não dizem, de forma nenhuma, o que é a coisa. Não resultam de uma análise, mas de uma *supposito pro re*[36]. A divisão de Ockham responde à objeção dos tomistas, segundo os quais a coisa possui uma natureza que lhe dá um valor, não a deixa indiferente e autoriza a descobrir nela uma ordem mediante a compreensão do que ela é[37]. A essa concepção, Ockham opõe aquela segundo a qual a coisa é por si indiferente, é apenas o fato bruto, sem valor. Sobre esse fato bruto é possível, e mesmo necessário, para sair da indiferença, apelar a um discurso exterior que vem dar sentido à coisa. Na realidade, esse discurso bem pode ser duplo, sem implicar uma ordem, já que não tem vínculo com a verdade da coisa. Em razão de seu caráter de exterioridade em relação ao que é a coisa, ela mesma sem vínculo com uma ordem, esse discurso só pode ser o de uma vontade imposta à coisa, vontade necessária para dar-lhe um sentido e um valor.

Assim, encontramo-nos finalmente diante de uma coisa indiferente, como bem veem os oponentes, na qual estão colados dois discursos voluntários que expressam cada qual um poder, poder de Deus, *jus poli*, poder do imperador, *jus fori*[38].

Como essas duas vontades não encontram na coisa a indicação de uma ordem, ficam numa relação de oposição e de separação, dispondo cada uma de seus especialistas, juristas e teólogos, que se ignoram ou combatem entre si. Essa luta só pode prosseguir infindavelmente, a menos que seja descoberta uma ordem que não será, porém, extraída da natureza da coisa. Essa ordem será descoberta por Ock-

---

36. Incluída numa teoria da *significatio* que destaca o "fazer signo" da compreensão. Biars, "La redéfinition occamienne de la signification", *Miscellanea Medievalia*, XIII, p. 458; cf. *Summa Logicae*, I, cap. 1.
37. *OND*, cap. 67, p. 583.
38. *OND*, cap. 65, p. 576.

ham, como ele já o deixava adivinhar na exposição de sua ética, na primazia de uma causa eficiente que se manifesta justamente no fato de ela se beneficiar do privilégio de ser o poder supremo que pode impor sua vontade às coisas e repartir autoritariamente as competências.

Por essa razão, o *jus poli*, que é a vontade suprema de Deus, impõe-se como a marca de sua onipotência. Sua vontade onipotente, por aplicar-se a coisas inertes, pode, entretanto, por razões que só pertencem a ele, determinar círculos de poder onde reinam vontades diferentes da dele. Como a determinação dessas esferas é obra da vontade da causa eficiente suprema, o *jus poli* se beneficia de uma primazia sobre qualquer outro direito que só pode ser o de uma potência inferior. Aqueles que têm condições de determinar a vontade dessa potência suprema se beneficiam, pois, de uma primazia sobre qualquer outro, sejam os intérpretes das vontades das potências inferiores ou os responsáveis pelas esferas de poder subordinadas. Compete, pois, ao teólogo, intérprete da vontade divina, dizer o *jus poli* e impô-lo; ele é superior aos juristas de qualquer espécie, relegados à leitura dos textos positivos, expulsos da interpretação das coisas, e aos responsáveis políticos submetidos à vontade divina e não à natureza da comunidade deles[39].

O *jus poli* se revela bem pelo que é: a expressão da vontade divina na medida em que ela se substitui à natureza das coisas.

Tal interpretação permite compreender a recusa de Ockham de entrar nas considerações marsilianas fundamentadas, seja qual for a pertinência dela, numa pesquisa da natureza das coisas. Ockham compreendeu com muita lucidez que era preciso evitar entrar nesse caminho se quisesse conservar o primado da vontade no tríplice campo da defesa da pobreza franciscana, dos poderes do imperador e daqueles dos cristãos com relação ao papa[40]. Ela também

---

39. *Dialogus*, IIa pars Iae partis, lib. VI, cap. 100.
40. No caso Maulstasch, Marsílio fundamentava-se na natureza da família ligada à sociedade civil. Baudry, *Guillaume d'Occam...*, *op. cit.*, p. 223.

permite assegurar o vínculo entre a filosofia política e jurídica de Ockham e seu pensamento teórico tal como foi emitido antes de entrar nos combates do século.

Ela também se mostra, em nossa opinião, de grande fecundidade para compreender a composição do *Dialogus*, que coloca para os intérpretes dificuldades bem numerosas para apreender o pensamento pessoal de Ockham em meio à troca cerrada dos argumentos entre o discípulo e o mestre. Já no início da obra, é afirmada a competência do teólogo contra a dos juristas para interpretar a vontade divina. Depois, em grande número de pontos, a razão se mostra impotente para determinar a solução, o diálogo não permite concluir porque não se refere à natureza da coisa, sendo então forçoso recorrer à vontade divina, ao *jus poli* conhecido pelo teólogo Ockham.

Enquanto expressão da onipotência divina, de sua vontade absoluta que revela a *potentia divina absoluta*, o *jus poli* está mais além de todo ordenamento positivo. Contém tudo o que se opõe a esse ordenamento, em todo campo. Logo, ele compreende em si não só o direito natural, o *equitas naturalis*, mas também tudo o que no direito divino ultrapassa as disposições positivas.

Essa é a razão por que ele não se confunde com o *jus divinum*. Este reveste dois sentidos em Ockham: ou trata-se de um preceito particular da Escritura que estabelece um verdadeiro preceito jurídico, ou então, num sentido mais amplo, de uma disposição do direito natural que, na medida em que ela resulta, afinal de contas, da vontade divina, também pode ser dita de direito divino, já que a vontade divina é a sua fonte. Em ambos os casos, no estado atual das coisas que manifesta o que Deus quer atualmente; trata-se da manifestação da *potentia ordinata*, portanto de disposições positivas da vontade divina, ao passo que o *jus poli*, na medida em que escapa às manifestações positivas, prende-se à *potentia absoluta dei*. Ele está, dessa forma, na fonte das disposições do *jus divinum* que são suas manifestações atuais, como a *potentia ordinata* é a manifestação presente da *potentia absoluta*. Como, no pensamento ockhamiano, as disposições da vontade atual de Deus sempre podem ser contestadas pela *potentia absoluta* (o que é a própria manifestação desta), fica possível confundir numa mesma vinculação à onipotência da vontade divina o *jus poli* e o *jus divinum*, até mesmo o direito natural. Todos se tornam manifestações que o próprio autor, vítima em certo sentido de seu próprio voluntarismo, já não consegue distinguir, e que então ele confunde numa mesma e única referência à vontade divina. Aliás, essa será a tendência da evolução de seu pensamento, já que parece que o termo *jus poli* é mais empregado nos primeiros escritos políticos[41].

Em face do *jus poli*, e necessário para defini-lo por essa oposição, encontra-se o *jus fori*.

Jus fori

Se o *jus poli* se caracteriza por sua racionalidade pelo fato de ser, pela razão, um conhecimento da vontade divina, o *jus fori* não tem, por sua vez, de ser justificado. Percebe-se sua existência em razão das coerções que ele impõe, punições que ameaçam aquele que não lhe obedece, mas seria vão procurar uma razão para esse direito; ele é, a bem dizer, o estado de fato que se é obrigado a constatar, *volens nolens*. Sua existência é totalmente independente da referência a um direito superior, senão, como o veremos, pelo jogo da delegação do poder dos sujeitos. Efetuada esta, o *jus fori* resulta das constituições dos príncipes, dos costumes e instituições humanas, não devendo uns e outras se referir ao *jus poli*[42].

Se devemos procurar o *jus fori* nos costumes humanos, não é porque estes indicariam uma natureza qualquer da

---

41. *Dialogus*, pars III, tract. II, lib. III., caps. 6 e 10, e *in Sent.*, I, dist. XLVII, quaest. I, 8 (g); cf. Garvens, "Grundlagen der Ethik Wilhems vom Ockham", *Franziskanische Studien*, XXI, 1934, p. 265.

42. *OND*, cap. 65.

sociedade, mas porque são uma expressão particular do estado de fato; eles mostram perfeitamente, aos olhos de Ockham, a artificialidade desse direito. Como todos sabem, os costumes são variáveis conforme os tempos e os lugares; não possuem, pois, nenhum outro valor além daquele de serem efetivos em dado momento. A lei é posta no mesmo pé por Ockham, não tem outro significado além daquele de ser, de forma totalmente artificial, uma realidade empírica em dado momento. Nem uns nem a outra estão referidos a uma natureza das coisas. Ocorre a Ockham sugerir que a lei deve ser conforme ao bem comum[43], mas não devemos nos enganar sobre a utilização dessa noção; não poderia tratar-se do bem objetivo existente na comunidade, pela dupla razão de que toda realidade da comunidade é rejeitada com desprezo pelo *Venerabilis Inceptor* e de que não poderia tratar-se, para quem compreende a vontade tal como a concebe Ockham, de mensurar esta por uma realidade exterior e objetiva.

Essa é a resposta expressa de Ockham a seus opositores, que lhe reprovam não procurar o *jus* na natureza das próprias coisas: isto não tem sentido no âmbito do pensamento ockhamiano. A noção de utilidade é a que vem com mais frequência substituir a de bem comum, não uma utilidade com vistas a esse fim objetivo, mas uma utilidade concebida como o que conduz ao que é querido pelo agente. Assim como, no âmbito do *jus poli*, a vontade divina vem dar valor à coisa de modo extrínseco, também, em seu nível, a vontade humana vem dar sentido e valor à coisa no âmbito artificial do *jus fori*.

Por conseguinte, como o *jus poli* tem sua origem na vontade divina, o *jus fori* terá sua fonte na vontade humana ou, mais amplamente, em toda vontade, tanto humana como divina, na medida em que ela institui uma ordem positiva. A

---

43. *Octo quaestiones*, cap. 31; cf. Bayley, "The Pivotal Concepts in the Political Philosophy of William of Ockham", *The Journal of the History of Ideas*, 1949, p. 206.

fonte característica do *jus fori* é a instituição, ou seja, um ato da vontade pelo qual é estabelecida uma ordem positiva.

Por essa razão, as fontes do *jus fori* são manifestações da vontade dos indivíduos que constroem o direito, tal como constroem os *ficta* necessários para a utilização do mundo. Essa vontade individual, que é fonte do *jus fori*, está a um só tempo na origem do poder na cidade, que então se acha por sua vez investido da missão de emitir *jus fori*, e na origem dos acordos contratuais que são utilizados na cidade para trocar não mais bens, mas direitos subjetivos. Assim o *jus fori* se torna obrigatório[44] e organiza um sistema de permissões dadas ou não pelo superior, e revogáveis. O *jus poli* se compõe, portanto, de todo o direito positivo concebido como obra da vontade; pode-se, claro, nessa obra da vontade, considerar as vontades individuais ou a vontade geral do legislador; não há, porém, diferença essencial entre uma e outra, a não ser a maior ou menor extensão delas; há, na origem, passagem de uma para a outra por ocasião da constituição da cidade. Enquanto tal, a vontade dos indivíduos e o domínio sobre seu bem não dependem do *jus fori*, por isso eles são os únicos a poder dispor dele, sejam quais forem, aliás, as disposições do *jus fori*; podem, assim, renunciar a ele voluntária e totalmente como o fazem os franciscanos, sem que seja possível ao *jus fori* dos canonistas e do papa mudar qualquer coisa que seja. Assim também, a legislação, uma vez estabelecida em nome dos indivíduos que delegaram seu poder, determina um campo onde só a vontade do poder imperial pode exercer-se sem ter, não propriamente falando de prestar contas a ninguém, mas sem ter de encontrar, no próprio seio do que é a realidade da cidade, limites ou indicação sobre o que é justo.

A grande característica das relações entre o *jus poli* e o *jus fori* é, de fato, a completa independência desses dois campos. Ockham é muito claro e coerente sobre esse ponto: o que é justo pode ser dito de três formas, segundo os

---

44. *OND*, cap. 65, p. 574.

diferentes tipos de justiça. Há uma justiça que pode ser dita particular, porque é uma virtude como as outras; existe uma segunda, que é a justiça legal, e uma terceira, que consiste em agir moralmente segundo a razão[45]. O princípio em que Ockham se baseia para utilizar essas distinções é o da separação total entre esses diversos aspectos da justiça. Fica claro, segundo esse princípio, que a justiça particular não acarreta nenhuma qualificação moral do ato: dar o que é devido a alguém nada tem a ver com a moralidade de um ato, já que existem inúmeros atos virtuosos que manifestadamente não são atos de justiça; não poderíamos, pois, julgar sobre a justiça da licença do uso dos bens pelos franciscanos no âmbito do *jus poli* pelo critério da justiça particular. Usar justa ou injustamente não tem sentido no que tange à justiça particular, pois se trata, segundo Ockham, não de uma questão de atribuição de bens para a qual, segundo os juristas pontifícios, o problema do usufruto e da propriedade das coisas consumptíveis é capital, mas de uma questão da moralidade do ato. Com isso Ockham se põe no terreno da qualificação subjetiva do ato do uso, e não mais no terreno objetivo da justiça descoberta na medida contida pela própria coisa[46]. Não é no bem concreto acompanhado de seu regime jurídico que se deve procurar uma medida da distribuição desse bem. Contrariamente à opinião dos canonistas da corte pontifícia, o que bem é, coisa consumptível ou não, não impõe nenhuma resposta quanto à moralidade da licença de que dispõem os franciscanos[47]; mediante esse raciocínio, a justiça particular está separada de qualquer moralidade e, inversamente, o uso dos bens se vê vinculado a um problema de moral subjetiva[48]. Essa desvalorização da justiça particular passa por uma desvalorização da própria coisa, que deixa de ser apta, em razão de sua natu-

---

45. *Eod. loc.*, pp. 577-8.
46. *Eod. loc.*, p. 577.
47. *OND*, cap. 74, *passim*.
48. *OND*, cap. 65, p. 580.

reza a partir daí inerte, para fornecer indicação imanente do que é justo e, por conseguinte, de ser um intermediário entre a situação concreta e uma finalidade ontológica mais vasta. Tal desvalorização da própria coisa é expressamente vinculada por Ockham à sua crítica metafísica[49]. A teoria dos canonistas pontifícios é apenas a aplicação totalmente rigorosa ao campo da justiça e do direito do pensamento tomista segundo o qual é possível ler nas coisas uma indicação do que elas são e, portanto, tirar direito disso. Mas eles não fundamentam a análise do que as coisas são numa concepção bruta e unívoca do ser; se é possível dizer que a coisa indica direito, e dizer o que ela é desse ponto de vista, isso significa que a coisa é dita de duas formas, em ato e em potência, e que se pode, pela leitura da relação do ato com a potência, dizer o que ela é. A essa concepção Ockham opõe a dele, fortemente impregnada pela tradição franciscana da matéria em ato e da equivalência entre a potência e o ato. Ele encurrala seus oponentes no seguinte dilema: ou os seres são perfeitos e em ato ou não são nada; mas não se pode dizer que todos os seres são perfeitos, sem o que já não haveria movimento, tudo seria necessário, portanto não se poder dizer que os seres são perfeitos e, logo, não se pode concluir disso que a licença e o uso são relativos à propriedade como o menos perfeito é relativo ao mais perfeito. Essa conclusão implica, de fato, que o termo "ser" seja reservado ao que é perfeito, sendo o *usus*, tal como o entendem os juristas, uma imperfeição da propriedade e, assim, relativo a ela. Ora, replica Ockham, o mundo é feito de sucessões e de movimentos[50] que não podemos relativizar umas pelos outros; portanto é possível possuir sucessivamente coisas sob regimes jurídicos diferentes, no caso, segundo a licença concedida pelo *jus poli*, depois renunciar a esse direito, sem que por isso o ato inteiro dependa de um juízo que se fundamenta em última análise na perfeição do

---

49. *Ibid.*, p. 583.
50. *OND*, cap. 67, p. 584.

direito de propriedade, e que subentenderia que o uso das coisas consumptíveis implica a propriedade. Ao contrário, segundo Ockham, é possível que um ato seja justo segundo a simples licença concedida aos franciscanos de se servir das coisas consumptíveis sem com isso implicar que eles sejam proprietários. O ato não deve ser julgado em si mesmo justo ou injusto, de mais a mais segundo um direito de propriedade que só considera o estado presente das coisas, mas sim segundo o poder que os franciscanos tinham, segundo o *jus poli*, de usar de fato essas coisas[51]. Argumentando assim, Ockham tem perfeita consciência de opor uma ontologia a outra; o que ele recusa aí não é tanto o mundo fixo da perfeição, mas a relação das coisas sucessivas, dos atos humanos no caso, em seu acabamento mensurado pelo objeto e pelo fim[52].

Como ele próprio faz muito expressamente, deve-se reportar sua doutrina, aqui apresentada, à das relações entre ato e potência; o que Ockham recusa ler é precisamente o vínculo entre a potência e o ato que confere às ações humanas, pela inserção delas na finalidade, um valor que aparece aqui na perfeição do que é justo, em função de um objeto cujo simples uso manda que o possuamos (as coisas consumptíveis)[53]. Nem por isso ele adota uma concepção do mundo em que as coisas seriam fixas; para ele são moventes e sucessivas, mas o movimento e a sucessão delas nada dizem do que são; Ockham reduz o movimento a uma sucessão sem valor; o ato não é uma perfeição, mas um estado de fato presente; a potência não é o que é relativo ao ato, mas simplesmente uma outra fase do que está em ato e precede a fase atual[54]. Compreende-se então que Ockham se ponha expressamente fora da perspectiva finalista para julgar um ato; este é apenas um instante destinado a ser

---

51. *OND*, cap. 65, p. 578.
52. É por isso que tenta separar os atos de seu objeto, mostrando que o ato "é" por si próprio: *OND*, cap. 67, pp. 584-5.
53. *Ibid.*, p. 588.
54. *Ibid.*, p. 586.

substituído por outro, não deve ser julgado consoante o que será o outro, mas em si mesmo segundo a legislação que o rege no momento em que é cometido[55].

É com coerência que a supressão da mediatização da finalidade ontológica pelas coisas desqualifica a justiça particular e a substitui pela justiça legal, conforme sugere Ockham. Mas a legislação à qual o ato deve obedecer é dupla, pois a justiça pode ainda significar duas outras coisas: a justiça legal, definida, como o indica seu nome, pelas leis positivas (assim como o entende Ockham), ou então a justiça estabelecida pela vontade divina.

É necessário, para perseguir o objetivo que Ockham se fixou, demonstrar que a simples licença concedida aos franciscanos de usar coisas, no sentido do termo "uso" que ele definiu anteriormente, não lhes dá nenhum direito verdadeiro de propriedade no tocante à lei e à justiça humanas; eles conservam as prerrogativas conferidas pelo *jus poli*, cuja extensão eventualmente puderam limitar com seus votos, mas que não poderia fazê-los adquirir um direito no âmbito do *jus fori*[56].

Permanecem, pois, encerrados nas disposições desse direito, de sorte que o simples uso que exercem sobre as coisas é um uso conforme ao *jus poli*, mas não os faz, em absoluto, entrar no *jus fori*, em relação ao qual é muito possível que essa licença seja injusta[57].

A razão por que os votos dos franciscanos não lhes conferem um direito no sentido do *jus fori* merece ser examinada. Ockham – agora temos condições de compreender a razão disso – é obrigado a conceber o direito fora das coisas e do objeto do direito; portanto, concebe-o como um poder conservado em conformidade com a lei, por um indivíduo que dele não pode ser privado injustamente. Se esse poder for injustamente contestado ou questionado, será

---

55. *Ibid.*, p. 587.
56. *Ibid.*, pp. 578-9.
57. *Ibid.*, p. 576.

objeto de uma reivindicação pelo exercício de uma ação na justiça. A possibilidade de defender e reivindicar seu direito, entendido como um poder do indivíduo, se torna então a característica do *jus*, mais precisamente do *jus fori*, pois não existe reivindicação possível no campo do *jus poli*; diante da onipotência divina o poder de ação cessa evidentemente[58]. O direito de reivindicar e de obter seu direito na justiça é a marca do *jus fori*[59]. O procedimento é marcado pelo mesmo descrédito que o conjunto do direito positivo; ele já não é um modo de buscar o que é justo, mas somente uma maneira de declarar, no âmbito do direito positivo, o que é ou não conforme a essa justiça legal, cujo verdadeiro sentido Ockham perdeu apesar de sua referência a Aristóteles. O *jus fori* é o direito do exterior, o que é acrescentado artificialmente pelos legisladores, ou que é dito também artificialmente pelos juízes; é por isso que ele também pode ser denominado *jus litigiosum*, pois nos processos o único modo de dizer o direito é segundo uma legislação positiva, ou seja, segundo o *jus fori*.

O *jus fori* aparece então em toda a radicalidade de um direito exclusivamente positivo sem vínculo algum com nenhuma natureza; as partes do *jus poli* que têm o sentido do direito natural não têm influência alguma sobre ele. Essa separação rigorosa é desejada por Ockham, não só porque é necessária à perseguição de seu objetivo, mas porque corresponde ao seu pensamento já na época em que redigia seu *Comentário sobre as Sentenças* de Pedro Lombardo em sua cátedra de Oxford[60]. No entanto, se por acaso estivéssemos enganados sobre o alcance dessa separação no pensamento ockhamiano, bastaria reportar-nos aos textos mais claros para compreender em que medida o direito positivo e o *jus poli* se desenvolvem em planos totalmente separados. Ockham considera nitidamente a hipótese de uma separa-

---

58. *OND*, cap. 6.
59. *Ibid.*, p. 575.
60. *In Sent.*, III, quaest. XI, F. G.

ção, ou melhor, de uma oposição entre os dois direitos. A justiça de um ato segundo um não tem a menor influência sobre a justiça de um ato segundo o outro. É possível que o mesmo ato seja justo segundo ambos os direitos, mas também que um ato ou seja indiferente segundo um e bom segundo o outro, ou mesmo que seja justo segundo um e não segundo o outro. Assim, a licença dos franciscanos é justa segundo o *jus poli*, mas não lhes confere direito segundo o *jus fori*, assim como o imperador pode legislar de uma forma contrária ao *jus poli*, nem por isso suas disposições deixam de ser *jus fori*. É verdade que o imperador não deve fazê-lo, pelo menos de modo habitual, mas veremos que esse limite, na medida em que existe, não tem em absoluto o sentido de uma limitação do *jus fori* pela natureza das coisas. Os juristas encarregados do direito positivo se encontram assim, como o legislador incumbido de editar esse direito, encerrados num mundo artificial em que podem agir como quiserem, só descobrindo para interpretar a própria criação deles[61].

Em tal perspectiva, é necessário fazer a economia de toda mediação entre o direito, que é efetivamente querido pelos homens, e um eventual direito superior; é por isso que vemos Ockham colocar o direito natural numa categoria superior do direito, mas, por essa razão, não presente nas coisas.

É o mesmo procedimento que explica, parece-nos, sua crítica do *fas*. Essa noção de origem romana se opunha ao *jus* no sentido em que concernia ao que era devido aos deuses, tendo depois sido retomada por Isidoro de Sevilha e Graciano para expressar a mesma ideia de uma dívida de justiça para com Deus; em Santo Tomás, estando explicitado que não pode se tratar de direito no sentido próprio, admite-se, não obstante, que existem dívidas de justiça para com Deus, criador das coisas que nos são doadas gratuitamente, e que por isso a virtude da religião se vincula à jus-

---

61. Quodlib., II, quaest. XIV.

tiça; segue-se que temos certo dever de justiça para com Deus, que passa, também ele, pela mediação das coisas que lhe devemos restituir. A crítica ockhamiana da mediação pelas coisas não podia, evidentemente, deixar essa categoria subsistir. Esta se opunha duplamente ao seu pensamento, se opunha a ele como mediação entre o *jus poli* e o *jus fori*, já que implicava que, nas próprias coisas criadas, fosse descoberto um dever de restituir ao criador o que lhe cabe; opunha-se a ele também como realidade existente nas próprias coisas e podendo ser descoberta nelas. Ora, para descobrir essa relação que reporta todas as coisas à doação de Deus e permite sozinha fundamentar esse vínculo religioso, cumpre analisar as realidades como dadas no plano mais profundo de seu ser, ou seja, admitir, com certa variação, a distinção real entre essência e existência e a ordem delas que faz reconhecer a existência como o que é recebido, e põe, assim, no próprio seio das coisas, um vínculo com seu criador. Sabe-se que a ontologia ockhamiana não reconhece nem a doação do *esse*, nem a relação de criação como uma relação real; há na coisa apenas a conotação da própria coisa enquanto dependência de uma causa conservadora, que só pode ser descoberta por um recurso à fé.

Ao estabelecer que certos atos são permitidos pelo *fas* e não porque são justos ou injustos, Isidoro não pretendeu estabelecer um campo intermediário segundo o qual, para além do justo e do injusto, haveria o que concorda com a justiça devida a Deus[62]; ele pretendeu, ao contrário, como Ockham não para de sustentar, declarar que não há nenhuma concordância entre o que é justo segundo o *jus poli* e o que é justo segundo o *jus fori*: "*Ire per agrum fas est, jus non est.*" No que depende do direito divino, não se encontra nada da justiça natural, ao passo que, para os tomistas, nessa contestação da justiça humana pelo *fas* há até uma *ratio juris*, que permite dizer que é justo que Deus, porque ele é o senhor dos campos, permite em tal caso *ire per agrum alie-*

---

62. *OND*, cap. 66, p. 580.

num, em nome mesmo do que é justo. A vontade expressa no *jus poli* não é uma justiça superior que realiza plenamente o que é justo, a saber, o pertencimento de todas as coisas a Deus; é apenas uma expressão da vontade totalmente arbitrária de Deus que é justa porque ele quer e edita uma disposição nesse sentido.

A ausência de vínculo de aperfeiçoamento de um nível para o outro, traço característico do pensamento ockhamiano, manifesta-se aqui com particular clareza; todas as realidades se situam em planos de valor idêntico, entre os quais não poderia haver a menor ordem nem a menor hierarquia. Sobre a coisa privada de sua ordem imanente e de seu valor próprio, reduzida ao fato de estar aqui, podem desenvolver-se legislações totalmente alheias uma à outra, uma vez que elas não se referem em absoluto a uma natureza da coisa que as ordenaria entre si.

Já não há, em consequência, senão oposição entre a vontade divina e a dos poderes humanos, trate-se do poder pontifício ou imperial, pois o fundamento dos direitos positivos promulgados por um e pelo outro poder permanece estranho ao direito editado por Deus. As duas legislações se ignoram ou se contradizem[63], pode também acontecer que se acordem de modo acidental.

Existe, porém, uma saída para esse conflito que o torna tolerável, e Ockham a percebeu muito bem; ela consiste em determinar esferas de competências que limitam os poderes. Já não se tem de procurar na unidade da coisa a ordem daquilo que é, e assim do que é justo; basta atribuir a cada poder em questão um campo no qual é soberano. Está claro que Deus possui uma potência mais vasta e mais total do que o imperador; logo, ele é quem possui o privilégio de ser a potência e a causa primeira.

Por essa razão, assim como ele possuía o privilégio de ser o primeiro a determinar por decreto voluntário o que é o bem na conduta individual, e assim como o exercício de

---

63. *Ibid.*, p. 581.

sua potência eficiente era o que o fazia reconhecer como causa primeira, ele possui um privilégio idêntico no campo da determinação da conduta do legislador humano.

Assim como, na questão da propriedade, a ausência de referência à natureza das coisas remetia o problema da atribuição dos bens a uma questão de conduta do proprietário, aqui a questão da legislação passa de um problema de observação da natureza da cidade, através da qual pode ser percebido o que é justo para ela, a uma questão de moralidade e de conduta do legislador que deve ser julgado não com base na justiça de sua legislação, mas com base na sua conduta no tocante às leis morais abstratamente consideradas. Não se tem de olhar o que é a cidade para determinar a legislação conveniente, mas obedecer a certo número de prescrições morais que o legislador deve igualmente fazer que seus sujeitos observem. Mais uma vez, não é através do objeto da legislação que é descoberta a legislação justa para dada cidade, mas através de uma legislação superior. Afora casos determinados por essa legislação superior, os atos do legislador são indiferentes, devem somente ser tomados por quem possui o poder com vistas à utilidade, entendida no sentido de Ockham, ou seja, separada do fim objetivo.

Mesmo adotada de encontro a essa legislação superior, a *lex iniqua* continuará a ser lei, pois ela não possui natureza própria que lhe impõe ter de ser justa. Ao contrário, sua natureza é ser separada do *jus poli*; ela poderá, pois, ser ao mesmo tempo realmente lei e ser injusta; é o próprio princípio do positivismo ao qual conduzem infalivelmente as teses ockhamianas, o fim da lei já não é sua medida.

A questão que se apresenta é saber se essa solução acaba mesmo com o conflito. No âmbito do pensamento de Ockham, não deveria haver dificuldade, pois todos os atos que não são proibidos pelo *jus divinum* são *ipso facto* neutros e podem, portanto, ser cometidos sem escrúpulo nenhum pelo poder político, que se vê investido da possibilidade de legislar em todos os campos não expressamente reservados ao *jus poli*. Mas a delimitação exata do *jus poli* e do *jus fori* não se revela tão clara como parecia à primeira vista; parece que as disposições do *jus poli* são às vezes tão amplas e gerais que não é possível levá-las rigorosamente em conta. Mas, sobretudo, a realidade das coisas mostra que as situações não são tão simples de distinguir como o queria a teoria ockhamiana; fica claro que existem conflitos possíveis com os quais o próprio Ockham já se defrontou, como o famoso casamento Maulstasch em que era preciso sustentar que o imperador podia intervir, anulá-lo em detrimento não só da legislação pontifícia, mas também do mais expresso direito divino.

É por isso que vemos Ockham reconhecer, de um lado, que o imperador normalmente deve obedecer ao direito estabelecido pela vontade divina, mas, ao mesmo tempo, prever todos os tipos de derrogações a essa obrigação[64]. O imperador dispõe, em virtude de uma espécie de pacto pelo qual os súditos lhe entregaram o poder deles, da totalidade do poder político, mas também deve exercer esse poder em conformidade com as regras do direito divino e natural. Se não o faz, rompe o contrato; no entanto, dessa ruptura não resulta, em absoluto, um direito dos súditos, no plano do direito civil – entenda-se do *jus fori* –, de resistir ao direito do imperador; eles só podem resistir, em certa medida, em nome do seu poder subjetivo pelo qual confiaram ao imperador o direito deles; o poder deles de protesto é do *jus gentium*, entenda-se do *jus poli*[65]. Embora o recurso ao direito dos indivíduos pudesse dar a impressão de uma volta muito parcial a certa natureza suscetível de exercer uma mediação, parece que, finalmente, Ockham continua muito coerente consigo mesmo; essa volta individual à natureza dos sujeitos que dispõem de certo recurso em nome do *jus poli* contra injustiças do imperador permanece no âmbito teórico do *jus poli*; o ato de resistência deles, se necessário for, não é justo *simpliciter*.

---

64. *Dialogus*, IIIa, par. 3, tract. II, lib. I, cap. 25.
65. *An Princeps*, pp. 238 e 251; cf. *Dialogus*, IIIa pars, tract. II, lib. II, cap. 20; cf. também cap. 27; ver Lagarde, *La naissance...*, t. IV, *op. cit.*, p. 230, que esclarece bem a ambiguidade do pensamento de Ockham sobre esse ponto.

Ainda por cima, é em nome mesmo do *jus poli*, que está na origem do poder de que os súditos dispõem e que delegam depois mediante contrato, que o poder do imperador deve ser obedecido e respeitado. É ainda esse mesmo *jus poli* que prevê tão expressamente os limites do direito divino, por exemplo, a possibilidade, em nome do bem do império, de intervir para solucionar a questão da nulidade do casamento de Margarida de Maulstasch. Num sentido, é portanto realmente o *jus poli* que encolhe delimitando o *jus fori*, mas, como esse próprio *jus fori* é oriundo da vontade dos indivíduos que receberam do *jus poli* o poder de constituir a cidade e de erigir o poder político, os atos deste permanecem legítimos no campo deles, salvo por um recurso teórico e ideal em nome do *jus poli*. A tentativa de mediação por intermédio do direito natural dos indivíduos fracassa diante da realidade dos atos e dos bens. Por fim, a rivalidade entre o *jus poli* e o *jus fori* persiste, mas, contrariamente ao que se podia pensar inicialmente, não é a potência da vontade divina que prevalece sobre a vontade do poder político, mas o inverso. Não será muito normal que, depois de ter relegado o *jus poli* ao céu das ideias, tê-lo expulso da terra, do regime das coisas e dos bens, o mundo concreto fique submetido a todas as vontades individuais ou políticas?

Tal reviravolta, como acabamos de sugerir, não pode ocorrer sem uma modificação importante da noção de direito e de lei naturais que passam das coisas para outro campo e aos quais é confiado um papel menos amplo que o que o direito natural tinha entre os tomistas, com os quais Ockham está discutindo. É necessário avaliar o tamanho dessas mudanças.

A desnaturação do direito natural

A terminologia ockhamiana nem sempre é absolutamente rigorosa acerca das grandes divisões do direito. Embora o *jus poli* e o *jus fori* se distingam bem como o que é querido por Deus e o que é de instituição convencional, a distinção não é muito estanque, porquanto, finalmente, mesmo o que é querido por Deus pode se mostrar como uma instituição arbitrária. Por isso, de um lado o *jus poli* é oposto ao *jus divinum*, mas, do outro, o *jus divinum* é uma parte do *jus poli* ou pelo menos pode ser compreendido, do mesmo modo que o *jus poli*, como um efeito da vontade divina. No que tange a direito e lei naturais, encontramos as mesmas ambiguidades que são a tradução da dominação geral da vontade divina que, por reduzir todas as coisas a um estado presente da vontade, quase não permite outra distinção senão a das etapas diferentes da manifestação progressiva dessa vontade.

Assim, o direito natural é uma divisão do *jus poli* pelo fato de parecer, por definição, opor-se ao que é instituído por uma vontade, mas ele é também, na linguagem de Ockham, uma manifestação dessa vontade e, por essa razão, uma parte do *jus divinum*[66], mesmo quando se entende este de forma mais estrita do que o *jus poli*, como as disposições divinas positivas contidas nas Escrituras. Isto traduz de modo digno de nota a dificuldade sentida por Ockham: situar os diferentes direitos e leis em planos específicos em correspondência com os planos do ser. Como amiúde em seu pensamento, são na verdade formas diferentes de nomear um único fenômeno, que é o da vontade. Contudo, resta decerto uma derradeira separação entre a vontade divina e a vontade humana do legislador que estabelece regras positivas, beneficiando-se a primeira de uma prioridade de comando que parece salvar uma parte da transcendência. Mas esse "salvamento" fica muito ambíguo, pois se dá em detrimento da plenitude da causalidade divina, em especial nos atos particulares, sem a mediação de nenhuma realidade exterior suscetível de lhe garantir a objetividade. Parece evidente que pelo menos uma parte do que é pensado como direito natural, especialmente a racionalidade abs-

---

66. *Dialogus*, pars III, tract. II, lib. III, cap. 6.

trata, na verdade permite à vontade humana estender seu império sob a máscara da vontade divina e da razão.

É conhecida a passagem central em que Ockham define o que ele entende por direito natural. Poderíamos espantar-nos por essa passagem se situar nas obras políticas, mais precisamente no *Diálogo*, mas os pontos mais importantes da noção ockhamiana do direito natural já haviam sido esboçados nas obras mais especulativas, e não teremos dificuldade em mostrar que os esboços teóricos do *Comentário sobre as Sentenças* são utilizados e desenvolvidos no contexto dos escritos políticos com uma grande continuidade.

Já em *Comentário das sentenças,* Ockham refletira sobre a vontade divina, e a questão que se lhe apresentava então era saber se a lei natural, ao definir certo número de regras, como o fazia Duns Escoto e muitos outros autores contemporâneos, inclusive Santo Tomás, não encerrava a vontade divina nas categorias das possibilidades do ser criado. Sabe-se que já Duns Escoto respondera a essa questão isentando da necessidade certo número de disposições que já não pertenciam à lei natural *stricto sensu* e ficavam, pois, suscetíveis de mudança. Havia também a resposta de um tipo muito diferente formulada por Santo Tomás, de acordo com o qual a lei natural é imutável segundo o que na natureza é imutável e não o é segundo o que na natureza é mutável, sem que esses dois pontos de vista estejam em contradição, pois a generalidade da lei natural implica precisamente uma volta para o particular, que não representa, contudo, uma contradição, porque a lei é um universal. Ockham vai adotar uma solução a um só tempo muito mais radical e totalmente conforme ao espírito de sua teologia da onipotência divina. A lei natural em seu todo é mutável, depende essencialmente da vontade divina, que não poderia, claro, contradizer-se em dado momento, mas que sempre pode mudar, já que o princípio de não-contradição não deve ser compreendido de forma radical, no nível da ontologia, mas como impondo simplesmente uma coerência no momento presente. Todos os mandamentos do Decálogo estão, pois, na dependência da vontade divina, que pode modificá-los como quiser[67]. Ocorre que, no estado presente, eles têm entre si certa coerência, mas esse vínculo não é de modo algum necessário, e Deus pode modificá-lo como quiser. Assim como ele não é de modo algum obrigado, no plano ontológico, a respeitar a ordem das causas segundas, ele pode no campo ético tomar todas as iniciativas, com o quê ele afirma a liberdade e a transcendência de sua vontade com relação a tudo o que foi criado. Não só ele pode, mas também de certo modo ele deve fazê-lo, pois, na lógica ockhamiana, é para ele precisamente o único meio de se afirmar causa primeira e transcendente enquanto legislador supremo livre de todas as necessidades do ser.

Paralelamente, sabemos que a noção ockhamiana de natureza também recebe uma interpretação particular que a afasta totalmente da herança aristotélica. A natureza, explica-nos Ockham, é a coisa estabelecida como existente fora da alma, depois ela recebe diversas outras características em que começam a perceber-se os traços que servirão para descrever o direito natural. A natureza é compreendida sobretudo como um fator determinante e limitativo que se opõe à liberdade, é também o que se distingue do costume e da cultura; ela significa então uma potência, quer ativa no sentido que, se nada lho impedir, a realidade que está naturalmente em potência segue o curso natural das coisas, quer passiva ou neutra, se pode tornar-se uma coisa ou seu contrário (nesse sentido a vontade pode ser dita natureza), quer mesmo em potencial passiva conforme um aspecto e em potência ativa conforme um outro, o que é o caso da matéria[68]. A natureza se opõe também ao que é sobrenatural, como o que recebe passivamente um movimento de elevação para o sobrenatural. A natureza significa o que é dotado de permanência. O que parece característico de todos esses sentidos da palavra natureza em Ockham é a supres-

---

67. *In Sent.*, II, quaest. XIX, O.
68. *In Sent.*, III, quaest. I, D, e quaest. III, F e G.

são de um movimento orientado para um fim ontológico e uma realização. A característica principal de sua natureza é a passividade; ela recebe um movimento que a faz ou não se conduzir segundo o curso natural das coisas, torna-se sobrenatural sob o efeito de uma causa eficiente, ela é o que prossegue normalmente se nada perturba o que deve ser, é vinculada ao cosmos apenas como um limite e uma gravidade. Mesmo quando a vontade pode ser dita natureza, isso não parece, para Ockham, querer dizer que ela tende por si só para um fim que a aperfeiçoe, mas somente que sua marcha normal, de acordo com o que nela é determinado, e porque ela também pode ser considerada passiva, quer pode torná-la capaz do contrário, quer fazê-la passar para um novo estado que não representa de modo algum um aperfeiçoamento. Ela é a expressão do *communis cursus naturae*, dando-se a essa expressão um sentido passivo e puramente empírico.

Fica claro que os sentidos dados por Ockham ao direito natural se inspiram em traços definidos já nos anos de Oxford. A passividade e a inserção no estado atual das coisas sob o impulso de uma causa eficiente são realmente as características que encontramos nos três sentidos do direito natural que Ockham nos apresenta. Que disso resulte, num segundo momento, um direito natural que parece investir o sujeito de prerrogativas mais extensas é apenas um paradoxo aparente, uma vez que é em nome mesmo de um estado atual decidido por essa causa eficiente que ele recebe esse poder.

A questão do sentido do direito natural surge a respeito do direito dos romanos, no contexto da discussão sobre o poder do papa e do imperador. Alguns afirmam que os romanos não têm nenhum poder para eleger o papa, nem direito humano nem direito divino. Esses termos são bastante característicos do pensamento tomista dos juristas pontifícios para merecer ser ressaltados: a questão deve, segundo eles, referir-se seja ao direito humano, que compreende em si as determinações do direito natural, seja ao direito divino, que depende de uma área realmente diferente do primeiro; ainda que não exista direito natural ideal fora de sua expressão concreta no direito humano, existe um direito divino estabelecido expressamente na constituição da Igreja[69].

Toda a habilidade e o princípio da resposta de Ockham consistem em situar sua resposta noutro terreno, que, no entanto, poderá ser vinculado à vontade divina. A noção de lei humana característica de Santo Tomás vai desaparecer, porque ela era o lugar da aliança entre a lei natural e a lei positiva. Portanto, ficará apenas um direito positivo confrontado com um direito natural ainda mais ideal porque será vinculado a uma vontade divina cambiante e ao poder do sujeito.

A réplica de Ockham consiste, de fato, em dizer que os romanos têm o poder de eleger o papa em nome do direito divino, estendendo o sentido do termo divino a todo o direito natural, mostrando-se este último então como a pura e simples expressão da vontade divina[70]. Ockham não inova relativamente à sua divisão do *jus poli* e do *jus fori*, vai somente empenhar-se em fazer o direito natural entrar no direito divino – como o autorizam as suas premissas voluntaristas –, o que terá o efeito de permitir-lhe opor ao direito divino entendido segundo a maneira dos juristas pontifícios, ou seja, uma disposição expressa tocante à constituição da Igreja, um direito que se mostrará como uma prerrogativa individual conferida pelo próprio Deus ao sujeito e, por essa razão, oponível a um direito divino que anteriormente foi desvalorizado. Só podemos compreender realmente o raciocínio de Ockham se conservamos presente na mente o fato de que também o direito canônico foi reduzido a um direito que já não expressa senão disposições posi-

---

69. *Dialogus*, pars III, tract. II, lib. III, cap. 5.
70. *Dialogus*, pars III, tract. II, lib. III, cap. V. Para o conjunto dessa passagem, seguimos a edição moderna proporcionada por H. S. Offler, *in* "The Three Modes of Natural Law in Ockham, a Revision of the Text", *Fanciscan Studies*, XV, 1977, p. 201; o texto começa na p. 212.

tivas, e além do qual cumpre situar os mandamentos particulares de Deus[71]. Assim como o direito humano foi separado da comunidade política e das coisas, o direito canônico será separado da natureza da Igreja, a qual então só se expressa pela vontade divina na Escritura ou nas prerrogativas dos indivíduos cristãos outorgadas pela lei evangélica de liberdade.

A pedido do discípulo que se espanta com o significado da resposta do mestre, este explica que se deve compreender o direito natural em três sentidos, ou melhor, segundo três modos. No primeiro sentido, diz-se que o direito natural é o que é conforme à reta razão, que discerne os preceitos da reta razão. No segundo sentido, o direito natural é o que provém unicamente da equidade natural sem intervenção de nenhuma regra convencional. No último sentido, deve ser entendido como aquilo que é também um produto da razão que se eleva acima das condições determinadas da situação[72]. O direito natural no primeiro sentido se caracteriza por sua infalibilidade, provém da reta razão, o que o situa fora de qualquer condicionamento concreto; segundo esse direito natural, são determinados atos que são bons ou maus *ex se*, pela reta razão são conhecidos os atos que são bons em virtude do decreto divino que lhes diz respeito. Deus como legislador supremo decreta quais são os atos que devem ser avaliados bons em dado momento. Não há vínculo algum entre essa lei natural e a estrutura ontológica das coisas. Uma vez que já não há finalidade ontológica, permanece apenas uma finalidade moral que extrai suas diretrizes dos mandamentos pelos quais a causa primeira manifesta sua potência e seu caráter legislativo; sua primazia consiste no fato de ela ser a primeira a determinar o bem e o mal, sem ter de levar em conta as coisas. A reta razão é a conformidade com a vontade divina, deve ser procurada onde esta se expressa, ou seja, sobretu-

---

71. *Ibid.*, pp. 216 e 218.
72. *Ibid.*, pp. 212-3.

do no texto da Escritura ou nas regras que constituem o âmbito formal no qual ela está inserida em virtude de sua própria natureza. Dessa forma, passa-se do mandamento divino para a presença no homem de regras possuídas pela razão de modo imediato.

Existiu, efetivamente, um período durante o qual os homens se conduziram segundo uma perfeita razão[73]. Sua conduta racional os dispensava, pois, de recorrer a convenções para estabelecer um direito positivo; se todos se decidissem a viver de novo segundo essa perfeita racionalidade, não seria necessário recorrer aos costumes e lei humanas pouco racionais. O direito natural considerado nesse sentido é o do estado de natureza que precedeu a queda: em razão da ausência de pecado, os homens viviam em perfeita inteligência, todos os bens eram comuns, não era necessário partilhá-los nem instituir uma autoridade com a função de fazer essa partilha e depois garanti-la. Aqui, como para Escoto, as instituições humanas, conquanto necessárias e razoáveis após a queda, encontram-se, não obstante, atingidas pelo defeito original de serem consequências do pecado. São o fruto de uma degradação da natureza, seu caráter positivo e arbitrário se explica por elas serem o fruto desse acidente infeliz, e conservam sempre um caráter a um só tempo defeituoso e punitivo. Por essa razão seria desejável operar uma volta à vida puramente racional que não requer possuir bens nem viver segundo um direito positivo. Os franciscanos, de sua parte, já operam essa volta ao abandonar voluntariamente seu direito humano de propriedade e ao recusar exercer o poder sobre as coisas que lhes é conferido pelo direito natural. A vida evangélica em sua pureza consiste essencialmente nessa volta, motivo pelo qual é tão importante não forçarem os franciscanos a ter alguma propriedade. Tal direito natural não pode ser dito imutável, já que é definido por seu caráter histórico, é o direito de um estatuto passado ao qual, entretanto, é possível retornar por

---

73. *Ibid.*

um ato voluntário. Por não ser imutável, o direito positivo pôde substituí-lo após a queda. Sob o regime de direito natural anterior à queda, os homens possuíam um poder sobre as coisas inertes, como convém a seres dotados de razão, mas essa superioridade ontológica não lhes conferia um poder de usar, até mesmo de ocupar os bens sem donos apenas no âmbito do direito de natureza; portanto, eles não tinham nenhuma propriedade no sentido do direito, mas somente um *dominium* natural exercido, aliás, em comum. A queda não privou os homens desse *dominium*, mas obrigou-os a exercê-lo de modo privativo. Das regras necessárias a essa propriedade privada nasceu o direito positivo[74]. Entrementes, houve um período intermediário[75], durante o qual se exerce um poder racional sobre as coisas, que não é *dominium* nem *proprietas*. Daí resulta que, após a queda, os homens conservam sua superioridade natural sobre as coisas, que lhes confere, aos olhos do direito natural, um *dominium*, mas não a propriedade; conservam também, por conseguinte, uma prerrogativa quanto à delegação desse poder que lhes permite escolher chefes incumbidos de os dirigir. É por intermédio dessa delegação de poder que nascem as instituições políticas positivas, que têm o objetivo de consagrar e de organizar a divisão dos bens. Como o poder sobre as coisas é uma prerrogativa resultante da superioridade ontológica dos homens[76], ele continua a existir após a queda, mesmo que esta torne obrigatória a criação de um direito positivo. A consequência disso é que o poder individual conferido pelo direito natural pode ser retomado para instituir um novo poder político ou para transferi-lo a outro titular.

Os homens podem, como é o caso dos franciscanos, renunciar ao direito positivo de propriedade, sem que por

---

74. *OND*, cap. 14, pp. 433-4.
75. *Ibid.*, pp. 435 e 439.
76. Superioridade que se mostra como o único resíduo ontológico da lei natural no sentido de Santo Tomás. É, ao que parece, o único lado pelo qual o direito natural de Ockham se enraíza, por pouco que seja, numa ordem das coisas.

isso sejam despojados do *dominium naturale* que lhes é próprio e que, segundo sua natureza verdadeira, se exerce, para os que o querem, sob a forma de um *dominium* coletivo. Por causa de sua origem, esse poder conferido pela razão é um poder sobre as coisas, é o poder individual que a razão confere a todos os homens de dominarem as coisas; passa-se aqui da regra geral de moralidade para a razão de cada homem na medida em que ela lhe dá poder sobre as coisas, pois, para cada um, utilizar esse poder é conduzir-se segundo a regra da razão abstrata. Por isso os franciscanos, abandonando seu direito de propriedade no sentido do direito positivo, conduzem-se de forma perfeitamente razoável: não só eles conservam seu poder originário sobre as coisas, mas também agem segundo a regra da moralidade racional, já que, tendo deixado no mundo as regras restritivas do direito positivo, reconquistam o estado de inocência e exercem sobre as coisas um poder semelhante ao de nossos primeiros ancestrais. Mas o poder sobre as coisas conferido pelo direito natural chega a absorver as coisas, já não são elas que são consideradas fonte; ao contrário, é esse poder que põe as coisas na dependência da vontade individual ou, mais ainda, da razão individual (mas, em Ockham, não há diferença entre ambas). Esse próprio poder está, portanto, na dependência da razão, consiste em submeter-lhe as coisas. Estas, na medida em que são passivas e dominadas pelo homem, encontram-se na dependência dessa razão. Daí resulta que a conduta conforme à razão não consiste, em absoluto, em encontrar nas coisas indicações sobre o que convém fazer, mas, ao contrário, em aplicar a elas a regra decorrente dos princípios da razão abstrata, tal como seu sentido é compreendido no direito natural no primeiro modo. A aplicação que Ockham faz da hipótese do depósito é muito característica do modo como ele concebe esse poder. Longe de ser questão de encontrar na realidade da situação considerada uma solução que a razão pode descobrir, trata-se, para ele, de uma regra abstrata da razão que confere ao depositário um direito sobre a coisa em nome do *dominium*.

Esse caso examinado por Ockham resume de forma muito clara o vínculo existente entre os três modos do direito natural: a razão dita regras abstratas pelas quais ela dá um poder racional sobre as coisas e, a partir dessas regras, convém determinar a conduta a ser mantida para submeter-lhe as coisas. Cumpre, porém, acrescentar, na esteira de Ockham, que não há motivo para fazer dessas regras de submissão das coisas, que conferem uma prerrogativa ao titular delas, direitos naturais no primeiro nem no segundo sentido, já que elas se tornam necessárias apenas no âmbito em que surgem as questões de distribuição dos poderes sobre as coisas, ou seja, posteriormente à queda. O direito natural concebido segundo esse terceiro modo mostra-se então o resíduo presente, no seio do direito positivo, do poder natural sobre as coisas, do qual ele é um modo de exercício particular. De fato, ele necessita de uma hipótese e resulta de uma absorção da coisa pelo poder racional dos indivíduos; nesses dois sentidos, é denominado *ex suppositione*[77], e é comum às nações, por participação na razão. Entendendo o direito natural segundo esses três modos, fica possível dizer que os romanos possuem o poder de eleger o soberano pontífice[78]. Se nos ativéssemos ao primeiro modo, isso não seria possível, já que não existe nenhuma disposição expressa do Decálogo ou da Lei natural sobre esse ponto. O segundo modo do direito natural permite somente afirmar que eles possuem, como todos, o poder de delegar a uma autoridade política uma parte do direito deles; o terceiro permite dizer que, sob a forma na qual o fizeram, eles possuem esse direito segundo o direito natural. Apesar da dificuldade da questão, Ockham percebeu muito bem que, se, a exemplo de Marsílio, ficasse na concepção de uma comunidade de cristãos que por isso mesmo pos-

---

77. *Dialogus*, ed. Offler, p. 213.
78. *Dialogus, eod. loc.*, p. 215. Vê-se que Ockham está muito consciente de introduzir com sua divisão do direito natural uma novidade extraordinária.

suíam um chefe⁷⁹, arruinava também a posição dos franciscanos ao reconhecer à ordem uma personalidade real, o que permitia concebê-la como titular de um direito de propriedade. Ao contrário, pondo os direitos naturais dos romanos no âmbito das prerrogativas conferidas pela reta razão, fazia desses direitos uma questão de poder individual, que, não obstante, encontrava sua expressão no âmbito de um direito positivo, uma vez que o terceiro sentido do direito natural necessita recorrer a um contexto positivo, tornando-o ao mesmo tempo relativo ao poder do indivíduo.

Chega-se, assim, a uma noção do direito natural que encontra sua raiz numa razão abstrata da qual decorrem primeiro regras morais. Essa razão está presente no indivíduo, ao qual ela confere um poder sobre as coisas e um poder de instituir uma autoridade política. Estando esta estabelecida e tendo ditado regras, ela confere ao indivíduo direitos que são os aspectos residuais, no âmbito das leis estabelecidas, desse poder original. Dessa combinação nasce, em Ockham, a noção de direito subjetivo, poder natural do indivíduo sancionado pelo direito positivo.

O direito natural assim concebido fica dissociado em dois elementos: de um lado, as regras de moralidade estabelecidas pela razão abstrata e, do outro, os poderes do indivíduo. A natureza é reduzida ao seu aspecto racional; trate-se da própria razão que se impõe ou das consequências racionais do direito estabelecido, ou, enfim, da razão individual. Mas sabemos que essa razão implica, no pensamento ockhamiano, uma passividade que a submete à vontade. Portanto, não devemos nos iludir sobre a referência à razão aqui; ela não significa uma observação da realidade ou a formulação de uma regra geral por um procedimento abstrato; implica, ao contrário, uma submissão à vontade; é porque Deus a quer assim que a moralidade é definida pelas regras da reta razão, ela é recebida apenas muito passivamente na

---

79. É por isso que reduz esse raciocínio ao direito natural do terceiro modo.

razão individual que tem de se submeter a ela sem ter de lhe procurar as causas. Embora ela confira à razão individual um poder, é um poder da vontade sobre as coisas, poder de querer instituir um direito positivo. Enfim, quando é compreendida no âmbito do direito natural no último sentido, as conclusões que ela tira não são o resultado da natureza da situação, mas consequências tiradas de uma regra positiva, pela qual a vontade se substitui às coisas.

Estas são disfarçadas, ou melhor, esquecidas, pelas transformações que Ockham impõe ao direito natural. O direito natural no último sentido é revelador do fenômeno: nele movemo-nos na pura racionalidade, a partir de hipóteses abstratas das quais tiraremos as consequências.

Essa razão calculista se faz instrumento do poder individual que submete a si as coisas, único resíduo do direito natural no segundo sentido. Mas, já que a razão é uma prerrogativa do sujeito, ela lhe confere a possibilidade de se identificar com os raciocínios *suppositione*. Nesse sentido, o uso da razão implica mesmo uma coincidência perfeita da subjetividade com um objeto reduzido ao domínio dessa razão. O primeiro sentido do direito natural parece decerto reintroduzir certa transcendência; as regras existem e, parece, independentemente da razão, já que são obra da pura vontade divina. Mas isso seria esquecer que, para Ockham, vontade e razão se identificam: se essas regras são queridas por Deus, são por isso mesmo expressão da reta razão com a qual coincide perfeitamente a razão individual que confere ao sujeito o seu poder. Há, finalmente, uma adesão perfeita da razão e da vontade individual à razão e à vontade divinas objetivas, que apaga a "coisa".

Esse apagamento poderia parecer aqui ainda mais paradoxal porque a referência à "suposição" parece indicar que Ockham procura por meio disso reintroduzir as situações concretas pelas quais as coisas poderiam emergir e vir perturbar a ordem benfeita demais dessa razão. Mas, precisamente, o uso do termo *suppositio* basta para nos fazer compreender que não é nada disso. Sabemos que ele quer dizer que o termo ou a proposição não expressa o que a coisa é, mas a substitui. Portanto, basta trocar a situação por uma fórmula que a substitui, uma "hipótese", para que a racionalidade possa continuar a desenvolver-se sem nenhum receio de ser perturbada. A hipótese que corresponde adequadamente à coisa bruta e inteligível dá a ilusão de se referir ao concreto, quando na verdade o vela. O empirismo se satisfaz facilmente com essa elevação imediata para a abstração, certo de que esgota a coisa ou de que é vão querer levar em conta o que por si é desprovido de inteligibilidade. Mas, por trás dessa racionalidade que desprezou a mediação das coisas, há a vontade divina que estabelece os mandamentos e o querer conferido ao homem por sua razão. A única mediação é a dos mandamentos, que são concebidos simultaneamente como uma ordem arbitrária e uma expressão, *in statu isto*, da racionalidade. A mesma afirmação que tende a fazer que se reconheça a transcendência deles pela lembrança da onipotência divina leva a fazer que se tome consciência da precariedade e da arbitrariedade deles. Encontram-se então frente a frente, uma vez repudiada essa mediação residual, apenas as vontades divina e humana. Fica claro que essa situação traz em germe não só uma guerra, mas também o triunfo do homem que pode de novo identificar seu poder e sua razão para eliminar desse direito natural a transcendência das coisas e a do autor das coisas. É verdade que será preciso esperar Grócio para ouvir proclamar o *etiamsi daremus Deum no esse*.

Pelo menos de modo expresso, apenas a transcendência das coisas é atingida. Essa situação basta, porém, para criar tensões insolúveis. De um lado, a racionalidade se estenderá uniformemente sobre as coisas, pretendendo alcançar imediatamente a singularidade delas, ao passo que, do outro, o direito positivo fará o mesmo. Por outro lado, porém, no seio do próprio *jus fori*, o direito individual conferido aos sujeitos pela razão entrará em conflito com a vontade do Príncipe, investido pelos mesmos sujeitos do poder de impor sua vontade a uma comunidade sem consistência e sem realidade.

Capítulo X
A lei entre os súditos e o Príncipe

Se nos recusamos a deixar de lado, como costuma acontecer nos trabalhos concernentes a Ockham, o nível do pensamento geral em proveito do estudo de seu pensamento político, não basta explicitar a existência de um conflito de poderes no momento da constituição da política, capaz de prosseguir ao longo de toda a vida da cidade; cumpre mostrar que esse conflito se manifesta no próprio interior dos instrumentos jurídicos utilizados para governar – aqui, da lei. É por essa razão que começaremos mostrando que as próprias modalidades pelas quais se expressa o poder imperial, a saber, uma lei geral, entram em conflito com as realidades particulares submetidas ao poder dos indivíduos. Depois, mas só depois, procuraremos mostrar que esse conflito jurídico-lógico encobre um conflito de poderes.

O conflito entre a lei geral e as coisas particulares

A tensão entre o geral e o particular seria apenas uma banalidade se Ockham se contentasse em consigná-lo, como qualquer reflexão sobre a lei exige num ou noutro momento. Mas essa banalidade se torna fecunda e reveladora de um pensamento jurídico, até mesmo de uma filosofia inteira, pelas soluções que lhe são trazidas. Ela pode, como em Aristóteles e Santo Tomás, ser a revelação da abertura deles para uma realidade que escapa das garras do artifício, ou, ao contrário, mostrar que a lei é o meio de submeter a natureza à vontade e ao artifício humano.

Temos inúmeros indícios que permitem pensar que Ockham opte claramente em favor da segunda solução; basta lembrar, entre estes, a descrição do nascimento da cidade e do direito positivo como um abandono do estado de natureza e a substituição deste pela vontade humana e seus produtos. Não podemos, entretanto, nos ater a uma presunção tão geral, pois o que está em questão aqui não é somente saber se a fundação da cidade é feita contra a natureza ou com ela, mas se na cidade instituída a natureza ainda transparece através dos interstícios da construção. A questão equivale a perguntar se o legislador, quando legisla, deixa vir a si alguma informação extraída do que é sua cidade, e se o juiz, por sua vez pode, sob uma lei pensada segundo Ockham, deixar o caso que ele deve dirimir ser princípio de direito no sentido em que Aristóteles diz que, em matéria ética, os fatos são princípios. Contrariamente ao que poderia fazer acreditar um pensamento fascinado pelo particular, essa exaltação do indivíduo não parece conduzir Ockham a uma solução em que o singular real poderia fornecer informações de direito. Ockham parece, ao contrário, desembocar numa solução que dá a primazia à generalidade da lei, embora conserve o singular como única fonte. Nossa tarefa perante essa constatação será elucidar as suas razões.

Temos primeiro, porém, de levantar as objeções que podem ser avançadas contra a interpretação que pretendemos fazer do pensamento ockhamiano e que têm, todas elas, origem no fato dificilmente contestável de que o pensamento ockhamiano é centrado no particular. Ockham pretende voltar aquém das abstrações escotistas e mesmo, como observamos, dos universais tomistas, que ele acusa de atentar contra a unidade das coisas concretas retornando de modo mais ou menos admitido a uma das versões do platonismo que sempre espreita a mente humana. Ockham pretende, de encontro a esses pensamentos, restabelecer a verdadeira interpretação de Aristóteles que parte dos indivíduos e volta a eles. Nessas condições, o universal, sob sua forma legislativa, nada mais é senão uma maneira de atingir o particular; ele é, como as comunidades que lhe servem de destinatárias, uma forma cômoda de agrupar casos semelhantes. Assim como não existe universal lógico, não existe verdadeira realidade da comunidade política ou das ordens, religiosas ou não, não existe *universitas*. Devemos, pois, em cada caso considerar o que é particular e só o submeter à regra geral na medida em que ela convém à coisa particular.

Isto se manifesta primeiro ao considerarmos o processo que conduz o legislador a tomar sua decisão através do processo prudencial tal como o concebe Ockham e, depois, quando examinamos a análise ockhamiana da forma lógica da lei e os fenômenos pelos quais é confrontada com as situações particulares. Esses dois pontos de vista deixam aparecer um triunfo, decerto precário, da uniformidade.

A decisão do legislador

Quando Ockham examina a vontade legisladora de Deus, ele afirma que, apesar de todas as disposições morais estabelecidas por Deus, este, precisamente em virtude de sua função de legislador onipotente, pode abrir uma exceção em favor de uma pessoa particular ou contra ela. Na realidade, o respeito da regra não acarreta nenhum automatismo na salvação, sem o que cairíamos no pelagianismo[1]. Ockham consegue escapar disso ao lembrar a possibilidade das exceções devidas unicamente à vontade divina.

Deus considera os atos na singularidade deles e não no seu vínculo com um fim; não só ele separa o ato do fim e se atém à conformidade ao mandamento divino, mas também

---

1. *In Sent.*, I, dist. XVII, quaest. I, L.

separa o ato de todas as circunstâncias[2]. Mais além e na mesma direção, ele pode separar completamente a vontade do ato e o ato de suas consequências. Poderia não conceder sua graça *de potentia ordinata*, concede-a sempre, mas, uma vez concedida a graça, disso não se segue nenhuma consequência necessária quanto à salvação, pois, de um lado, os atos meritórios podem ser considerados em si mesmos sem levar em conta a vontade do autor deles e, do outro, como a bondade reside unicamente na vontade do autor de se conformar ao mandamento divino, não poderia necessitar de Deus para conceder-lhe a beatitude[3]. De um lado, o homem pode e deve cumprir os mandamentos, mas estes não têm o menor alcance ontológico, somente deixam a vontade conforme à vontade divina[4]. Inversamente, os atos de pecado não têm consequência necessária; são, por certo, atos de recusa de obediência, mas devem ser a princípio considerados em si mesmos, separados de suas circunstâncias; ou seja, cortados do ponto de vista da finalidade, tornam então a vontade má pelo fato de ela desobedecer a Deus, mas não têm como consequência direta separar o sujeito de Deus nem destruí-lo; não são os atos pecaminosos que acarretam a condenação do pecador, mas a vontade divina[5]. O ato pecaminoso não é mau em si porque contém alguma realidade oposta ao fim, é mau porque é proibido por uma interdição extrínseca; portanto, esta pode ou ser suprimida (*a priori*), ou não ser sancionada (*a posteriori*). Toda a vida moral fica assim fragmentada em atos sucessivos sem que possa ser estabelecido o menor vínculo de consequência de um ao outro, de sorte que o sujeito sempre guarde sua liberdade e Deus a dele.

Não é muito possível ir mais longe do que Ockham na consideração particular de cada segmento da atividade mo-

---

2. *In Sent.*, III, quaest. XII, FFF.
3. *In Sent.*, I, dist. XVII, quaest. I, L.
4. *Ibid.*, I.
5. *In Sent.*, III, quaest. XII, YY.

ral, já que ele chega a separar não só a caridade da glória, mas também a glória da beatitude: Deus poderia colocar uma alma na glória sem lhe conceder a beatitude, de tanto que os atos são separados do fim[6].

Se olharmos mais atentamente o modo como se expressa a vontade divina, descobriremos elementos que permitem, por sua vez, pensar que a lei é concebida por Ockham sob a forma de uma proposição universal da qual basta tirar as consequências sem se referir às realidades particulares. É bem certo que o pensamento divino conhece apenas indivíduos, e isso diretamente, sem passar pelos universais; se há ideias em Deus, são para Ockham simples exemplares das coisas existentes ou que podem existir, ou seja, criaturas individuais[7]. Não há em Deus gênero, espécie ou diferença; logo, pode-se afirmar que a lei que ele prescreve é apenas uma sucessão, uma montagem de decisões individuais; mas, do lado dos homens, essa legislação se apresenta mesmo sob forma universal. Fica bem fácil constatar que o conhecimento prático é concebido por Ockham de um modo que não deixa muito lugar à realidade particular como fonte do juízo prático. De fato, Ockham divide o processo do conhecimento prático em dois: de um lado, a *recta ratio*, do outro, a prudência.

A *recta ratio* é um conhecimento dos princípios e preceitos da moral ordenados por Deus. Compreende primeiro princípios universais e, depois, proposições particulares que também podem ser denominadas "prudência". Cumpre saber que Ockham divide aqui a ciência em duas partes. Num primeiro sentido, a moral é um conhecimento evidente que podemos possuir sob a forma de um corpo de doutrina; ela procede então de princípios a conclusão. Parte do princípio de que é preciso fazer o bem, *stante praecepto divino*, e disso tira a conclusão de que tal bem deve ser feito. Mas a moral também pode ser expressa noutro sentido, é então um co-

---

6. *In Sent.*, I, dist. XVII, quaest. I, L.
7. *In Sent.*, I, dist. XXXV, quaest. V, H.

nhecimento científico adquirido por experiência que não pode, em nenhum caso, ser conhecido sob forma de doutrina. Ambos são conhecimentos evidentes[8].

Por outro lado, cumpre também dividir a prudência segundo uma distinção paralela. Entende-se a prudência, em primeiro lugar, como o conhecimento evidente de proposições singulares conhecidas pela experiência; entende-se também, e de modo mais comum, como o conhecimento evidente de proposições universais práticas.

Se tomamos a moral no primeiro sentido, ela é totalmente separada da prudência em ambos os sentidos. Apenas compreendendo a moral no segundo sentido é que se pode identificar a ciência moral e a prudência, também ela tomada no sentido mais comum, o do conhecimento evidente de proposições práticas universais. Mas, nesse sentido, a prudência e a moral ficam diferentes da prudência propriamente dita, que é o conhecimento evidente de proposições práticas particulares. A prudência em seu sentido próprio sempre fica, pois, separada da ciência moral em seu sentido primeiro e próprio. A ciência moral no sentido próprio não recorre à prudência no sentido próprio para dirigir os atos.

Ao estabelecer essa divisão, Ockham estabelece uma ciência moral separada de qualquer experiência, momento necessário na perspectiva de uma vontade que só pode encontrar sua liberdade na separação sua do conhecimento teórico tal como o concebe Escoto. Na perspectiva de Escoto, o conhecimento teórico, por sua evidência, suprimiria a liberdade, se não houvesse separação rígida entre a razão e a vontade. Como essa separação desapareceu em Ockham, este se vê obrigado a voltar à prudência concebida como conhecimento particular e experimental, objeto de um ato próprio da vontade que conserva assim, perante o conhecimento fornecido pela prudência, a sua liberdade. Porque as circunstâncias do ato são queridas pela prudência, o ato é

---

8. *In Sent.*, III, quaest. XII, G.

moral e livre, fora de qualquer qualificação intrínseca que determinaria a vontade. Mas, por via indireta, encontra-se determinado um campo em que podem desenvolver-se especulações morais teóricas, campo que pode, claro, aproximar-se da prática por intermédio da prudência no sentido impróprio, mas não tem nenhuma necessidade de fazê-lo. Mesmo que utilize a prudência comumente compreendida para se aproximar da prática, uma ciência moral assim e tais conclusões continuam sendo deduções dos primeiros princípios da moralidade. Vê-se assim esboçada uma ciência moral formal que prepara as especulações da escola do direito natural moderna. A divisão ockhamiana da moral aqui exposta coincide com aquela feita entre a ciência teórica do direito e da moral naturais e o direito positivo[9]. Anuncia, nesse duplo ponto de vista, as separações kantianas. Manifesta o quanto Ockham continua dependente das divisões escotistas do conhecimento em conhecimento abstrativo e conhecimento intuitivo separado, e o quanto, por isso, está longe de encontrar o juízo de existência em qualquer campo que seja. Essa moral teórica vai abrir a possibilidade de determinar um direito e leis ideais, que o legislador aplicará, ou melhor, deveria aplicar. Não é aí que será possível encontrar a fonte de um direito que leva em conta casos particulares e as próprias coisas.

Mas tal moral, Ockham o sabe muito bem, não é feita para ser aplicada, é obra dos cientistas e dos filósofos, não dos políticos. Estes utilizam a prudência no sentido próprio. Fundamentam-se na experiência prática. Não é nem um pouco certo que a prudência assim concebida dê à legislação mais maleabilidade e harmonia com as coisas. Com efeito, há que se lembrar de que a prudência, no sentido próprio, tal como a pensa Ockham, não fornece nenhuma informação ética tirada da própria coisa. Ao contrário, todo o esforço de Ockham consiste em separar a decisão moral de toda consideração acerca de um elemento exterior à von-

---

9. *Quodlib.*, II, quaest. XIV.

tade guiada pelo conhecimento da *recta ratio*. Escoto fazia da prudência uma causa parcial dos atos, e nela via a virtude pela qual tínhamos o hábito de conhecer o que é bem, vindo a vontade a querer ou não esse bem. A essa tese Ockham dirige a censura de não salvar a liberdade porque implica que não podemos julgar um ato bom ou mau conforme as circunstâncias: podemos ou não o querer como bom ou mau, mas não podemos mudar-lhe a qualificação. A prudência, enquanto faculdade de conhecer, encontra-se naturalmente determinada nele. Nessa tese Ockham reprova não fundamentar a moralidade na vontade, mas fazê-la ainda depender de uma realidade exterior e ontológica, mesmo que a vontade fique perfeitamente livre em face desta[10]. Empenha-se, ao contrário, em desvencilhar totalmente a decisão voluntária de todo bem existente intrinsecamente no objeto ou em sua relação com um fim. Senão, a bondade já não pode estar na vontade do agente. Para atingir esse objetivo, cumpre separar a decisão de todo esclarecimento extraído do conhecimento de uma coisa exterior. A prudência na decisão não poderia ser, portanto, um conhecimento da própria coisa, já não é uma causa parcial do ato, deve ser ela própria querida. Uma vez determinadas as circunstâncias, estas devem ser objeto de um ato de vontade e não de conhecimento, ato de vontade que tem a prudência como objeto, na medida em que ela esclarece e diz o que deve ser feito *hic et nunc*. É a volição que tem a prudência como objeto[11], é ela que é constitutiva da moralidade do ato particular, é por eu julgar que *hic et nunc* é bom e conforme à reta razão ir à igreja que esse ato, indiferente em si mesmo, adquire um valor moral.

Se o juízo é conforme à reta razão, torna-se por isso objeto de meu querer e por isso mesmo bom. Ou o ato é em si conforme à reta razão e é bom, mas cumpre, não obstante, querê-lo segundo as circunstâncias requeridas pela

---

10. *In Sent.*, III, quaest. XIII, E; quaest. XII, *passim*.
11. *In Sent.*, III, quaest. XII, CCC e DDD.

razão, ou então é mau em si segundo a reta razão e cumpre afastar-se dele, aí também segundo as circunstâncias requeridas; ele pode, enfim, ser neutro, e então é o juízo circunstancial que lhe determina a moralidade. Portanto, é sempre na *recta ratio* e em suas mais ínfimas deduções que se encontra o critério da moralidade do ato, nunca no próprio ato, nem no ato considerado uma indicação do fim. A *recta ratio* intervém, por certo, para julgar a conformidade a um fim, mas trata-se, é claro, do fim concebido como dado pela vontade, ou noutro nível como imposto pela vontade, não como um fim ontológico. O juízo ético não é sua fonte na relação que o ato mantém com seu fim por meio de seu objeto; ele incide sobre a relação que, segundo a *recta ratio* e a prudência, tem com uma vontade; a vontade divina para os atos bons ou maus em si conhecida pela *recta ratio*, a vontade do sujeito para os atos indiferentes. A moralidade fica inteiramente confinada no aspecto interior dos atos, é uma qualidade da vontade do sujeito, o teor dos atos não tem participação. A moralidade fica então situada unicamente na intenção[12]. Não se deveria pensar que a existência de atos bons ou maus em si mesmos contradiz essa conclusão, pois a existência desses atos é, de um lado, independente da moralidade do sujeito e de sua ação; do outro, também o conhecimento desses atos é submetido à vontade por intermédio do assentimento. A prudência não se contenta em apreender para conhecer; deve aderir, mas esse ato de adesão, como qualquer outro conhecimento, é um ato da vontade. Logo, é realmente todo ato da prudência que é objeto de um ato da vontade.

A prudência concebida como determinação da *recta ratio*, diante da qual a vontade adere ou não, conduz Ockham a considerar que também as circunstâncias estão compreendidas no *dictamen rectae rationis*. É fácil perceber que, para Ockham, apenas existe o ato em sua particularidade concreta, e, por outro lado, a regra abstrata que o esclarece

---

12. *In Sent.*, III, quaest. XII, F.

adequadamente e está aí apenas para indicar a vontade divina sobre esse ato particular. Portanto, é através do juízo concreto que a *recta ratio* recebe uma aplicação particular. A regra fica de certo modo reduzida ao caso particular, e o caso, à regra[13].

Ademais, a divisão da prudência e da ética sugere que há, de um lado, as regras da moralidade, geral e particular, e, do outro, as práticas positivas concretas.

Desse ponto de vista, o legislador está no centro de um duplo conflito que parece insolúvel. De um lado, é confrontado com uma divisão entre uma ética teórica e as práticas empíricas da cidade particular para a qual legisla; do outro, no seio da ética teórica encontra o insolúvel conflito entre as regras e os casos particulares.

A solução ockhamiana para esse duplo conflito parece realmente ser a supressão da cidade como realidade concreta e lugar mediador que unifica num fim comum as diversas dimensões da pesquisa do que deve ser a conduta dos cidadãos. Tal solução transforma a lei num número de mandamentos igual ao número dos cidadãos e deixa ao legislador a possibilidade de adotar uma conduta empirista, a pretexto de levar em conta circunstâncias particulares da cidade. Em outras palavras, desses dois pontos de vista, a lei se torna um discurso geral vazio de substância em proveito dos mandamentos particulares e de um fim utilitário. Ela se mantém como discurso útil que "supõe" para todas as particularidades. O conflito que se pretende assim solucionado gera novas consequências, pois a orientação adotada separa radicalmente o plano do universal daquele do particular, com o risco de sacrificar alternativamente um ao outro, ao sabor das necessidades.

Portanto, não é de surpreender que se possa distinguir facilmente nas diretrizes que devem guiar o legislador duas categorias de preceitos. Uns provêm da universalidade, são a retomada dos temas tradicionais da *recta ratio*, deveriam

---

13. *In Sent.*, III, quaest. XII, DDD e G.

impor à realidade o véu de uma moralidade uniforme e rigorosamente dedutiva; os outros invocam a particularidade e se desenvolvem no modo do empirismo utilitário.

É fácil notar o recurso de Ockham às noções tradicionais de lei natural e de bem comum, e houve quem se dedicasse a essa pesquisa para diminuir a novidade e a modernidade de Ockham[14]. Quando precisa as condições da lei, Ockham não deixa de lembrar que a lei e o poder do imperador são limitados pela reta razão que se expressa pelo direito natural. O poder do imperador não pode libertar-se do *jus divinum* nem do *jus naturale*. Embora o imperador não seja restringido pelas leis positivas, se bem que as deva respeitar, é, em contrapartida, obrigado a observar a lei natural que se manifesta no *jus gentium*; assim, deve respeitar os embaixadores[15]. Dessa lei natural o imperador deve ser instruído pelos eruditos especialistas nela, assim como, aliás, do direito divino[16]. A referência a essa lei natural é expressamente aproximada da vocação para a universalidade que é a do império[17]. A lei natural racional é a única norma que pode estender-se a tão longe quanto as fronteiras do império. O imperador, por isso mesmo, recebe a missão de estender a *ratio in toto orbe terrarum*[18]. É admitido por Ockham que essa razão possa ser concebida de maneira bastante maleável e receber disposições mediante uma interpretação que recorra à *epieikeia*[19]. Esse recurso à equidade

---

14. Boehner, "Political ideas...", in *Collected Articles...*, *op. cit.*, p. 442; Morral, "Some Notes on a Recent Interpretation of William of Ockham's Political Philosophy", *Franciscan Studies*, IX, 1949, p. 335; Miethke, *Okhams Weg zur sozial philosophie*, Berlim, 1969; McGrade, *The Political Thought of William of Ockham*, Cambridge, 1974.

15. *Nulla lex positiva justa potest esse contraria juri naturali*: "Nenhuma lei positiva justa pode ser contrária ao direito natural", *Dialogus*, pars I, lib. VI, cap. C; cf. *Dialogus*, pars III, tract. II, lib. II, cap. XXXVIII.

16. *Dialogus*, pars III, tract. II, lib. I, cap. XV.

17. *Dialogus*, pars III, tract. II, caps. I, X, XI.

18. *Octo quaestiones*, 113; *Dialogus*, pars I, lib. VI, caps. LXXIX, XCII, XCIII, e pars III, tract. II, lib. I, cap. I; cf. *Breviloquium*, cap. XI; ver McGrade, *The Political Thought...*, pp. 109 ss.; Lagarde, *La naissance...*, t. IV, p. 199.

19. *Dialogus*, pars I, lib. VI, cap. C.

não deve iludir: obra dos teólogos, dos moralistas[20] e, eventualmente do Príncipe, ele permanece da ordem do conhecimento evidente e racional do particular ao qual, por um procedimento lógico que será mostrado mais adiante, será possível reduzir o universal. Mas essa particularização não se torna, ao que parece, um elemento do direito positivo. Persiste a dualidade. Também a aplicação da lei é com frequência aproximada do recurso ao critério do bem comum[21] que assim parece, e a cidade com ele, encontrar sua função mediadora.

Cumpriria, porém, não dar a esses apelos à razão, universal ou particularizada, um alcance que não têm.

Ao lado da referência à lei natural, limitada aos elementos primeiros da moralidade universal, o direito positivo particular pode desenvolver-se sob o simples impulso da vontade imperial[22]. Se, quando aplica a lei natural universal, o imperador obedece à vontade divina que ele faz reinar, na esfera do direito positivo, ele depende apenas de si mesmo e de sua própria vontade. São decisões particulares e voluntárias que constituem as leis positivas. Se o imperador deve punir os crimes e fazer que reine a moral, suas próprias leis, quando não se chocam expressamente com um mandamento divino, escapam ao domínio da lei natural. Ele pode, entretanto, derrogar o *jus gentium*.

Ockham não leva, porém, o positivismo legislativo ao seu termo; o que não é conforme à lei natural, à lei divina ou ao bem comum é iníquo[23]. À vontade do imperador se opõem os direitos dos grupos particulares e dos indivíduos.

---

20. *Periti in jure divino et philosophia morali*: "Os [homens] competentes em direito divino e em filosofia moral."

21. *Dialogus*, pars III, tract. I, lib. II, cap. VI, e tract. II, lib. I, cap. V; cf. *Octo quaestiones*, 106.

22. *Dialogus*, pars III, tract. II, lib. II, cap. XVI (no seguimento – ver próxima nota – Ockham admitirá que esse privilégio é limitado pelos privilégios dos grupos, pelo bem comum e pelos direitos individuais).

23. *Ibid.*, cap. XXVIII. A formulação de Ockham deixa entender que a lei injusta é, porém, uma lei, mas dotada de outro *vigor*.

Este último ponto transpõe a questão para o campo político, pois o direito natural já não se manifesta senão pelas liberdades individuais[24]. Nesse plano triunfa o positivismo – o exercício injusto do poder político, se bem que deva ser limitado pelos direitos individuais, não questiona a legitimidade do poder e não permite aos cidadãos retomar o consentimento deles[25].

A invocação da lei natural parece ser um voto piedoso, ou a justificação de reivindicações subjetivas impossíveis de satisfazer. Seja como for, o direito natural se acha reduzido à lei natural, cujos preceitos já não inervam a totalidade do direito positivo, uma vez que o mais nítido dualismo domina suas relações. Os preceitos evidentes dão lugar a um campo indiferente em que pode se desenvolver o voluntarismo[26]. O ressurgimento do direito natural sob forma dos direitos dos indivíduos deve levar a supor que o recurso ao bem comum não tem alcance tão real quanto para Santo Tomás.

A cidade constituída pelas vontades individuais não pode realmente ser um lugar de mediação entre o particular e o universal. Por isso o bem comum não parece constituir para Ockham uma realidade dotada de um fundamento ontológico. Resulta de um acordo voluntário, até mesmo de uma determinação voluntária do legislador[27]. Aliás, esta tem por objeto mais a utilidade do que o bem comum. É uma vontade da qual decorrem necessidades práticas, mais do que uma subordinação de certos meios ao fim objetivo constituído pelo bem real e ontologicamente enraizado na comunidade[28]. Tal noção da utilidade, sem referência ao que é a comunidade, permite, graças a um olhar limitado à apa-

---

24. *Ibid.*, e *Breviloquium*, lib. IV, cap. X.
25. *Breviloquium*, lib. III, cap. XII, e lib. IV, cap. XII; *Dialogus*, pars III, tract. II, lib. I, cap. XXV; *An Princeps*, 238.
26. *Octo Quaestiones*, I, 1; Lagarde, *La naissance*..., t. IV, *Ockham: La morale et le droit*, 1946, pp. 157-8.
27. *Dialogus*, pars III, tract. II, lib. II, caps. XXIV e XXVII; *Breviloquium*, lib. I, cap. V.
28. *OND*, caps. VI e LXII.

rência imediata, declarar possível, em caso de necessidade, é claro, e com vistas à utilidade da Igreja, a eleição de vários papas[29]. Então aparece, claramente, que o conflito entre as regras universais da *recta ratio* e as questões particulares está longe de ser resolvido. De um lado, essas regras permitem confiar ao imperador o poder de fazer que reine uma moral universal e uniforme; do outro, essa lei uniforme é tão relativizada que se torna uma invocação verbal suscetível de ser reduzida ao simples caso particular que convém solucionar para a maior utilidade do poder imperial, o qual fica assim duplamente consolidado conforme for defensor da lei natural ou puder invocar a utilidade comum e sua própria vontade.

Persiste o conflito se examinamos a forma lógica da lei.

A forma lógica da lei

Ockham apoia aqui seus pensamentos em princípios de lógica que são totalmente reveladores da profunda impregnação de seu pensamento jurídico por seus pressupostos filosóficos. Cumpre, diz ele, distinguir na lei natural diversas espécies de proposições[30]. Umas universais, outras particulares e outras, enfim, singulares. Mas, diz ele, cumpre também observar que não há relação necessária entre um nível e outro; segue-se que se pode afirmar universalmente sem afirmar singularmente. Portanto, pode haver uma proposição que expresse a lei natural de forma universal, sem que uma aplicação dela possa ser deduzida em tal caso particular. Se nos ativéssemos a essa constatação, deveríamos admitir que Ockham está muito longe de prever um sistema de lei natural; encontraria, ao contrário, graças à lógica aristotélica, o lugar do particular, em conformidade com seu nominalismo e com sua interpretação empirista de Aristó-

---

29. *Dialogus*, pars III, tract. I, lib. II, caps. XXII e XXVIII; e lib. IV, cap. XXIV.
30. *Dialogus*, pars III, tract. I, lib. II, cap. XVII.

teles. Mas Ockham prossegue suas explicações, mostrando-nos que uma proposição disjuntiva pode ser verdadeira se uma única parte da disjunção é verdadeira; uma proposição da lei natural pode, assim, ser verdadeira somente em parte. Isso já parece indicar que, para Ockham, a lei natural só é um universal como uma disjunção de casos particulares. Confirmaremos essa opinião ao constatar que podemos, segundo Ockham, conceber a lei natural, seja num sentido dividido, isto é, como válida disjuntivamente para certos casos considerados, seja num sentido composto, ou seja, olhando a universalidade dos casos em si mesma. Logo, será possível dizer que a lei natural enuncia uma proposição disjuntiva categórica e que não se segue que todos os termos discretos contidos sob um termo comum recebam necessariamente a qualidade afirmada universalmente por essa proposição. Assim também é possível que a lei seja verdadeira num sentido dividido e não num sentido composto. Por isso a lei natural pode afirmar universalmente que é injusto que alguém seja submetido a seu semelhante, ao passo que pode, no entanto, ser justo que fulano o seja. Se se tratasse apenas de mostrar na lei natural adaptações possíveis a casos particulares, sem tocar na imutabilidade da lei natural, pareceria que nos aproximamos de novo da posição tomista, mas o pensamento de Santo Tomás implica ao mesmo tempo a imutabilidade da lei natural e o uso da equidade que não o faz conceber os casos particulares como exceções, mas como realizações mais perfeitas da lei. Ao contrário, uma observação de Ockham dá a medida de toda a distância que separa seu pensamento daquele de Santo Tomás. A proposição universal é concebida não como a expressão de uma ideia apreendida na realidade e suscetível de receber realizações muito diversas, mas como uma disjunção de casos discretos designados por um termo universal e que podem, portanto, ser em seguida considerados separadamente, sendo que um(ns) e outro(s) pode(m) ser excetuado(s) sem que disso resulte uma contestação do universal que os contém. Então fica claro que, diferentemente de Santo Tomás, o que impregna o pensamento de Ockham é uma lógica da extensão; o universal que expressa a lei natural não diz nada do que as coisas são; portanto, elas podem escapar por exceção ao universal, sem que este deva ser contestado. O universal expressa adequadamente o conjunto de casos que ele agrupa, os que caem em seu campo devem ser tratados conforme o que ele implica, mas os que são exceção já não caem em seu campo sem que o próprio universal seja contestado, ou, pelo menos, concebido como adaptável. Encontramos, de um lado, a redução da realidade a um sistema unívoco e, do outro, as exceções estabelecidas por uma vontade mais evidente do que a que fundamenta o universal.

Devemos aproximar essa concepção da exceção à regra geral uniforme da teoria ockhamiana da analogia. Sabemos que, para Ockham, o conceito de ser é um conceito geral e comum que procede da univocidade, enquanto os seres são, todos, individuais e que, então, o ser se diz de forma equívoca. Lembraremos também que, embora Ockham às vezes conserve o termo analogia, não se trata em absoluto de uma analogia no sentido de Santo Tomás; ela é, de fato, resumida a uma equivocidade fundamental. Logo, há na realidade uma poeira de seres individuais e, no espírito, uma noção comum de ser pela qual designamos a soma de todos eles. Uma das formas de equivocidade mais desenvolvidas por Ockham é a equivocidade *a consilio*, que é precisamente o resultado de um ato da vontade que agrupa sob um mesmo termo indivíduos diferentes. A lei emprega esse tipo de equívoco; a vontade do legislador agrupa sob um mesmo termo um conjunto de casos[31], por um ato de sua vontade, e pode excetuar outros por sua simples vontade. Isso conduz Ockham ao esboço de um sistema de direito natural que merece mais ainda ser observado pelo fato de ele utilizar as categorias, ou pelo menos os termos, de

---

31. *Quodlibet*, IV, quaest. XVI; ver também *In Sent.*, I, dist. XXII, quaest. IX; *Summa Logicae*, I, cap. XIII.

Santo Tomás, inaugurando assim as deformações e reinterpretações do pensamento tomasiano concernente à lei natural, cujo mais ilustre representante será Suarez.

Examinando, no âmbito de sua tese da separação do direito natural e do *jus fori*, o modo como os intérpretes, filósofos e moralistas da lei naturalmente devem proceder, Ockham mostra que existe uma ciência do direito natural distinta daquela do direito positivo. Compete aos filósofos e aos teólogos conhecê-la e fazer que, seja o imperador, seja os juízes, a conheçam. Estes evidentemente não a conhecem. A experiência dos juristas é alheia ao conhecimento que os filósofos têm da lei natural. Essa ciência do direito natural abrange sobretudo princípios conhecidos por si e evidentes. Embora todos os conheçam, devem, não obstante, ser lembrados pelos filósofos moralistas. Depois existem conclusões bastante próximas, que são conhecidas sem grande dificuldade. Os primeiros são *per se nota*, as segundas estão contidas nos primeiros enquanto conclusões. Enfim, existem casos delicados sobre os quais os eruditos, e até os especialistas da lei natural, discutem. Não se deve dizer que eles não pertencem à ciência dos especialistas, mas é-lhes mais difícil chegar a conclusões. Não obstante, é ouvindo-os, mesmo nesse campo, que se alcançará o conhecimento necessário para julgar ou governar segundo a ciência do direito natural[32]. O que distingue essa exposição daquela de Santo Tomás é precisamente que o conhecimento da lei natural sempre depende do que os especialistas da lei natural conhecem, ao passo que Santo Tomás deixa as determinações e as quase-conclusões da lei natural nas mãos dos prudentes, legislador ou juiz. Segue-se que todas as determinações do direito natural provêm de um conhecimento que não leva absolutamente em conta a realidade da experiência. São todas conclusões tiradas de preceitos. A noção de "quase conclusão", tão importante em Santo Tomás por implicar uma volta a um juízo de existência, desa-

---

32. *Dialogus*, pars II, lib. VI, cap. C.

pareceu aqui. Mesmo os casos que parecem depender da equidade quanto à lei humana devem, na medida em que implicam um conhecimento da lei natural ou divina, competir mais aos filósofos moralistas ou aos teólogos que possuem a ciência da lei divina. O imperador deve ser aconselhado por um círculo de eruditos que lhe ensinarão a lei natural, e o juiz às vezes deverá abandonar sua competência aos doutores da lei natural se o caso que ele deve dirimir implica esse conhecimento que ele não tem. Nem o juiz nem o legislador podem descobrir por si sós o que é justo nas coisas; devem apelar aos eruditos que podem aplicar o direito natural.

As leis humanas devem, quando a matéria foi regulamentada pela lei natural, aplicar essa lei. Haverá, pois, certo número de leis humanas que serão a dedução das leis naturais que determinam o que é certo e o que não o é. Ao lado disso, as outras leis humanas são regidas pela utilidade. Constituem uma ciência fechada em si mesma. Seus princípios devem ser procurados nas leis positivas que o legislador adotou sem recorrer ao que a cidade é. O princípio a partir do qual raciocinarão será, portanto, totalmente arbitrário, a decisão caberá apenas ao legislador. Por isso o trabalho do juiz consistirá em aplicar a lei. Ele a aplicará em princípio de modo literal, e não pode, em absoluto, considerar que em tal caso a lei não se aplica, o que seria possível se recorresse por si mesmo à equidade. Isto só pode ser concebido como uma não-aplicação da lei. Portanto, cumprirá quer apelar ao legislador, que recorrerá, por sua vez, aos especialistas da moral, quer diretamente aos eruditos que podem dizer o que a moral exige. Não se trata de apreender na relação de direito uma justiça qualquer que seria uma aplicação da lei. É possível que a interpretação não seja uma questão de equidade, mas somente um problema de ambiguidade da lei. Procurar-se-á então o que foi querido pelo legislador, ou seja, a sua intenção. Não se trata, evidentemente, da intenção objetiva de Santo Tomás que pensa que, por causa de sua função, o legislador quer uma lei justa. Como uma lei injusta é uma contradição, o legislador não é legislador quando pretende legislar injustamente; o que o legislador quer só pode ser a justiça, e toda lei deve ser lida nesse sentido pela boa razão que essa é para ela a única forma de existir; a interpretação que sempre deve favorecer a existência do ato exige, portanto, que a intenção do legislador seja buscada na justiça da lei. Ao contrário, no pensamento ockhamiano, a existência da lei não é vinculada à sua justiça[33].

Uma vez respeitados os princípios da lei natural, o legislador está livre para tomar as disposições que entender. Portanto, sua vontade não pode ser conhecida por alguma referência a um fim objetivo, a não ser o que ele considere útil para a cidade. Poderemos apenas procurar sua vontade interna, pois sua intenção já não é uma realidade objetiva vinculada ao fim da lei.

Interpretar a lei, na realidade, não se fará por um conhecimento cada vez mais singular e íntimo do caso, que indicaria por si só o sentido no qual seria possível alargar os termos da lei ou ultrapassá-los. Ao contrário, é mediante um recurso a uma disposição mais geral, a uma lei superior, reta razão ou lei divina, que se fará a interpretação. Com efeito, a lei superior é mais geral e fonte da autoridade da lei inferior. Se certas fontes tradicionais de interpretação são conservadas, outras são acrescentadas. Se a dificuldade provém da ignorância do direito natural ou divino, a interpretação compete aos doutores nessas matérias. O caso, uno em sua realidade, fica então dividido, segundo leis que não parecem encontrar nele um foco de unidade. Assim, recorre-se a fontes cada vez mais abstratas cuja síntese será bem difícil de fazer, ao passo que ela existia na realidade. Por isso, em vez de pedir ao juiz um conhecimento do direito que não seja somente um conhecimento abstrato de qualquer lei que seja, mas uma experiência jurídica em que

---

33. Embora ela deva conformar-se à lei natural, cf. acima n. 23.

prime o hábito de julgar o particular, em vez de deixar ao juiz esse campo próprio, fora da intervenção dos filósofos ou dos teólogos, Ockham propõe o procedimento exatamente inverso. A solução não deve ser procurada no concreto ou na luz eventual de diversas leis, cuja expressão se encontra, não obstante, na lei humana, mas, ao contrário, numa subida ao abstrato, seguindo planos separados. O juiz, que apreende o particular, é desapossado de sua sabedoria destinada a resolver o caso e deve curvar-se a ciências que encontram noutras áreas seus princípios. Seu ato de juízo fica assim separado, por um lado, da experiência adquirida, por outro, do caso por julgar e, por fim, do conhecimento das leis às quais ele apela. Ele parece então reduzido ou a seguir as deduções dos peritos, ou então a dirimir de modo absurdo, ou a acumular os dois.

A interpretação é concebida como uma declaração do sentido do texto segundo a intenção do legislador, e não segundo a justiça indicada pela coisa. Portanto, ela passa por uma exegese e por uma declaração que faz escapar ao ambíguo, não por uma referência à coisa (sendo então a ambiguidade do texto o que permite justamente extrair dele soluções justas e variadas). Aqui, ao contrário, o que é procurado é a uniformidade das soluções, estando a regra não em modular conforme o que é semelhante, mas em aplicar conforme o que é idêntico. Apenas uma ordem explícita do legislador é que pode acarretar a subtração do caso à regra geral. Assim é, por exemplo, o caso do sacrifício de Abraão: Abraão recebeu uma ordem de não respeitar a lei, pela qual lhe foi atribuído o poder de matar Isaac. Ele tinha mesmo esse poder, já que foi a mesma autoridade que lhe deu primeiro a ordem de respeitar a vida e depois lhe deu a ordem de transgredir essa lei. Se compararmos a leitura feita por Santo Tomás, perceberemos que para o Doutor Angélico não há nisso contestação da lei porque Deus é senhor da vida; com toda a justiça ele pode retomar o que deu e a lei natural recebe aí, portanto, uma aplicação que não a contesta; ela permanece imutável e é respeitada até nessa aplicação particular. Para Ockham, ao contrário, ela pode ser contestada pelo mando divino[34].

Existe uma derradeira modalidade da adaptação da lei ao particular. Trata-se do costume, que desempenha um papel muito importante em Ockham, conquanto de forma muito diferente daquela que tinha em Santo Tomás. Por certo ele aqui também possibilita à lei adaptar-se às circunstâncias particulares, e o lugar que Ockham confere a tudo o que depende do singular encontra aí um meio de expressão que seu voluntarismo o fazia recusar à lei. No entanto, se bem que não encontremos, parece, interpretação geral do costume, a não ser a repetição de algum lugar-comum tal como "o costume é o melhor intérprete da lei", podemos pensar que o costume recebe nele um sentido especial. Ele já não pode ser a expressão de uma comunidade que não existe enquanto tal, nem uma natureza dinâmica e indicadora de valor; torna-se então o produto de um pacto voluntário[35]. Mais além desse estado de fato, o costume é uma expressão da vontade dos membros da comunidade que, por esse meio, expressam seu direito natural subjetivo e até o impõem ao legislador sem ter de recorrer à violência de uma revolução[36]. É um dos modos de fazer o legislador voltar às suas obrigações que derivam do pacto social. Será observado que essa concepção não soluciona nada, pois, sendo o costume um estado de fato oriundo da vontade, a questão da justiça desse estado de fato e dessa vontade se coloca nos mesmos termos que para a lei, a não ser que revela por trás da lei a questão do direito natural dos sujeitos que mostra finalmente a fragilidade do sistema que acreditávamos, porém, definitivamente bem fechado.

Seja de que ponto de vista procuremos abordá-lo, o conflito entre a coisa particular e a disposição uniforme se

---

34. *In Sent.*, II, quaest. XIX, P.
35. *Dialogus*, pars II, lib. VI, cap. C; *OND*, cap. 65.
36. *De imperatorum et pontificum potestate*; Lagarde, *Ockham, la morale et le droit, op. cit.*, pp. 200-1.

soluciona pelo sacrifício de uma ou de outra dimensão. No entanto, o princípio dessa solução basta para fazer compreender que ela não é uma solução. Se as coisas particulares são primeiro consideradas em sua singularidade e depois apreendidas num universal uniforme, a própria singularidade que era exaltada por ocasião do primeiro momento se revolta contra a uniformidade que lhe é imposta em nome da vontade.

Se esse conflito foi analisado no seio da lei, sua permanência remete a um conflito de poderes que nasce em Ockham já no momento da constituição da cidade.

O conflito entre o Príncipe e os súditos

Poder descobrir em Ockham os princípios de um pensamento sistemático sobre a origem da cidade parece-nos duvidoso[37]. Por certo não se vai procurar em escritos, onde a parte das circunstâncias tem certa importância, uma sistematização por demais aprofundada. Mas não basta depreender que Ockham apresenta várias justificações da legitimidade do poder político para estimar seu pensamento insuficientemente coerente. Os princípios diversos que ele invoca para elaborar sua doutrina do poder político não parecem excluir-se, mas, ao contrário, completar-se.

O primeiro ponto, decerto o mais importante, a ser lembrado é a recusa patente do caráter natural da cidade. A cidade deve ser constituída, é um produto histórico, não é necessária[38]. Ockham é herdeiro de Escoto nesse campo, e, mais além, de uma tradição patrística. A cidade não é um bem para o qual tende a natureza que o exige para completar-se, ela é um mal necessário. A queda original que feriu

---

37. Contrariamente ao que declara G. de Lagarde, *La naissance...*, *op. cit.*, t. IV, pp. 194-5.
38. *Dialogus*, pars I, lib. VII, cap. XXXVIII; cf. *Breviloquium*, lib. IV, caps. IX e X.

a natureza torna necessário o recurso ao artifício político para sanar as consequências perversas do pecado. Nessa ocasião Deus dá aos homens uma *potestas appropriandi et dividendi*. Trata-se de uma concessão divina voluntária que intervém para tirar as consequências do novo estado da humanidade[39].

Essa concessão não implica em absoluto uma criação imediata da cidade por Deus. Passa, ao contrário, pelo poder original dos indivíduos. Estes, que já dispõem de um direito natural sobre as coisas, ameaçados pelas violências desencadeadas pelo pecado[40], têm reconhecido, a fim de garantir seu poder sobre as coisas, doravante limitado pela propriedade, o poder de instituir um chefe, garantia e origem da propriedade deles. Se todos os homens permanecessem iguais como o são no estado de natureza, a propriedade não poderia receber sanções. Portanto, cumpre que os iguais aceitem delegar uma parte de seu poder original a um homem ao qual aceitam submeter-se. A autoridade consiste, pois, de um lado, da vontade divina, do outro, da vontade dos sujeitos. Convém então mostrar que, de fato, as coisas se passaram mesmo assim. Tal esquema não permite sair da oposição entre os poderes dos indivíduos e os da autoridade assim constituída. Ele institui, ao contrário, uma relação de força dialética que só pode resolver-se, mo-

---

39. *Dialogus*, pars III, tract. II, lib. II, caps. XXVI e XXVIII; *Breviloquium*, lib. III, caps. VII e VIII; lib. IV, cap. XIV; *OND*, cap. XIV. Reconhece-se sem dificuldade, ao lado da tradição teológica e patrística, a influência dos textos do direito romano. A originalidade de Ockham consiste em ler esses textos históricos para chegar a uma noção da natureza do político; cf. ainda *Breviloquium*, lib. IV, cap. VI.

40. Ver, acima, cap. IX, "A desnaturação do direito natural"; e cf. Kolmel, "A Deo sed per homines", *Franziskaniche Studiem*, XLVIII, 1966, p. 332. Boehner, "Political ideas...", *in Collected Articles...*, *op. cit.*, pp. 454-8, 461-3; Miethke, *Ochkams Weg...*, *op. cit.*, pp. 467-77. Parece-nos impossível, depois dos textos citados, evitar fazer de Ockham um contratualista (contrariamente a Mac Grade, *The Political Thought...*, *op. cit.*, p. 118). Em contrapartida, o autor esclarece bem o vínculo da política ockhamiana com seu moralismo racionalista e individualista, pp. 173 ss.

mentaneamente, pela vitória do mais forte. Conforme a autoridade política prevaleça ou as subjetividades individuais se desencadeiem, estende-se sobre a cidade uma lei uniforme ou constitui-se uma rede de interesses ruinosos para a vida política.

A soma das vontades, a agregação, como dizia Escoto, transfere para um indivíduo a totalidade ou uma parte (Ockham não o especifica) do direito dos indivíduos e, por esse meio, erige-se um poder[41]. Cumpre mesmo observar que, assim que se encontram descritas as condições do nascimento do poder, este fica condenado a oscilar entre a força desmedida e a fraqueza. É condenado já em seu primeiro momento a desenvolver-se acima das liberdades dos indivíduos e contra elas, porquanto é constituído pela entrega dessas liberdades, mas também porque, correlativamente, não existe nenhuma relação anterior a ele. Será por isso mesmo fonte única das relações jurídicas, sendo respeitadas algumas leis naturais, as quais só terão existência efetiva graças à sua boa vontade. Por conseguinte, o poder do imperador está estabelecido acima dos membros da comunidade dos cidadãos. Aí se situa a raiz de sua exterioridade e, portanto, de seu poder cada vez maior. Ele não é um elemento pertencente à própria constituição da sociedade, para a qual tendem as relações diversas, e que, em compensação, é encarregada da justiça dessas relações. Não podemos deixar de constatar em Ockham a concepção muito autoritária que ele tem do poder do imperador. A força desse poder é sobretudo uma consequência das condições de seu nascimento na entrega das liberdades, mas se traduz de forma prática pela lei. Ora, já notamos a uniformidade desta. Esse caráter não é somente um traço técnico da lei em Ockham; significa muito concretamente a possibilidade que o imperador tem de ficar livre da preocupação de particularização de sua vontade, salvo o que dissemos dos costumes,

---

41. Especifica que, em qualquer hipótese, o contrato é definitivo: *Breviloquium*, lib. IV, cap. XIII.

e, inversamente, a possibilidade de tomar, a seu bel-prazer, qualquer medida individual[42].

O peso do poder político se confirma se examinamos as consequências tiradas por Ockham, com muita coerência, das condições de nascimento do poder político, tais como ele as descreveu. Do fato de não existir em relações anteriormente à constituição desse poder, do fato de elas serem estabelecidas apenas depois pelas vontades dos indivíduos que contratam compromissos subjetivos, segue-se uma inexistência de relações jurídicas verdadeiras, que coloca o poder numa posição muito particular. Por essa razão ele perde seu caráter justiceiro. Assim como o juiz se torna alguém que não tem de dirimir nem de partilhar uma relação inexistente, mas, antes, tem de aplicar um texto, o imperador não tem de fazer reinar justiça geral nem justiça particular distributiva. O modo como ele deverá se encarregar do bem comum, por mais inadaptado que seja aqui o uso deste termo, fica modificado, já não poderá tratar-se de partilhar as coisas da cidade. Por isso o imperador é concebido essencialmente em sua função punitiva. Para impor sua vontade, ele deve obrigar outras vontades a curvar-se diante da dele. Ele é quem deve fazer reinar as leis morais e, portanto, punir os maus[43].

Outro fator vem fortalecer esse caráter repressivo do poder imperial: como o direito já não está situado nas coisas, como o objeto desapareceu em proveito do poder da vontade, daí em diante é esta que se encontra diretamente submetida ao controle. As leis se tornam leis que se referem às ações dos indivíduos sem transitar pelas coisas. O poder político pode mandar porque possui uma vontade mais

---

42. Rittelen, "Singularitas, conceptus, voluntas", *Kant Studien*, LVII, 1966, pp. 113-26, *passim*.

43. Mais do que a extensão do poder da lei é, portanto, sua natureza que é modificada; a lei se torna essencialmente comando de atos individuais. McGrade, *op. cit.*, p. 110; Lagarde, *La naissance, op. cit.*, t. V, p. 187. *Crimina propter bonum commune sunt sollicite indaganda*: "Visando o bem comum, convém investigar cuidadosamente os crimes"; *Dialogus*, pars I, lib. VI, cap. LXXIX.

forte. Pode assim impor-se. Não só todo o direito fica absorvido pela lei, mas também as leis perdem seu caráter jurídico para se tornarem diretamente leis de moral interna[44]. Não se trata de afirmar que anteriormente a Ockham as leis não tinham caráter moral, mas, na coerência do pensamento realista, elas atingem esse fim moral por intermédio da distribuição das coisas ou das honras, e, mesmo que elas não se refiram diretamente ao direito, as sanções que as acompanham são fruto da justiça distributiva. Aqui, ao contrário, não é porque uma conduta tem consequências deploráveis sobre o que é justo com relação ao bem comum que a lei proíbe ou não esta ou aquela conduta. Ela sanciona esta ou aquela conduta porque esta é contrária a uma lei moral abstrata da cidade, ou então porque é contrária à utilidade decretada pelo legislador. Impõe-se diretamente a uma vontade interior porque desapareceu o intermédio das coisas e do objeto no ato moral. Portanto, não se tratará de atingir uma conduta conforme à justiça geral por intermédio do objeto do ato, mas de obter uma adesão imediata da intenção à conduta ditada pela lei. Tendo suprimido as coisas, o legislador é forçado a visar as intenções como já havíamos pressentido por ocasião da análise da prudência. Como a moralidade inteira reside na vontade, cumpre coagir esta pela lei. Pode seguir-se uma dupla consequência: ou o cidadão segue, na realidade, a lei de modo totalmente exterior, mantendo em si uma perpétua revolta contra essa pretensão de lhe impor uma consciência reta, ou ele obedece a essa coerção direta que pesa sobre a sua consciência: então desaparece a diferença entre o cidadão e o homem, e o poder político se erige em juiz das intenções e dos corações. Nesse sentido, embora não desenvolva essa direção de seu pensamento, Ockham abre, pela conjunção da recusa do objeto e da remissão da moralidade unicamente à intenção, a possibilidade de o poder político se insinuar diretamente nas consciências, ao mesmo tempo que fornece a

---

44. *Dialogus*, pars I, lib. VI, caps. XCIII e C.

estas, no âmbito de seu individualismo, a possibilidade de se refugiar no foro interior mediante o jogo da liberdade subjetiva e das liberdades políticas que se enxertarão nela. De um só golpe, as leis perdem num plano o que ganharam noutro. Ganham primeiro, parece, por poder pretender reger a consciência de maneira direta e imediata, mas, num segundo tempo, suscitam um apelo às liberdades[45] e perdem então sua dimensão moral para ficar confinadas numa pura técnica de organização da sociedade. A vida política oscila entre a tirania moralizadora e a desvalorização tecnicista.

Cumpre acrescentar que, se Ockham não sente a necessidade de se referir à consciência para se defender das incursões abusivas da autoridade política, é porque o poder político, pelo menos em sua ação moralizante, é o representante de um Deus que, também ele, exige obediência. Não só o poder político se acha justificado para exigir o respeito da moral, mas também reproduz, para com o cidadão, as relações que o crente mantém com Deus, pelo menos antes da lei evangélica. Esta se mostra, se não no princípio de sua força obrigatória que continua a ser a onipotência da vontade divina, pelo menos em seu conteúdo, como a possibilidade dada às liberdades, maltratadas na ordem política, de se desenvolverem completamente no terreno eclesiástico[46]. Nessas condições, Ockham parece ser, do ponto de vista de sua situação na história do pensamento político, um dos últimos representantes do agostinismo político tradicional. Mas ele efetua a retomada desse pensamento com um objetivo muito diferente daquele dos epígonos do Doutor de Hipona: já não se trata de submeter o poder político às leis religiosas, mas, pelo contrário, de utilizar sua função moralista para exaltá-lo. É verdade que certos aspectos da teologia de Santo Agostinho se prestavam com bastante fa-

---

45. *Dialogus*, pars III, lib. II, caps. XX e XXVII.
46. O que permite limitar os poderes pontifícios pelo recurso à *lex evangelica libertatis*.

cilidade a essa interpretação. No entanto, não havia no grande teólogo africano apelo às liberdades individuais puras contra uma eventual invasão da cidade terrestre, enquanto há em Ockham um recurso insistente a estas para enfraquecer o poder pontifício. Embora sua retomada da sacralização do poder seja bastante fiel a Santo Agostinho, ele muda o sentido de seu propósito e, por intermédio do direito subjetivo, inverte a perspectiva pondo, por fim, a liberdade humana no fundamento, até mesmo em oposição com o Império e a Igreja. Faz o agostinismo transpor um limiar que é também sua inversão e o dirige simultaneamente para a exaltação do Príncipe, representante de Deus e da liberdade cristã, do que Lutero tirará proveito, e para o laicismo, autoritário ou liberal.

No entanto, ao lado da obrigação que o Estado tem de fazer que se respeite a lei natural, expressão da vontade divina, há todo um campo onde ele é livre, o que vem fortalecer o poder político; esse campo é aquele regido pela utilidade[47]. A divisão desses dois campos de ação do Estado significa que, para além dos limites fixados pela lei natural, este pode adotar as disposições úteis, ou seja, as que são julgadas tais pelo titular do poder político consoante objetivos que ele fixa para si. A onipotência da vontade divina se retira e deixa, pois, um campo para a indústria humana. É mediante essa retirada que Ockham consegue conciliar, num pensamento que já não conhece a analogia, a vontade divina e a do Estado. Isto quer dizer que certos atos em seu próprio objeto não dependem de Deus. Ockham é levado a conceber a liberdade humana como uma invasão sobre a de Deus. Isso está implicado a um só tempo por sua concepção da onipotência divina e por sua recusa da finalidade ontológica. O resultado desses dois posicionamentos é recusar ao objeto que intervenha na qualificação dos atos,

---

47. Encontramo-nos, então, no campo dos atos indiferentes que são excluídos da *plenitudo potestatis papae* em virtude de convenções, mas não do poder imperial; cf. *An Princeps*, 231; Lagarde, *La naissance...*, *op. cit.*, p. 187.

pois, se o objeto intervém, ele logo põe o ato numa relação de finalidade ontológica em que se lê a atração de uma causa final primeira, cuja presença Ockham estima não ser compatível com a liberdade humana. A solução ockhamiana consiste em evacuar o objeto; esse afastamento abre então um campo onde o artifício humano pode desenvolver-se sem ter de prestar conta a quem quer que seja. A conciliação da onipotência divina e da liberdade humana é feita por uma delimitação de fronteiras que expulsa a causalidade da causa primeira para fora da área de cada ato particular. Ela permanece causa primeira porque delimita sozinha as fronteiras em cujo interior pode desenvolver-se a liberdade humana, mas já não é imanente a cada ato particular.

Em consequência, o poder político fica privado de sua finalidade e das indicações dadas por esta para cada disposição legislativa que ele pode ser levado a adotar. O efeito dessa privação é duplo. O poder fica privado de sua legitimidade extraída do serviço do bem comum. Só conserva uma utilidade que lhe é imanente. Mas, num primeiro momento, ele vê seu poder desenvolver-se fora de todos os limites que cada realidade vinha trazer-lhe. Ou, mais precisamente, o caráter da autoridade política muda, torna-se poder, ou seja, vontade mais poderosa do que outras e capaz de impor-se ao termo de uma luta, ao passo que era autoridade exercendo um serviço para o desenvolvimento da comunidade. Da autoridade ministerial passa-se ao poder rival.

Ora, dentro dos limites fixados pelas leis naturais, o poder dispõe de um espaço em que afora ele se desenvolve em toda quietude[48]. A consequência dessa afirmação é desatar a lei de seu fim, separar sua essência de seu fim. Portanto, pode existir uma lei que não seja justa. Para que tal afirmação seja possível, cumpre pensar que a existência da lei lhe vem de outra coisa que não seu fim. O que o substitui muito naturalmente no âmbito do pensamento ockha-

---

48. *Dialogus*, pars III, tract. II, lib. I, cap. XXV; *An Princeps*, 238.

miano e permite explicar o fenômeno estranho de uma lei válida por si só sem ser julgada por seu fim e, portanto, pelas coisas é evidentemente a vontade[49]. Ela permite dar à lei uma causalidade que não a faz depender das coisas, sem o quê ela tornaria a ser-lhes relativa e encontraríamos, por isso, o critério da justiça como elemento essencial da definição da lei. A causa eficiente se caracteriza, pelo menos na mente de Ockham, pelo fato de ser autossuficiente. Nessa matéria, a causa eficiente é a vontade do legislador. Chegamos então a uma definição da lei, segundo a qual todo o ser da lei consiste em ser querido pelo legislador. Este, no campo dos atos indiferentes, pode desenvolver sua vontade sob a forma de uma lei ainda mais apta para servir porque é uniforme no sentido que dissemos, e pode, no entanto, ser modificada por qualquer novo ato de vontade.

A justificação da força do poder político era necessária ao desígnio prático de Ockham, que era de fundamentá-lo em face do poder pontifício. A lei do imperador vai mostrar-se a melhor expressão desse poder forte que se deve opor ao papa. A posição de Ockham era ainda mais hábil porque também permitia debilitar o poder pontifício no seio da Igreja. Permitia-lhe fundamentar o império na vontade dos súditos expressa em textos positivos que lhe parecem muito mais sólidos do que a existência de uma comunidade fictícia e são, empiricamente, constatáveis. A vontade dos romanos foi bem expressa pela *lex regia* que transmitiu o poder para o imperador; trata-se aí de um documento de direito positivo que todos podem constatar com muito mais facilidade do que uma comunidade imperial qualquer, bem difícil de clarificar nas circunstâncias políticas da época. Ao contrário, na Igreja, não existe texto algum que permita mostrar tal submissão dos cristãos ao papa. A Igreja é governada por uma lei de liberdade. Os súditos do papa são, pois, por princípio, livres para usufruir sua liberdade

---

49. *Non ex speciali praecepto divino, sed voluntate humana*; "Não por um preceito divino especial, mas pela vontade humana", *OND*, cap. 88.

subjetiva, ao passo que os do imperador são submetidos de modo opressivo.

Não obstante, essa força bem poderia revelar-se apenas aparência, pois o apelo à vontade dos súditos pode fundamentar a do imperador; se ela serve para enfraquecer o papa, bem pode também comprometer a força do poder imperial. Constatamos, várias vezes, que o único limite aos poderes que o imperador se arroga, em nome da delegação que recebeu das liberdades individuais, é um eventual recurso a esse direito individual subjetivo que estava na origem do poder político, por mais forte que tenha ficado. A lei fundamentada por esse poder, na medida em que parece coagir as liberdades dos súditos, é ameaçada, como o próprio poder, pela invocação dos direitos subjetivos e, particularmente, desse direito natural individual que deixa os súditos absolutamente livres. De seu lado, mesmo que tenham consentido em erigir esse poder, eles conservam essa liberdade essencial[50]. Isso leva Ockham a esboçar uma doutrina consensualista da lei[51]. Quando esse acordo existe, a lei positiva pode ir de encontro ao direito natural[52].

Vemos então manifestar-se toda a ambiguidade da doutrina ockhamiana, que exalta o poder do imperador e fundamenta esse poder na vontade dos indivíduos, que conservam o direito natural subjetivo deles. A situação a que chega Ockham é a de um desequilíbrio e de uma luta constante entre a subjetividade e o poder que ela própria constituiu. A lei nos mostraria a incapacidade de Ockham de pensar o particular e o geral de outro modo que não em termos de oposição. Encontramos subjacentes a essa oposição a do poder do Príncipe e a do direito dos indivíduos. Apesar da tentativa de resolver esse problema por uma di-

---

50. *Breviloquium*, lib. IV, cap. VI; *Octo quaestiones*, 87. A comparação dos súditos com os escravos, eventualmente revoltados, é significativa.

51. *Dialogus*, pars III, tract. II, lib. I, cap. XXXI; *Breviloquium*, lib. II, cap. XVII.

52. *Dialogus*, pars III, tract. I, lib. II, cap. XVII.

visão do tempo entre o momento da liberdade individual prévia à constituição do poder político e o momento de endurecimento do poder, essa tentativa não pode obter resultados, pois os poderes individuais que foram invocados na origem são naturais, pela própria razão de sua existência anterior ao pacto social: logo não podem ser e não são, na coerência do pensamento de Ockham, atingidos pela constituição desse pacto. Existia mesmo outra possibilidade que consistia, em vez de se refugiar numa narrativa genética, em pensar, mediante uma análise, uma ordem segundo a qual existem imediatamente, e para seu bem recíproco, a cidade, os cidadãos e o Príncipe, o universal e o singular. Mas isso requeria uma ontologia da relação e da analogia da qual Ockham não dispunha e contra a qual ele se definia.

Uma vez que ele não adotava essa via, tudo o que ultrapassava o indivíduo era reduzido a ser pensado em termos de oposição a este e, finalmente, a ser-lhe reduzido. É por isso que, embora a comunidade adquira depois do contrato uma aparência de realidade, ela é afinal apenas um colosso com pés de barro, um cômodo agrupamento dos indivíduos. Assim como o universal, a comunidade política não possui, no pensamento ockhamiano, realidade. Os indivíduos ficam frente a frente e diante de um indivíduo mais forte, que é o imperador.

Essa dissolução da cidade num sistema de poderes opostos, conquanto às vezes voluntária e momentaneamente conciliados, não permite aos indivíduos buscar nela os meios de atingir o fim natural deles. Encontram-se, portanto, sozinhos diante de Deus e, por isso, as únicas obrigações às quais o poder é obrigado consistem em pô-los perante a vontade divina pelo respeito que ele impõe das leis naturais. Mas, em face das leis e da vontade divina, surge a mesma questão. A lei natural é finalmente apenas uma vontade particular de Deus sobre cada indivíduo que o infinito de sua potência lhe permite conter junto e desenvolver sucessivamente. Logo, a lei natural está inteiramente dissolvida, ao mesmo tempo que deixa pesar sobre os indivíduos a vontade divina. Ockham resolve parcialmente esse novo conflito à custa de uma limitação da presença divina com a teoria dos atos indiferentes, que dão à liberdade humana um campo de ação à sua guisa, no qual se situam o político e o jurídico. Trata-se apenas de uma solução muito parcial, pois em todos os outros casos o conflito permanece, ou melhor, é resolvido, parece, por Ockham em benefício da onipotência divina – que aí ganha em intensidade o que perde em extensão – por uma submissão da vontade humana à vontade divina. Submissão que, em Ockham, é muito ambígua, pois ele já sente a necessidade de limitá-la com sua concepção da lei evangélica; ela prepara no indivíduo, desde então dotado de uma vontade e de um poder que já não cabem numa ordem ontológica, todos os rancores e todas as revoltas. A primeira entre estas consiste decerto na concepção desse Deus tirano, "humano, demasiado humano".

Conclusão

Não é surpreendente não encontrar entre os escritos de Guilherme de Ockham um verdadeiro tratado sistemático da lei, à imagem daquele de Santo Tomás. O âmbito do *Comentário sobre as sentenças* e depois as condições históricas que o impeliram a tratar dos problemas jurídicos não se prestavam a desenvolvimentos sistemáticos desse gênero. A concepção ockhamiana da lei só pode, portanto, ser descoberta nas questões concernentes à moral natural e nos escritos que, embora impregnados pela filosofia do *Venerabilis Inceptor*, não podiam tomar a forma de uma reflexão ordenada.

No entanto, apesar dessas dificuldades, é possível discernir os traços mais característicos da lei ockhamiana. Na esteira de Duns Escoto, Ockham incontestavelmente situa a essência da lei na decisão voluntária. Essa vontade é ou a de

Deus ou a do imperador. Mas o voluntarismo de Ockham não se atém a isso, estende-se até o próprio súdito que, num sentido, se torna legislador. Desenvolvendo esse aspecto original, Ockham vai além de Duns Escoto e leva para muito mais longe do que este último a inversão do agostinismo no sentido de uma exaltação da vontade humana.

Agindo assim, Ockham introduz entre os poderes que legislam uma oposição irredutível. Mais ainda, torna impossível a concepção de uma ordem entre as diversas leis. Mais além, ele cria uma oposição definitiva entre o caráter geral e racional da lei e as decisões individuais da vontade. Quando tenta resolver o conflito, consegue apenas reduzir a lei a uma disjunção de decisões particulares, como no caso da lei natural.

É aqui que a concepção ockhamiana da lei coincide mais claramente com seu nominalismo. A tentativa pretendida de voltar às coisas, para além de Escoto, é ilusória. Ela ocorre no modo empírico, que leva a reduzir a coisa à sua individualidade e a conceber o mundo como uma disjunção, trate-se do universo ou da cidade. Nos interstícios que doravante separam os átomos, a vontade pode desenvolver-se sem barreiras, ainda que se cobrindo com a máscara de uma razão abstrata e, não obstante, calculista e utilitária.

Querendo voltar às coisas, Ockham esqueceu que elas não são feitas apenas de seu condicionamento espaçotemporal, de sua individualidade incompreensível. Ele sacrificou a ordem que existe entre elas. Desse modo, sua pretensa volta ao real é inautêntica; assim, longe de encontrar coisas cuja ordem imanente indica, pela mediação da inteligência, o que a lei deve ser, ele extrai dos indivíduos apenas o pretexto para a extensão da vontade. Tendo posto esta na origem de todas as coisas, no final já não encontra senão ela em vez do que existe.

Mais ainda do que por seus desenvolvimentos explícitos sobre a lei, talvez seja pela filosofia que lhe é vinculada que o pensamento ockhamiano vai exercer sua influência sobre o nascimento do conceito moderno de lei. O voluntarismo individualista que ele veicula, conjugado às dificuldades escotistas concernentes ao estatuto do indivíduo, ameaçará daí em diante todo sistema dedutivo e formalista, fornecendo ao mesmo tempo uma base inicial às soluções que possam ser dadas a essa questão, cujo herdeiro é Suarez.

TERCEIRA PARTE
Suarez ou a lei dialética

Capítulo XI
Advento de uma nova ratio legis

Os traços característicos da concepção nominalista já são conhecidos no século XIV, mas isso evidentemente não significa que os juristas e as instituições fiquem imediatamente impregnados deles. Decerto podemos assinalar algum nome de doutores que parecem diretamente inspirados pela *via moderna* de Ockham[1], mas os historiadores estão de acordo em considerar que a tradição jurídica prudente, impregnada de direito romano e de Aristóteles, ficou por bastante tempo insensível às seduções da modernidade[2]. Ao contrário, entre os teólogos, sempre marcados pela condenação de 1277, a nova doutrina se espalha rapidamente, enquanto os autores fiéis ao realismo de Santo Tomás têm mais dificuldade em se fazer ouvir.

Os pontos principais da doutrina nominalista da lei vão, portanto, transmitir-se e desenvolver-se através da constituição de uma verdadeira escola nominalista até o limiar da Idade Moderna.

A obra magistral de Francisco Suarez mostra-se, a esse respeito, a síntese mais ampla que tenta conciliar, mas sem sucesso, certo número de elementos da tradição realista to-

---

1. Zabarella talvez, ainda que Lagarde, *op. cit.*, o considere sobretudo um discípulo de Marsílio: *La naissance...*, *op. cit.*, t. III, p. 367.
2. Wieacker, *Storia del diritto moderno*, trad. ital., Milão, 1980, t. I, p. 384. Fernando Vasquez de Menchaca parece ser um dos primeiros a louvar-se em Ockham. Carpintero Benitez, *Del derecho natural medieval al derecho natural moderno: Fernando Vasquez de Menchaca*, Salamanca, 1977.

mista e aristotélica com a contribuição do pensamento nominalista. Como essa conciliação tem por característica principal sacrificar as doutrinas de Santo Tomás a um impossível sincretismo, a obra de Suarez é, na realidade, o canal principal pelo qual se transmitem ao pensamento jurídico moderno os princípios voluntaristas oriundos de Escoto e de Ockham[3]. O *De Legibus* do doutor jesuíta é, de fato, fundamentado num excelente conhecimento da tradição, não somente a dos juristas, mas também do conjunto da literatura teológica medieval e renascentista, à qual Suarez se refere continuamente. Nesse sentido, foi possível falar de uma "modernidade tradicional" de Suarez[4].

Longe de constituir uma volta ao aristotelismo autêntico, a doutrina do "Doutor Eximius" é formada de empréstimos ao nominalismo e de recurso ao formalismo escotista conciliados verbalmente pelo formidável instrumento do "modo"[5]. Sem dúvida Suarez se refere com bastante frequência aos trabalhos dos filólogos eruditos de sua época, em especial a seu confrade Sylvester Maurus, mas isso não significa, em absoluto, que ele descubra, com a ajuda desses trabalhos, um Aristóteles autêntico, pois as próprias pesquisas dos eruditos humanistas são, bem amiúde, impregnadas dos pressupostos da *via moderna*, particularmente de seu empirismo, sob cujo impulso elas nasceram.

É sob o signo da expansão triunfante do nominalismo e de suas consequências que se devem colocar os séculos que separam Ockham de Suarez. Com Ockham chega-nos a impossibilidade de encontrar uma mediação nas coisas. Para sanar essa ausência de mediação, é necessário apelar para a vontade que substitui a realidade; ela realiza essa substituição precisamente mediante uma legislação sistemática, constitutiva finalmente da realidade, ou, pelo me-

---

3. Mesnard, "Comment Leibniz se trouve placé dans le sillage de Suarez", *AP*, XVIII, 1949, pp. 7-32; Courtine, "Le projet suarézien de la métaphysique", *AP*, XLII, 1979, pp. 237 ss.

4. *AP*, XVIII, 1949, "Suarez, modernité traditionnelle de sa philosophie", *passim*.

5. Mahieu, *François Suarez, sa philosophie et les rapports qu'elle a avec sa théologie*, Paris, 1921, p. 501. Sobre o nominalismo de Suarez, A. Guy, "L'analogie de l'être selon Suarez", *AP*, XLII, 1979, p. 275.

nos, a única capaz de assegurar o vínculo entre átomos brutos. Parece que a tradição escotista assim como a oriunda de Ockham encontram-se aqui, apesar de suas profundas diferenças.

Mas essa solução é prenhe de conflitos entre o súdito e o Príncipe, entre o Príncipe e o papa, finalmente, entre Deus e o homem. Embora esses conflitos já se tivessem manifestado por ocasião da própria elaboração da doutrina ockhamiana da lei, agora eles se revelam com toda a sua amplitude. Por isso vemos primeiro prosseguir a luta entre o papa e o imperador. Depois, diretamente ligados às doutrinas nominalistas, os conflitos de poder fundamentados nas teorias conciliaristas da Igreja redundam no grande cisma do Ocidente, que tentam solucionar em detrimento do papado. No entanto, apenas com a reforma luterana é que a tradição nominalista produzirá todos esses frutos. Formado segundo essa tradição teológica, Lutero desenvolverá todas as suas virtualidades na forma dos múltiplos conflitos que ele contribuirá para exacerbar: entre os príncipes e seus súditos, entre os príncipes e o imperador, entre os cristãos e o papado e, por fim, entre a liberdade humana e a de Deus na questão da graça e na da predestinação.

Mas esse não é o único ponto em que resultou a tradição nominalista; esta também desemboca no humanismo do Renascimento. Ao reduzir as coisas a seres individuais dos quais podemos ter um conhecimento suficiente pela simples experiência sensível, a tradição nominalista preparou em muitos pontos a ciência moderna e o nascimento de um racionalismo bastante diferente da especulação grega, com a qual a Idade Média comunga profundamente. São trabalhos científicos cuja origem remonta a instituições desenvolvidas nos meios nutridos de nominalismo que contribuem para forjar a nova imagem científica do universo. Por exemplo, os trabalhos cosmológicos de Copérnico se desenvolvem na Universidade Jagielona onde a influência de Buridano e de seus discípulos foi por muito tempo dominante. Quando tais princípios são empregados em matéria filológica, conduzem a uma revisão crítica dos textos nos quais todo o pensamento medieval se fundamentara. Foi o que aconteceu, quanto à exegese sacra, com Lefebvre e Erasmo, quanto ao direito romano, com Donneau e Cujas[6]. Embora essas novas sistematizações recorram a filosofias, já não são aquelas às quais se referia a Idade Média; Aristóteles é progressivamente deixado de lado em proveito do divino Platão, que já tinha a caução de certo número de Padres da Igreja. Ao lado de Platão, apelava-se também aos estoicos, até mesmo ao epicurismo e ao seu atomismo. Ora, estas duas últimas filosofias tinham o grande mérito de poder combinar sem demasiadas dificuldades com as tendências mecanicistas e empiristas veiculadas pelo nominalismo. A essas tendências opunha-se, em certo sentido, a liberdade do homem capaz de escapar ao mecanismo das forças materiais e, mais ainda, de apreendê-las adequadamente na ordem racional delas. Aí também o humanismo encontrava a tradição nominalista que já concebera a liberdade humana como o poder de escapar ao cosmos.

Os dois abalos – a Reforma e o Humanismo – produzidos pelo desenvolvimento do pensamento nominalista deviam suscitar reações da parte dos teólogos confrontados com o que podia parecer um duplo fracasso da escolástica tradicional. Essas reações se caracterizam por duas atitudes opostas.

A primeira consiste em tentar voltar às fontes que permitiam levar em conta todas as realidades, humanas e científicas, embora continuando a integrá-las na teologia tradicional, julgada a única capaz de resolver os conflitos provocados por Lutero, em especial entre a liberdade humana e a graça. Foi esse, entre outros, o projeto de Cajetano e, decerto, também o dos teólogos tomistas da segunda escolástica espanhola, que exerceram uma influência direta sobre o Concílio de Trento (em geral lembrando, em proveito do papa, as prerrogativas do legislador e os caracteres da lei necessários ao bem comum). O primeiro sermão ouvido pelos padres conciliares foi o de Domingo de Soto, consagrado à lei. Mas essa tentativa ocorria em condições que, já na origem, oneravam de pesadas contradições. Para começar, alguns dos autores que forcejaram para efetuar essa volta ao realismo autêntico tinham sofrido, ao longo de sua formação inicial

---

6. Villey, *Formation...*, *op. cit.*, pp. 522 s. e 536 s.

ou ao longo de sua carreira, certo número de influências nominalistas e humanistas, como foi o caso de Francisco de Vitoria. Esses elementos alheios à tradição que eles pretendiam recobrar só podiam causar novos desequilíbrios e deixar bem frágil sua tentativa. Em particular, seu humanismo filosófico contradizia o caráter cósmico e ontológico da moral tomista; ademais, há motivos para pensar que às vezes descuidaram dos elementos centrais da ontologia pela qual se pautavam. Foi apenas a segunda geração dos escolásticos espanhóis, a partir de Bartolomeu de Medina e, sobretudo, de seu discípulo Bañez, que tentou aproximar-se mais autenticamente das antigas posições medievais. Só o conseguiram parcialmente renegando o humanismo e lembrando a submissão do homem à ordem do cosmos assim como às determinações particulares dos decretos divinos, o que só se podia conceber numa concepção analógica das causas acompanhada de uma volta a uma distinção nítida entre lei e direito. Mas esses posicionamentos, às vezes desequilibrados, colidiram nos partidários de uma terceira corrente que os compreenderam como uma volta para o voluntarismo e acusaram Bañez de chegar a soluções quase idênticas às de Lutero em matéria de liberdade humana. Embora essas acusações não fossem fundadas, ainda assim tinham o mérito de salientar a existência de algumas derivações para um determinismo racionalista.

Ao lado dos autores que buscam recobrar um pensamento clássico inspirado em Santo Tomás, um grupo de autores, pertencentes em sua maioria à Companhia de Jesus, tenta conciliar a teologia de Santo Tomás com as tendências da época. Essa tentativa se dá buscando a aliança com o humanismo, junto ao qual pensam encontrar materiais eruditos para a descoberta de um Aristóteles mais autêntico do que o dos medievais e uma força de sustentação contra o protestantismo, com a qual seria possível acordar-se sobre o tema da liberdade. Infelizmente não parecem perceber que a liberdade, concebida em oposição à ordem do mundo e à vontade divina, é o inverso da predestinação protestante e comunga com ela em raízes nominalistas idênticas. São esses traços que podemos perceber nas duas grandes obras de filosofia do direito oriundas da Companhia, antes daquela de Suarez, o *De Justitia et Jure* de Molina e o grande comentário da segunda parte da *Suma* que se deve à pena de Gabriel Vasquez.

Com Vasquez e Molina, as dificuldades às quais são conduzidos os grandes autores da escolástica espanhola ficam manifestas. Já em Vitoria e Soto viam-se despontar exaltações antagonistas da razão e da vontade, uma remetendo à outra; aqui, a oposição no próprio interior dos pensamentos desses doutores acaba se rompendo. Se refletimos no significado dessa ruptura, ficamos quase certos de que ela é reveladora dos esquecimentos da realidade concreta em sua unidade ordenada. Na coisa para a qual o legislador legisla se reúnem, a um só tempo, o que é e o bem, o que é necessário e o que é contingente, o que é inteligível e o que é desejável, o que acarreta um jogo ordenado das faculdades, como se ordenam na coisa o seu bem e o seu ser, mas ainda é preciso que ela seja apreendida em tudo o que ela é e que não se arruíne o ato pelo qual ela é conhecida e querida.

Fica claro então, no decorrer desse apanhado dos séculos que separam Ockham de Suarez, que a coisa e a lei se afastam segundo três direções. Entre os sucessores mais fiéis de Ockham, ela é totalmente substituída por um mandamento voluntário, do qual é eventualmente a ocasião a título de fato bruto; entre os partidários da razão, é substituída na vontade do legislador por seu conhecimento, abrindo então para a vontade novos campos onde se desenvolver anarquicamente. Essas dissociações suscitam como eco doutrinas da lei que oscilam de uma trilha para a outra, não conseguindo encontrar na coisa que é um bem o objeto suscetível de ordenar as faculdades do legislador sem as reduzir.

Sabe-se que o tratado da lei de Santo Tomás se apresenta aproximadamente em duas partes. A primeira procura definir a lei, expressar uma *ratio legis*; a segunda mostra as diversas realizações dessa noção, na lei eterna, na lei natural etc. Essa segunda parte é organizada segundo uma ordem dupla, a que é primeira e mais visível para o leitor parte da lei eterna e desce até a lei humana. Mas tentamos salientar que também existe, no interior do texto de Santo Tomás, uma segunda ordem na qual as leis se organizam segundo uma hierarquia de fins cada vez mais elevados para uma lei que faz a unidade deles. Se a primeira dessas ordens é incontestavelmente a mais evidente, deve-se procurar a razão disso no próprio caráter da obra onde é expressa: uma suma de teologia. Ora, para o teólogo que já possui um "ser primeiro" à luz do qual ele tenta olhar tudo, a ordem de participação a partir desse primeiro é a mais evidente. Não obstante, por mais importante que seja em Santo Tomás, essa ordem não suprime aquela que organiza as diversas leis de fins em fins "direcionados a uma lei", lei cabal. Essa ordem é a que o filósofo percorre procurando, da lei humana à lei eterna, um princípio cabal.

Em comparação com a *Suma teológica*, o caráter da obra em que Suarez expressa sua concepção da lei é mais ambíguo; um comentário da *Suma*, será teologia ou filosofia? Por certo, profissionalmente, Suarez é teólogo. Mas sabemos que também é o autor da exposição propriamente filosófica das *Disputationes metaphysicae*. Ora, é impressionante constatar que, no decorrer dessa obra de filosofia, ele expressa uma concepção do ser com relação à qual lembra várias vezes que ela exclui qualquer ordem direcionada a um primeiro para só reter uma ordem de participação numa noção comum. O tratado da lei de Santo Tomás pode, de fato, prestar-se a uma leitura desse tipo: depois da definição da lei vem o exame de suas realizações cada vez mais degradadas. Mas tal leitura impõe ao texto de Santo Tomás um contexto empobrecedor, já que desenvolve seu caráter teológico de tal modo que acaba eliminando o procedimento filosófico, vinculado à ordem direcionada ao uno. No entanto, é a uma leitura desse tipo que Suarez se dedica; adota, em sua obra metafísica, a ordem da teologia a ponto de excluir dela a analogia de proporcionalidade e de estabelecer assim uma rigorosa homogeneidade entre a teologia e uma filosofia que já não é senão uma teologia secularizada. Se a filosofia não consegue abrir-se para outra ordem senão a da participação, se é obrigada, para se construir, a excluir a proporcionalidade, a teologia *a fortiori* já não poderá admitir em si essa outra ordem pela qual era fecundada e, talvez, num certo sentido, rematada.

É realmente a essa dedução da ordem das leis, fundamentada numa redução da ordem dos seres, que se dedica Suarez em seu comentário. Mas, para dar andamento à sua exposição sobre a participação das leis, Suarez também deve partir de uma análise da *ratio legis*. Isso lhe permite, pois, insinuar sem dificuldade seu comentário no plano de Santo Tomás, eliminando ao mesmo tempo os conceitos que se opõem ao seu projeto.

A questão que não pode deixar de surgir é, então, a de saber se as transformações que ele impõe à ordem das leis mediante a eliminação da relação de proporcionalidade repercutem ou não na *ratio legis*. Será possível conservar a *ratio legis* de Santo Tomás e em seguida aplicá-la segundo apenas a ordem participativa?

Para tentar trazer uma resposta, devemos seguir o texto de Suarez aparentemente fiel ao plano de Santo Tomás, o que nos conduzirá a estudar em duas seções a *ratio legis* e sua aplicação às diversas leis segundo a analogia de atribuição suareziana.

Para responder provisoriamente à questão que formulamos acima, basta raciocinar. A analogia de atribuição, tal como Suarez a expôs, implica que seja abandonada a relação do ser com o seu ato; em consequência, o conceito de ser fica privado de uma relação real com o *esse*. Há toda a razão de pensar que a mutilação sofrida pelo conceito de ser terá seu corolário na ordem da lei e que a *ratio legis*, também ela, se verá privada de seu fim próprio para se ver confinada numa ordem estática, que será reduzida ao seu aspecto de determinação, como o ser é reduzido à sua substância sem que seu exercício possa aparecer. Se se confirmar, a importância dessa modificação deverá ser salientada, precisamente porque, até aqui, a lei se desenvolvia no campo em que o ser já não está fechado em sua substância, mas se exerce para atingir o seu fim. A supressão desse campo só pode levar a uma restrição da lei ao campo substancial, até mesmo levar a confundi-la com este último.

Entretanto, mais que ao raciocínio, cumpre aqui recorrer aos textos. Ora, Suarez termina sua análise da lei com o enunciado de uma definição muito pessoal, na qual se leem sem grandes dificuldades as modificações sofridas desde Santo Tomás: "*Lex*", escreve ele, "*est commune praeceptum, justum ac stabile, sufficienter promulgatum.*"[7]

---

7. "A lei é um preceito comum, justo e estável, suficientemente promulgado."

Antes de encetar o comentário preciso do enunciado, devemos assinalar que dele é excluído, como podíamos desconfiar, a relação com um fim (*ad bonum commune* em Santo Tomás).

A lei é um preceito

Suarez inicia sua reflexão com uma crítica da definição de Santo Tomás. Reprova-lhe ser ampla demais, imprecisa. Ela o é, segundo ele, sobre dois pontos: introduz na definição da lei as leis naturais, mas também os conselhos[8].
Sobre esses dois pontos, Suarez se separa de Santo Tomás porque sua filosofia não lhe permite segui-lo. Não permite sobretudo em virtude de sua concepção truncada da analogia.
É por isso que se deve restringir a noção da lei. A idéia de uma lei cósmica é apenas metafórica, designa o curso normal das coisas, mas não uma obrigação, por isso deve-se dizer que a lei tem como campo próprio as coisas morais. Há, claro, nas coisas e nos homens, inclinações naturais dispostas neles pelo Criador, mas não são realmente leis, por um lado, porque não concorrem para a moralidade; por outro, porque não são regras coercitivas, mas condicionamentos.
A lei concernirá primeiro ao homem e à sua ação moral, um homem separado do cosmos. Se foi preciso separar a lei propriamente dita das inclinações naturais, foi porque elas já não têm de modo algum para Suarez o mesmo sentido que para Santo Tomás; são estados de fato dos quais se pode dizer que são obrigatórios. Com efeito, se subordinássemos a ação moral do homem aos determinismos físicos, arruinaríamos a sua liberdade ao submetê-la, por intermé-

---

8. *De legibus*, lib. I, cap. I, 1 e 2. A crítica desse emprego "metafórico" aplica-se simultaneamente à lei natural cósmica, à causa final e à analogia de proporcionalidade.

dio do cosmos, a determinações que têm sua origem no autor do universo. A liberdade humana não pode encontrar lugar no seio desses condicionamentos. Mas é também o caráter não verdadeiramente obrigatório dessas inclinações (obrigatório subentende aqui coercitivo) que justifica sua rejeição.

De fato, se as inclinações estão no homem, este não pratica nenhum ato de vontade ou de liberdade para se submeter a elas; deixa-se guiar por elas sem exercer sua liberdade; submete-se, como pareciam fazê-lo os estoicos, às determinações da natureza. Ora, o ato moral, o ato humano, reside na liberdade; portanto, se a lei tem um valor moral e é algo diferente de um condicionamento, deve-se obedecer livremente a ela. Apreendemos muito claramente aqui o paradoxo ao qual chega Suarez: já que o ato deve ser livre, a lei deve ser obrigatória e, logo, não imanente, mas imposta do exterior por uma força coercitiva[9]. É esse mesmo o resultado lógico de uma ontologia que recusa ao ser seu desenvolvimento interno. Desemboca-se numa contradição que decerto está no fundamento de todos os positivismos: a liberdade exige cada vez mais da lei exterior para poder exercer-se, não devendo esta, que é sua obra, diminuí-la, mas garanti-la. Como a liberdade já não pode ser pensada no seio das inclinações, que, para Suarez, a ela se opõem, ele prefere pautar-se pelos produtos do artifício[10].

Assim como era preciso eliminar as inclinações porque elas manifestam uma tendência imanente e, por conse-

---

9. Manifesta-se desse modo uma inversão da ética; ao passo que, na perspectiva aristotélica, a ética se consuma numa felicidade autônoma, depois de ter passado pelo desapossamento de si na vida política, aqui, inicia-se por uma substância acabada que, por isso mesmo, não pode ter a perspectiva de um novo acabamento, e cuja vida ética reclama cada vez mais comandos sem jamais conseguir realizar-se fora deles. Num primeiro caso, a ética se consuma na imanência; no segundo, ela se consuma (se um dia se consumar) na obediência à transcendência: ética filial / ética servil.

10. Que se mostram, por fim, mais coercivos, mas não será isso que se lhes solicitava, uma vez que as inclinações naturais são repelidas para fora da lei por falta de coerção?

guinte, não são morais nem obrigatórias, também é preciso recusar à noção de a lei incluir os conselhos. Estes são, em seu nível, comparáveis a tendências pelo fato de serem uma solicitação e um apelo a fazer o que é bem, mas, não sendo sancionados pela força coercitiva, não poderiam entrar na noção de lei. A posição de Suarez é perfeitamente lógica: como o caráter obrigatório da lei não se manifesta fora do que é imposto, ele não pode decorrer da simples consideração de um bem por fazer; portanto, vai manifestar-se unicamente pelo poder de coagir a fazer esse bem. O conselho não obriga a este ou àquele ato; somente somos obrigados ao bem quando o ato aconselhado foi escolhido, o que ainda assim permite vincular a prática dos conselhos à lei eterna e salvar as obrigações dos religiosos. A lei é o que conduz ao ato pela obrigação.

Uma vez que a lei tem por característica ser obrigatória e coagir realmente, a noção de medida e de regra que a caracterizava em Santo Tomás recebe outro conteúdo. O ato é mensurado por ela, não porque sua bondade objetiva se expressa na lei, mas porque a prescrição cria a bondade do ato. Desse modo, o ato é bom porque é mandado. Ela é regra porque impõe e não porque compreende e exprime[11].

Desse modo, Suarez já não conservará, mesmo em sua definição mais elaborada da lei, essa noção decididamente ambígua de regra e medida, a *regula et mensura* se torna *praeceptum*[12].

Esse termo, que estava ausente na definição tomista da lei, basta quase sozinho para marcar em Suarez o advento muito consciente de uma nova noção da lei, herdada muito mais de Escoto ou de Ockham do que de Santo Tomás. Também basta, quase sozinho, para mostrar a modernidade de Suarez, que transmite à filosofia da Idade Clássica e ao idealismo que seguirá a noção de uma lei reduzida ao mando

---

11. *De Legibus*, lib. I, cap. I, 6 e 8.
12. *Op. cit.*, lib. I, cap. XII, 4.

de uma autoridade. É muito significativo constatar que é no contexto da questão (daí em diante tradicional desde as contestações nominalistas) de saber se a lei é obra de razão ou de vontade que se opera em Suarez o desaparecimento da *ordo rationis* de Santo Tomás.

Suarez subdivide essa questão em duas: a primeira, a mais essencial, incide sobre os atos necessários para a confecção da lei na mente do legislador; a segunda é a repetição da questão tradicional que já está, aliás, praticamente solucionada pela resposta à primeira. Por certo a lei dirige-se à vontade do sujeito para o obrigar, mas não para existir. Basta que o sujeito a conheça por um juízo de razão que ele poderá realizar graças à promulgação, e que não é necessário para a existência da lei, pelo menos se nos atemos à noção mais geral, excetuando provisoriamente o caso da lei humana, ato voluntário do sujeito que consente com a sua existência[13].

No que se refere ao legislador, Suarez começa reconhecendo a necessidade de um juízo prudencial, obra da razão. O legislador inicia procurando com sua razão o que é justo. Sem tal juízo, a lei não pode ser considerada justa, nem ter sido adotada prudentemente[14]. No entanto, é não menos certo que é requisitado do legislador um ato de vontade, pois a lei deve ser uma causa eficiente e impulsiva[15]. O legislador não pode ater-se a enunciar verdades, deve impô-las. Deve tratar-se de uma vontade eficaz de obrigar os sujeitos e não de uma mera boa vontade ou benevolência. A obrigação é o objeto desse ato voluntário, e todo o poder do legislador reside nesse poder de obrigar. Como permitia supor a doutrina suareziana da liberdade, entre esses dois atos, o da razão que julga e o da vontade que quer, não há nenhum vínculo, senão a vontade seria determinada pelo juízo e, portanto, necessitada e não livre. Assim como não é

---

13. *De Legibus*, lib. I, cap. IV, 5.
14. *Ibid.*, 6.
15. *Ibid.*, 7.

necessário que a razão ordene à vontade agir, assim também o legislador não se dirige à razão dos sujeitos para lhes explicar a lei e incentivá-los a aderir a ela pela inteligência[16]. Basta que tenham compreendido o mando *fac hoc*. Não há nos sujeitos outras informações além do conhecimento da lei que os conduz a obedecer.

Portanto, é possível dizer que a lei é em si mesma um ato de vontade: para afirmá-lo, Suarez começa expondo os argumentos adversos. É a posição bem conhecida de Santo Tomás, seguida por todos os seus discípulos, Cajetano, Conrad, Soto e alguns autores independentes; é também a tese de inúmeros filósofos. Ela se apoia nos seguintes argumentos: a peculiaridade da lei é ordenar a outro, ordenar pertence à razão, a lei cumpre também um ato de instrução, ela ilumina, mas isto é a peculiaridade da razão, *ergo*...; as leis são regras, mas a vontade só pode reger se ela própria é esclarecida pela razão; o simples preceito oriundo da vontade não pode bastar para obrigar. Entre os que são partidários dessa tese, observamos uma distinção entre os que dizem que a inteligência intervém por um juízo da razão e os que afirmam que a inteligência intervém pelo *imperium* e que a lei reside, pois, no ato da inteligência que a vontade segue[17].

A outra tese é constituída pela afirmação de que a lei é um ato da vontade do legislador, é a doutrina de todos os nominalistas, de Ockham a Alfonso de Castro, passando por Escoto, Biel e Almain. Além dos argumentos bíblicos que não temos de lembrar aqui, essa opinião pode amparar-se na ideia de que, se a lei é um ato da vontade ou, mais exatamente, um sinal da vontade, devemos encontrar nela algum traço da vontade: é uma vontade significada[18].

Existe uma última opinião que se pretende mediana e declara que a lei é um ato compósito dependente a um só

---

16. *Ibid.*,11.
17. *De Legibus*, lib. I, cap. V, 5 e 6.
18. *De Legibus*, lib. I, cap. V, 11.

tempo do intelecto e da vontade: a lei requer primeiro um impulso e uma direção para o que é bom, depois necessita fazer um juízo sobre o que convém fazer e uma vontade eficaz de tender para esse bem[19].

Diante dessas diversas posições, Suarez hesita. A expressão de sua própria doutrina permanece, pelo menos na expressão, prudente. O primeiro ponto certo é a rejeição da posição de Medina[20], pois, diz o próprio Suarez, negar no legislador a vontade de obrigar seria dizer que ele age, e promulga uma lei, sem intenção, o que é contrário à natureza do ato moral.

A segunda certeza é que Suarez considera que as razões dadas em favor de uma ou da outra posição não são probatórias por necessidade. Percebe muito bem a dificuldade em que tropeça a escolha de uma concepção ao mesmo tempo unitária e voluntária da lei. Quando se aplica tal concepção à lei natural e mesmo eterna, minam-se assim essas duas noções. Por isso cumpre reduzir, ao que parece, o alcance de sua tese à lei positiva. Não é certo que tal precaução baste para deter o desenvolvimento lógico da tese suareziana. Pois, após esses matizes, Suarez adota com toda clareza a tese voluntarista. Depois de repelir brevemente as autoridades e as razões alegadas em prol da tese tomista, depois de salientar os limites das autoridades que servem habitualmente para fundamentar a tese voluntarista – elas provam somente que a obrigação emana da vontade do legislador –, ele adota muito nitidamente suas razões, que lhe parecem ser as mais probatórias[21].

Quando consideramos a lei um ato mental do legislador, ela é um ato de vontade justo e reto pelo qual o superior põe em aplicação o que obriga, mas, propriamente falando, ela não é a causa e a razão da obrigação. Portanto, pode-se

---

19. *Ibid.*, 20.
20. *De Legibus*, lib. I, cap. V, 17. Medina e Vasquez, a propósito da lei eterna, servem, assim, de contraste determinista para Suarez.
21. *De Legibus*, lib. I, cap. V, 22 e 23.

dizer que a lei significa sobretudo um mando interior e se torna o sinal que manifesta a vontade de quem prescreve uma espécie de regra já escrita em sua mente, de onde procede a regra da lei exterior destinada aos sujeitos[22]. Então ela se impõe a eles como uma ordem que lhes é intimada e um impulso que nada mais é senão a moção interior decretada pelo intelecto do legislador num juízo aprovado por vontade. A lei é o sinal da vontade: logo, é um preceito[23].

Apesar dessas precauções, Suarez termina num nítido voluntarismo. Sem dúvida, como muitos outros voluntaristas, concede que o intelecto do legislador contém a expressão da lei e permite-lhe julgar o que é a boa lei. Mas isso é para precisar melhor que o juízo prático do legislador não é constitutivo da decisão.

Portanto, é na vontade do legislador que reside a causa da obrigação à qual está submetida a vontade dos sujeitos. A lei é um ato de vontade do Príncipe com o fito de obrigar a vontade dos súditos. Tendo recusado à inteligência apreender no objeto uma justiça intrínseca capaz de fazer a vontade decidir agir, esta só pode desenvolver-se em si mesma. Não obstante, parece que Suarez procura evitar as consequências extremas dessa tese, especificando o objeto dessa vontade.

A lei é um preceito justo

Comentando Isidoro de Sevilha e Santo Tomás, Suarez chega a examinar a justiça da lei[24]. Muito significativamente, aborda essa questão estabelecendo uma divisão entre os atos objetivamente considerados sobre os quais a lei incide e o modo de legislar[25]. Começa separando um ponto de vis-

---

22. *De Legibus*, lib. I, cap. V, 24.
23. *Ibid.*, 25.
24. *De Legibus*, lib. I, cap. IX, 1.
25. *Ibid.*, 2.

ta material que concerne à honestidade e à moralidade dos atos prescritos pela lei e um ponto de vista formal que concerne à igualdade da distribuição dos ônus prescritos pela lei. O sentido dessa divisão deve ser salientado, significa que a moralidade e a justiça da lei não são idênticas. Em outras palavras, haverá uma separação entre a justiça concreta da lei em dada comunidade e talvez esclarecida pelo bem comum e a moralidade intrínseca dos atos.

A partir dessa divisão, cumpre primeiro considerar a moralidade dos atos prescritos pela lei. No que tange à lei eterna, à lei natural e à lei divina, não há motivo para colocar a questão; a vontade divina é boa em si mesma e não poderia, pois, contradizer-se nem depender de um objeto que não seja ela própria[26]. Por isso Deus não prescreve nenhum ato que seja mau: se, por acaso, mentir, roubar, odiar a Deus não fosse um ato mau em si, se tornaria, pelo próprio fato de ser prescrito, bom. Não há contradição entre a lei natural e a lei divina positiva.

Quanto à lei humana, cumpre partir de outro princípio, pois pode acontecer-lhe prescrever atos maus, e, no entanto, ela não tem o poder de mandar tais atos; uma lei iníqua, embora prescrita, não é uma lei[27]. Não tem força obrigatória. Todavia, isto só concerne aos atos proibidos pela lei natural e divina. Com efeito, o poder vem de Deus; portanto, também o legislador humano encontra-se submetido à obediência daquele que é o autor de seu poder. Em contrapartida, o ato pode não ser contrário à lei natural ou divina, mas tornar-se um mal somente porque é proibido pela lei. Nesse caso o ato é proibido; sendo na origem neutro, ele recebe da lei uma qualificação que vem então prender-se a ele, atribuindo-lhe alguma honestidade ou alguma iniquidade. Os atos bons ou maus em si mesmos não recebem esse gênero de qualificação da lei, eram tais e assim perma-

---

26. *Ibid.*, 3. Portanto, Suarez chega aqui à solução de Escoto, para evitar as teses exageradas de Ockham.
27. *Ibid.*, 4.

necem, mas recebem da lei a necessidade e a obrigação que antes lhe faltavam.

Se consideramos, depois, não mais a honestidade dos atos, mas o modo como a lei é estabelecida, esta deve ser justa de três formas: segundo a justiça legal, tendendo para o bem comum, segundo a justiça comutativa, não impondo mais do que ela pode, segundo a justiça distributiva, impondo a todos igualmente. Essas três exigências de justiça são relativas ao autor, ao fim e à forma da lei. É tratando da autoridade que legisla e do bem comum que Suarez examinará a lei segundo as justiças legal e comutativa. Falta tratar aqui apenas da justiça distributiva[28].

Esta exige que seja observada a igualdade dos ônus impostos pela lei, salvo exceções justificadas por uma razão particular. Sem isso, a lei é injusta e não é uma lei; nesse caso a disparidade é tão grande que fica prejudicial à comunidade – ao menos, é assim que Suarez propõe interpretar aqui o pensamento de Santo Tomás, que se contentava com o simples critério do bem comum para julgar a justiça da lei.

Suarez procura limitar seu voluntarismo, mas, como temos de constatar, não consegue. A divisão entre o que se refere ao conteúdo da lei e sua forma é por si só um fracasso, já que permite imaginar uma lei imoral e, no entanto, formalmente justa, e vice-versa. Na linha dessa primeira divisão, se a vontade divina, com as reservas que serão feitas mais tarde, pode, de fato, ser garante da justiça da lei divina, o recurso a essa lei para examinar a justiça da lei humana manifesta de novo que a justiça da lei, assim como concorda o próprio Suarez, não é proporcional à realidade da comunidade, mas decorre da obediência a uma regra superior. Logo, é simplesmente uma vontade superior que vem limitar uma vontade inferior, sem que o próprio bem da comunidade baste para essa função. Cumpre, pois, e é na realidade a única justificação de Suarez, supor uma von-

---

28. *Ibid.*, 5.

tade superior intrinsecamente boa, sem referência a um objeto: já era a doutrina de Escoto.
A referência aos atos indiferentes vem salientá-lo. A ausência de objeto, e portanto de fim, aparece mais claramente ainda quando procuramos circunscrever a concepção suareziana do bem comum.

A lei é um preceito comum

Quando considera a noção de lei, Suarez introduz na noção de bem comum, e por conseguinte na função que ele lhe atribui, elementos totalmente novos em relação à noção tomasiana. Decerto ele conserva a ideia de que a lei existe com vistas ao bem comum, mas, quando formula a sua definição da lei, já não está afirmada a finalidade que esse bem exerce: o *ad bonum commune* da fórmula tomista desapareceu, assim como o *bonum*; a lei tornou-se somente um *praeceptum commune*[29].

Suarez começa expondo as duas teses opostas que fazem da comunidade uma realidade ou uma ficção e, em consequência, da referência ao bem comum um caráter necessário da lei ou, ao contrário, um elemento exterior à natureza da lei.

Essa discussão parece-lhe bem vã[30]. Não obstante, bem rapidamente toma parte a favor da ideia de que a lei deve reportar-se ao bem comum para ser uma lei. Pode-se, além dos argumentos de autoridade, mostrá-lo por indução a partir das leis não humanas: a lei natural bem como a lei divina são estabelecidas com vistas às comunidades[31], e as fontes do direito civil estabelecem que a lei existe com vistas à comunidade[32]. Ademais, como foi provado que a lei deve

---

29. *De Legibus*, lib. I, cap. XII, 4.
30. *De Legibus*, lib. I, cap. VI, 8.
31. *De Legibus*, lib. I, cap. VI, 9.
32. *Ibid.*, 10.

ser perpétua, e apenas a comunidade persiste enquanto os indivíduos desaparecem, a lei deve, pois, dirigir-se à comunidade. Também o legislador está destinado a desaparecer e, como a lei é perpétua, ela deve apoiar-se num suporte que permaneça, que só pode ser a comunidade. Enfim, a lei é uma regra; uma regra é por si geral; logo, a lei deve sê-lo[33]. Este último argumento introduz mais que uma nuance com relação à concepção tomasiana, substituindo o bem comum pela generalidade: esse novo vocábulo parece significar que a comunidade será concebida segundo um caráter formal e abstrato como uma realidade existente fora de seus membros.

No entanto, quando Suarez fornece alguma precisão sobre a forma como concebe o bem comum, não se orienta em absoluto nessa direção. Ao contrário, especifica que não se deve entender o bem comum de modo coletivo, como o de uma realidade própria que seria o da cidade. A comunidade não é um corpo místico; é composta de pessoas reais e não é, quanto a ela, uma pessoa verdadeira. Suarez parece recobrar uma linguagem quase ockhamiana. Cumpre, de fato, compreender que, se se diz que a lei visa o bem comum, ela o faz "distributivamente", isto quer dizer que ela é um meio, uma forma geral que permite atingir cada um dos indivíduos que compõem a comunidade, e não uma realidade que seria a da comunidade como tal. Esta é *ficta*[34].

Dois elementos podem fazer compreender essa interpretação da concepção tomista do bem comum, à qual, decididamente, Suarez não é fiel. O primeiro é decerto a vontade de não hipostasiar a realidade política com receio de torná-la uma realidade abstrata situada mais além de seus membros, à imagem do universal escotista. Mas então Suarez, não conseguindo conceber que é possível manter a um só tempo a realidade própria da comunidade e sua encarnação nos indivíduos, que por si sós têm uma dimensão

---
33. *Ibid.*, 11.
34. *Ibid.*, 17.

universal, é levado a arruinar a realidade da comunidade. O segundo desses elementos vem fortalecer o primeiro; é constituído por uma confusão operada por Suarez entre a justiça geral e a justiça distributiva. Já que a lei não visa a comunidade como tal, a justiça geral, ou seja, a relação específica dos indivíduos com a comunidade desaparece, e como Santo Tomás mostrara que também compete ao legislador distribuir, Suarez tira a conclusão um tanto apressada de que a lei tem por objeto apenas as distribuições. Através da forma geral da lei esta dirige seu mando apenas aos indivíduos. Vê-se desenhar então a doutrina suareziana: a lei visa o bem comum no sentido de que ela é uma proposição geral e abstrata, mas essa visada é fictícia, não atinge um objeto próprio, atinge apenas os indivíduos.

O legislador utiliza uma proposição universal porque ela é cômoda, mas para dizer a verdade só enuncia mandos particulares; desse modo; a parte de justiça particular que era a sua (justiça distributiva) se torna exclusiva da justiça geral, ou melhor, esta última se acha reduzida a ser um objeto abstrato.

O bem comum manifesta então as tensões que percorrem o pensamento suareziano: embora a expressão fique fiel a Santo Tomás, a análise do conteúdo da noção mostra que Suarez não consegue conciliar o universal e o particular na lei, a não ser por uma oscilação redutora de um ao outro, ao sabor de sua dialética, sem conseguir determinar uma ordem entre eles.

Devemos, ainda que seja por fidelidade ao texto, relacionar essas análises com a doutrina suareziana da origem da comunidade. Fica então manifesto que Suarez abandona a noção aristotélica do caráter natural da cidade em proveito de uma constituição genética. Os homens reunidos propiciam-se um tratado ou um pacto pelo qual constituem voluntariamente uma comunidade, precisamente fixando para eles um objetivo em comum[35]. Decerto é aqui que des-

---

35. *De Legibus*, lib. I, cap. VI, 19.

cobrimos a noção capaz de realizar a unidade do pensamento suareziano acerca do bem comum: é por ser obra das vontades dos indivíduos que ele não tem consistência própria, mas é também por essa razão que pode ser considerado uma abstração independente da realidade da cidade; o caráter voluntário de sua constituição o torna ao mesmo tempo obra dos indivíduos e um produto artificial sem vínculo com as condições concretas, que, porém, deveriam impor-se a eles.

Diante dessas reflexões de Suarez, cumpre indagar sobre a capacidade do bem comum para constituir a finalidade objetiva da lei. Sem dúvida, Suarez afirma essa objetividade e rejeita expressamente a ideia de uma finalidade subjetiva na vontade do legislador[36]. Não podemos impedir-nos de ter dúvidas sobre a consistência desse bem comum, num sentido separado dos sujeitos que constituem a cidade e, por outro, disperso segundo a diversidade dos sujeitos que a compõem para lhes dar, por participação e por redundância, uma parte desse bem comum[37]. Ao contrário, para Santo Tomás, o bem comum é imediatamente o bem da parte.

Duvidaremos ainda mais da capacidade das análises suarezianas para fazer do bem comum uma verdadeira realidade suscetível de ser a medida e o fim da lei, porque não é esse bem que impõe que um indivíduo tenha o ônus próprio da comunidade, mas é, ao contrário, segundo Suarez, por ser mando que a lei deve ser obra do poder político[38].

Portanto, o bem comum parece continuar sendo um dos caracteres da lei, porém, mais do que uma verdadeira finalidade ontológica, trata-se, para Suarez, de um polo funcional. Disso decorre, aliás, que as leis não são ligadas entre si pela hierarquia de seu fim, mas pela hierarquia de suas respectivas causas eficientes, com cada poder recebendo da-

---

36. *De Legibus*, lib. I, cap. VII, 8.
37. ... A partir do bem da parte. *De Legibus*, lib. I, cap. VII, 7.
38. *De Legibus*, lib. I, cap. VII, 5.

quele que lhe é superior a capacidade de legislar. De imediato, faz-se sentir o peso da concepção da ordem das leis restrita àquela de uma hierarquia de participação numa mesma *ratio*[39]. Embora, nessa concepção, a estrutura finalizada da lei possa realmente permanecer como um tipo de identidade funcional, ela já não pode constituir um fim verdadeiramente transcendente ao seu objeto e capaz de assegurar, por isso mesmo, a superação da ordem formal. Eis por que a referência ao bem comum parece, em Suarez, limitar-se a significar a estrutura imanente da lei, e não uma referência a uma realidade situada além da lei à qual esta deveria ser mensurada, sendo uma prova muito forte nesse sentido a dissolução da noção de bem comum na de justiça distributiva.

Assim, nesse caso não seria de surpreender o raciocínio adotado por Suarez para justificar o fato de que a lei depende do titular do poder político. Para ele, não se trata de desenvolver a ideia de que esse poder está a serviço do bem comum. Segundo ele, o fim verdadeiro da lei não pode ser apreendido fora da causa eficiente; logo, na realidade é a presença e o papel do poder político que permitem apreender o fim da lei: é porque o poder quer com vistas ao bem comum que este existe, não é porque há bem comum que o poder deve servi-lo. É fácil ler isto na justificação do poder político adotada por Suarez: o que explica o papel do poder político em sua elaboração é o caráter eficaz da lei[40].

É digno de nota que Suarez não se ampare aqui num texto da maturidade de Santo Tomás, a *Suma*, mas num texto de juventude, o *Comentário sobre as Sentenças*. Teria sido bem difícil invocar um texto da *Suma teológica* que estabelecesse que a lei provém daquele que zela pelo bem comum: Santo Tomás aí se fundamenta unicamente na ordem que compete ao governante promulgar com vistas ao bem co-

---

39. *De Legibus,* cap. VI, 21, 22.
40. *De Legibus,* lib. I, cap. VII, 7.

mum. Suarez, ao contrário, parte mais uma vez da ideia de que a lei é um mando, portanto pode ser imposta pelo detentor da força coercitiva. A noção implica que ela seja obrigatória e suscetível de sanção, no que ela difere do conselho. Compete, pois, ao detentor do poder constranger a cumprir a lei. Ora, é a autoridade política que detém esse poder; compete-lhe, pois, legislar. É o caso da lei divina imposta pelo poder que manifesta que a lei não deve ser estabelecida somente pelo detentor do poder público, mas por aquele que detém o poder supremo, no caso, Deus. Ocorre o mesmo com a lei natural, ao menos, se ela puder ser considerada uma lei: ambas encontram seu fundamento nesse vínculo de subordinação dos sujeitos[41].

Como ele próprio salienta, o raciocínio de Suarez centra-se principalmente no caráter prescritivo da lei. Por ser um preceito, é necessário pensar um poder que impõe esse preceito a um subordinado. No centro do preceito está o imperativo, ou a imposição do preceito, que o distingue especificamente do voto, da prece ou do pedido. Dessa própria natureza ressalta a necessidade de um princípio pelo qual o preceito é imposto e de um direito de impor reconhecido ao titular do poder[42].

A questão se transforma, pois, em busca do titular do poder de prescrever a lei. Questão à qual Suarez responde fundamentando-se numa distinção interna ao poder preceptivo. Ela se divide em *potestas praeceptiva dominativa* e *potestas praeceptiva juridictionnis*. A *potestas dominativa* se exerce sobre as pessoas privadas: é o poder do pai sobre os filhos ou servidores, do marido sobre a mulher. Sua origem é natural, mesmo que tenha havido um pacto, como no casamento. O poder de jurisdição, por sua vez, sempre incide sobre uma comunidade perfeita, sendo por isso condizente com o poder político. Segue-se que o poder de jurisdição possui uma força coercitiva muito maior porque

---

41. *De Legibus*, lib. I, cap. VII, 2.
42. *De Legibus*, lib. I, cap. VII, 3.

domina o poder doméstico. O poder de jurisdição é necessário para legislar porque a lei é um *potissimus actus*, pelo qual a república é governada, por isso deve ser empregado visando usar sempre "direito" objetivando o interesse (*commodum*) comum; portanto, esse ato cabe por si só ao poder de quem governa a república, ao qual compete ocupar-se do bem comum (*procurare bonum commune*), ou seja, ao poder de jurisdição. O poder doméstico é ordenado apenas às pessoas privadas, enquanto o poder de jurisdição é um princípio proporcional à legislação, porque as leis por si mesmas são vinculadas à comunidade. A lei prescreve segundo uma força particular que lhe permite impor; essa eficácia é a peculiaridade da jurisdição que é ato de poder público[43].

Temos ainda de precisar que esse poder de jurisdição deve ser particular para ter a competência legislativa. Os juízes têm realmente o poder de jurisdição, mas não têm o de legislar. Cumpre que o poder de jurisdição do legislador seja o poder de jurisdição supremo em sua ordem. Por isso ele pertence primeiramente a Deus e é transmitido aos legisladores mediante participação. Daí resulta que cada qual só possui esse poder na esfera de competência que lhe foi confiada e não além[44].

Toda a argumentação utilizada por Suarez gira em torno da noção de poder. Assistimos claramente a um deslocamento para a eficiência; o poder de jurisdição é definido e oposto ao poder doméstico em virtude de sua força coercitiva maior e de sua particular eficácia, de sorte que a *jurisdictio* se torna puro mando, abandonando a apreensão da realidade[45].

---

43. *De Legibus*, lib. I, cap. VII, 5.
44. *Ibid.*, 8 e 9.
45. *De Legibus*, lib. I, cap. VII, 6 e 7.

A lei é um preceito justo comandado por quem detém o poder político

Essa é a fórmula utilizada por Suarez para substituir a de Santo Tomás, segundo a qual a lei é um ato daquele que é encarregado do bem em comum. Por certo, tanto em Suarez como no Doutor Angélico, é a partir do bem comum que é formulada a questão de saber se a lei é justa ou não e se, em consequência, somente quem é encarregado dela pode legislar com justiça[46].

Também é certo que Suarez mantém firmemente que apenas a lei justa é uma lei e que, a esse respeito, ele ainda está muito afastado do positivismo mais desenvolvido. Mas a forma como ele pretende determinar essa justiça faz duvidar que ele fique na linha da concepção clássica da lei. Cumpre a princípio lembrar seu voluntarismo; Suarez é muito claro; é a vontade que faz a lei, mesmo que se trate de uma vontade informada. É igualmente necessário perguntar se, na medida em que o bem comum é ao mesmo tempo uma realidade abstrata e uma realidade fictícia, ele ainda tem condições de fornecer não só indicações ao intelecto do legislador, mas, sobretudo, uma verdadeira finalidade suscetível de atrair a vontade deste último.

Aparece com bastante clareza que Suarez adota um procedimento totalmente inverso. O fato de a lei ser feita com vistas ao bem comum decerto acarreta que ela seja obra do poder político[47], mas, quando se explica sobre esse ponto, Suarez indica que o cuidado com o bem comum não é o que legitima que o Poder Legislativo seja confiado ao poder político. Ao contrário, ele parte da capacidade para coagir[48]. Nesse campo, existe um poder supremo que é o de Deus,

---

46. *Ibid.*, 4.
47. *De Legibus*, lib. I, cap. VIII, 7.
48. *Ibid.*, 2. A comparação entre *ab eo qui curam habet (ordinandi ad bonum commune)* e *praeceptum impositum qui vim habet cogendi* ("por quem tem o cuidado de ordenar ao bem comum" / "preceito imposto que possui a força de coagir") basta para ressaltar a diferença entre Suarez e Santo Tomás.

que pode naturalmente ordenar a todas as coisas e comandá-las, pois todas lhe são submissas. Dá-se o mesmo com a cidade; nela existe um poder supremo que pode coagir os que lhe são submissos. Esse poder obriga ao prescrever aos seus inferiores. De fato, não pode nascer obrigação voluntária senão para com um cocontratante; quando não há contrato, a força obrigatória só pode provir do poder que um detém de mover a vontade de seu inferior prescrevendo-lhe um preceito[49]. Tal poder só pode ser aquele de quem depende a comunidade, pois já foi mostrado que o bem comum existe de algum modo porque esse poder o constitui por sua legislação. Mais uma vez, é a possibilidade que a lei possui de coagir que explica que ela seja necessariamente obra de um poder capaz de coagir todos os seus inferiores.

Suarez tira as consequências de suas análises examinando a justiça da lei. No que tange à lei divina, ele pode aplicar sem dificuldade um voluntarismo totalmente conforme aos seus princípios: a justiça da lei depende da vontade de quem a promulga; não há verdadeira referência a um objeto, mas somente uma espécie de exigência interna à própria natureza dessa vontade que faz que a justiça se confunda com ela, pois não poderia ser injusta. A lei divina, por ser divina, é sempre boa. Deus não poderia contradizer-se, mas, em certos casos particulares, ele pode ordenar uma disposição especial que dispensa da lei e institui para esse caso uma lei nova. Portanto, Suarez adota muito explicitamente o voluntarismo de Escoto, tomando cuidado para não cair no de Ockham. No tocante à lei humana, as coisas são um pouco diferentes. A justiça da lei humana tampouco depende de seu objeto[50]. O poder do legislador lhe é conferido por um poder superior que é o de Deus; portanto, ele não poderia ser-lhe dado para ir de encontro à vontade desse superior. Mas, fora as áreas proibidas pela lei do

---

49. *De Legibus*, lib. I, cap. VIII, 3.
50. *De Legibus*, lib. I, cap. IX, 3, 4 e 5. Suarez aqui se aproxima expressamente de Santo Agostinho.

superior, o legislador inferior se encontra num campo de atos indiferentes. Esses atos ganham então certa honestidade pelo fato de serem mandados, e a lei que emite esse mando é justa. Aliás, isto é apenas a reprodução, no nível do legislador humano, do modo de proceder do legislador divino que, também ele, torna bons certos atos indiferentes pelo fato de mandá-los. Portanto, há atos concretos indiferentes que são tornados bons ou maus pela vontade, e isto não é contrário ao princípio segundo o qual a lei deve ser justa, já que a possibilidade da ação do legislador foi-lhe aberta por seu superior. Logo, é na hierarquia dos poderes que se encontra a fonte da justiça da lei, e não em seu objeto. A coisa é suprimida. Devemos notar que, ao desenvolver essa ideia, na própria medida em que ela excluía um fim objetivo da lei, Suarez foi levado a esboçar o sistema hierárquico das leis conforme à sua definição da *ratio legis*. Tornaremos a encontrá-lo mais tarde.

A lei é um preceito estável

A emergência desse caráter da lei é extremamente surpreendente e interessante. É surpreendente porque ele parece de início contradizer o que trouxemos à luz. O voluntarismo suareziano deveria, ao contrário, favorecer a fragilidade e a mudança das leis, já que basta uma decisão para isso. Ora, não é essa a conclusão que essa fórmula pode sugerir, contudo ficará claro que essa estabilidade bem pode aliar-se com a fragilidade provocada pela vinculação da lei à vontade do legislador.

É ainda à definição expressa da lei em Santo Tomás que Suarez pretende vincular a perpetuidade da lei; é compreendida, segundo ele, na noção de *ordo rationis*. Ele parece entregar-nos aí uma das chaves de sua interpretação: a lei será estável e perpétua porque é obra da razão. Cumpre imediatamente assinalar que a *ratio* de Suarez será entendida não como uma ordem imanente compreendida pela razão, segundo a equivalência entre *ordo rerum* e *ordo rationis* estabelecida claramente por Santo Tomás (*medium rei est medium rationis*), mas como uma ordem *a priori* que em seguida será aplicada às coisas[51]. Desvela-se, assim, um vínculo muito claro e profundo entre o racionalismo de Suarez e seu voluntarismo. Vínculo cuja realidade aparece mais ainda à leitura do capítulo do *De Legibus* onde ele se empenha em mostrar que a lei é perpétua.

A perpetuidade da lei, observa Suarez, pode ser considerada duplamente, segundo o começo e segundo o fim. A primeira concerne à eternidade; ela não deve ser tratada aqui, só pode ser aplicada à lei eterna[52]. A segunda concerne ao futuro e se reduz somente a certa estabilidade da lei, que possui assim um valor e uma eficácia obrigatórios, decorrentes da finalidade e da permanência de seu ser. Essa noção pode ser considerada por um aspecto negativo: a lei indefinidamente levada a uma duração indefinida, apesar da possibilidade de revogação por causas extrínsecas e positivas. A lei é perpétua porque sua natureza ou uma disposição expressa a faz durar e jamais ser revogada.

O caso das leis não humanas é óbvio. Elas todas participam da perpetuidade. A lei eterna participa dela por definição e usufrui uma perpetuidade absoluta; a lei natural pode ser dita perpétua do lado da mente que a concebe assim como do lado do objeto cuja necessidade interna ela expressa. A lei antiga era perpétua porque estável e de longuíssima duração, mas não era irrevogável, ao inverso da lei nova que é estabelecida até o fim do mundo[53].

Há mais dificuldade para a lei humana, se bem que, segundo o método de Suarez, ela deva receber um caráter idêntico às leis divinas e naturais.

Não se trata, é evidente, da irrevogabilidade da lei, mas somente do fato de ela subsistir enquanto não for revogada.

---

51. Aqui temos, pois, a aplicação normal da equivalência entre razão e as coisas, equivalência que está no centro da epistemologia suareziana.
52. *De Legibus*, lib. I, cap. X, 1.
53. *De Legibus*, lib. I, cap. X, 2 e 3.

Suarez opta muito claramente pela perpetuidade. A lei humana é dotada de uma tríplice perpetuidade moral, ou estabilidade. É perpétua do lado do legislador, porque, mudando ou morrendo este, ela permanece; é perpétua do lado dos sujeitos que lhe são submissos, pois, ao passo que estes nascem ou morrem, ela obriga não só os que vivem atualmente, mas também os que nascerão ou os que habitarão territórios novos conquistados; é perpétua em si mesma porque, estabelecida num instante, ela dura até sua revogação ou sua mudança.

Esses são os argumentos utilizados por Suarez para estabelecer sua tese e que nos mostram o âmago de seu pensamento sobre esse ponto.

A perpetuidade da lei, quanto a quem a promulga, apoia-se, entre outras coisas, no fim da lei. A mudança frequente lhe seria prejudicial. O Poder Legislativo se encontra primeiro na própria república; ora, esta é estável e, portanto, transmite sua estabilidade ao titular do Poder Legislativo. Podemos acrescentar, no tocante às leis canônicas, um argumento *a fortiori*, pois elas procedem de um poder instituído pelo Cristo imortal. Recebem dele estabilidade e permanência. Todas as vezes que um príncipe estabelece uma lei, supõe-se que ele decida de modo estável, na medida em que isso depende dele, e há nisso uma exigência do fim da lei[54].

A perpetuidade, e não a extensão de seu campo de aplicação, é o que distingue o simples preceito da lei[55]. Um preceito pode visar uma única pessoa e, não obstante, ser uma lei se for destinado a perdurar até a sua revogação[56]. A diferença entre o preceito e a lei reside na perpetuidade[57].

A lei ainda é perpétua se olhamos os sujeitos. Tira-se de novo a afirmação da diferença entre a lei e outra institui-

---

54. *De Legibus*, lib. I, cap. X, 7 e 8.
55. *De Legibus*, lib. I, cap. X, 9.
56. *Ibid.*, 10.
57. *Ibid.*, 12.

ção, neste caso a hipótese de uma sentença geral de excomunhão. Tal sentença seria apenas um preceito, pois obrigaria realmente os sujeitos que nascem depois de sua promulgação, mas cessaria com a morte de seu autor. Ao contrário, a lei persistiria.

A razão disso é que a lei não é feita unicamente para o momento presente, mas também para o futuro. Portanto, ela obriga não só os sujeitos que atualmente vivem sob seu domínio, mas também os sujeitos futuros; ela recebe da comunidade, que é perpétua, uma participação em sua perpetuidade. A lei obriga, pois, todos os membros da comunidade, presentes e futuros, todas as suas partes atuais ou potenciais, pois as partes devem amoldar-se ao todo, o que é uma condição subentendida de qualquer sociedade humana; portanto, é da essência da lei que ela respeite essa condição[58]. Enfim, a perpetuidade da lei tem sua fonte na própria essência da lei, é uma regra e uma medida certa e permanente, é isso que significa o termo "lei". A experiência mostra que o governo humano deve ser estável para ser útil. A lei é feita visando o bem comum, que deve, também ele, ser estável. Na realidade, ela é deduzida da lei natural que é perpétua; portanto, deve imitar essa lei e sua perpetuidade, da qual ela participa. De tudo isso resulta que a diferença entre a lei e o preceito, reafirma Suarez, reside na perpetuidade de uma e na instabilidade do outro.

Toda a argumentação suareziana se apoia em duas ideias: na estabilidade da comunidade que se transmite à lei, na oposição entre o puro preceito e a lei, que faz a estabilidade aparecer como a diferença específica da lei no interior do gênero do preceito. A estabilidade da comunidade é a consequência direta da noção de bem comum que descrevemos acima, a saber, uma generalidade abstrata que já não é um bem imanente à comunidade, mas uma ordem que lhe é imposta, ordem que não é descoberta em si, mas constituída pela vontade do legislador ou, na origem, pela

---

58. *Ibid.*, 14.

dos sujeitos. Portanto, é introduzido um corte entre, de um lado, a ordem, que permanece na linha da causa formal, exclusiva da mudança, e, do outro, as mutações residentes na matéria.

Os termos utilizados por Suarez mostram bem essa oposição. Várias vezes, no decorrer da argumentação destinada a demonstrar a estabilidade da lei, ao mesmo tempo que insiste sobre a estabilidade da vontade legisladora, ele é, não obstante, obrigado a reconhecer um movimento e variações da comunidade. Mas todas estas são imediatamente atribuídas apenas à matéria, cuja causalidade mostra que ela desempenha um papel acidental[59]. O devir fica excluído do fenômeno político e, por essa razão, do legislativo. Decerto o legislador deverá levar em conta o fato, mas não para ler nele a evolução que uma natureza produz, simplesmente por eficácia e necessidade. Os fenômenos jurídicos que procuram levar em conta o devir – interpretação, costume, desuso – deixam então de ter significado positivo, são concebidos como fatalidades que cumpre empenhar-se para levar de volta à vontade do legislador, fabricadora da ordem estável, em vez de considerá-los elementos de uma ordem ao mesmo tempo estável e dinâmica em que finalidade e devir não se opõem mais do que ser e devir. Essa separação é a retomada, no nível da lei, da oposição entre uma ordem do ser essencialista em que desabrocha a metafísica suareziana e a diversidade existencial dos seres, também a retomada da oposição entre intelecto e vontade. Se a ordem estável assim concebida por Suarez é mesmo de início uma ordem de razão, como mostra a noção de dedução a partir da ordem natural, também ela perpétua, noção encarregada de justificar cabalmente a estabilidade da lei humana, a própria estabilidade dessa ordem traduz um voluntarismo profundo. O corte entre a forma e o fim faz a vontade e a inteligência do legislador escapar à medida de

---

59. *Ibid.*, 15. *Quamdiu materia non ita mutatur ut lex fiat injusta*: "Enquanto a matéria não mude a ponto de a lei ficar injusta."

uma realidade una, cujo devir e o fim que o provocam teriam transcendido as tentativas de apreendê-la. Ao contrário, graças a essa lei estável, possibilita que a vontade pretenda dominar o real. Com efeito, de um lado, a estabilidade é imposta fora da compreensão do devir; ela não leva em conta a realidade, podendo por isso ser pura e simplesmente deduzida: então a lei é um preceito, uma ordem que se manifesta na estabilidade que ela impõe à realidade. Mas, do outro, para reintroduzir o devir, é forçoso recorrer às decisões individuais, ou temporárias, ou ao comando e ao preceito no qual uma vontade particular e momentânea dispensa da vontade geral e estável da lei. Portanto, há uma separação nítida entre o preceito particular e a lei: uma é uma vontade que visa a perpetuidade, o outro uma vontade que se quer efêmera. Mas essa diferença, tão importante para Suarez, ocorre num gênero comum que é o ato de vontade: embora a lei seja estável, ela é um preceito, é um "preceito estável". Esse preceito deve ser promulgado[60].

Um preceito suficientemente promulgado

A questão da promulgação é daquelas que revelam claramente os pressupostos ontológicos e psicológicos de uma filosofia do direito. Suarez encontra-se, como quase sempre, diante de uma escolha entre dois tipos de pensamento.

O primeiro é o de Santo Tomás, para quem a promulgação é essencialmente um ato pelo qual é transmitido um conhecimento. Esse conhecimento é sobretudo o que o legislador adquire considerando as coisas, apenas secundariamente é o da vontade do legislador, a qual é, aliás, uma parte da realidade. A vontade do legislador é, pois, relativizada pela coisa conhecida. É possível tirar disso duas consequências: a promulgação é essencialmente um ato de conhecimento do qual segue uma vontade, o modo de reali-

---

60. *Ibid.*, 16 a 18.

zação desse conhecimento não é capital, e pode ser muito diverso segundo as realidades conhecidas que impõem o modo de conhecimentos delas. Entre outras coisas, a exteriorização não é essencial à promulgação, que pode, por exemplo, realizar-se por um conhecimento gradual cuja fonte é a própria realidade. Munido dessa opinião, Santo Tomás pode fazer uma aplicação muito analógica dela ao conjunto das leis, da lei eterna à lei humana.

Na tradição nominalista, a noção de promulgação é totalmente diferente. Como a lei não é extraída da observação das coisas, ela não transmite por si só um conhecimento. Ao contrário, porque as coisas são mudas, a vontade do legislador pode e deve fazer-se conhecer. Portanto, através da lei não é transmitido um conhecimento que a relativiza, mas uma vontade. Esta, que não pode ser conhecida pelas coisas, permaneceria totalmente interior e vã, se um ato não a tornasse conhecida. O conhecimento transmitido através da promulgação não pode ser lido antes nas coisas; a promulgação se torna o ato pelo qual a vontade do legislador, até então secreta, é dada a conhecer aos sujeitos para tornar-se obrigatória. Isso conduzirá a aumentar o valor do ato material da promulgação, publicação da vontade pela qual os sujeitos tomam conhecimento dela. A consequência imediata disso é a dificuldade que há em utilizar tal noção para a lei natural, porém, mais ainda, para a lei eterna. Pode-se formular a hipótese de que, junto com outros fatores, a dificuldade de aplicar a promulgação assim concebida à lei eterna contribuiu para fazer que se esquecesse a existência dessa lei. Convém ou reconhecer que a promulgação não transmite unicamente um conhecimento da vontade, mas também de um objeto fundador no qual se encontra a fonte de nascimento da lei mediante o conhecimento desse objeto, ou afirmar que a lei encontra fonte apenas na vontade do legislador, conhecida graças à sua publicação.

Suarez fica preso nesse dilema que ele vai tentar resolver em dois momentos. O primeiro consiste em retomar os termos de Santo Tomás para tentar elaborar uma noção comum da promulgação; o segundo, em esvaziar esses termos de seu sentido para, quando se tratar de aplicá-los às diversas leis, recobrar as teorias nominalistas.

Um indício muito nítido desse procedimento é a afirmação, enunciada já no início, da impossibilidade de encontrar uma *ratio promulgationis* válida tanto para a lei eterna como para outras leis[61]. Essa distorção, que ficará mais precisa no decorrer do estudo das outras leis, longe de trazer Suarez de volta a uma concepção mais analógica da lei, o que teria sido possível mas não teria deixado de acarretar uma revisão de sua noção de promulgação, vai, ao contrário, acentuar-se sob o efeito dos caracteres que ele atribui à promulgação.

Suarez não apreende a noção tomasiana de promulgação, pois está afastado dela tanto por sua teoria da livre vontade como por suas doutrinas teológicas sobre a Trindade, elas próprias dependentes de sua concepção da relação. A razão pela qual Suarez rejeita a ideia de promulgação no caso da lei eterna é que aí não há publicação; ele não consegue considerar que o Verbo divino é uma expressão do Pai. Devemos vincular essa atitude às dificuldades do pensamento suareziano concernentes às relações das pessoas divinas, em que seu nominalismo intrínseco transparece outra vez[62].

Em compensação, Suarez admite uma noção comum de promulgação para todas as outras leis, que deverá diversificar-se e variar conforme se tratar da lei natural ou das leis positivas. Conquanto continue a louvar-se em Santo Tomás, em razão de seus pressupostos voluntaristas, confere aos termos deste uma leitura muito material que o deforma. Acredita poder afirmar que a razão da promulgação é a necessidade de obrigar[63]. Portanto, por ser regra e medida

---

61. *De Legibus*, lib. I, cap. IX, 2.
62. L. Mahieu, *François Suarez, sa philosophie et les rapports qu'elle a avec sa théologie*, Paris, 1921, p. 505.
63. *De Legibus*, lib. I, cap. XI, 3.

de um legislador que impõe sua vontade, a lei deve ser conhecida. O único ato pelo qual ela pode ser conhecida é sua exteriorização. Para poder reclamar a obediência, para ser eficaz, a lei deve ser conhecida pelos sujeitos.

A ênfase é dada, pois, à eficácia do legislador que obriga mediante a promulgação, ao contrário de Santo Tomás, para quem a promulgação é o que permite à lei ser aplicada não pelo legislador, mas pelos cidadãos.

Mais do que o conhecimento de uma realidade que indica um caminho para seguir, importa que o legislador torne conhecida sua vontade. É por isso que o ato da publicação, o ato material pelo qual a vontade é proclamada assume tamanha importância: o único modo de conhecer o que é preciso fazer é referir-se à expressão da vontade legisladora. A lei natural é promulgada pela permanência da natureza[64].

Por fim, o modelo da promulgação é o da lei positiva; ela intervém por meio de um texto onde aparece claramente a expressão da vontade do legislador. Da promulgação passamos, assim, ao ato material da publicação[65]. Falta ainda perguntar se a publicação é da essência da lei ou simplesmente uma necessidade para obrigar os sujeitos. Tornamos a encontrar o problema da lei eterna e natural; Suarez, contrariamente a Castro, avalia que a publicação é necessária unicamente para que os homens conheçam aquilo a que são obrigados – não o podem conhecer de outra maneira –, mas essa publicação não é essencial à lei; pode ser suprimida pela potência absoluta de Deus, que então pode substituí-la por moções interiores. Não obstante, *ex natura loquendo* a publicação é necessária, pois isto é exigido por sua natureza de regra comunitária. Chegamos assim a uma solução duplamente voluntarista: a promulgação é um ato necessário e essencial para que a lei adquira eficácia, mas também porque torna conhecida uma vontade, e esta pode,

---

64. *De Legibus*, lib. I, cap. XI, 4.
65. *Ibid.*, 6.

em certos casos, graças à potência absoluta de Deus, dispensar essa promulgação.

De qualquer lado que abordemos a noção suareziana da lei, encontramo-nos sempre, de novo, diante de três elementos constitutivos: a vontade, um fim que se confunde com a eficiência como consequência da supressão do objeto, uma ordem do superior ao inferior.

Este último ponto já anuncia em qual tipo de ordem vai inserir-se a aplicação analógica (apenas segundo a analogia de atribuição) da *ratio legis* às diversas leis. A análise deixará claro que não só o procedimento suareziano, calcado em sua ontologia, encontra uma noção da lei muito próxima daquela dos doutores voluntaristas, Ockham e sobretudo Escoto, mas resulta numa descrição das relações das leis entre si segundo um esquema totalmente idêntico ao de seus predecessores.

Capítulo XII
A ordem das leis

A originalidade de Suarez não reside em absoluto nas diversas leis por ele enumeradas, da lei eterna à lei humana; esse já é o patrimônio comum dos teólogos.

A vontade divina e a lei eterna

Já na questão da necessidade da lei eterna, Suarez salienta-lhe a contingência enquanto lei. Toda lei necessita de uma relação, mas apenas Deus é absoluto, portanto, só pode haver relação após o advento contingente de um ser relativo: enquanto tal, toda lei é, pois, contingente, inclusive a lei eterna. Isso significa que há mesmo uma lei eterna existente desde sempre na vontade divina à qual ela é imanente, mas não é eternamente publicada e proposta aos sujeitos, pela boa razão de que estes não existem desde sempre[1]. Contudo, enquanto vontade interna de Deus, ela é eterna[2].

Na origem dessa posição encontra-se a concepção trinitária de Suarez. Segundo ele, não é possível dar à relação uma realidade distinta de seu fundamento e de seu termo, pelo menos intelectualmente. A retomada dessa posição tipicamente nominalista o impede de conceber que a lei eter-

---
1. *De Legibus*, lib. II, cap. I, 5.
2. *Ibid.*, 6.

na, mesmo sem que intervenha a criação no tempo, possa ser realmente publicada e promulgada pelo Verbo divino, distinto de sua origem paterna[3].

Por esse motivo, não julgando que a lei eterna possua em si mesma todas as qualidades necessárias suficientes para caracterizar uma lei, é obrigado a separar dela a promulgação e a submeter à realização temporal da criação o acesso da lei eterna à plenitude da lei[4].

Encontramos aqui a eficácia do comando dos sujeitos, que está no fundamento da lei eterna. Consequentemente, Suarez é levado a materializar a noção de promulgação e a acrescentar-lhe um caráter de exterioridade e de materialidade que ela não tem em Santo Tomás. Elemento de materialidade necessário à manifestação de uma vontade para outra, que um conhecimento interior é insuficiente para realizar.

Mas o que constitui o centro e a originalidade da noção suareziana não se situa exatamente aí. Sua tese da promulgação e da existência em si da lei eterna é uma consequência de sua concepção voluntarista. A originalidade da posição de Suarez se deve ao fato de ele manter a existência de uma lei eterna segundo a grande tradição teológica que vai de Santo Agostinho a Santo Tomás, mesmo quando lhe afirma o caráter voluntário[5].

Quando examina a lei eterna em seus efeitos *ad extra*, o doutor jesuíta é levado a restringir a noção de lei eterna acompanhando-a de uma reserva.

Ao governar as coisas naturais, Deus não as submete realmente a uma lei ou a um preceito, pois, se a lei é oriunda de uma vontade, ela deve obrigar moralmente; ora, a lei que governa essas coisas não implica obediência, mas somente uma necessidade. Por isso devemos concluir daí que, com relação às criaturas irracionais, a lei eterna é apenas

---

3. *Ibid.*, 9.
4. *Ibid.*, 11.
5. *De Legibus*, lib. II, cap. II.

uma lei de forma metafórica[6]. Isso merece particularmente ser ressaltado porque, se Suarez, que distingue aqui dois níveis de "natureza", emprega a analogia de proporcionalidade, é para reduzi-la imediatamente à metáfora. Isso nos faz penetrar no âmago de um sistema que, em razão de sua recusa da finalidade real, já não pode compreender a unidade ordenada do mundo em sua diversidade. A conclusão disso é a divisão do universo em duas áreas, a das coisas naturais onde reina a necessidade, até mesmo a fatalidade e a regularidade, e a dos seres racionais submetidos por obediência a outra vontade. A noção de uma lei eterna que implica uma volta de todo o universo para sua origem e seu fim desfez-se: fragmentação e dissociação resultante da aplicação consciente de uma ontologia em que já não cabe a causa final.

Mas é no estudo do ato mental produtor da lei eterna que o fim está ausente com maior evidência. Quando analisa o ato divino, Suarez recobra com coerência seu voluntarismo.

Depois de ter distinguido a lei eterna das ideias divinas, de encontro ao seu confrade Vasquez, ele reafirma a origem puramente voluntária da lei eterna. Ela é voluntária por ser livre. Não somente induz um ato de vontade, mas um ato de vontade livre[7]. Na realidade, a crítica de Vasquez tem por resultado separar o intelecto divino, que compreende as ideias, ou até os *exemplares*, do ato livre da vontade[8]. O caráter eterno e imutável dessa vontade não se opõe à liberdade do ato, ele é somente querido desde sempre[9]. Como para qualquer outra lei, a inteligência por certo intervém por um conhecimento anterior, mas o juízo da inteligência não traz determinação da vontade[10]. Esta última age apenas

---

6. *De Legibus*, lib. II, cap. II, 10.
7. *De Legibus*, lib. II, cap. III, 3.
8. *Eod. loc.*, e também de distinguir *ideae* (potenciais) e *exemplares* (atuais).
9. *De Legibus*, lib. II, cap. III, 3.
10. *Ibid.*, 5.

por si só, não é solicitada pelo objeto apreendido. Portanto, não há necessidade em sua livre vontade[11].

Podemos então chegar a uma definição da lei eterna. É acima de tudo um ato da vontade livre de Deus, sendo seu caráter voluntarista limitado, no que diz respeito ao próprio Deus, pela natureza das coisas. A livre vontade dirige seu mandamento de modo geral a todas as partes do universo. Esse mandamento é uma ordem, impõe às realidades se organizarem de tal modo que concorram para o bem querido por Deus que é, então, o bem do universo; não que esteja na natureza das coisas agir de modo imanente com vistas a esse bem, mas porque esse bem lhes é ordenado *generaliter* ele se torna comum. A lei eterna no sentido próprio se dirige a outras vontades livres, às criaturas que se veem, assim, obrigadas a livres ações[12].

Portanto, a lei eterna é essencialmente o decreto da livre vontade divina. É à vontade que compete prescrever e, logo, fazer a lei. O intelecto divino não mensura essa vontade pela sabedoria; ao contrário, o decreto divino está presente no intelecto apenas como a consciência que Deus tem de ter tomado essa decisão. É somente constatado[13].

A partir dessa noção, convém precisar a função da lei eterna. Como tudo levava a crer, a lei eterna é aquela que é a lei por essência, paradigma de todas as outras leis. Nela se realiza perfeitamente a *ratio legis*. Todas as outras leis são participações menos perfeitas daquela, constituída em *recta ratio*[14]. A lei eterna em particular chega até os homens pela lei humana, que se impõe em virtude da vontade de um legislador, que, por sua vez, recebeu de Deus delegação para legislar[15].

Depois de Suarez afirmar a participação de todas as leis no decreto voluntário de Deus, é legítimo indagar-se sobre

---

11. *Ibid.*, 4.
12. *Ibid.*, 6, 7 e 8.
13. *Ibid.*, 4, 6 a 8 e 9.
14. *De Legibus*, lib. II, cap. IV, 5.
15. *De Legibus*, lib. II, cap. IV, 4.

a capacidade desse esquema para respeitar a realidade própria da lei natural. De fato, parece que o vocabulário suareziano tende a opor o conjunto das manifestações da vontade divina, lei eterna ou divina, à lei humana[16].

A lei natural

Coloca-se a questão de saber se a lei natural é uma verdadeira lei. Essa indagação é suscitada pelos posicionamentos anteriores. A característica principal da lei é ser obrigatória; ora, a noção de natureza não é a princípio vinculada ao dever ser, mas ao que é. Uma segunda dificuldade, que resulta da compreensão dos atos livres, apresenta-se na doutrina suareziana: admitir que a lei natural exerce uma obrigação através dos determinismos cosmológicos, inclusive contingentes, equivale a dar a Deus um poder de determinar os atos livres; assim, para salvaguardar a liberdade humana, Suarez separou a lei natural em duas, excluindo os determinismos cosmológicos. Mas coloca-se de novo a questão no âmbito das leis da razão: ou elas são obrigatórias e são realmente leis, mas então o que acontece com a liberdade que se tentou subtrair aos determinismos naturais? –, ou então elas não são leis, e contradiz-se toda a tradição teológica e filosófica.

Toda a argumentação de Suarez consiste em rejeitar a noção puramente racionalista da lei natural, sem, contudo, encontrar uma noção concreta dessa lei e mantendo ao mesmo tempo que ela é realmente uma lei em razão de seu caráter obrigatório. Para tanto, bastará retomar a separação entre os determinismos cosmológicos e a lei da razão. Depois se mostra que o racionalismo é impotente para pensar a questão de saber se a lei natural é constituída pelo conhecimento da essência das coisas que se expressa na definição, de sorte que certas noções convêm ou não a essa natu-

---

16. *Ibid.*, 8.

reza, ou então se a lei natural deve ser compreendida como um juízo da razão conatural à própria essência e que teria, com relação a ela, valor de lei. Em outras palavras, a lei natural é a princípio noção ontológica, ou a princípio uma noção ética existente no sujeito? Esse modo de abordar as coisas corresponde a toda a orientação do pensamento de Suarez que se esforça em desvencilhar a ética, e portanto a liberdade do sujeito, da ordem ontológica.

Para tanto, ele inicia com uma crítica da posição de Vasquez, para quem a lei natural é a natureza racional em si mesma, na medida em que não implica contradição. O fundamento dessa posição reside na existência de ações, em si mesmo boas ou más, que não dependem de uma causa ou de uma vontade extrínseca, assim como as outras coisas que por si mesmas não implicam contradição. A refutação empreendida por Suarez visa não a ideia de que certas ações são intrinsecamente boas ou más, mas a identificação dessas ações com a própria lei natural. Depois de um argumento de autoridade, ele opõe a essa doutrina em primeiro lugar a ideia de que a essência vista assim não implica nenhum esclarecimento: ela não mostra em absoluto onde se encontra o bem e o mal, não dirige a ação, de modo que tal conhecimento não possui por si só nenhum caráter legislativo[17]. Trata-se, na realidade, de separar muito distintamente a ontologia da ética, o ser do dever ser. A constatação do que é tal, ainda que uma essência moral, não implica que isso se torne fim. O juízo já estava separado da vontade, o bem se acha separado do fim, o bem já não exerce por si só uma atração, uma causalidade final, é necessário que seja mandado, o que é a peculiaridade da lei natural[18].

É com razão que Suarez distingue, contra Vasquez, o fim da própria lei. Mantém, assim, a relatividade da lei com relação a um objeto. Mas só chega a essa solução pela me-

---

17. *De Legibus*, lib. II, cap. V, 5.
18. *Ibid.*, 6. A discussão entre os dois doutores jesuítas sobre esse ponto é característica da incapacidade para pensar juntos e distintamente, na ordem deles, ser e dever ser, fim e lei, razão e vontade.

diação do caráter obrigatório da lei, ou seja, separando a vontade de um bem, apreendido pelo intelecto, para o qual se dirige a vontade. A um positivismo da forma opõe-se um positivismo do preceito. A lei natural não é mais que uma racionalidade abstrata ou uma prescrição extrínseca. A lei natural já não é pensada senão como uma ordem das essências ou um efeito da vontade, ainda que esse efeito seja depois racional. Embora Suarez defenda com razão a distinção entre lei e objeto, não consegue, porém, preservar este de sua assimilação pela vontade, pois esta última não é mensurada pelo objeto através da mediação formal do intelecto. Por isso, embora a lei natural não seja compreendida com base no modelo do encadeamento das essências, como em Vasquez, mas com base no modelo da decisão e da prescrição, ela tem o efeito não de descobrir a ordem dos objetos concretos, mas, ao contrário, de instituir num segundo tempo uma regra constituída pela própria razão[19]. Logo, não há, com relação a Vasquez, senão uma inversão dos fatores. Decerto Suarez se aproxima muito da noção tomasiana quando mostra que a natureza é a um só tempo o que define, enquanto fundamento, e o que possui uma força prescritiva[20]. A verdade é que, em sua fonte, esse caráter prescritivo vem de uma vontade superior.

Por outro lado, Suarez não consegue reintegrar nessa natureza a totalidade do homem concreto. Dado o cuidado de preservar a liberdade, ele mantém a lei natural apenas na razão, e não consegue dar-lhe verdadeiro alcance ontológico: que ela seja ou não um *habitus* da razão, e fique assim no nível do exercício das operações racionais, trata-se apenas de uma questão retórica[21]. É sempre a vontade de preservar o livre-arbítrio contra o necessitarismo veiculado por Vasquez que o faz confundir aqui o fundamento da lei natural com o seu exercício.

---

19. *De Legibus*, lib. II, cap. V, 12.
20. *De Legibus*, lib. II, cap. V, 9.
21. *De Legibus*, lib. II, cap. V, 13.

Essa recusa de considerar a lei natural um ato secundário basta para indicar que Suarez não consegue pensá-la como desenvolvimento da natureza enquanto fundamento. Por isso deve recorrer à prescrição e, por fim, apresentar a lei natural como um mando positivo[22].

É nessa perspectiva que Suarez vai desenvolver a ideia de que a lei natural é uma verdadeira lei divina prescritiva. A inserção dessa lei no dinamismo da natureza não pode, se nos colocamos na ótica de Suarez, ser suficiente para tornar a lei obrigatória, o bem não parece ter por si só razão de fim, portanto o fim é indicado por uma força obrigatória. Mas, como tampouco existe verdadeiro dinamismo da natureza, a lei que corresponde ao que ela é só pode ser a prescrição de ser conforme à sua definição. Portanto, a lei continua sempre no plano formal, sem nunca conseguir traduzir uma verdadeira finalidade. A lei natural de Suarez é, pois, extrínseca e perfeitamente adequada à definição de todas as realidades por ela inervada. Encontramos, no plano da lei, as consequências da incapacidade de Suarez para introduzir o ser em seu exercício, para distinguir este em sua definição e em seu desenvolvimento. A lei natural se encontra, pois, imediatamente colocada ao lado da definição formal, a não ser que se vá além desse ponto de vista apresentando-a como fruto de uma vontade. É por essa razão que Suarez insiste tão frequentemente sobre o caráter obrigatório dessa lei.

Esse ponto de vista o leva a considerar antes de mais nada o legislador que promulga essa lei: Deus, verdadeiro legislador. Ora, uma lei verdadeira implica que tenha sido querida pela vontade[23]. Sem dúvida, existem atos bons ou maus em si mesmos que o intelecto divino pode conhecer[24].

---

22. Isto evidentemente deve ser esclarecido pela ontologia suareziana de um ser já totalmente conforme à sua definição, para o qual uma lei natural só pode ser uma prescrição extrínseca a seu desenvolvimento (na verdade inexistente) e perfeitamente adequada ao que ele é.
23. *De Legibus*, lib. II, cap. VI, 6.
24. *Ibid.*, 11.

Mas Suarez aplica muito nitidamente a separação entre intelecto e vontade herdada de Escoto[25]. O juízo não somente é obra do intelecto, mas o objeto conhecido não exerce, através do juízo, causalidade final. O intelecto julga pura e simplesmente, e apenas uma vontade prescritiva, independente do juízo, pode tornar obrigatórios esses atos bons ou maus em si mesmos. Suarez, diga o que disser, não consegue sair realmente do intelectualismo de Vasquez, nem do voluntarismo escotista, sua análise quase coincide com os termos de Biel: aos atos bons em si mesmos (*lex indicativa*) deve acrescentar-se a prescrição (*lex imperativa*)[26]. O receio justificado do necessitarismo racionalista o lança para o voluntarismo. Assim como não consegue situar a ordem das faculdades, não poderá recobrar a ordem dos caracteres da lei.

Pela própria razão dessa dicotomia, a lei natural é, pois, de um lado, uma prescrição voluntária e, do outro, uma proposição racional. Na medida em que é prescrita, impõe-se pelo peso da vontade; na medida em que expressa a ordem das essências, ela constitui uma proposição ou um conjunto de proposições que formam um sistema de leis e de direitos naturais e a base de um sistema de leis positivas.

Não se deixará de notar que a construção desse sistema tem como fundamento a aplicação à lei natural da *vera ratio legis* segundo a analogia de atribuição. É por ela ser lei verdadeira que o caráter prescritivo deve ser acrescido à ordem das essências morais.

O ponto inicial do sistema é a vontade divina. A lei natural é essa vontade que, depois de ter conhecido as essências dos atos, impõe a obrigação deles. Essa lei é conhecida pela própria razão[27]. Ela contém todos os princípios evidentes da moralidade. Desses princípios, poderá ser deduzido

---

25. *Ibid.*, 6.
26. Como se, por si só, o bem já não acarretasse obrigação. Escoto e Biel são expressamente invocados. *Ibid.*, 11.
27. *Ibid.*, 10.

o conjunto da moralidade. No entanto, a experiência revela a existência do movimento e da contingência de nossos atos, da dificuldade de se determinar, de exceções à lei devidas à interpretação ou à equidade. A ação ocorre num meio totalmente diferente daquele das essências, Suarez está bem consciente dessa dificuldade, mas atém-se a uma ontologia do *esse essentiae*[28], que lhe impõe pensar o movimento numa oposição dialética a um ser idêntico a si mesmo. Todos os fenômenos de movimento com relação à lei vão ser apresentados segundo essa dialética.

O pensamento de Suarez a esse respeito se articula em dois momentos: a afirmação da unidade e da imutabilidade da lei natural, dos seus princípios às suas conclusões, e a rejeição de tudo o que manifesta variação e maleabilidade num campo oposto ao do encadeamento das razões.

Com efeito, o primeiro momento do pensamento suareziano consiste em manifestar a coerência da lei natural. Esta é conhecida em seus princípios pela própria razão que se conhece, e conhece, desse modo, a ordem divina[29]. Podemos distinguir nessa lei diversos graus. Há, inicialmente, princípios primeiros e princípios mais determinados; ambos não podem ser postos em dúvida, são *nota ex terminis*. Vêm em seguida as conclusões. Ora, segundo Suarez, aqui tomando nitidamente posição contra Santo Tomás, essas conclusões são adquiridas por um raciocínio evidente[30]. Não se trata em absoluto de uma quase-conclusão. Suarez se apoia primeiramente na estrutura do Decálogo[31]. Mas, sobretudo, segundo Suarez, não se pode de modo algum duvidar da verdade das conclusões, pois ela está contida nos princípios que são, por si sós, evidentes[32]. Logo, pode-se, sem inconvenientes, aplicar aqui um silogismo dedutivo. O princípio contém virtualmente suas conclusões. Não há,

---

28. *Ibid.*, 11.
29. *De Legibus*, lib. II, cap. VI, 24.
30. *De Legibus*, lib. II, cap. VII, 5.
31. *De Legibus*, lib. II, cap. VII, 6.
32. *Ibid.*, 7.

pois, nenhuma razão para que seja necessário um novo juízo sobre a realidade para levar em conta a particularidade da situação; esta não tem de ser considerada em sua relação com o fim, sob o ângulo de uma similitude de relação do princípio com o fim. Apenas o aspecto formal merece ser guardado, pois, da conclusão ao princípio, como na relação das leis entre elas, não há similitude de relações com um fim entre realidades de níveis diferentes. Apesar dessa diferença de níveis, a *ratio* é idêntica e, por fim, única. Com obstinação, Suarez prossegue a substituição da analogia de proporcionalidade por uma analogia de atribuição. A aplicação desse princípio de seu pensamento nessa matéria mostra que, finalmente, para além da pretensa modulação da *ratio* segundo os níveis, esta permanece idêntica. Então já não se trata somente de substituir uma analogia por outra, mas, no fundo, de regressar, para além de qualquer forma de analogia, para a univocidade eleática. Desse modo a lei natural, como o ser, acha-se constituída num bloco indivisível, cuja univocidade se expressa pelo processo rigorosamente dedutivo que tira as conclusões dos princípios.

Esse sistema não pode suportar nenhuma mudança, tampouco nenhuma alteração. Logo, é imutável e universal. A lei natural é una porque o homem é um ser uno[33]. Ela é una em cada homem[34], mesmo que não seja inteiramente conhecida[35]; é idêntica em cada tempo e em cada lugar porque é a expressão da própria natureza, assimilada por Suarez à quididade. A natureza é imutável, seja ela considerada *esse essentiae*, seja considerada *esse objective* presente no intelecto divino[36]. Assim, tampouco o direito natural pode mudar, pois ele é uma propriedade que decorre da natureza[37]. A lei só pode ser mudada por uma intervenção do legislador, ou por uma mudança de matéria que a tornaria in-

---

33. *De Legibus*, lib. III, cap. VII, 4.
34. *Ibid.*, 5.
35. *Ibid.*, 6.
36. *Ibid.*, 8; e *De Legibus*, lib. III, cap. XIII, 2.
37. *Ibid*.

justa³⁸. Ora, aqui, nenhum desses dois processos pode intervir. A lei natural expressa uma verdade, verdadeira por si³⁹, que não pode mudar. Quanto às conclusões conhecidas a partir desses princípios, elas são fruto de um raciocínio rigoroso, baseado em princípios verdadeiros; não podem, pois, ser erradas. Seja qual for, portanto, a eventual variação das coisas, a lei natural continua verdadeira e não pode variar.

Suarez tem perfeita consciência de se opor expressamente a Santo Tomás e a Aristóteles sobre esse ponto⁴⁰. Isso a que chamam mudanças da lei natural não o são, são somente mudanças da matéria da lei que não afetam em nada a própria lei. Alguns princípios da lei, gerais ou particulares, não podem admitir mudança alguma, outros admitem uma limitação por parte da matéria. Mas, na prática, formulamos esses princípios de forma absoluta, esquecendo que estão incompletos. Pois, quando a matéria muda, esses princípios permanecem: de fato, eles contêm em si mesmos não só uma prescrição positiva, mas também uma prescrição negativa contrária. De sorte que a lei natural, mudando as circunstâncias, não somente não obriga a fazer tal coisa, mas ainda obriga a não fazê-la. Assim é que, na célebre hipótese do depósito, o preceito que impõe devolvê-lo vale unicamente para os casos que a reta razão permite considerar normais. A promessa de devolvê-lo, tendo mudado as circunstâncias, já não deve ser mantida, não porque a lei mudou, mas precisamente porque ela impõe aqui não o devolver.

Isso pode comparar-se com as proposições da física que, em qualidade de conclusões científicas, são imutáveis e sempre verdadeiras. E, no entanto, em face desta ou daquela matéria, a lei científica parece ser considerada erradamente. Mas essa lei deve ser entendida *rebus sic stantibus*; portanto, ela contém um princípio que nesse caso per-

---

38. *De Legibus*, lib. II, cap. XIII, 3.
39. À maneira das *regulae* agostinianas.
40. *De Legibus*, lib. II, cap. XIII, 7.

mite adotar outra conclusão. Logo, não foi a lei que mudou, mas a matéria[41].

A oposição a Santo Tomás e a Aristóteles manifestada aqui significa mesmo, para Suarez, a incapacidade para considerar a expressão das coisas relativamente a elas mesmas. Cumpre estabelecer um rigoroso paralelo entre a lei e o que elas são. Para tanto, cumpre reduzi-las à essência delas. Aí pode haver adequação perfeita entre as realidades e os conceitos. Isso conduz, evidentemente, a construir uma lei natural que se desenvolve na abstração. Por certo, o surgimento das variações materiais se impõe como um fato, mas é um fato que não se integra numa ordem finalizada. Ele vem perturbar a ordem formal. O único meio de integrá-lo nela consiste em recorrer a uma unidade abstrata superior, que permite dizer que a própria lei contém o princípio e seu contrário. Em vez de considerar a imperfeição da lei em comparação ao que existe e, portanto, admitir certa maleabilidade vinculada à sua natureza de lei, é, ao contrário, a sua natureza – *vera lex praeceptiva* – que impõe introduzir-lhe uma dialética totalizadora, único artifício suscetível de conservar sua completa imutabilidade.

É segundo os mesmos princípios que Suarez vai forcejar para reduzir todos os fenômenos que poderiam atingir a imutabilidade da lei natural.

Os teólogos discutiam havia muito tempo sobre a possibilidade de Deus mudar ou não certas disposições da lei natural. Suarez começa rejeitando expressamente a tese de Ockham segundo a qual Deus pode dispensar totalmente da lei natural[42], pois a lei natural contém preceitos fundamentados em realidades e não é vinculada a prescrições extrínsecas[43]. Tal doutrina tem consequências absurdas e leva a introduzir uma contradição na vontade divina[44]. Tampou-

---

41. *De Legibus*, lib. II, cap. XIII, 7.
42. *De Legibus*, lib. II, cap. XV, 3, 4.
43. *Eod. loc.*
44. *Eod. loc.*, 5.

co se aceitará a opinião de Escoto[45], pois os preceitos da segunda Tábua não obrigam somente em virtude da legislação dada a Moisés, mas contêm obrigações vinculadas a bens e a males que existem em si mesmos, embora não digam respeito a Deus[46]. Suarez repele, enfim, a distinção estabelecida por Durand e Major entre os preceitos afirmativos e os preceitos negativos, podendo uns ser objeto de uma dispensa e os outros não[47]. Aliás, os dois autores em questão não estão de acordo em determinar quais são os princípios suscetíveis de dispensa. Suarez então adere à tese de Santo Tomás[48], pelo menos tal como a compreende, e afirma, na esteira do Doutor Angélico, que a lei natural não pode, em nenhum caso, ser objeto de uma dispensa. Quando Deus parece dispensar de uma disposição da lei natural não age como legislador, mas como juiz que leva em conta uma modificação da matéria da lei e, portanto, na realidade não dispensa[49]. Claro, o próprio Deus pôde provocar essa mudança da matéria, não enquanto legislador, mas somente dispondo de outra potência. Com efeito, sabemos que os preceitos da lei natural são acompanhados de disposições que os vinculam às circunstâncias da aplicação deles e que, quando estas variam, cumpre apelar para outros princípios que levem em conta essas circunstâncias[50]. Nessas condições, o preceito continua sempre idêntico; é isso que resulta do exame dos exemplos classicamente evocados nesse ponto: sacrifício de Isaac, casamento de Oseias, despojos dos egípcios[51].

É permitido duvidar de que Suarez retome aqui a integralidade do pensamento de Santo Tomás, que, numa visão finalizada, admitia graduações na imutabilidade e a possi-

---

45. *Eod. loc.*, 6 a 9.
46. *Eod. loc.*, 9, 11.
47. *Eod. loc.*, 13.
48. *Eod. loc.*, 16.
49. *Eod. loc.*, 19.
50. *Eod. loc.*, 26.
51. *Eod. loc.*, 20, 21.

bilidade de uma mudança da lei natural em certos casos (pois, como toda lei, ela só vale *ut in pluribus*). Ele não reportava essas mudanças unicamente à matéria, mas também às mudanças da natureza[52], e considerava que também os preceitos do Decálogo deveriam ser compreendidos segundo uma graduação de acordo com o fim. Não parece que se possam encontrar essas variações em Suarez, para quem a imutabilidade da natureza é completa[53], a não ser que a matéria venha de certo modo lhe lançar uma desordem que já não se possa compreender no âmbito de um cosmos ordenado. Deve haver uma rigorosa equivalência entre a verdade dos princípios da lei natural e as conclusões que dela são tiradas[54]. É precisamente aqui que se manifesta com mais clareza a incapacidade de Suarez de conceber ao mesmo tempo a imutabilidade da lei natural e as mudanças que podem afetá-la em certos casos, por referência a uma ordem finalizada, ou seja, necessariamente analógica. A única possibilidade é estender a imutabilidade da lei natural de modo unívoco à totalidade de seus preceitos, salvo que se reconheça nas mutações não dispensas, mas intervenções de uma potência divina não finalizada pela mediação da matéria. Estas não são dispensas, por não parecer introduzir, como o fazia Escoto, uma oposição no interior da lei natural; aqui, a oposição se situa entre a lei e sua aplicação.

Isso é revelado de modo particularmente evidente pela maneira como Suarez considera a equidade em questão de lei natural.

Ele começa distinguindo a *epieíkeia* da interpretação. A interpretação é uma noção mais ampla do que a *epieíkeia*. A equidade é unicamente uma correção da lei, tornada necessária pela presença de um caso particular perante o qual a lei se revela imperfeita. Mas também podem existir outras

---

52. S. Tomás, Ia IIae, quaest. XCIV, arts. V, VI.
53. Suarez confunde *mutatio* e dispensa (no sentido escotista de ato oposto à lei).
54. *De Legibus*, lib. II, cap. XV, 29.

maneiras de interpretar a lei, por exemplo, para esclarecer um sentido até então obscuro, o que não acarreta então nenhum recurso à *epieíkeia*[55]. A lei natural pode ser objeto de numerosíssimas interpretações destinadas a lhe determinar o sentido, a tirar todas as conclusões dos princípios que ela contém. Cumpre pesquisar nos próprios preceitos as condições circunstanciais neles inscritas e que permitem determinar-lhes o sentido[56]. Assim, considera-se a lei natural um verdadeiro texto do qual se tiram as conclusões e cujo verdadeiro sentido deve-se procurar compreender. Essa interpretação considera o texto legislativo em si mesmo[57], sem jamais recorrer a uma realidade exterior a ele, pois ele já contém todas as circunstâncias e as condições de sua aplicação. Então fica evidente que a lei natural nunca pode ser defeituosa; ela já encerra, a título de *recta ratio* fundamentada na essência das coisas, a totalidade das próprias coisas. Já que nunca ela é falha perante as coisas particulares, elas próprias reduzidas à essência delas[58], nunca há motivo de corrigi-la, e a equidade não tem nenhum papel para desempenhar em matéria de lei natural. Os casos invocados como exemplos de recurso à *epieíkeia* devem ser compreendidos apenas como mudanças de matéria já integradas à lei natural[59].

De fato, Suarez desenvolve sua doutrina da participação das leis numa *ratio* idêntica. Como é devido, ele pensa a lei inferior baseado no modelo da lei superior e chega assim a confundi-las, o que o leva a pensar a lei natural como uma realidade em si que abrange o conjunto da realidade, ou seja, como a lei eterna que inclui nela os decretos particulares, não obstante ordenados, e não mais como uma participação limitada do conhecimento humano nessa or-

---

55. *De Legibus*, lib. II, cap. XVI, 4.
56. *Ibid.*, 6.
57. *De Legibus*, lib. II, cap. XVI, 7 e 9.
58. *Ibid.*, 13.
59. *Ibid.*, 7.

dem⁶⁰. Por conseguinte, a unicidade de *ratio* produz todos os seus frutos, dá a ilusão de que, pelo conhecimento da lei natural, apreendemos, à custa de algumas deduções, a ordem universal. A participação humana, limitada, imperfeita, se substitui ao seu modelo, que ela atinge de forma adequada. Já não há distância entre o que existe na realidade e o que existe no espírito. O mistério da lei eterna é substituído pelo sistema conceitual da lei natural.

Portanto, Suarez é fiel aos seus princípios até suas últimas consequências. A lei natural exprime a essência das coisas, as quais se desenvolvem segundo essa quididade; logo, ela sempre continua adequada à totalidade da realidade. A partir dos princípios, é possível atingir a totalidade da realidade. Contrariamente ao que se passa em Santo Tomás, a matéria não impõe em absoluto uma aplicação maleável da lei e uma integração dos casos particulares numa ordem finalizada. Por certo Suarez às vezes alude à matéria como manifestação da potência divina, mas, apesar de sua distinção judiciosa entre o legislador e o juiz em Deus, ele jamais consegue fazer o segundo primar sobre o primeiro, mostrando assim como nele a univocidade pesa definitivamente sobre a realidade.

A lei humana reproduz um esquema totalmente idêntico.

A lei humana

Antes de iniciar o exame da lei humana em si mesma, temos de evocar, sem nos demorar além da conta, a origem dessa lei⁶¹. A propósito disso, Suarez expõe uma doutrina

---

60. O que significa o advento de uma univocidade racional que se opõe necessariamente a toda transcendência; Suarez já fornece aqui, como herdeiro de Biel, armas a Grócio; o *etiamsi daremus Deum non esse*... recebe aqui seu verdadeiro fundamento metafísico.

61. H. Rommen, *Die Staatslehre des Franz Suarez*, Munique, 1927; H. Rommen, "Variaciones sobre la filosofia jurídica y política de Fr. Suarez", *Pen*sa-

da constituição da cidade que repercute na forma como ele desenvolve sua concepção da lei humana.

A questão se coloca a propósito da lei e do poder que a sustenta, pois a lei obriga, ao passo que, por natureza, os homens são livres e não submetidos uns aos outros. Inversamente, Suarez reafirma, de acordo com a tradição aristotélica, o caráter natural da vida política e sua necessidade[62]. Acrescenta que essa comunidade exige também, dada a sua natureza, uma autoridade suprema à qual compete legislar[63]. Essa autoridade não pertence a um homem em particular, mas ao conjunto dos homens considerados coletivamente, na medida, todavia, em que decidam formar uma comunidade política, pois se trata precisamente do poder político[64]. Isso quer dizer que Suarez desenvolve aqui uma doutrina contratualista e genética da constituição da cidade? Se seguimos suas explanações até o fim, nós o vemos especificar que esse poder é imediatamente conferido por Deus como uma propriedade diretamente ligada à natureza humana. Assim, quando os homens se reúnem em cidade, empregam de modo voluntário uma propriedade da natureza deles[65]. A comunidade política que edificam atende a essa exigência e é para eles uma ocasião para designar um titular da autoridade cuja presença também é uma exigência da natureza da comunidade política. A vontade humana intervém igualmente para designar o modo de exercício desse poder e suas regras de devolução. Portanto, ela parece mesmo integrar-se sempre na finalidade de natureza, a qual, por sua vez, não é em absoluto oposta ao seu exercício. Sobre esses pontos, o pensamento de Suarez, ao menos nessa obra, é fiel ao pensamento clássico.

---

miento, 1948, pp. 493-507; Gomez-Robleda, "El origen y el sujeto de la autoridad en Suarez", *eod. loc.*, pp. 530-81; G. Jarlot, "Les idées politiques de Suarez", *Archives de Philosophie*, LII, 1947, pp. 65-107; M. Lanseros, *La autoridad civil en Francisco Suarez*, Madri, 1949.

62. *De Legibus*, lib. III, cap. I, 3.
63. *De Legibus*, lib. III, cap. I, 4, 5 e 6.
64. *De Legibus*, lib. III, cap. II, 3.
65. *De Legibus*, lib. III, caps. II, 4, e III, 6.

No entanto, ele parece um tanto marcado pelas doutrinas contratualistas quando precisa que essa constituição voluntária é contrária à liberdade natural e consiste num ato da vontade pelo qual o homem modifica a natureza[66]. Sugerindo essa oposição, ele introduz uma incoerência em seu pensamento, pois, se a vida política é uma exigência da natureza, os limites que ela impõe à liberdade também o são. É possível que essa incoerência seja o preço que Suarez tenha de pagar para ser fiel aos seus princípios mais gerais. Com efeito, é provável que a separação profunda entre o intelecto e a vontade, em sua perspectiva necessária para salvaguardar a liberdade, repercuta ainda aqui. Se admitimos que o intelecto descobre na natureza a exigência da vida política, a vontade deve conformar-se a essa exigência; ela o faz dirigindo-se para essa forma de bem que a vida política é e empregando livremente os meios de realizar essa obrigação natural. Portanto, a vida política não se opõe à liberdade; é, ao contrário, uma manifestação desta que se conforma voluntariamente à natureza e utiliza suas capacidades de invenção. Pelo contrário, se a liberdade se manifesta em sua oposição ao intelecto, o que é apreendido pelo intelecto é concebido como uma necessidade que vai de encontro à natureza humana definida por sua liberdade, de modo que devemos ler na natureza uma exigência à qual a liberdade deve atender voluntariamente e, ao mesmo tempo, fazer dessa exigência uma alienação dessa liberdade, porque ela obriga a vontade a se submeter a uma ordem comunitária que, pelo menos sob um aspecto, mostra-se como uma negação da liberdade. O uso da liberdade no contexto das incitações da natureza é pensado em termos de oposição ali onde se poderia ter visto uma ordem não coercitiva. De novo Suarez não consegue libertar-se de um pensamento da oposição.

Essa mesma oposição aparece se considerarmos o que a lei é. Tendo estabelecido a razão como uma fonte de neces-

---

66. *De Legibus*, lib. III, cap. II, 3.

sidade unívoca, só é possível preservar a liberdade se a vontade se desenvolve com toda a independência. Por isso, quando Suarez chega a decidir o que é a forma intrínseca da lei, o que a define formalmente, ele não hesita e declara que é a intenção do legislador humano que faz a lei, pois a lei é essencialmente produzida por sua vontade. A vontade é *intrinseca forma et anima legis*. O próprio ser da lei reside nessa vontade. Todos os atos morais pertencem ao mesmo caso[67].

Já que a lei é uma prescrição, deve existir nela um elemento essencial que obriga os que lhe são submissos; esse elemento é justamente a vontade, pois somente ela dispõe do poder de obrigar, ou seja, de forçar um indivíduo a seguir a vontade de seu superior, por bem ou por mal[68]. A efetividade e a eficácia da lei dependem da presença desse elemento. É assim porque o bem conhecido pelo intelecto por si só não basta para atrair a vontade, e porque o ato pelo qual o intelecto do legislador conhece o que é bem não reflete em absoluto sobre a vontade. O conhecimento é unicamente um conhecimento formal do objeto. Segue-se que a razão não intervém no processo de mando. Claro, ela está lá para conhecer o que é bem ou não, mas sua função acaba aí. Decerto ela também é o meio pelo qual o intelecto dos sujeitos é informado do que é obrigatório. A comunicação da obrigação aos sujeitos exige que o legislador empregue uma forma acessível ao intelecto deles, mas essa forma, aqui não mais do que para o próprio legislador, não transmite informação sobre o objeto apreendido como fim bom que atrai a vontade. O conhecimento transmitido pela forma racional da lei é unicamente o da intenção do legislador[69]. Por conseguinte, não existe realidade alguma além da lei com a qual esta deva ser proporcionada, ou, mais exatamente, não existe realidade alguma que supere ao mes-

---

67. *De Legibus*, lib. III, cap. XX, 3.
68. M. Lanseros, *La autoridad...*, op. cit., p. 142; G. Ambrossetti, *La filosofia della legge di Suarez*, Roma, 1948, pp. 67-92.
69. *De Legibus*, lib. III, cap. III, 10.

mo tempo a lei e a vontade do legislador, deixando-as mediatas e relativas. Se há algo além da lei, não é além, mas anterior, é a vontade interna do legislador. Entre essa vontade e essa lei nada emerge[70]. Portanto, a vontade pode manifestar-se inteira na lei sem encontrar o menor obstáculo. A forma da lei será, desse modo, equivalente a essa vontade. Nenhuma coisa vem obrigar a lei a se flexibilizar para melhor amoldar-se aos contornos de um real inexaurível. Portanto, a lei pode revestir a forma de uma emissão da razão unívoca e imediatamente adequada à realidade, ainda mais porque essa própria realidade é apenas uma forma das formas.

De um lado, o legislador recebe do exterior apenas uma indicação limitada à dimensão formal da realidade e seus conceitos são imediata e totalmente adequados a essa realidade. Sua informação é, pois, limitada ao conhecimento das essências, o que constitui a lei natural. Ele pode imediatamente aplicar esta última particularizando-a, por modo de dedução ou, então, ele dispõe de um campo que é deixado à sua liberdade e no qual ele age como quiser[71]. Ou a lei natural se impõe estritamente porque é inteiramente apta para apreender a realidade, eventualmente mediante algum raciocínio, ou o legislador é entregue à sua própria vontade. A lei apresenta-se, pois, sob o aspecto de uma determinação por restrição ou de uma decisão. Mas, do outro lado, ela sempre deve atingir o intelecto dos sujeitos sem passar pela mediação das coisas; assim ela sempre reveste o aspecto de uma verdade formal que atinge imediatamente a totalidade da realidade.

Desse modo, a demonstração de Suarez consiste em reduzir todos os fenômenos que desmentem essa asserção excessivamente otimista a uma descida para o detalhe da *ratio* formal contida na lei, em vez de fazê-los aparecer, como

---

70. Rioza, *La interpretación de las leyes y la doctrina de Francisco Suarez*, Madri, 1925, pp. 148-9.
71. M. Lanseros, *La autoridad...*, *op. cit.*, pp. 142, 143.

ocorria na tradição medieval e aristotélica, como casos de relativização da lei pelas coisas que se manifestam mais como fins do que como formas.

A lei indica uma *ratio* que convém fazer que desça até os menores elementos da realidade. O primeiro degrau dessa descida consiste na comunicação aos sujeitos realizada pela promulgação. Esta assume aqui uma importância e um sentido muito particulares. Sendo a comunicação de uma vontade, seu sinal[72], ela transmite, para além da forma, a causa eficiente, ou melhor, na linguagem de Suarez, a forma intrínseca da lei, ou seja, a intenção do legislador. Pensando o legislador humano com base no modelo do legislador divino, que não é relativizado por nenhuma realidade existente e cuja vontade só é possível conhecer por suas manifestações exteriores, sem a ajuda de uma referência comum e transcendente, a promulgação se torna o único meio de conhecer o que o legislador decidiu no íntimo de sua vontade, sem que jamais seja possível conhecer esta por referência ao que existe. A *ratio* assim transmitida não é, pois, senão a forma revestida por uma vontade e, em nenhum caso, um elemento de conhecimento da realidade; ela remete incessantemente à vontade interior do legislador[73]. Portanto, assume uma importância primordial para determinar a partir de quando os sujeitos ficam obrigados, pois eles só podem ser obrigados por essa manifestação da vontade, não tendo nenhuma outra possibilidade de conhecer a obrigação deles.

Mas a lei também encontra uma realidade que não depende da vontade do legislador e que, parece, obriga este a flexibilizar suas prescrições para amoldar-se a essa realidade. Diante desse problema, Suarez fica bem embaraçado por seus posicionamentos anteriores, por isso é muito comum o vermos tentar eliminar e reduzir os fenômenos jurídicos que traduzem habitualmente a mudança.

---

72. *De Legibus*, lib. III, cap. XVI, 1.
73. Embora dela se distinga. *De Legibus*, lib. III, cap. XX, 11.

Pode acontecer, antes de tudo, que a lei deva ser interpretada[74]. A interpretação é, segundo Suarez, uma declaração do sentido da lei, ou seja, uma pesquisa sobre a vontade do legislador através de suas palavras[75], a qual constitui a forma da lei. Por certo essa vontade é expressa racionalmente, uma vez que a lei contém uma *ratio*; a interpretação só abrange o sentido das palavras com relação à vontade do legislador[76]. Portanto, cumpre privilegiar a pesquisa do sentido das palavras com relação à pesquisa da *ratio legis*, sendo inútil referir esta última a outra coisa que não seja a intenção do legislador[77]. Aliás, o sentido das palavras pode ser suficiente para indicar diretamente a vontade. No entanto, é possível que o legislador tenha expresso a *ratio legis*, que então deveremos levar em conta, já que doravante ela faz parte do que foi querido pelo legislador. Se, ao contrário, a *ratio* não foi indicada pelo legislador, pesquisá-la é uma empreitada muito aleatória e arbitrária que só pode redundar numa opinião doutrinal sem grande valor[78].

O sentido da tese de Suarez se revela com muita evidência quando ele examina a questão da eventual extensão da lei. A interpretação literal permite estender a lei até a extensão máxima do sentido jurídico preciso das palavras, se se trata de uma lei favorável, mas, se se trata de uma lei desfavorável, ater-nos-emos ao sentido natural das palavras, a menos que haja uma razão particular excepcional[79].

Até aqui, segundo Suarez, permanecemos na interpretação literal; saber se é possível ir mais além é uma questão controvertida. Alguns querem ater-se apenas à vontade ex-

---

74. Rioza, *La interpretatión...*, *op. cit.*, pp. 148-9; M. Lanseros, *La autoridad...*, *op. cit.*, pp. 142-3; Lefèvre, *Les pouvoirs du juge en droit canonique*, Paris, 1938, pp. 28, 62, 63.
75. *De Legibus*, lib. VI, cap. I, 11; cf. *De Legibus*, lib. VI, cap. I, 14.
76. Se bem que essas palavras devam ser compreendidas não em relação à realidade presente, mas em relação à realidade em que o legislador emitiu sua vontade.
77. *De Legibus*, lib. VI, cap. I, 15.
78. *Ibid.*, 20.
79. *De Legibus*, lib. VI, caps. II, 3-6, e III, 1-5.

pressa na lei, e acham temerária qualquer outra extensão, mas outros acham, ao contrário, que a lei não pode estender-se de modo material, mas que se deve estender a lei consoante a *ratio*.

Para tomar partido, precisamos antes determinar o sentido desse uso da similitude de *ratio* sobre a qual uns e outros divergem[80]. É possível compreender que dois casos diferentes mantêm relações similares[81], conquanto diferentes em sua realidade, com a lei. Trata-se então daquilo que os lógicos e metafísicos denominam uma analogia de proporcionalidade. Se admitimos o uso desse gênero de analogia, isso significa aqui que podem apresentar-se casos que não entram em absoluto no campo conceitual imediato da lei e que, não obstante, por realizarem em sua diversidade de natureza uma relação não idêntica mas semelhante aos casos expressamente previstos, podem ser compreendidos como realizações diversas dessa *ratio legis*. Se tomamos partido por esse tipo de analogia, consideramos que a lei pode não receber aplicação uniforme e até que, no fundo, ela recebe apenas aplicações diversas e particulares que são, porém, ordenadas, ordem expressa por essa *ratio*. Admitimos, pois, que há mais na realidade do que na lei, que a lei sempre se compreende num cotejo com os casos singulares que ela rege; estes são ao mesmo tempo singulares, já que requerem que a lei leve em conta as variações, e similares, já que uma mesma lei mantém com todos relações semelhantes, pois sua *ratio* também é pertinente para atingir todos esses casos, cada um deles diferentemente. Isso significa que há na realidade mais do que o texto, mas que esse elemento não se opõe à realidade, já que o texto guarda vocação para atingir os outros casos para os quais ele pode ser pertinente. O texto se insere numa ordem que ele atinge pela forma, mas onde há mais do que a forma; o ponto de vista formal não é desqualificado, é somente relativizado. Essa maneira de

---

80. *De Legibus*, lib. VI, cap. III, 2.
81. *De Legibus*, lib. VI, cap. III, 3.

raciocinar é a dos glosadores e da tradição jurídica medieval, marcada por sua educação aristotélica. Mas sabemos que no plano metafísico Suarez se opôs com muita clareza à analogia de proporcionalidade, recusando levar em conta o ponto de vista do ato e, portanto, ver na analogia de proporcionalidade o que poderia vir a introduzir certa confusão na ordem dos conceitos; assim também ele rejeita aqui, em termos quase idênticos, o que poderia vir transtornar a ordem dedutiva dos conceitos jurídicos a partir da lei[82]. A extensão por similitude de *ratio* deve ser banida porque implica uma continuidade da natureza para além da vontade do legislador, que não pode limitar a lei se se apresentam situações imprevistas. Ora, o que faz a lei é a vontade do legislador, a qual só pode abranger os casos expressamente queridos pelo legislador. Este último sempre pode querer que sua vontade não se aplique a casos mesmo semelhantes e introduzir uma ruptura entre esses casos semelhantes. Cumpre, na realidade, que o legislador encerre a totalidade dos casos que ele quer atingir num conceito preciso que compreenda todos os casos de mesma definição, mas nada além[83]. O princípio da analogia se torna então a identidade de *ratio* e não mais a similitude. A lei contém uma *ratio* que deve ser aplicada a todos os casos que caem sob ela. Trata-se de uma aplicação a partir de um texto, que de certo modo contém a *ratio* ideal e à qual todos os casos aos quais ele se aplica vêm conformar-se[84]. Todos os casos aos quais a lei se aplica são, pois, concebidos como contendo, apesar de uma diversidade aparente, uma *ratio* idêntica. Esta não é diferente do que ela é na lei; revela uma unidade profunda da realidade, unidade fundamental que lança numa relação dialética todos os casos que não podem ser agrupados sob a *ratio* idêntica[85]. Isso se aproxima, claro, da concepção sua-

---

82. *De Legibus*, lib. VI, cap. III, 4.
83. *De Legibus*, lib. VI, cap. III, 9 e 10.
84. *De Legibus*, lib. VI, cap. III, 14 e 16.
85. *Ibid.*, 19 e 20.

reziana dos *entia moralia* agrupados sob a quididade deles, mas também marca o abandono definitivo, em questão de filosofia do direito, de uma lei maleável, apta para aproximar-se da realidade de modo diverso e cuja aplicação supera a vontade do legislador, escapando-lhe parcialmente diante dessa realidade. Suarez a substitui por uma noção da lei conforme à sua metafísica. Assim como a unidade de *ratio* lhe permitia considerar o mundo com um único olhar, ele permite aqui ao legislador atingir adequadamente, numa única emissão de vontade, toda uma classe de fatos reduzidos ao idêntico.

É a mesma extensão da vontade, sob a forma da uniformidade, que marca a concepção suareziana do costume. O que quer que tenham dito, ela é muito diferente da de Santo Tomás[86]. Cumpre, segundo o Doutor Eximius, distinguir nitidamente entre o fato e o direito, em vez de o costume ser uma passagem racional de uma área para a outra; ele próprio fica dividido entre esses dois mundos bem separados[87].

De fato, o costume certamente pode tornar-se direito, mas, para isso, é preciso que venha juntar-se ao fato um elemento prescritivo, que só pode provir de uma vontade. Com efeito, não há no fato nenhum elemento de direito. O costume de fato se caracteriza pelos atos frequentes que o tornam útil, ele deve também ser honesto, conforme à regra, ou seja, ao direito natural e divino[88]. Mas esses elementos, que parecem, contudo, indicar o caráter "bom e racional", segundo os termos dos antigos autores, não bastam para fazer com que ele tenha acesso ao direito. Em outras palavras, não basta que o costume seja justo para tornar-se um costume de direito; ele só merece essa qualificação quan-

---

86. Jombart, "La coutume d'après Suarez et le code de droit canon", *NTR*, 1932, pp. 769-84; Jansens, "La coutume source formelle du droit d'après saint Thomas et Suarez", *RT*, 1931, pp. 681-726, põe claramente as coisas em pratos limpos.
87. Jansens, *op. cit.*, p. 702; *De Legibus*, lib. VII, cap. I, 5.
88. *De Legibus*, lib. VII, cap. VI, *passim*.

do recebe de uma causa eficiente nova a força obrigatória na qual reside a essência da lei, sendo nesse sentido que se deve compreender a *opinio necessitatis* que transforma o costume de fato num costume de direito[89]. Claro, na origem do costume há a vontade dos sujeitos; essa vontade não deve ser uma vontade mais ou menos consciente ou implícita, mas de tipo contratual, esclarecida, isenta de temor ou de violência[90]. Na verdade, o costume se insere no âmbito do contrato presente na origem da constituição do Estado. Se o povo conservou o poder de fazer a lei, é preciso um acordo do povo, ou, pelo menos, de sua maioria, para que o costume receba força obrigatória. Se o poder foi entregue nas mãos de uma assembleia, será a ela que caberá estatuir por maioria. Se o poder foi concedido a um monarca, este deverá estatuir e poderá conceder o costume. Este último consentimento pode ser expresso ou tácito[91]. Quando são cumpridas essas condições, o costume se torna uma verdadeira lei; pode, assim, interpretar uma lei antiga, ou preencher uma lacuna da legislação anterior. Pode também ab-rogar uma lei antiga, sendo uma manifestação nova da vontade que prevalece sobre a vontade precedente[92].

No entanto, nessa hipótese, coloca-se a delicada questão de saber se o fato de realizar os primeiros atos que vão de encontro à lei que será ab-rogada, quando ela ainda é vigente, é ou não contrário ao direito. Se o costume que vai assim contra a lei manifesta que a lei anterior era injusta, porque ela não levava em conta a realidade da situação, e se o costume é concebido como uma manifestação da natureza, que precisamente corrige a injustiça, deve-se concluir que esses primeiros atos são justos. Não é essa a solução de Suarez. Tais atos são postos em contradição com o preceito existente; devem, pois, ser considerados injustos[93].

---

89. *De Legibus*, lib. VII, cap. XIII, 6.
90. *Ibid.*, cap. XII.
91. Cap. XIII, 1 a 6; cap. XIV, 5, 6.
92. *Ibid.*, caps. XVI, XVII, XVIII.
93. *De Legibus*, lib. VII, cap. XVII, 7 e 8.

Não há neles nenhuma manifestação da natureza, mas somente uma vontade contrária à do legislador, o que, aliás, lhe dá a ocasião de julgar se deve ou não tolerar esses atos, até mesmo aprová-los expressamente. Portanto, o costume não é em absoluto uma flexibilização da lei pelo contato com uma realidade cuja lei é modificada de um modo ou de outro pela natureza. Ele não é em si mesmo portador de nenhuma justiça. É somente uma manifestação de fato, o fato pelo qual uma matéria instável vem contradizer a vontade do legislador. Esse fato se opõe a essa vontade, a menos que, por sua vez, ele tenha acesso à qualidade de vontade legisladora. Mais uma vez, estamos num jogo de oposições contra o fundo da unidade da vontade que procura perpetuamente atingir a totalidade da realidade.

Mas, como essa vontade alcança realizar completamente seu projeto de conquista porque a matéria lhe escapa num processo dialético, há situações particulares que não podem ser pensadas no âmbito da lei. É quando intervém a equidade suareziana. Suarez se opõe expressamente à concepção aristotélica da *epieíkeia*. A equidade não é uma correção da lei em face de situações particulares. Portanto, ela não pode ser compreendida como fazendo parte do direito, não é de forma alguma controlada pela razão. Não é a tomada em consideração de uma realidade cuja originalidade o intelecto soube discernir e que busca a melhor solução para que a lei não resulte no contrário do que é buscado, a saber, o que é justo. Suarez a reduz a um desses elementos, é verdade que presente no sentido grego, o da indulgência, sem se aperceber de que esta passa pelo conhecimento da realidade, porque é dela que pode emergir uma verdadeira razão de afrouxar eventualmente o rigor da lei para fazer triunfar o que é justo. Mas a doutrina suareziana das relações entre o intelecto e a vontade não lhe permite pensar a unidade desses dois elementos. Sua separação perpassa a equidade e deixa então, a uma vontade sem regra, a possibilidade de decidir sobre a aplicação estrita ou o afrouxamento da lei[94]. A equidade torna-se então uma intuição, ou seja, o uso caprichoso e sentimental de uma vontade que já não é guiada.

É o que ocorre, ainda mais porque a própria razão, na lógica da concepção suareziana do conhecimento, só atinge aqui a particularidade por uma intuição. Por conseguinte, tanto o conhecimento da situação como a vontade que eventualmente lhe corresponde apenas podem ser compreendidas como decisões puramente arbitrárias, pelas quais o legislador decide afrouxar sua vontade neste ou naquele caso. Como se trata de um afrouxamento da vontade que não depende da situação tal como é, o legislador pode fazer a equidade intervir mesmo quando a aplicação da lei não redunda numa injustiça que iria de encontro ao fim da lei, ou seja, o bem comum[95]; ele pode intervir quando estima que a lei é por demais severa neste ou naquele caso, e a equidade pode até permitir ao sujeito que estima a lei demasiado severa subtrair-se a ela[96]. Suarez se faz o doutor da ética que Pascal fustiga na pessoa de seu confrade Molina. Tendo expulsado a diversidade e a matéria da hierarquia das normas que acaba de construir, ele é obrigado a reintroduzi-la, mas dessa vez sob o modo de uma vontade arbitrária e cega, de uma intuição incontrolada correspondente a uma matéria errante e desordenada. A dialética entre o universal e o particular, entre o intelecto e a vontade resulta aqui numa dialética interna à vontade que se estende, pois, a toda a realidade sob a forma da lei ou sob a forma das decisões que ela toma de não a aplicar.

É por essa razão que, em oposição à lei geral, o legislador pode adotar disposições particulares que vêm contradizer sua vontade anterior. A dispensa, tal como a compreende Suarez, não é comandada pela equidade empregada na interpretação. A equidade usada pelo intérprete seria uni-

---

94. *De Legibus*, lib. VI, cap. VI, 5 e 6.
95. *De Legibus*, lib. VI, cap. VII, 13.
96. *De Legibus*, lib. VI, cap. VII, 9 e 10, e cap. VIII, 1.

camente prudencial e doutrinal, sem resultar numa decisão, quando, ao contrário, a dispensa resulta nela. Não obstante, ela é um ato de jurisdição, o que indica uma vez mais que, para Suarez, o juízo é um ato da vontade[97]. Esse juízo tem o efeito de afrouxar a lei num caso particular. Mas Suarez acrescenta que a dispensa é possível por parte do legislador, sem que este deva fundamentar sua decisão numa justa causa. O legislador que age assim por certo comete uma falta moral[98], mas, segundo um raciocínio totalmente próximo daquele dos positivistas[99] contemporâneos, essa falta não tem a menor influência sobre a lei positiva; a dispensa, ainda que concedida injustamente, é válida[100]. Para sustentar seu pensamento, Suarez utiliza dois argumentos muito significativos. O primeiro se refere à vontade. A lei é essencialmente uma vontade que pode, assim, decidir, em determinado caso, voltar atrás sobre sua decisão precedente. Para que exerça essa faculdade, não é necessário que ela considere se é justo ou não dispensar; o ato voluntário da dispensa não tem outra justificação senão a vontade exercida. Com efeito, a dispensa não é ab-rogação, e a lei pode permanecer quando uma pessoa fica isenta dela; isso não poderia ferir a justiça ou ir contra o direito natural, uma vez que a lei permanece[101].

Poder-se-ia pensar que tomando esse caminho, Suarez chega a uma noção analógica do direito que então deveria permitir-lhe compreender que a justiça pode estender-se de duas maneiras, conforme se trate do caso particular ou da lei, o que lhe abriria a possibilidade de considerar que a condição de justiça posta para a dispensa não contradiz a

---

97. *De Legibus*, lib. VI, cap. X, 6; *Dispensatio est legis humanae relaxatio*, "A dispensa é um afrouxamento da lei humana", *eod loc.*, 7.
98. *Eod. loc.*, cap. XVIII, 4-11.
99. *Ad secundum respondeo hanc dispensationem excedere potestatem juris (ut sit dicam), non facti* , "No ponto dois, respondo que essa dispensa ultrapassa o poder do direito (...), mas não do fato", *eod. loc.*, cap. XIX, 11.
100. *De Legibus*, lib. VI, cap. XIX, 6.
101. *Ibid.*, 7.

lei. É verdade que ela implica que a vontade seja finalizada pela realidade e que o direito seja concebido analogicamente. São essas duas opiniões que Suarez repele. Logo depois de ter repelido a relativização da vontade por uma coisa cuja medida justa esclarece a vontade, ele expõe como concebe a forma lógica da lei. Encontra aqui uma doutrina muito semelhante à de Ockham. A lei, declara ele, não é indivisível[102]. É composta de grande quantidade de mandamentos individuais. Reside apenas na vontade do legislador, que agrupa assim todas as ordens particulares que em princípio ele deveria dirigir a cada um dos cidadãos. Ela é somente uma forma de extensão da vontade, que uma vontade nova particular pode vir entravar. Mas isso implica que a vontade pode e deve ser justa para legislar, mas ela é suscetível de dispensar validamente, conquanto a dispensa seja injusta. A lei é uma expressão geral da vontade à qual podem opor-se atos voluntários particulares. Entre esses atos não há ordem; há apenas uma oposição de extensão que se dissolve na unidade da vontade.

Com Suarez, atingimos o momento do advento definitivo da concepção moderna da lei.

Esta nasce de início de uma metafísica do conceito de ser que reconcilia a univocidade escotista e seu oposto, a equivocidade ockhamiana no seio de uma dialética. Fazendo isso, ela provavelmente recobra a aspiração profunda do escotismo ao mesmo tempo que seu impasse, ou seja, a impossibilidade de sair da dialética e, portanto, de alcançar uma ordem, a não ser que conceba esta seja sacrificando finalmente o particular ao unívoco, seja sacrificando o universal ao indivíduo.

A primeira saída é a que, incontestavelmente, tem a preferência de Suarez. Por essa razão, ele desenvolve uma metafísica do conceito de ser reduzido à unidade por intermédio da participação na *ratio entis*. Mas, então, o homem fica fechado num mundo que não para de ser uma ameaça

---

102. *Ibid.*, 8.

para a sua liberdade. É por isso que cumpre separar esta da ordem do ser, daí em diante opondo o fim à forma e a vontade ao intelecto. Em outras palavras, estabelecer-se-á no plano ético um jogo dialético comparável ao que existe no plano do ser. Se a matéria tiver alguma dificuldade de entrar nele, ela virá em última instância recrudescer perpetuamente a oposição, permitindo assim que a potência da vontade pretenda sempre acabar prevalecendo.

A bem dizer, mais do que um paralelo de estruturas entre a metafísica do conceito de ser e a hierarquia das leis segundo uma ordem de participação, há nisso uma exigência interna do pensamento suareziano. De um lado, de fato, a metafísica exige que o ser se reduza a uma hierarquia de determinações às quais corresponde uma completa transparência do real. Ora, a preservação da liberdade só pode ocorrer se opomos a vontade ao conhecimento; assim, a vontade de criar e de legislar se opõe à autocompreensão divina. Mas, do outro lado, como as formas cada vez mais particularizadas esgotam o ser, toda realidade é equivalente a seu ou aos seus conceitos cada vez mais determinados; o conhecimento da vontade do legislador é idêntico à realidade, metafísica e ética se confundem em formalismo. Ambas ficam, porém, confrontadas com o ressurgimento da matéria sob o modo do indeterminado, ressurgimento que se manifesta como o que escapa às formas, seja como substrato que provoca as decisões particulares que renovam o jogo da dialética, seja como a indeterminação da vontade divina no que tange ao ato particular.

Nesse contexto pode desenvolver-se uma hierarquia das leis que repetem, da lei eterna à lei humana, relações iguais às existentes no nível do conceito de ser: unidade de participação numa *ratio* comum. Os fenômenos que vêm perturbar esse esquema são elementos que se opõem à lei, mas são também a ocasião de manifestar a existência de uma unidade superior na qual eles vêm inserir-se, em vez de se encontrarem abrangidos numa ordem de fins. É por isso que a partir daí a lei é o mando de um superior. Não obstante, a dialética entre a vontade e o intelecto permanece em todos os níveis, de modo que acaba manifestando-se em sua maior tensão entre a vontade racional de Deus e a liberdade humana. A única solução que Suarez poderia ter encontrado para salvar a última foi submeter-lhe a primeira. Parece mesmo que Suarez empregou a mesma solução, mas invertida, para pensar as relações dos sujeitos com o legislador. Dava então de novo à oposição a possibilidade de renascer, dessa vez num plano político-histórico, fazendo a lei pesar sobre a liberdade dos sujeitos e inserindo-os numa ordem absolutamente determinada, reservando-lhes contudo a possibilidade de se libertar das obrigações que a subjetividade deles sugere serem pesadas demais ornando essa revolta com o nome de equidade.

CONCLUSÃO

Ao término deste estudo, podemos constatar que toda doutrina da lei põe em jogo três níveis de reflexão. Legislar é uma ação que deve ser analisada como a utilização das faculdades do legislador numa decisão. É um ato humano e requer, portanto, um estudo de psicologia filosófica. O fruto dessa ação tem vocação para reger um conjunto político e para ditar a conduta aos que são submetidos à legislação desse conjunto; a esse respeito, o estudo da lei se efetua no âmbito de uma reflexão ético-política. A ação do príncipe e a dos súditos se inserem num mundo muito mais vasto e são por si sós realidades muito limitadas em relação a tudo o que existe; desse modo, sua compreensão cabal deve ser esclarecida pela metafísica em sua dupla dimensão ontológico-teológica. Foi seguindo esses três níveis que tentamos retraçar a história da noção de lei no decorrer do período que, partindo de Santo Tomás, chega ao limiar da Idade Moderna em Suarez.

A escolha desse período não era arbitrária. Resultava essencialmente da vontade de apreender em seu nascimento o ponto ou os pontos característicos de uma noção moderna da lei da qual notávamos as carências e os desequilíbrios, a fim de procurar em outros pontos, que não sejam esses becos sem saída, conceitos capazes de nos ajudar a reformular uma noção da lei mais conforme às realidades jurídicas e mais isenta de contradições. Desse ponto de vista, o testemunho de Hobbes, que se declarava o construtor de uma nova noção da lei, totalmente contrária à tradição aristotélica medieval, permitia-nos conjeturar a existência de uma ruptura mais profunda ainda do que a de que Hobbes falava, e mais antiga.

Mas a leitura dos textos que efetuamos nos impelia a completar e a esclarecer certos aspectos dessas teologias que, em nossa opinião, não foram suficientemente notados. Parece-nos, em primeiro lugar, que, embora a crise ockhamiana seja importante, não deve ser compreendida fora da reação que ela contém contra Escoto, que se mostra o primeiro a ter separado o necessário e o contingente, de sorte que a reação de Ockham constitui, pelo menos sob certo ângulo, uma tentativa para voltar à realidade. É realmente em Escoto que encontramos, antes de Ockham, uma tentativa de sistematizar o direito sob o império da lei.

É, incontestavelmente, o abandono dessa referência a uma *res*, realidade exterior a nós, que marca o desenvolvimento da história que acabamos de percorrer. É a história do abandono da coisa e, por conseguinte, do abandono do ser; a partir daí, e enquanto permanecermos na estrutura instalada pelo desenvolvimento do nominalismo, a lei só poderá ser um produto imanente do engenho do legislador. Portanto, já não há ponto de referência capaz de relativizar a lei. Segue-se uma rejeição da possibilidade de pensar a lei de outra maneira que não a partir de um modelo único, cujo arquétipo se encontra no topo de uma pirâmide de leis inferiores; pois a supressão da coisa equivale a suprimir o objeto próprio de cada lei e, simultaneamente, a suprimir o fim particular pelo qual cada uma delas podia diferenciar-se. Assim como é abandonada a possibilidade de conceber uma ordem entre leis diversas coordenadas por uma orientação para um princípio final, é desprezada a possibilidade de conceber a aplicação diversa de uma mesma lei a realidades individuais e concretas, irredutíveis, mas unidas por sua orientação para um fim.

CONCLUSÃO

No decorrer da história dessa profundíssima transformação em que consiste o nascimento da lei moderna, as filosofias ao mesmo tempo tão contrárias e tão complementares de João Duns Escoto e de Guilherme de Ockham desempenham o papel decisivo. São elas que rompem brutal e definitivamente com a concepção analógica da lei para substituí-la por uma noção da lei unívoca, que deve, até o mais baixo escalão, aplicar-se uniformemente. Com isso manifesta-se o profundíssimo voluntarismo desses pensamentos. Duns Escoto privilegia a abstração formal a ponto de substituir a realidade por seus produtos; no entanto, ele deixa escapar de seu sistema de formas a matéria e, em certa medida, o indivíduo, que fornecem, por sua vez, o fundamento em que Ockham baseia uma teologia da onipotência que lhe permite reduzir a realidade a um caos de fatos brutos. Para dar completa expansão à lei moderna, Suarez só terá de desenvolver uma dialética das formas e da matéria, já presente em estado germinativo em Escoto. Bastar-lhe-á mostrar que o singular é um simples modo do universal, que pode, assim, pretender legitimamente abarcar toda a realidade, havendo também a possibilidade de podermos, na linha de Ockham, reduzir inversamente o universal ao singular. Isso significa que desse modo ele resolve a oposição instaurada por Escoto? Não acreditamos, na medida em que a solução situada no plano das modalidades conceituais deixa, por sua vez, fora de sua ordem a matéria independente. Por isso, embora Suarez elabore uma noção de lei que também se insere num sistema de formas, ele nunca consegue, seja qual for o grau de modificação de seu conceito primitivo, superar a dialética entre a razão e a vontade, tampouco aquela entre as formas e a matéria. Portanto, a lei apresenta-se aqui como um conjunto coerente produzido pela vontade ao qual se opõem as decisões individuais da mesma vontade. Logo, é daí que provêm as contradições características da lei moderna entre a vontade, a razão e o fato.

A observação do processo histórico de constituição dessa concepção moderna da lei esclarece plenamente as contradições que a embasam.

Uma primeira série de contradições, que já aparecem no período do advento do nominalismo, concerne à relação da regra geral com o particular que surge continuamente numa certa novidade, imprevista até então pela lei. Já em Escoto vimos desenvolver-se um sistema de vontades no qual o particular era atingido sob a forma da dispensa por uma vontade nova que tinha por objeto somente o particular e vinha a ser exceção, por um ato contraditório, à vontade geral primitiva. Ockham só conseguia resolver a dificuldade recorrendo à noção de proposição sincategoremática que o autorizava a reduzir a lei a uma disjunção de mandamentos particulares em que a dispensa já não aparecia senão como um dentre eles. Na mesma linha, Ockham só consegue integrar os fenômenos consuetudinários tornando-os fatos brutos, que, pela mediação da vontade dos sujeitos, impõem-se ao legislador, ao passo que Suarez tem de se referir à vontade do legislador para fazê-los entrar ou não na sua hierarquia de normas. Mas temos de nos voltar para Suarez para ver desenvolver-se com a maior amplitude essa contradição que ele emprega assim que surge um elemento particular: costume, uso da equidade, interpretação, dispensa. Se Buridano, fiel à inspiração ockhamiana, havia descoberto o princípio de solução dessas contradições na assimilação da justiça geral pela justiça particular na unidade de uma vontade arbitrária e instável, Suarez só pode pensar todos esses fenômenos sob a forma de uma contradição, eventualmente superada na unidade de uma vontade. O mesmo esquema põe o juiz na posição de escolher ser um mero executante da vontade do legislador ou de dever opor-se à sua lei geral. A contradição culmina naquela que se desenvolve a partir do pensamento nominalista entre o bem próprio e o bem comum: ou a lei tem como fim um bem comum abstrato que é apenas a vontade do legislador que toma a forma de uma proposição geral, ou o bem comum é reduzido ao bem de cada um dos cidadãos, que vê dirigida a ele uma ordem particular.

Isso mostra que o legislador já não consegue promulgar uma lei capaz de alcançar, por sua maleabilidade, o par-

CONCLUSÃO

ticular; ocorre isso porque o que é promulgado na lei não está em relação com a coisa pública tal como ela é, ou seja, simultaneamente una e diversa, unida por uma unidade de fim para a qual todos concorrem de modo complementar. A lei já não pode reunir esses elementos diversos porque o juízo feito pelo legislador, quando legisla, já não parte da apreensão dessa ordem das coisas diversas unidas na cidade. Tendo banido essa apreensão na origem, esta só pode ressurgir dialeticamente sob a forma da intuição e da vontade arbitrária, ao passo que a generalidade da lei basta para atingir, jogando com a restrição ou com a modalidade, o conjunto da realidade resumida ao seu aspecto formal e, portanto, reduzida ao que é para nós.

No âmago das contradições que acabamos de lembrar, há, pois, realmente abandono da coisa no sentido da existência de uma realidade situada fora de nós, na qual está unida, por uma ordem de fins direcionados a um primeiro, uma diversidade de dimensões. Esse abandono impede que a decisão do legislador seja extraída da apreensão dessa realidade ou que volte a ela sob a forma do juízo necessário para a aplicação da lei, pois ou a lei, como o conceito suareziano e escotista, atinge imediatamente a realidade que é, portanto, conforme aos conceitos e à ordem deles e não deve em absoluto curvar-se a ela, ou a vontade recebe, sob a forma geral da *recta ratio* ockhamiana, ou sob a forma de mandamentos particulares, tudo o que lhe é necessário para ficar de acordo com uma realidade que é apenas o surgimento continuado de outra vontade. A coisa, como o que nos supera, é, pois, eliminada, mas é em seguida absorvida pela razão e pela vontade que a substituem.

A eliminação da coisa está na origem de uma nova série de contradições entre as faculdades empregadas pelo legislador. Uma vez que a coisa é imediata e completamente assimilável a seus aspectos formais apreendidos pela mente, mesmo que se mantenha uma referência a um objeto, este se dissolve num rigoroso encadeamento de formas ao qual corresponde um não menos rigoroso encadeamento de conceitos. Portanto, não há outra alternativa senão curvar-se a essa ordem rigorosa caso se afirme que a vontade ainda deva ser esclarecida pelas formas presentes no intelecto, ou então separar radicalmente o ato voluntário da luz trazida pelo intelecto. A primeira opção da alternativa tem por consequência submeter a vontade ao determinismo da ordem das formas e, desse modo, a vontade a uma lei necessária que faz da ordem das coisas um absoluto que se impõe de encontro à liberdade e, ao mesmo tempo, uma lei autossuficiente. Na esteira das primeiras evoluções nesse sentido que podemos observar em Henrique de Gand ou Gabriel Biel, será essa a solução adotada por Vasquez e por certo número de tomistas, como Soto ou Medina, daí em diante incapazes de distinguir entre o verdadeiro e o bem. A segunda opção dessa alternativa consiste em separar o ato voluntário da sua iluminação pelo intelecto, a fim de manter uma liberdade situada unicamente no fato de a vontade se voltar para seu fim sem apreendê-lo através da luz formal que o intelecto descobre nele. Assim, nessa perspectiva, Escoto e depois Suarez na mesma linha orientam-se para uma separação completa entre o intelecto e a vontade, ao passo que, aprofundando mais a lógica dessa posição e invertendo-a ao mesmo tempo, Ockham chega a recusar as distinções entre as duas faculdades, para fazer do ato do conhecimento não só uma atividade executada pela vontade, mas também um ato da própria vontade, recobrando assim o assentimento estoico. As consequências desse conflito são extremamente importantes. Se, a exemplo de Vasquez e de Medina, não se preserva a primazia da vontade e do fim na ordem do exercício, desenvolve-se um positivismo racionalista segundo o qual basta acordar sua ação às determinações legais, que valem pela sua coerência e perfeita compreensão da realidade. Se mantemos essa primazia à custa de uma separação entre a luz que a vontade pode receber da realidade e o juízo que faz sobre ela, permitimos à vontade desenvolver-se sem medidas e sem luz, cega; portanto, ela tende, segundo seu capricho, para o que ela quer, fora de qualquer sabedoria. Nas duas hipóteses, a ação é a única obra do sujeito ativo, sem que seja mensurada por um objeto. Pode parecer paradoxal sustentar essa interpretação no caso da hipótese racionalista, mas a redução da realidade a um sistema de formas esconde mal o desenvolvimento de uma vontade que se apodera da realidade precisamente por esse meio, mesmo que se pretenda que essas formas sejam oriundas da vontade divina, pois então o intelecto humano seria considerado adequadamente coextensivo ao intelecto divino.

A partir desses dois pontos de vista, chega-se então a uma pura imanência da lei em relação àquele que é sua causa eficiente, fundamento filosófico de todo positivismo. A lei não é mais que o produto do legislador. Assim, ela pode desenvolver-se como sistema fechado, seja imediatamente na hipótese racionalista com a eventualidade de que os elementos errantes devam ser reportados ao sistema por uma série de atos de pura vontade, seja, num segundo momento, na hipótese voluntarista para a qual é necessário que intervenha primeiramente uma vontade fundadora. Poder-se-ia por certo objetar contra esta última afirmação que a lei natural permanece como uma manifestação da vontade divina, que constitui assim um mais além da lei. Ao que se responderá que, do lado do legislador divino, essa própria lei é concebida como um puro produto voluntário, a não ser que se submeta Deus, por sua vez, às necessidades da razão, na hipótese do racionalismo mais desenvolvido como parece ser o caso de Vasquez, e que, de qualquer modo, se essa lei vem de fato instaurar uma mediação, ela o faz à maneira de uma regra constitutiva da razão que recebe um mandamento que já não passa pela própria realidade. Esse mandamento integra-se no sistema mais amplo da hierarquia participativa das leis e na medida em que vem apenas de uma vontade divina extrínseca ou de uma razão divina que reduz as coisas à combinação de suas essências, é, ao mesmo tempo, o produto de uma indústria que despreza a existência das próprias coisas. É por isso que a lei pode desenvolver-se sem se preocupar com o que é o bem comum da coisa pública e, portanto, perder seu alvo moral. Se a lei natural se mostra uma tentativa para manter uma mediação, ela é, pois, integrada a um sistema definitivo e, ao mesmo tempo, introduz-lhe um novo elemento conflituoso, porque põe em contradição duas vontades, a dos legisladores e a dos sujeitos. Desse modo, o conflito só pode ser provisoriamente resolvido, no plano político, pelo contrato social e, no plano teológico, por uma tentativa de delimitação das competências que acaba, com Suarez, introduzindo a indeterminação na própria vontade divina. A incapacidade de pensar as faculdades numa ordem recíproca remete, pois, em primeiro lugar a uma separação entre o verdadeiro e o bem, depois desenvolve-se um conflito entre os próprios seres, resultado de uma dialética do ser, que finalmente se mostra incapaz de sair da univocidade.

A separação do que é verdadeiro e do que é bem está na origem da separação entre o ser e o valor. Leva a reduzir a lei a uma simples descrição do estado de fato se o próprio ser é reduzido a um fato bruto, como ocorre em Ockham, ou, ao contrário, permite o desenvolvimento de uma lei ideal, e a bem dizer utópica, que visa valores sem nenhuma raiz ontológica e justifica, de outro ponto de vista, o fechamento da vontade do legislador na imanência do mundo fechado dos puros ideais.

Tal separação encontra seu fundamento no fato de a própria coisa já não ser ordenada. É um bloco bruto à maneira do ser parmenidiano, concepção transposta por Melisso de Samos para o nível dos átomos. As formas de Escoto e de Suarez, assim como os fatos brutos de Ockham, são realidades perfeitas. A única perspectiva que se abre é, então, a de uma oposição radical entre as coisas e, por conseguinte, uma oposição irredutível entre as vontades e as leis que são a expressão delas. Portanto, não é nem um pouco surpreendente ver esse conflito nascer no próprio Escoto e desenvolver-se com particular intensidade em Ockham. Po-

CONCLUSÃO

de-se compreender o pensamento escotista e suareziano como tentativas para escapar a esse atomismo e às suas consequências introduzindo, à maneira platônica, a dialética no próprio ser. É por essa razão que neles, ao lado do bloco das leis, há as decisões individuais, como, ao lado do bloco do ser, há o não-ser, e ao lado das formas, há a matéria que justamente fornece o fundamento errante às decisões particulares opostas à vontade geral. Mas, então, seja qual for a multiplicação das hierarquias e dos intermediários, a crítica de Platão por Aristóteles ainda é pertinente. A tentativa deles para sair da univocidade e da equivocidade, que é seu corolário, não é suficientemente radical; a dialética esconde uma univocidade do devir, aqui assegurada pela vontade que acrescenta um mandamento novo particular ao mandamento geral. Escoto chega, pois, a introduzir a mudança na vontade divina, como Ockham, enquanto Suarez reconhece-lhe uma potência passiva. O devir infinito já não é então o resultado do desenvolvimento dos atos sucessivos da vontade divina, é o resultado das vontades sempre novas do sujeito que o legislador finalmente submete a si. O sistema das leis que aparecia ainda em Escoto como um bloco oriundo da vontade divina volta-se em proveito do sujeito humano. A vontade uniforme que se apodera de todas as coisas é apenas aquela de um sujeito que recusa uma lei como recusa as coisas, porque ambas, na univocidade delas, ameaçam-lhe a liberdade impondo-se a ele como engrenagens aos encadeamentos necessários. Diante do necessitarismo e da univocidade dos átomos ou das razões, só resta ao sujeito virar as coisas a seu favor. A introdução da potência passiva em Deus é, pois, o preço que se tem de pagar por ter expulsado do mundo finito a imperfeição, por ter recusado a ordem da potência direcionada ao ato. A coisa analogicamente concebida, não só segundo a ordem de atribuição mas em última instância segundo a ordem de proporcionalidade, implica sua orientação para um fim e um ato que superam nossas compreensões; ela está além das formas e solicita a vontade permitindo-lhe desenvolver-se nesse meio que ainda é imperfeito e necessita, pois, da obra desse agente. Ao contrário, como já observava Aristóteles contra os megáricos, a recusa da potência submete a coisa a uma determinação absoluta e a aprisiona no desenvolvimento necessário dos nossos conceitos. Por isso o sistema nominalista das leis é apenas o meio de submeter o universo a uma potência bruta, humana ou divina, conforme se coloca "em Deus ou no homem" a indeterminação cabal, que antes, em qualquer hipótese, foi impelida para fora da matéria. Ele se apresenta, pois, como o desenvolvimento anônimo de uma ordem de conceitos segundo o infinito do devir contido no infinito das formas possíveis. A perspectiva sempre retardada e sempre no horizonte do reino da lei natural e dos fins numa ordem ideal em Kant, assim como a expectativa do advento reconciliador de um universal concreto no Estado hegeliano provavelmente encontram aí sua explicação.

De todo o modo, a transformação do positivismo religioso de Escoto e de Ockham, encetada por Suarez, desenvolvida por Grócio e Hobbes, num positivismo humanista concebido de modo cada vez mais contraditório com o primeiro, encontra incontestavelmente aqui a sua fonte.

Nascida sob esses auspícios filosóficos, a lei moderna tinha de revestir as características que lhe reconhecemos. Como vontade, ela aparece como uma força que procura se impor, à qual respondem as revoltas dos que recusam esse gênero de obediência. A ausência de finalidade a torna imoral e opressiva. Como sistema de razão, ela se constitui numa determinação rígida e fechada que exclui a novidade bem como a transcendência, por isso sujeita ao seu domínio tudo o que é particular, reduzindo-o à uniformidade, e se diz laica. Portanto, ela recusa ser ultrapassada pela realidade, reduzindo os juízes à sua observância literal e multiplicando-se ao infinito para nada deixar fora de suas garras.

Basta considerarmos as características da lei moderna: oposição do particular ao geral, acumulação interminável dos textos, abandono da moralidade da lei, assimilação da lei e de seu objeto; basta refletirmos sobre os conflitos incessantemente renascentes entre o sistema racional e a vontade que nele se manifesta, ou, enfim, meditarmos sobre as implicações metafísicas desses fenômenos, que seremos levados a considerar que o desaparecimento da coisa, centro ordenado de níveis diversos, exterior tanto à vontade como ao intelecto, inclinada para um ato, está no cerne da substituição da lei analógica por uma dialética da lei na qual se mesclam bem a univocidade parmenidiana transformada em atomismo, retomada na Idade Média por Ockham, e a dialética das formas e da matéria, do ser e do não-ser, cujos porta-bandeiras foram Escoto e Suarez depois de Platão.

Não é surpreendente constatar a retomada pelos teólogos do século XIV dos temas desses pensamentos de antes do aristotelismo. Apesar da impregnação da exposição deles pelos contextos e pela técnica filosófica do mestre de Estagira, seu objetivo profundo e o centro da sua reflexão estão longe dele. Buscam, muito pelo contrário, libertar-se dele e opor-se ao doutor mais representativo do aristotelismo autêntico, a saber, Tomás de Aquino. Por isso, é por contraste que as suas teses remetem às do Doutor Angélico.

No centro da questão que nos interessa, temos de constatar a distância muito profunda que separa os dois tipos de pensamento; perante as concepções que procuram de diversas maneiras libertar-se das coisas, Santo Tomás afirma, na esteira de Santo Hilário, seu realismo: "*intelligentia dictorum ex causis est assumenda dicendi: quia non sermoni res, sed rei debet esse sermo subjectus*"[1], "a compreensão do que é dito deve ser tirada dos objetos do discurso, já que não é a coisa que deve ser submetida à linguagem, mas a linguagem à coisa". Num sentido, portanto, ele corrobora as críticas ockhamianas contra as formas escotistas e concorda com Ockham que todo conceito ou toda lei, pois o texto citado é

---

1. S. Tomás, Ia IIae, quaest. XCVI, art. VI, *sed contra "Utrum ei qui subditur legi, liceat praeter verba agere?"*.

a propósito da lei, deve ser relativo a uma coisa com a qual ela está em relação de subordinação. A lei é menos rica que a realidade que a envolve. É fruto de um juízo prático que apreende essa realidade, abstrai dela conceitos e, graças a eles, elabora uma regra. Portanto, fica claro que a abstração praticada pelo legislador e a combinação de conceitos dela resultante, *opus rationis*, atinge muito legitimamente uma parte da realidade, sua parte formal, mas fica imperfeita em comparação com a totalidade do ato de ser da coisa. A coisa em seu ato entitativo está além da lei de que é a fonte. Uma vez que há certo distanciamento em relação à realidade na abstração produtora dos conceitos usados pelo legislador, encontra-se essa distância quando se trata de aplicar a lei a realidades que são mais do que abstrações. Mas Santo Tomás também mantém claramente contra Ockham a legitimidade dessa operação de conhecimento que atinge realmente a forma da coisa e, através dela, uma indicação sobre o que a coisa deve ser, para onde ela deve ser conduzida. O juízo prático do legislador não é vão, ele descobre na realidade uma parte do fim para o qual tende a coisa que lhe indica o que a lei deve ser, e fixa assim uma orientação para a sua vontade que não poderia desenvolver-se em desordem.

A marca mais evidente dessa posição é a recusa de identificar a lei, causa formal, com o próprio direito, junto com a afirmação de que todo juízo é segundo a lei. A superação da lei requerida pelo juízo judiciário não contradiz a lei, nenhuma das variações que a lei pode receber em sua aplicação concreta questiona a própria lei, que só muda se a própria realidade o exige, como quando se trata de costume. Quando é necessário ir além dos termos da lei, apela-se a outra lei na aplicação da equidade. A dispensa e a interpretação podem ser analisadas dessa forma. Por isso a lei é verdadeira na maioria dos casos, pois não pode encerrar todos os casos, nem todos os acontecimentos; ela é imperfeita, mas, mesmo assim, é o princípio formal do julgamento. Nada esclarece melhor a recusa da dialética platônica, e por conseguinte a rejeição da vã tentativa de encerrar a totalidade da realidade na lei, quer imediatamente, quer no decorrer de um processo histórico indefinido.

A volta ao concreto efetuada no julgamento mostra que, para além da forma, a realidade que se tem de considerar contém um elemento material irredutível que também ele está em curso de desenvolvimento direcionado a um fim. Assim como o ato de fazer justiça só termina quando a coisa devida é não apenas determinada, mas efetivamente devolvida, também é o fim que transparece através dos casos em que é necessário recorrer à equidade. Então a lei, em virtude da abstração que existe em seu fundamento, não coincide com o fim que convém atingir. Isso revela que a tradução do fim pela lei é imperfeita, porque está expressa numa regra que apreende apenas a *ratio* comum a diversas realidades, ao passo que estas se ordenam segundo uma ordem concreta que leva em conta o aspecto individual de cada uma delas. O fim só pode ser plenamente levado em conta por essa ordem concreta na qual as diversas coisas se ordenam. Se a lei pode, depois de se ter referido ao que é justo, declarar que o preço de venda deve ser igual ao preço de compra, a igualdade assim posta em epígrafe se realiza numa profusão de situações concretas para as quais fica necessário dar-lhe um conteúdo, o que implica uma discussão e uma forma múltipla de realizar essa igualdade necessária para a execução do bem comum.

Essa realização múltipla do direito pode então fazer que se compreenda que a lei visa um tipo especial de direito, o que concerne ao que é devido à cidade, ao passo que ela não tem por objetivo direto aquele que é devido aos particulares. Portanto, a lei é uma regra de direito, mas uma regra de direito que rege relações de justiça geral, pelo que ela adquire um conteúdo moral, pois o que é devido à cidade são as condutas que não são contrárias ao bem comum, apreciado *secundum quid*, ou seja, condutas morais. A cidade, que é a coisa que o legislador olha, mostra-se então como uma complexidade ordenada segundo a qual o particular não se opõe ao geral, nem o contingente ao necessário, nem a forma ao fim. As coisas da cidade são ordenadas segundo um fim comum porque este é uma parte da ordem analógica dos seres, todos eles propensos para seu fim.

Aliás, a coisa que o legislador considera se oferece a ele na ordem de suas dimensões diversas. Ela é uma comunidade de cidadãos, de homens, de seres e, eventualmente, de pessoas que creem numa fé revelada. A busca do bem tendo por referência o que essa coisa é se faz, pois, segundo uma diversidade de leis que são, de novo, ordenadas entre si segundo uma ordem de fins: lei natural, lei divina. Assim como, por ocasião de certas aplicações da lei, a lei positiva deixa o direito natural emergir, quando o legislador observa o que é a coisa da qual ele deve dizer o que é o bem comum em dadas circunstâncias, ele descobre nestas as exigências de uma natureza humana presente nos próprios condicionamentos da cidade para a qual ele legisla e cuja expressão mais perfeita foi dada pelos filósofos. Fica claro, então, que a referência à coisa se opõe a qualquer tentativa do legislador para fazer da lei obra unicamente sua; nela se aliam uma parte de seu engenho, o qual leva à sua realização o que ainda estava apenas imperfeitamente presente na própria coisa e a coisa. Desse modo, a lei humana é uma realização livre da natureza.

Longe de suprimir a liberdade, o recurso à coisa assegura-lhe a execução exata, pois permite conceber uma ordem recíproca entre as faculdades usadas pelo legislador. Se a coisa alia harmoniosamente em si uma determinação formal à qual não se reduz e um bem que tem função de fim, essas duas dimensões asseguram a possibilidade de pensar a ação segundo uma ordem recíproca. A primazia do fim garante à vontade poder dirigir-se livremente para o objeto conhecido formalmente pelo intelecto, mas deixa-lhe a possibilidade de determinar por esse próprio movimento direcionado ao fim o que resta de indeterminação num intelecto que, justamente por ser limitado às formas, não alcança uma perfeita determinação sob a luz de uma realidade que é mais do que suas formas. Desse modo, não há nenhuma necessidade de escolher entre o determinismo da natureza e a liberdade da vontade; assim como a coisa é necessária e contingente, também o que nela é determinado determina o intelecto que age sob a ação da vontade, e o que nela é indeterminado deixa a vontade terminar o ato de juízo no próprio movimento pelo qual ela se dirige para o bem reconhecido através da compreensão que o intelecto lhe deu dele. A ordem da coisa fundamenta a ordem das faculdades. Resolve o conflito artificial entre elas, que o pensamento moderno da lei alimenta continuamente desde o nominalismo. Por conseguinte, também encontra-se suprimido o conflito, tanto factício como ruinoso, entre as vontades dos legisladores e as dos sujeitos, particularmente entre a vontade do legislador divino e a do legislador humano. A própria coisa fornece sua mediação impondo a um só tempo sua realidade e propondo seu bem e suas deficiências, nas quais se manifesta precisamente a potência divina que deixa nas coisas uma matéria particularmente indeterminada suscetível de receber a ação humana, mesmo quando Deus conhece e quer essa indeterminação por si mesma, fora de suas causas, a fim de deixar realizar-se esse ato contingente que ele quer que seja aperfeiçoamento da natureza.

Aqui se manifesta então a ordem cabal na qual se desenvolvem todos as outras, que se mostra ser o ponto pelo qual toda dialética é repudiada: a ordem da potência ao ato que é o meio metafísico no qual toda a doutrina tomasiana da lei adquire seu sentido definitivo. Nela a lei aparece como um guia, que, apreendendo a coisa sob seu aspecto determinado e necessário, assegura a quem a acata a passagem para o seu desenvolvimento, a saber, de seu ser primeiro ao seu ser segundo. Desse ponto de vista, ela é uma descrição das próprias realidades que se desenvolvem conforme o que são, descrição relativa à ordem delas e, portanto, imperfeita como elas, mas que também indica, em sua própria imperfeição, que o que ainda está em potência tende para seu aperfeiçoamento sob a solicitação de um ato. A lei se insere numa ordem que percorre a totalidade das coisas da pura potência até o ato puro e as guia, cada uma delas segundo o que ela é, para sua perfeição. Desse movimento, ela só diz uma parte, pois não está nem na origem nem no termo, e não é o sujeito concreto desse movimento. É somente uma expressão parcial do fim e, assim, do que são as coisas que a ela são chamadas.

Essa doutrina é rica de consequências, tanto quanto à elaboração da lei como quanto à sua aplicação. Requer sobretudo que o legislador tenha adquirido o hábito de olhar a realidade de sua cidade e de adotar as leis que essa realidade lhe indica. A única garantia da justiça de suas leis reside em sua maior ou menor capacidade para discernir o que é justo e para querê-lo; uma vez que a realidade é o guia cabal, não poderia haver outra garantia além dela. A boa lei depende do bom legislador, e este é remetido às exigências de sua função, sem o quê as suas leis deixam de ser leis e ele deixa de ser legislador. Para assegurar essa função, ele deve apelar a conselhos, pois a realidade da cidade é complexa e a prudência superior que é exigida dele não pode em absoluto ser obra de um só. Adotando uma lei que diz o que é justo, e ele mesmo justo, ele se conforma a essa lei; como o que busca é a justiça de sua lei, que decorre das exigências do bem da comunidade, ele mantém a aplicação da lei com vistas a esse fim permitindo recorrer à equidade caso seja necessário e ele próprio recorrendo a ela.

A aplicação da lei é feita de modo flexível porque a lei não é o direito. Convém, pois, não só abrir-se para a equidade, mas às vezes também para a dispensa ou para a interpretação. Por isso a obra do juiz consiste mais em julgar a realidade do que em aplicar a lei, no sentido moderno do termo. Ele repete, em seu nível, o que o legislador fez no dele, tendo o legislador determinado o que é justo para a cidade, o juiz diz o que é justo para o caso que lhe é submetido. Esse caso é uma parte da realidade mais vasta que a cidade é; o justo, num e noutro nível, é análogo sem ser idêntico. O juiz ampara-se, pois, na lei e julga segundo ela, mas julga diferentemente pelo fato de dirimir uma questão concreta; não obstante, apesar da diferença entre a sentença proferida pelo juiz e a regra enunciada pelo legislador, não há oposição, pois essas duas decisões se referem a realidades que são ordenadas por uma afinidade de fim. O legislador visa diretamente o bem comum, o juiz visa uma relação que é uma parte desse bem; suas decisões não são contraditórias e são úteis, porque nos dois níveis dizem de duas maneiras o que é justo, fundamentando-se cada uma delas sobre duas realidades, por sua vez ordenadas segundo uma relação de partes com o todo. Portanto, embora seja necessário que o juiz conheça a lei para esta ser esclarecida, a única garantia de seu julgamento correto é sua capacidade adquirida com a experiência de conhecer a realidade, mais especialmente em seu aspecto particular, e de saber reconhecer nela o que é justo para querer que a justiça seja feita. Ele não pode extrair todo esse conhecimento e essa vontade da lei. Como o legislador, é remetido às exigências de sua função e à sua qualidade moral de juiz prudente e justo.

Enfim, como o legislador não se atribui como objetivo abarcar toda a realidade com sua vontade, a lei aparece como o que é realmente justo e pode, portanto, ser obedecida pelos cidadãos que lhe são submetidos e que de fato veem nela um bem. A seus olhos e na realidade a lei exerce uma função moral que os educa e realiza o que é bom para a cidade. Essa é a única justificação da lei que, a um só tempo, a relativiza e a torna aceitável; ela tem títulos para ser obedecida, ainda é preciso que não faça pouco-caso deles, pois esses títulos a obrigam a ser conforme à sua essência. Malgrado a prudência do legislador, é possível que a lei seja superada pela realidade, e que apareçam outras regras na cidade; não é necessário que o legislador mude a lei, pois, de um lado, os procedimentos de interpretação permitem estendê-la sem que a novidade da situação crie um conflito com o texto antigo, pois a realidade nem sempre é inteiramente nova, e, do outro, o costume pode realizar bem essa adaptação e, assim, não há necessidade de legislar incessantemente.

Os trabalhos históricos de Olivier-Martin, e os mais recentes de Lemarignier ou de Paul Ourliac lançaram luz sobre a importância desse pensamento, que inspirou as instituições medievais. Mas o filósofo do direito não pode contentar-se com essa constatação, sobretudo se a filosofia em que se louva é a do ato de ser que, por essa razão, permite-lhe situar-se além do devir. Sua ambição é descobrir princípios explicativos do presente, suscetíveis de não deformar a missão do legislador e de não arrastar a reflexão jurídica para os horizontes ameaçadores do positivismo sob todas as suas formas. A permanência do positivismo, sejam quais forem as boas intenções daqueles que participam de sua perpetuação, vem sempre carregada da ameaça do advento de um poder tirânico. É verdade que essa permanência é provavelmente uma das características, para além das influências doutrinais, de uma tentação do espírito jurídico, tentação que, por intermédio da facilidade, apela para a vontade de poder do jurista ou do legislador que, através da repetição monótona da lei, substitui a realidade pelo produto de sua mente. Desse ponto de vista, a missão do pensamento realista é crítica, deve denunciar sem rodeios esse véu lançado sobre a realidade e mostrar que os pensamentos que se atribuem o objetivo de justificar essa empreitada destinam-se, como eles mesmos confessam, a ocultar as coisas. Eles se revelam assim meros discursos sem fundamento, a não ser que sejam encantamentos que teriam como sonho inconfesso mudar o que existe. Fica claro demais que são sobretudo pressupostos desse tipo que pesam sobre o legislador moderno, e isso faz muito tempo. Foram eles que o arrastaram para a via das contradições que destacamos no início do nosso trabalho.

Entretanto, mais ainda do que elaborar uma crítica, a tarefa do pensamento realista é hoje deixar patente que a realidade que se havia procurado mascarar continua presente, ela só requer um pouco de atenção, de humildade e de liberdade intelectual. Quando essas condições são preenchidas, é possível mostrar que, apesar do peso dos discursos, a filosofia realista pode ser confrontada com a realidade jurídica contemporânea e dar conta dela. Concebendo a lei no meio da ordem analógica das coisas, ela pode resolver a dificuldade que consiste em opor o particular ao geral, a lei ao juízo judiciário. Ela mostra que cada uma das situações particulares está integrada numa ordem que é parcialmente expressa pela lei, mas afirma que a própria realidade dessa ordem se situa nas próprias coisas e, portanto, na diversidade do que é particular. Assim, a lei é imperfeita, a permanência do fenômeno judiciário atesta a necessidade dessa volta para onde as coisas estão em ato, por isso o direito só se realiza nessa volta. Mas, sejam quais forem as diferenças entre esse juízo e a lei, seja qual for a multiplicidade das situações particulares, a lei e o conjunto dos juízos se organizam segundo uma unidade de fim constituída pelo objetivo, analogicamente entendida, que é de dar a outrem o que lhe cabe. Se a lei é fundamentada na realidade, ela obriga o legislador a fazer o bem dessa realidade, limita, pois, sua vontade moldando-a numa finalidade ontológica, ao mesmo tempo que lhe deixa a possibilidade de conceber esse bem conforme a situação da cidade. Ela põe obstáculo aos arrebatamentos da vontade de poder que se ocultam sob o positivismo, mas nem por isso lhe impõe um moralismo rígido. Se a lei humana pratica a lei natural, se a lei humana não é a única lei, se nem toda lei é escrita, a relação com a lei natural deve ser entendida *secundum quid*, a saber, segundo a própria situação. É nela que se descobrem os reclamos do bem comum e, logo, a moralidade. Por isso, dos princípios da lei natural podem decorrer legislações muito diversas. O que é fácil de constatar. Não obstante, na própria realidade encontram-se exigências de moralidade: assim, o bem comum requer que certas leis sejam adotadas pelo legislador. Assim como ele não pode contentar-se com o estado de fato porque há mais na realidade do que numa simples descrição estatística, ele não pode simplesmente remeter os cidadãos à consciência deles sob pena de fazer o meio político perder sua função de espaço da vida ética deles. É evidente que certo número de nossas leis correspondem a essas exigências; as atinentes ao serviço militar, por exemplo, que pela mediação do bem comum fazem adquirir a virtude da coragem. Ao inverso, fica claro que certas leis que se contentam em remeter os cidadãos à consciência deles são verdadeiras incitações, que prejudicam o bem comum. Podemos pensar que certo número de nossas leis é elaborado com verdadeira preocupação com esse bem comum, que o procedimento empregado às vezes conduz a discussões sérias; mas, ao lado disso, quantas simplesmente não merecem o nome de leis, porque são apenas adotadas com o objetivo de servir este ou aquele grupo de pressão? A pressa dessas decisões, a sua multiplicação anárquica basta para arruinar a lei. Ao contrário, um pensamento que aceita que a realidade supera a lei, que não se atribui como ambição circunscrevê-la inteira pode deixar a natureza da cidade emergir em inúmeros costumes ou decisões judiciárias sem que se apele imediatamente ao legislador. Poderíamos ainda mostrar que, pelo menos em certos casos, o legislador se sente forçado a respeitar a sua própria lei; o Conselho Constitucional e o Conselho de Estado zelam, cada qual em sua área, por essa regra.

Quando essas condições são preenchidas, Aristóteles nos ensina que o melhor regime é o do reinado da lei. A noção de estado de direito, cuja importância Hannah Arendt mostrou como muralha contra os totalitarismos, poderia ser reinterpretada nesse sentido. Evidentemente, como bem o vira Marx em sua crítica da lei sobre o roubo de madeira na Inglaterra, isso implica em certo sentido a submissão do homem ao que as coisas são. Marx via nisso o sinal de uma alienação; é permitido ver nisso o da necessidade de uma mediação pela transcendência. Mas isso requer, de encontro ao que almejava Arendt ao pregar uma volta a Duns Escoto, uma cooperação entre o intelecto e a vontade, a fim de poder legislar prudente e justamente.

Por fim, o filósofo realista se encontra diante de uma situação ambivalente. Tem razão de criticar todas as espécies de abusos que são os frutos perigosos de doutrinas e de atitudes imprudentes, no sentido mais estrito do termo. Mas é também levado a constatar a permanência de certo número de elementos que mostram que seu pensamento de fato apreende a realidade. Nessa situação, ele tem de trabalhar em prol do desenvolvimento do que lhe parece ser a natureza das coisas. No entanto, como a realidade da boa lei repousa na realidade do bom legislador, prudente e justo, ele ainda deve pôr em evidência a necessidade de encontrar os procedimentos mais bem adaptados à escolha do ou dos legisladores desejáveis. A questão da lei termina com a questão, política, do bom legislador. Não termina, para dizer a verdade, completamente aí, pois o filósofo ainda pode contribuir para desenvolver a prudência do legislador descobrindo os princípios que regem essa obra prudencial. Então, a tarefa do filósofo consiste em mostrar a permanência das coisas na ordem delas, em mostrar que a filosofia da lei deve ser reintegrada numa política e numa metafísica da ordem analógica direcionada a um fim e a um ato, pois, por trás da doutrina realista da lei, emerge constantemente uma filosofia do que é, do que é bem, do que é uma realidade. Nessa perspectiva, a concepção realista da lei remete à relação da potência com o ato de ser – ela é imperfeita em comparação ao que existe, ao passo que a doutrina moderna da lei, ao negar essa relação, pretende identificar o que existe na mente do legislador e o que existe. É a distância entre o ser e o pensamento que os separa.

BIBLIOGRAFIA

I. Fontes

d'AILLY PIERRE, *in IV Libros sententiarum*, Estrasburgo, 1940, Veneza, 1500; cf. também *in Gerson Opera*, Antuérpia, 1706, vols. I e II.
ALBERTO MAGNO, santo, *Summa de bono*, Aschendorf, 1951.
——, *Summa theologiae*, Aschendorf, 1978.
——, *Super ethica*, Aschendorf, 1968.
ALEXANDRE DE HALES, *Summa theologica*, Quarachi, 1948.
ALMAIN, *Moralia*, Paris, 1525.
ANSELMO, Santo, *De libero arbitrio*, *Patrologie latine*, CLVII.
ARISTOTELES, *Politique*, ed. Ross, Londres, 1957. [Trad. bras. *A política*, São Paulo, Martins Fontes].
AGOSTINHO, Santo, *Epistolae*, *Patrologie latine*, XXXIII.
——, *De civitate Dei*, *Patrologie latine*, XL.
——, *De diversis questionibus*, *Patrologie latine*, XL.
——, *Contra Faustum*, *Patrologie latine*, XLII.
——, *De Trinitate*, *Patrologie latine*, XLII.
BANEZ, *De justitia et jure*, Veneza, 1595.
BIEL G., *in IV Libros sententiarum*, Tübingen, 1501.
BOAVENTURA, santo, *in IV Librum sententiarum*, ed. Vivès, Paris, 1864.
BURIDANO, *Quaestiones super decem libros ethicorum*, ed. Jehan Petit, Paris, 1578.
CICERO, *De finibus*, ed. trad. Martha, Paris, 1961.
——, *De republica*, trad. Keyes, Cambridge (Mass.), 1966.
——, *De officiis*, ed. trad. Testard, Paris, 1965. [Trad. bras. *Dos deveres*, São Paulo, Martins Fontes, 1999.]
DUNS ESCOTO, *Opera omnia*, ed. Wadding, rep. *in* ed. Vivès, Paris, 1891-95.

EUBEL, *Bullorum franciscanum*, t. V, Vaticano, 1898.
GERSON, *Opera omnia*, ed. Du Pin, Antuérpia, 1706.
GRACIANO, *Decretum*, ed. Freiberg, Leipzig, 1878.
GREGORIO DE RIMINI, *in Librum secundum sententiarum*, Louvain, Paderborn, 1955.
GROSSATISTA, Robert, *Quodlibet, in Die philosophischen Werke des Robert Grossetestes*, dir. L. Baur, Munique, 1912.
HEGEL, *Principes de la philosophie du droit*, trad. fr. Derathé, Paris, 1982. [Trad. bras. *Princípios da filosofia do direito*, São Paulo, Martins Fontes, 2.ª ed., 2003.]
——, *Leçons sur la philosophie de l'histoire*, trad. fr. Gibelin, Paris, 1945.
——, *La raison dans l'histoire*, trad. fr. Papaioannou, Paris, 1965.
HOBBES, *A Dialogue Between a Philosopher and a Student of the Common Law of England*, Paris, 1966.
HUGO DE SAO VÍTOR, *De sacramentis christianae fidei, Patrologie latine*, CLXXVI.
ISIDORO DE SEVILHA, *Etymologies, Patrologie latine*, LXXVI.
KANT, *Doctrine du droit*, trad. fr. Philonenko, Paris, 1971.
KELSEN, *Reine Rechtslehre*, Viena, 1960.
LE MAYR OU MAYOR JEAN, *in IV Sententiarum*, Paris, Josse Bade, 1510.
LOMBARDO, Pedro, *Collectanea in epistulam ad Romanos, Patrologie latine*, XCXI.
MATEUS DE AQUASPARTA, *Quaestiones disputate selectae*, Quarachi, 1903.
——, *Quaestiones disputatae de legibus*, Quarachi, 1959.
MEDINA, *Expositio in priman secundae*, Veneza, 1602.
MOLINA, *De justitia et jure*, Genebra, 1733.
MONTESQUIEU, *L'esprit des lois*, Paris, 1977. [*O espírito da lei*, São Paulo, Martins Fontes, 4.ª ed., 2005.]
OCKHAM, Guilherme de, *in IV Sententiarum ordinatio*, Lyon, 1494, reimp. Gregg, *Opera Plurima*, Nova Jersey, 1962; *Opera philosophica et theologica*, ed. Gal & Brown, Nova York, 1970.
——, *Summa logicae*, ed. Boehner, Nova York, 1957.
——, *Opera politica*, ed. Sikes e Offler, Manchester, 1940, 1956, 1963.
——, *Dialogus de potestate papae et imperatoris*, ed. Goldast, 1614, reimp. Turim, 1966.
——, *Breviloquium de principatu tyrannico*, ed. Baudry, Paris, 1937.
OLIEU PEDRO, *in II Librum sententiarum*, ad Claras Aquas, 1922, 1924, 1926.

PLATAO, *Politique*, ed. Burnet, Londres, 1905.
——, *La république*, ed. Burnet, Londres, 1905. [Trad. bras. *A república*, São Paulo, Martins Fontes, 2006.]
——, *Les lois*, ed. Burnet, Londres, 1908.
SOTO, Domingo de, *De justitia et jure*, Lyon, 1559.
SUAREZ, *Disputationes metaphysicae, in Opera Omnia*, Paris, 1856-78, t. 25, 26; *De legibus, eod. loc.*, t. 5, 6.
TERTULIANO, *Adversus judaeos, Corpus christianorum*, Turnhout, 1954.
TOMÁS DE AQUINO, santo, *Summa theologica*, ed. Forzani, Roma, 1894.
——, *In octo libros politicorum Aristotelis expositio*, ed. Matietti, Roma, 1966.
——, *In duodecim libros metaphysicorum Aristotelis expositio*, ed. Marietti, Roma, 1977.
——, *In decem libros ethicorum Aristotelis ad Nicomacheum*, ed. Marietti, Roma, 1964.
——, *In octo libros Aristotelis physicorum expositio*, ed. Marietti, Roma, 1965.
——, *De ente et essentia*, ed. Gosselin, Paris, 1971.
VASQUEZ, *Commentariorum ac disputationum in S. Thomae Aquinatis summam libri*, Lyon, 1631.
VITORIA, *Commentarios a la IIa IIae*, ed. B. de Heredia, Salamanca, 1952.
——, *Relecciones teológicas*, ed. Urdanoz, Madri, 1960.
——, *Leçons sur les Indiens et sur le droit de guerre*, ed. trad. Barbier, Genebra, 1966.
——, *Leçons sur le pouvoir politique*, ed. trad. Barbier, Paris, 1980.

II. Autores modernos e estudos

ALFERI, P., *Guillaume d'Occam. Le singulier*, Paris, 1989.
ALLUNTIS, F., "Filosofia y la existencia de Dios segun Escoto", in *Congressus scotisticus internationalis Oxinii et Edimburgui*, Roma, 1968, t. II, p. 454.
AMBROSETTI, G., *La filosofia della legge di Suarez*, Roma, 1948.
——, *Il diritto naturale della riforma catolica*, Milão, 1951.
AMSTRONG, R. A., *Primary and Secondary Natural Law Precepts*, The Hague, 1966.
ANDRES, T. de, *El nominalismo de Gugliemo de Ockham como filosofia del lenguaje*, Madri, 1969.

ANDRE-VINCENT, Ph., "La notion moderne de droit naturel et le volontarisme (de Vitoria et Suarez à Rousseau)", *Archives de Philosophie du Droit*, 1963, p. 237.

ARQUILLIERE, H.-X., *L'augustinisme politique*, Paris, 1955.

AUBENQUE, P., *Aristote et le problème de l'être*, Paris, 1972.

——, "La loi chez Aristote", *Archives de Philosophie du Droit*, 1980, p. 147.

AUBERT, J.-M., *Le droit romain dans l'œuvre de saint Thomas*, Paris, 1955.

BALIC, C., "Une question inédite de Jean Duns Scot sur la volonté", *Revue de Théologie Ancienne et Médiévale*, III, 1931, p. 191.

BALTHASAR, U. von, *La gloire et la croix*, t. IV: *Le domaine de la méthaphysique*, trad. Givord, Paris, 1982.

BARCIA-TRELLES, G., "Francisco de Vitoria et l'École moderne du droit international", *Revue Critique de Droit International*, XLII, 1927, p. 113.

BASLY, D. de, *Scotus docens*, Paris, 1934.

BATIFFOL, H., "Analyse rationnelle et téléologie dans la conception du droit, *in S. Tommaso e la filosofia del diritto*", *Studi tomistici*, IV, Roma, 1975.

BAUDRY, L., *Guillaume d'Occam, sa vie, ses œuvres, ses idées sociales et politiques*, Paris, 1950.

——, "Le philosophe et le politique dans Guillaume d'Occam", *Archives d'Histoire Doctrinale et Littéraire du Moyen Âge*, XIV, 1939, p. 209.

BAYLEY, C., "The Pivotal Concepts in the Political Philosophy of William of Ockham", *The Journal of History of Ideas*, 1049, p. 206.

BELAID, S., *Essai sur le pouvoir créateur et normatif du juge*, Paris, 1974.

BELMOND, S., "L'univocité scotiste, ce qu'elle est, ce qu'elle vaut", *Revue de Philosophie*, XXI, 1912, p. 115.

——, "Essai sur la théorie de la connaissance d'après Jean Duns Scot", *La France Franciscaine*, XVIII, 1935, pp. 5 e 197.

BERAUD, R. e DEBEAURAIN, J., *Mitoyenneté, clôtures, bornage, servitudes*, Paris, 1981.

BERUBE, C., *La connaissance de l'individuel au Moyen Âge*, Paris, 1964.

BETTONI, E., *L'ascesa a Dio in Duns Scot*, Milão, 1943.

——, "Il problema del fine ultimo in Ockham", *in Studia medioevalia et mariologia P. Balic*, Roma, 1971, p. 225.

BEUVE-MERY, H., *La théorie des pouvoirs publics d'après Fr. de Vitoria et ses rapports avec le droit contemporain*, Paris, 1928.

BIGET, "Autour de Bernard Delicieux; Franciscains et société en Languedoc, entre 1295 et 1330", *Revue d'Histoire de l'Église de France*, LXX, 1984, p. 95.

BOEHNER, Ph., "*Notitia intuitiva* of Non-existents According to Peter Aureoli", *Franciscan Studies*, VIII, 1948, p. 388.
——, *Collected Articles on Ockham*, Nova York-Louvain, 1958.
BONAFEDE, G., *Il pensiero francescano nel secolo XIII*, Palermo, 1952.
BONNECASSE, J., *Science du droit et romantisme*, Paris, 1928.
——, *L'école de l'exégèse en droit civil*, Paris, 1924.
BOURKE, J. V., "Aquinas, a Natural Ethicist?", *The Monist*, 58, 1974, p. 53.
BRAMPTON, C. K., "Scotus and the Doctrine of the 'potentia Dei absoluta'", in *Congressus scotisticus internationalis Oxonii et Edimburghi*, Roma, 1968, t. II, p. 576.
BREHIER, H., *Histoire de la philosophie*, Paris, 1981.
BRLECK, M., "De momento Scoti pro jure et formatione juris", in *Congressus scotisticus internationalis Oxonii et Edimburghi*, t. IV, Roma, 1977, p. 767.
BROWN-SCOTT, J., *The Spanish Origin of International Law*, Washington, 1928.
BRUFAU-PRATS, J., *El pensamiento político de Soto y su concepcíon del poder*. Salamanca, 1960.
——, "La noción analógica del 'dominium' en santo Tomas, Francisco de Vitoria y Domingo de Soto, *Salmanticensis*, 1967, p. 20.
BUDZIK, G., *De conceptu legis ad mentem Joannis Duns Scoti*, Burlington, 1954.
BURDEAU, G., "Essai sur l'évolution de la notion de loi en droit français", *Archives de Philosophie du Droit*, 1939, p. 7.
——, "Le dépérissement de la loi", *Archives de Philosophie du Droit*, 1963, p. 35.
CAFFARENA, *Ser participado y ser subsistente en la metafísica di Enrique de Gante*, Roma, 1958.
CALASSO, F., *Medioevo del diritto*, Milão, 1954.
CARPINTERO-BENITEZ, *Del derecho natural medieval al derecho natural moderno: Fernando Vazquez de Menchaca*, Salamanca, 1977.
CARRE DE MALBERG, R., *Théorie générale de l'État*, Paris, 1920.
——, R., *La loi, expression de la volonté générale*, Paris, 1931.
CARRERAS Y ARTAU, J., *Ensayo sobre el voluntarismo de Jean Duns Scot*, Gerona, 1923.
CARRO, V., *Domingo de Soto y su doctrina jurídica*, Salamanca, 1944.
CERQUEIRA, J., "La contingence de la nature chez Duns Scot", in *La filosofia della natura nel medioevo*, Milão, 1966.
CHAPUS, R., *De la soumission au droit des règlements autonomes*, Dalloz, 1960, Chr. 119.

———, *De la valeur juridique des principes généraux du droit*, Dalloz, 1966, Chr. 99.
CHENU, M.-D., *Introduction à l'étude de saint Thomas*, Paris, 1950.
———, *La théologie au XIIe siècle*, Paris, 1957.
CLARK, D. W., "Voluntarism and Rationalism in the Ethics of Ockham", *Franciscan Studies*, XXXI, 1971, p. 75.
COMBES, A., *La doctrine politique de saint Augustin*, Paris, 1927.
COMPOSTA, D., "Les 'inclinationes naturales' e il diritto naturale in S. Tommaso d'Acquino", *Studi tomistici IV: S. Tommaso e la filosofia del diritto oggi*, Roma, 1975.
CORVINO, F., "Il significato del termine 'Natura' nelle opere filosofiche di Occam", *in La filosofia della natura nel medioevo*, Milão, 1966, p. 614.
———, "Le 'Quaestiones in libros physicorum' nella formazione del pensiero di G. di Occam", *in Rivista critica di storia della filosofia*, VII, 1957, p. 405.
COTTA, S., *Il concetto di legge nella Summa theologiae di san Tommaso d'Aquino*, Turim, 1955.
COURTINE, J.-F., "Le projet suarézien de la métaphysique", *Archives de Philosophie*, XLII, 1979, p. 237.
CUNNINGHAM, F. A., "Judgement in St Thomas", *The Modern Schoolman*, 31, 1954, p. 185.
DAMIATA, M., *I e II Tavola, l'Etica di Giovanni Duns Scoto*, Florença, 1973.
DAY, S., *Intuitive Cognition, a Key to the Signifiance of the Later Scholastics, St Bonaventure*, Nova York, 1947.
DIDIER, Ph., "Les diverses conceptions du droit naturel à l'œuvre dans la jurisprudence romaine des IIe et IIIe siècles", *Studia et documenta historiae et juris*, 1981, p. 195.
DONCŒUR, P., "Le nominalisme de Guillaume d'Occam", *Revue Néo-scolastique de Philosophie*, XXXIII, 1921, p. 7.
DRESS, W., *Die Theologie Gersons*, Wertlsman, Gütersloh, 1940.
DUFOUR, A., *Le mariage dans l'école allemande du droit naturel moderne*, Paris, 1972.
DUGUIT, L., *Le droit social, le droit individuel et la transformation de l'État*, Paris, 1901.
———, *Traité de droit constitutionnel*, t. I, Paris, 1921-25.
DUHEM, P., *Le système du monde*, Paris, 1913.
DUPEYROUX, J.-J., "La jurisprudence source abusive de droit", *Mélanges Maury*, t. II, p. 349.

DURAND, P., "La décadence de la loi dans la constitution de la Ve République, *JCP*, 1959, I, 1470.

DURKHEIM, E., *Les règles de la méthode sociologique*, 20.ª ed., Paris, 1981. [Trad. bras. *As regras do método sociológico*, São Paulo, Martins Fontes, 3.ª ed., 2007.]

EISMEIN, P., "La jurisprudence et la loi", *Revue Trimestrielle de Droit Civil*, 1952, p. 17.

ESCHMAN, Th., "In defense of Jacques Maritain", *The Modern Schoolman*, 1945.

FABRO, C., "Dialettica d'inteligenza e volunta nella constituzione d'ell'atto libero", *Doctor Communis*, 1977, p. 163.

FARREL, W., *The Natural Moral Law of S. Thomas and Suarez*, Dichling, 1930.

FAVOREU, L. *et al.*, *Le domaine de la loi et du règlement*, Aix, 1978.

FENET, P.-A., *Recueil complet des travaux préparatoires du Code Civil*, Paris, 1827.

FRANK, J., *Law and the Modern Mind*, Nova York, 1963.

FULLER, I., *The Morality of Law*, Yale, 1964.

GAGNER, S., *Studiem zur Ideengeschichte der Gezetzgebung*, Göteborg, 1960.

GALAN Y GUITTEREZ, E., *Algunas cuestiones fundamentales de filosofia política en el pensamiento de Bartolome Medina*, Madri, 1945.

GANDILLAC, M. de, "Loi naturelle et fondements de l'ordre social selon les principes di Bienheureux Duns Scot", *in Congressus scotisticus internationalis Oxoni et Edimburghi*, Roma, 1968, t. II, p. 684.

GARCEAU, B., *Judicium, vocabulaire, sources, doctrine et sa nature*, Paris, 1968.

GARRIGOU-LAGRANGE, R., *Dieu, son existence et sa nature*, Paris, 1914.

——, *Le réalisme du principe de finalité*, Paris, 1932.

GENY, F., *Méthode d'interprétation et source en droit privé*, Paris, 1899.

GETINO, A., *El maestro Francisco de Vitoria*, Madri, 1940.

——, *Relecciones teológicas del maestro fray Francisco de Vitoria*, Madri, 1933-35.

GHESTIN, J., *Traité de droit civil*, t. I, Paris, 1983.

GHISALBERTI, A., *El nominalismo de Gugliemo di Ockham*, Milão, 1972.

GIACON, C., *La seconda scolastica*, t. II, Milão, 1946.

GILSON, E., "Avicenne et le point de départ de Duns Scot", *Archives d'Histoire Doctrinale et Littérale du Moyen Âge*, II, 1927, p. 89.

——, "Les seize premiers theoremata et la pensée de Duns Scot", *Archives d'Histoire Doctrinale et Littéraire du Moyen Âge*, XII-XII, 1937-38, p. 82.

——, *Introduction à l'étude de saint Augustin*, Paris, 1943.
——, *Jean Duns Scot, introduction à ses positions fondamentales*, Paris, 1952.
——, *L´être et l'essence*, Paris, 1962.
——, *Histoire de la philosophie médiévale*, Paris, 1976.
GIULIANI, E., "Droit, mouvement et réminiscence", *Archives de Philosophie du Droit*, 29, 1984, p. 110.
GOLDSTAIN, J., *Les valeurs de la loi*, Paris, 1980.
GOMEZ-ROBLEDA, "El origen y el sujeto de la autoridad en Suarez", *Pensamiento*, 1948.
GRABMAN, M., *Geschichte der scolastischen Methoden*, Graz, 1957.
GRANERIS, G., *Contributi tomistici alla filosofia del diritto*, Turim, 1949.
GRATIEN, P., *Histoire de la fondation et de l'évolution de l'Ordre des Frères Mineurs au XIIIe siècle*, Paris, 1928.
GREIVE, "Zur Relationslehre Willems von Ockham", *Franziskanische Studien*, XLIX, 1967, p. 248.
GURVITCH, G., *L'idée du droit social*, Paris, 1932.
GUY, A., "L'analogie de l'être selon Suarez", *Archives de Philosophie*, XLII, 1979, p. 275.
HAGGENMACHER, P., *Grotius et la doctrine de la guerre juste*, Genebra, 1983.
HAMMAN, A., *La doctrine de l'Église et de l'État chez Occam*, Paris, 1942.
——, "La doctrine de l'Église et de l'État d'après le *breviloquium* d'Occam", *Franciscan Studies*, XXXII, 1950, p. 135.
HAMON, L., *Les domaines de la loi et du règlement, à la recherche d'une frontière*, Dalloz, 1960, Chr. 253.
HARRIS, C. R. S., *Duns Scot*, Nova York, 1959.
HART, H. L. A., *The Concept of Law*, Londres, 1961. [Trad. bras. *O conceito de direito*, São Paulo, WMF Martins Fontes, 2009.]
HEREDIA, V. B. de, "Accidentada y efimera aparición del nominalismo en Salamanca, 1506-1530", *La Ciencia Tomista*, 1942, p. 68.
——, "Doctrina de Fr. de Vitoria sobre las relaciones entre la iglesia y el estado y fuentes de la misma", *La Ciencia Tomista*, LVI, 1937, p. 22.
——, *Francisco Vitoria*, Barcelona-Madri, 1939.
HISER, "The Metaphysics of Duns Scotus", *Franziscan Studies*, XXIII, 1942, p. 349.
HOERER, W., *Der Wille als reine Vollkommenheit nach Duns Scotus*, Pustet, 1962.
HOFFMAN, *Die Schriften des oxforder Kanzlers Johannes Lutterell*, Leipzig, 1959.
HOLMES, O. W., *The Path of the Law*, Boston, 1881.

HUSSON, L., "Analyse critique de la méthode de l'exégèse", *Archives de Philosophie du Droit*, 1972, 115.
JAEGER, W., "L'éloge de la loi", *Lettre d'humanité*, VII, 1949, p. 6.
——, *À la naissance de la théologie, Essai sur les présocratiques*, Paris, 1966.
JANSENS, E., "La coutume, source formelle du droit d'après saint Thomas", *Revue Thomiste*, 1931, p. 681.
JARLOT, G., "Les idées politiques de Suarez", *Archives de Philosophie*, XVIII, 1949, p. 65.
JOMBART, "La coutume d'après Suarez et le code de droit canon", *Nouvelle Revue Théologique*, 1932, p. 769.
KALINOWSKI, G., "Du muable et de l'immuable en droit naturel", *Archives de Philosophie du Droit*, XXIX, 1984, p. 187.
KANTOROWITZ, H., *Rechtwissenschaft und Soziologie*, Karlsruhe, 1962.
KEILBACH, "Aporia resultans ex doctrinaa Scoti de univocitate et analogia entis", in *Congressus scotisticus internationalis Oxonii et Edimburghi*, Roma, 1977, t. IV, p. 123.
KLOCKER, H. R., "Ockham and Efficient Causality", *The Thomist*, XXIII, 1960, p. 106.
——, "Ockham and Finality", *The Modern Schoolman*, XLIII, 1966, p. 234.
KOLMEL, W., "Das Naturrecht bei Wilhelm von Ockham", *Franziskanische Studien*, XXXV, 1953, p. 39.
——, "Zur Naturrechtslehre von Ockham zu Gabriel Biel, *Franziskanische Studien*, XXXVII, 1955, p. 218.
KONINCK, Ch. de, *De la primauté du bien commun*, Quebec, 1943.
KOROLEC, J., "La philosophie de la liberté de Jean Buridan", *Studia mediewistyczne*, Warszawa, XV, 1974, p. 103.
KOSTERS, *Les fondements du droit des gens*, Leyde, 1925.
KRAZNIE, "La conoscenza directa ed immediata del singolare da parte dell'intelletto secundo Duns Scoto", *in Congressus scotisticus internationalis Oxonii et Edimburghi*, t. II, Roma, 1968, p. 65.
KUTTNER, S., "Sur les origines du terme droit positif", *Revue d'Histoire du Droit*, XV, 1936, p. 736.
LACHANCE, L., *Le concept de droit selon Aristote et saint Thomas*, Ottawa, 1948.
——, *L'humanisme politique de saint Thomas*, Paris, 1939.
——, *Le droit et les droits de l'homme*, Paris, 1959.
LAGARDE, G. de, *La naissance de l'esprit laïc au Moyen Âge*, t. IV e t. V, Louvain, Paris, 1963.
LAMBERT, M. D., *Franciscan Poverty*, Londres, 1961.

LANDRY, B., *Duns Scot*, Paris, 1922.
LANSEROS, M., *La autoridad civil en Francisco Suarez*, Madri, 1949.
LARGEAULT, J., *Enquête sur le nominalisme*, Louvain, Paris, 1971.
LARREQUI, "Influencia suareciana en la filosofia de Grocio", *Razon y Fé*, LXXXVIII, 1930, p. 226.
LAUBADERE, A., *Traité de droit administratif*, Paris, 1980.
LE BRAS, G., *Histoire du droit et des institutions de l'Église en Occident*, t. I, Paris, 1955.
LECLERCQ, J., *Jean de Paris et l'ecclésiologie au XIIIe siècle*, Paris, 1942.
LEFEVRE, *Les pouvoirs du juge en droit canonique*, Paris, 1938.
LEFF, G., *Heresy in the later Middle Ages*, Manchester.
——, *William of Ockham: The Metamorphosis of Medieval Discourse*, Manchester, 1975.
LEVY, E., "Natural Law in Roman Legal Thought", *Studia et documenta historiae et juris*, 1949, p. 1.
LOBATO, "La metafisica cristiana di Duns Scoto", *in Congressus scotisticus internationalis Oxonii et Edimburghi*, Roma, 1977, t. IV, p. 71.
LOMBARDI, G., *Sul concetto di jus gentium*, Roma, 1947.
LONGPRE, E., *La philosophie du Bienheureux Duns Scot*, Paris, 1924.
LOTTIN, O., *Psychologie et morale*, Louvain, 1948.
——, "La valeur des formules de saint Thomas concernant la loi naturelle", *Mélanges Joseph Maréchal*, II, Paris, 1950, p. 369.
LUBAC, H. de, *La postérité spirituelle de Joachim de Flore*, Paris, 1978.
MAHIEU, L., *François Suarez, sa philosophie et les rapports qu'elle a avec sa théologie*, Paris, 1921.
MAC DONAGH, "La notion d'être dans la métaphysique de Jean Duns Scot", *Revue Néo-scolastique de Philosophie*, XXX, 1928, p. 400, XXXI, 1929, pp. 81 e 148.
MCGRADE, A. S., *The Political Thought of William of Ockham*, Cambridge, 1974.
MACKEN, R., "La volonté humaine, faculté plus élevée que l'intelligence, selon Henri de Gand", *Revue de Théologie Ancienne et Médiévale*, XLII, 1975, p. 5.
MANDONNET, P., *Siger de Brabant*, Friburgo, 1899.
MANSER, G., *Das Wesen des Thomismus*, Friburgo, 1932.
MANTEUFFEL, T., *Naissance d'une hérésie, les adeptes de la pauvreté volontaire au Moyen Âge*, trad. Posner, Paris, 1970.
MARCHESI, A., "L'autorità politica nel pensiero di Giovanni Duns Scoto e di St Tommaso d'Aquino", *in Congressus scotisticus internationalis Oxonii et Edimburghi*, Roma, 1968, t. II, p. 613.

MARECHAL, *Le point de départ de la méthaphysique*, fasc. I, Louvain, 1923.
MARIANO, "Il fondamento metafisico della distinzione *ex natura rei* in Scoto", *in Congressus scotisticus internationalis Oxonii et Edimburghi*, Roma, 1968, p. 143.
MARITAIN, J., *La personne et la société*, Paris, 1947.
MARKUS, *Saeculum: History and Society in the Theology of St Augustine*, Cambridge, 1977.
MARROC, "Primatus voluntatis juxta mentem Duns Scoti", *in Congressus scotisticus internationalis Oxonii et Edimburghi*, t. II, Roma, 1968, p. 605.
MARROU, H.-I., *Saint Augustin et la fin de la culture antique*, Paris, 1938.
MARTIN, G., "Ist Ockham Relationstheorie Nominalismus?", *Franziskanische Studien*, XXII, 1950, p. 31.
MARTY, G. e RAYNAUD, P., *Droit civil*, t. I, Paris, 1972.
MARTYNIAK, C., "La notion thomiste de la loi", *Revue de Philosophie*, 1930, p. 233.
MESNARD, P., "Comment Leibniz se trouve placé dans le sillage de Suarez", *Archives de Philosophie*, XVIII, 1949, p. 7.
MIEDZIANAGORA, J., *Philosophies positivistes de droit et droit positif*, Paris, 1976.
MIETHKE, J., *Ockhams Weg zur Sozialphilosophie*, Berlim, 1963.
MINGES, P., *J. Duns Scoti Doctrina philosophica et theologica quoad res praecipues*, Quarachi, 1908.
MOLLAT, *Les papes d'Avignon*, Paris, 2.ª ed., 1949.
MONAHAM, *Human Liberty and Free Will according to Jean Buridan*, Medieval Studies, 1954.
MONTAGNES, B., *La doctrine de l'analogie de l'être d'après saint Thomas*, Paris, 1963.
MOODY, A. E., *The Logic of William of Occam*, Nova York, 1965.
MORALL, J. B., "Some Notes on a Recent Interpretation of William of Ockam's Political Philosophy", *Franciscan Studies*, IX, 1949.
——, *Gerson and the Great Schism*, Manchester, 1960.
MUNOZ-DELGADO, *La logica nominalista en la Universidad de Salamanca, 1510-1530*, Madri, 1964.
MURALT, A. de, "Signification et portée de la pensée de Jean Duns Scot", *Studia Philosophica*, XXIX, 1969, p. 113.
——, "Pluralité des formes et unité de l'être", *Studia Philosophica*, XXXIV, 1974, p. 57.
——, "Providence et Liberté", *Revue de Philosophie et de Théologie*, 1975, II, p. 192.

——, "La connaissance intuitive du néant, traduction et commentaire du Prologue des Sentences de Guillaume d'Occam", *Studia Philosophica*, XXXVI, 1976, p. 107.

——, "La doctrine médiévale des distinctions et l'intelligibilité de la philosophie moderne", *Revue de Philosophie et de Théologie*, CXII, 1980, p. 217.

NEHER, A., *Histoire biblique du peuple d'Israël*, Paris, 1962.

NICOLAS, J. H., *Les profondeurs de la grâce*, Paris, 1962.

OACKLEY, F., "Medieval theories of natural law. William of Ockham and the significance of the voluntarist tradition", *Natural law Forum*, VI, 1961, p. 70.

——, *The Political Thought of Pierre d'Ailly, The Voluntarist Tradition*, New Haven, 1964.

OBERMAN, H. A., *The Harvest of Medieval Philosophy*, Harvard, 1963.

OFFLER, H. S., "The Three Modes of Natural Law in Ockham, a Revision of the Text", *Franciscan Studies*, XV, 1977, p. 211.

OLGIATI, F., *Il concetto di giuridicita in San Tommaso d'Aquino*, Milão, 1943.

OLIVERCRONA, K., *Law as a Fact*, 2.ª ed., Londres, 1971.

ORLANDO, T., *La nozione metafisica di essere nell'ascesa a Dio de Giovanni Duns Scoto*, Nápoles, 1967.

OSTIGNY, F., "De la nature du droit selon saint Thomas", *Revue de l'Université d'Ottawa*, XVII, 1947.

OSUNA FERNANDEZ LARGO, F. L., "De la idea del sacro imperio al derecho international", *La Ciencia Tomista*, CXI, 1984, pp. 29-61, número especial, "Homenaje a Francisco de Vitoria".

OTTE, G., *Das Privatrecht bei Francisco de Vitoria*, Köln, Graz, 1964.

OVERBECKE, P. M. van, "Le droit naturel selon saint Thomas", *Revue Thomiste*, 1957, p. 66.

OWENS, J., "Common Nature: a Point of Comparison between Thomistic and Scotist Metaphysics", *Medieval Studies*, XIX, 1957, p. 7.

PACAUT, M., *La théocratie, l'Église et le pouvoir au Moyen Âge*, Paris, 1957.

PAQUIE, R., *Le statut parisien des nominalistes*, Berlim, 1970, trad. E. Martineau, Paris, 1985.

PARE, G., Brunet, A., Tremblay, P., *La Renaissance du XIIe siècle*, Ottawa, 1933.

PAULUS, J., *Henri de Gand*, Paris, 1938.

PELZER, A., "Les cinquante et un articles de Guillaume d'Occam censurés en Avignon en 1326", *Revue d'Histoire de l'Église*, XVIII, 1922, p. 240.

PEREZ LENERO, J., "Supuestos filosófico-teológicos y construcciones jurídicas en la obra de Luis de Molina", *Revista de la Facultad de Derecho de la Universidad de Madrid*, 1943, p. 53.
PERNOUD, M. A., "Innovation in William of Ockham's References to the *potentia Dei*", *Antonianum*, XLV, 1970, p. 65.
——, "The Theory of *potentia Dei* according to Aquinas, Scotus and Occam", *Antonianum*, XLVII, 1972, p. 69.
——, "Tradition and Innovation in Ockham's Theory of the Possibility of Other Words", *Antonianum*, XLVIII, 1973, p. 209.
PHILIPPE, M. D., "La doctrine de l'analogie de l'être d'après Thomas d'Aquin", *Freiburger Zeitschrift für Theologie und Philosophie*, 1963, p. 445.
——, *L'être*, Paris, 1972 s.
——, *Une philosophie de l'être est-elle encore possible?*, fasc. III, Paris, 1975.
PIZZORNI, R., *Il fondamento etico-religioso del diritto secondo San Tommaso d'Aquino*, Roma, 1968.
POST, G., *Studies in Medieval Legal Sources*, Princenton, 1964.
PRENTICE, R., "The Contingent Element Governing the Natural Law in the Seven Precepts of the Decalogue, according to Duns Scot", *Antonianum*, XLII, 1967, p. 270.
——, "Scotist's Voluntarism as seen in the Concept of the Essence of Beatitude", in *Studia mediaevalia et mariologia P. Balic*, Roma, 1977, p. 161.
PULZANSKI, *Essai sur la philosophie de Duns Scot*, Paris, 1888.
QUILLET, J., *La philosophie politique de Marsile de Padoue*, Paris, 1970.
RAMAIN, *El valor moral-vital del de "justitia et jure" de Fray Domingo de Soto*, Granada, 1945.
RAMIREZ, S., *El Derecho de Gentes, Examen crítica de la filosofía del Derecho de Gentes desde Aristoteles hasta Francisco Suarez*, Madri, 1955.
——, *De ipsa philosophia*, Madri, 1970.
RAMOS-LISON, D., *La ley segun Domingo de Soto*, Pamplona, 1976.
RESCHER, N., "Choice without Preference, a Study of the Logic and of the History of Buridan's ass", *Kantstudien*, XXI, 1959-60, p. 142.
RHOMER, J., *La finalité morale chez les théologiens, de saint Augustin à Duns Scot*, Paris, 1939.
RIOZA, *La interpretación de las leyes y la doctrina de Francisco Suarez*, Madri, 1925.
RITTELEN, J. von, "Singularitas, conceptus, voluntas", *Kantstudien*, LVII, 1966.

ROLAND-GOSSELIN, M. D., *La doctrine politique de saint Thomas*, Paris, 1928.
ROMILLY, J. de, *La loi dans la pensée grecque*, Paris, 1971.
ROMMEN, H., *Die Staatslehre des Franz Suarez*, Munique, 1927.
——, *Variaciones sobre la filosofia jurídica y política de Fr. Suarez*, Pensamiento, 1948, p. 493.
ROSS, J. F., "Justice is Reasonnableness", *The Monist*, 1974, 58, p. 86.
SAN CRISTOBAL, S., *Controversias acerca de la voluntad desde 1270 a 1300*, Madri, 1958.
SCAPIN, P., "Il significato fondamental della liberta divina", *in Congressus scotisticus internationalis Oxonii et Edimburghi*, Roma, 1977, t. IV, p. 564.
SCOTT, F., "Scotus and Gilson on Anselm's Ontological Argument", *in Congressus scotisticus internationalis Oxonii et Edimburghi*, Roma, 1968, t. II, p. 443.
SHAKANKIRI, M. El, *La philosophie juridique de Jeremy Bentham*, Paris, 1970.
SOLAGUREN, C., "Contingencia y creación en la filosofia de Duns Scoto", *in Congressus scotisticus internationalis Oxonii et Edimburghi*, Roma, 1968, t. II.
SOTO, G. de, "La loi et le règlement dans la Constitution du 4 octobre 1958", *Revue de Droit Public*, 1959, p. 2480.
STELLA, P., *L'Ilemorfismo di G. Duns Scoto*, Turim, 1955.
STEENBERGHEN, F. van, *Maître Siger de Brabant*, Louvain, 1977.
STRATENWERTH, G., *Die Naturrechtslehre des Johannes Duns Scotus*, Göttingen, 1951.
TERRE, F., "La crise de la loi", *Archives de Philosophie du Droit*, t. XXV, 1980, pp. 20-3.
TERNUS, *Zur Vorgeschichte der Moralsysteme von Vitoria bis Medina*, Paderborn, 1930.
THIRY, "Saint Thomas et la morale d'Aristote", *in Aristote et saint Thomas*, Louvain, 1957.
TIERNEY, B., "The Conciliar Theory and the Canonists", *Journal of History of Ideas*, 15, 1954, p. 40.
TODESCAN, F., *Lex, Natura, Beatitudo, il problema della legge nella scolastica spagnola del secolo XVI*, Pádua, 1973.
TODISCO, O., *Lo spirito cristiano della filosofia di Giovanni Duns Scoto*, Roma, 1977.
TOGNOLO, "L'interprétation scotiste du νοῦς ποιητικός", *in Congressus scotisticus internationalis Oxonii et Edimburghi*, Roma, 1977, t. IV, p. 21.

TONNA, "The Problem of Individuation in Scotus and other Franciscan Thinkers of Oxford in the 13th Century", in Congressus scotisticus internationalis Oxonii et Edimbughi, t. IV, Roma, 1977, p. 257.
TONNEAU, J., "The Teaching of the Thomist Tract of Law", The Thomist, XXIV, 1970, p. 78.
TRIGEAUD, J. M., "La référence à la vie dans la critique de l'idéalisme juridique", Archives de Philosophie du Droit, XXIX, 1984, p. 261.
TRUYOL Y SERRA, A., Los principios del derecho público en Francisco de Vitoria, Madri, 1946.
TUCK, R., Natural Right Theories, Cambridge, 1979.
VALCKE, L., Introduction au "Commentaire sur le Livre des Prédicables" de Porphyre, trad. R. Galibois, Sherbrooke, 1978.
VANSTEENKISTE, C., Cicerone nll'opera di san Tomaso, Angelicum, 1959, p. 343.
VAUX, C. de, "La première entrée d'Averroès chez les Latins", Revue des Sciences Philosophiques et Théologiques, XXII, 1923, p. 193.
VERBECKE, G., "Aux origines de la notion de loi naturelle", in La filosofia della natura, Milão, 1966.
VEREECKE, L., "Droit et morale chez Jean Gerson", Revue d'Histoire du Droit, 1932, p. 413.
———, "L'intuition scotiste et le sens du concret", Études franciscaines, XLIX, 1937, p. 71.
———, "La potenze dell'anima secondo S. Bonaventura", Miscellanea francescana, LXXXIX, 1969, pp. 137-9.
VIGNAUX, P., Justification et prédestination au XIVe siècle, Paris, 1934.
VILLEY, M., Formation de la pensée juridique moderne, Paris, 1968. [Trad. bras. A formação do pensamento jurídico moderno, São Paulo, Martins Fontes, 2006.]
———, "La genèse du droit subjectif chez Guillaume d'Occam", in Seize essais de philosophie du droit, Paris, 1969.
———, Philosophie du droit, t. I, Paris, 1975; t. II, Paris, 1979.
VINEY, G., "L'indemnisation des victimes après l'arrêt de la Cour de cassation du 21 juillet 1982", Dalloz, 1982, 282.
VOELKE, A., Les rapports avec autrui dans la philosophie grecque, Paris, 1961.
WALINE, M., "Les rapports entre la loi et le reglèment avant et après la Constitution de 1958", Revue de Droit Public, 1959, p. 699.
———, "Défense du positivisme juridique", Archives de Philosophie du Droit, 1939, p. 83.
———, "Le pouvoir normatif de la jurisprudence", Mélanges Scelle, t. II, Paris, 1950.

WALSH, "Buridan and Seneca", *Journal of History of Ideas*, XXVII, 1960, p. 15.
WANKE, O., "Duns Skotus als Naturrechtslehrer", *in Festgabe für E. Kleinneman*, Leipzig, 1969, p. 203.
WEBER, "La liberté dans la théologie de Mathieu d'Aquasparta", *Revue de Théologie Ancienne et Médiévale*, XXXIV, 1967, p. 250.
WELZEL, H., *Diritto naturale e giustizia materiale*, trad. Di Stefano, Milão, 1965.
WIEACKER, F., *Storia del diritto privato moderno*, trad. Santarelli e Fusco, Milão, 1980.
WINTERSWYL, R., *Beiträge zum politischen Augustinismus und Neuplatonismus, in der mittelalterlichen Rechteslehre, mit besonders Berücksichtigung des Hostiensis*, Munique, 1958.
WOLTER, A. B., "The Realism of Scotus", *Journal of American Philosophy*, LIX, 1962, p. 725.
ZAMAYON, P. de, "La ley natural en la filosofia de Escoto", *in Duns Escoto y las corrientes filosóficas de su tiempo*, Madri, 1968, p. 157.

Impressão e acabamento
Imprensa da Fé